# 工作分析：人力资源管理的基石

万 希 编著

电子工业出版社
Publishing House of Electronics Industry
北京·BEIJING

## 内 容 简 介

工作分析是人力资源管理体系的基石。通过工作分析，可以明确岗位在组织中的定位以及岗位特定职责，确保"事得其人，人事相宜"目标的实现。在人力资源管理系统中，工作分析为各项人力资源管理工作提供了信息和标准，是组织人力资源实现有效利用的基础。

本书以组织结构、工作分析、岗位评价为基础，吸收了当下工作分析的新思想、新理论、新方法，既系统阐述了理论知识，又赋予了一定的可操作性，具有一定的教学、工作使用价值。在本书各章节中，作者有针对性地插入了一些案例，可以帮助读者更好地理解各章要义。

工作分析是每一位人力资源管理专业的学生及人力资源从业者都必须了解的基础知识，本书可作为他们的学习用书和参考资料。

未经许可，不得以任何方式复制或抄袭本书之部分或全部内容。
版权所有，侵权必究。

**图书在版编目（CIP）数据**

工作分析：人力资源管理的基石 / 万希等编著. —北京：电子工业出版社，2017.2
（华信经管创新系列）
ISBN 978-7-121-30645-7

Ⅰ. ①工… Ⅱ. ①万… Ⅲ. ①人力资源管理—高等学校—教材 Ⅳ. ①F241

中国版本图书馆 CIP 数据核字（2016）第 305944 号

策划编辑：石会敏
责任编辑：石会敏
印　　刷：北京盛通数码印刷有限公司
装　　订：北京盛通数码印刷有限公司
出版发行：电子工业出版社
　　　　　北京市海淀区万寿路 173 信箱　邮编：100036
开　　本：787×1 092　1/16　印张：20.25　字数：517 千字
版　　次：2017 年 2 月第 1 版
印　　次：2025 年 1 月第 8 次印刷
定　　价：45.00 元

凡所购买电子工业出版社图书有缺损问题，请向购买书店调换。若书店售缺，请与本社发行部联系，联系及邮购电话：(010) 88254888，88258888。
质量投诉请发邮件至 zlts@phei.com.cn，盗版侵权举报请发邮件至 dbqq@phei.com.cn。
本书咨询联系方式：(010) 88254537。

# 前　言

"非才而据，咎悔必至；非其人而处其位，其祸必速。"工作分析是人力资源管理体系的基石，它提供了工作职责、工作关系、工作环境以及工作任职者的资格要求等信息。通过工作分析进行职责管理，进而将人力资源管理与组织结合起来。企业的发展战略、经营目标和人力资源管理都要"责任落实到人"才能真正实现，而工作分析是实现该目标的基础。通过工作分析，明确每一职位的应尽职责，明确其在业务流程中的角色定位，确保"事得其人、人事相宜"的目标，从而在组织责任体系上实现企业高效的执行力。在人力资源管理系统中，工作分析提供了建立其他各人力资源子系统的平台。只有把这项工作做扎实，其他各项工作才有依据。所以它是制定各项人力资源管理政策、制度和方法的基础与依据，为各项人力资源管理工作奠定了有章可循的标准，如招聘、培训、薪酬、绩效管理等。

本书的主要特点：

(1) 新视角与观点。全书以组织结构、工作分析与岗位评价为基础，尽可能针对企业实践，吸收了工作分析的新思想、新理论、新方法和新案例。

(2) 理论与实践兼顾。在对工作分析相关理论进行系统梳理的基础上，特别强调对实际工作的指导意义，强调操作程序与步骤，具有可操作性和实际使用价值，深入剖析企业在实际工作分析中遇到的相关问题。本书每章章首都安排了案例导入，将读者的注意力吸引到本章的主题，以增强读者的学习兴趣；章后再安排相关案例讨论，以增强读者对理论知识的理解能力和对实际问题的分析能力。

(3) 教与学编排的创新。通过学习目标、"知识链接"、"案例多"等特色编写模块的设计，既注重学术的深度，又贴近教学，便于互动学习。

刘俊教授、袁仕海老师、罗亮梅老师及我的研究生李论基和李恩同学参与了本书部分章节的撰写或资料的整理，特此致谢。还要感谢电子工业出版社石会敏主任的支持和帮助。本书的写作参阅了国内外大量的教材、著作、论文等文献，在此向相关作者或译者表示衷心感谢。

本书是在作者十多年的管理咨询和教学的经验基础上撰写而成的，尽管本人花费了大量的时间和精力，但由于水平有限，不可避免地存在不足之处，相信还存在很多需要改进的地方，恳请专家学者指正，并请读者多提宝贵意见，以便进一步修正。

万　希

2017 年 1 月 11 日

# 目 录

## 第一章 组织结构与组织结构设计 ............1
### 第一节 组织结构设计概述 ............2
一、组织 ............2
二、组织结构设计 ............3
三、组织结构设计与工作分析 ............8
### 第二节 组织结构设计的流程 ............9
一、管理幅度的确定 ............9
二、管理层次的确定 ............11
三、部门划分 ............11
四、岗位设置 ............12
### 第三节 组织结构的基本类型 ............12
一、组织系统架构与设计 ............12
二、职位管理系统 ............16

## 第二章 工作分析的概述 ............19
### 第一节 工作分析的基本概念 ............21
一、工作 ............21
二、工作分析的内涵 ............24
三、工作分析的时机选择 ............24
四、工作分析中的常用术语 ............24
### 第二节 工作分析的内容 ............29
一、工作分析的信息 ............29
二、工作分析的结果 ............30
### 第三节 工作分析的性质和作用 ............32
一、工作分析的原则 ............32
二、从逻辑上理解工作分析的目的与应用 ............32
三、工作分析在组织管理中的作用 ............36
### 第四节 工作分析发展的历史 ............37
一、工作分析思想的溯源 ............38
二、工作分析的早期发展 ............40
三、工作分析的形成阶段 ............41
四、工作分析的现代发展 ............41
五、工作分析在中国的发展 ............42
六、西方国家工作分析研究历史发展的启示 ............42

## 第三章 工作分析的流程 ............44
### 第一节 工作分析的流程设计 ............44
一、工作分析流程概述 ............44
二、工作分析的需求分析阶段 ............45
### 第二节 工作分析的准备阶段 ............47
### 第三节 工作分析的调查阶段 ............52
### 第四节 工作分析的整理和分析阶段 ............57
### 第五节 工作分析的完成阶段 ............59

## 第四章 工作说明书的编写 ............64
### 第一节 工作分析的成果 ............65
一、职位描述 ............65
二、任职资格 ............72
### 第二节 编写工作说明书的准则 ............80
一、结构完整 ............80
二、表达准确 ............81
三、逻辑顺畅 ............81
四、讲究实用 ............81
五、划分清楚 ............81
六、体例统一 ............81

## 第五章 通用工作分析方法与工具 ............87
### 第一节 工作分析方法的分类 ............87
一、通用工作信息收集方法 ............88
二、传统工业企业的工作分析方法 ............88
三、以工作为基础的系统性工作分析方法 ............88
四、以人为基础的系统性工作分析方法 ............88
### 第二节 工作分析的主要方法 ............88
一、观察法 ............89
二、文献分析法 ............91
三、工作日志法 ............93
四、工作实践法 ............96
五、访谈法 ............96
六、问卷调查法 ............100
七、主题专家会议法 ............103
### 第三节 工作分析方法的比较 ............105

一、选择工作分析方法应考虑的因素 ……105
二、工作分析方法适用人力资源管理领域的比较 ………………106

## 第六章 传统的工作分析方法 ……109
### 第一节 工作研究 ……………110
一、工效学的概述 ……………110
二、管理工效学和管理学的关系 ……110
三、工作研究概述 ……………112
### 第二节 方法研究 ……………113
一、方法研究的概述 …………113
二、程序分析 …………………115
三、作业分析 …………………116
四、动作分析 …………………117
### 第三节 工作衡量 ……………120
一、工作衡量的概念 …………120
二、工作衡量的目的 …………120
三、工作衡量的用途 …………120
四、工作衡量的基本程序 ……120
### 第四节 时间研究 ……………121
一、时间研究概述 ……………121
二、工作日写实 ………………123
三、工作抽样 …………………126
### 第五节 劳动强度的测评 ……128
一、劳动强度的概念 …………128
二、劳动强度的测定方法 ……128
三、劳动强度的分级评价 ……129
四、体力劳动强度的测定方法 ……130
五、劳动强度其他因素的测定和分级 ……132
### 第六节 劳动环境的测评 ……134
一、劳动环境的概念 …………134
二、劳动环境的测定方法 ……134
三、劳动环境测定的工作步骤和要求 ……135
四、劳动环境测定数据处理的基本方法和要求 ………………136

## 第七章 现代工作分析方法 ……142
### 第一节 以人为基础的系统性方法 ……143
一、职位分析问卷法 …………143
二、工作要素法 ………………150
三、临界特质分析系统法 ……156

### 第二节 以工作为基础的系统性方法 ……163
一、管理职位描述问卷法 ……163
二、关键事件技术 ……………166
三、功能性工作分析法 ………173
四、任务清单法 ………………178
五、其他人员分析方法 ………183
六、各工作分析方法的比较 …187

## 第八章 定编定员管理 …………190
### 第一节 定编定员概述 ………191
一、企业岗位的分类 …………191
二、定编定员的特点 …………192
三、定编定员的操作流程 ……192
### 第二节 定编定员的方法 ……193
一、定编定员方法介绍 ………193
二、工作分析和评价结果对定编定员的影响 …………………195
三、举例：某酒店人员定编定员执行方案 ……………………195
### 第三节 岗位设置表的编制 …198
一、岗位设置表 ………………198
二、部门岗位设置表 …………198
三、公司岗位设置总表 ………198
### 第四节 某公司岗位设置管理办法 ……200
一、总则 ………………………200
二、岗位设置与编制 …………201
三、职务说明书的编制与管理 ……201
四、岗位管理 …………………202
五、工作轮换 …………………203
六、岗位晋升 …………………203
七、岗位竞聘 …………………204
八、离职管理 …………………204
九、辞退 ………………………204
十、劳动合同的管理 …………204
十一、竞业禁止协议 …………204
十二、附则 ……………………204
### 第五节 职位分类 ……………204
一、职位分类的基本概念 ……204
二、职位分类的作用 …………205

三、职位分类的意义 ………… 205
　　四、职位分类的原则 ………… 205
　　五、职位分类的程序 ………… 206
　　六、职位调查与品评方法 …… 207

# 第九章　工作设计 …………………… 211
## 第一节　工作设计概述 …………… 213
　　一、工作设计的概念 ………… 215
　　二、工作设计的基本目的 …… 216
　　三、工作设计的内容 ………… 217
　　四、工作设计的形式 ………… 217
　　五、工作再设计需要考虑的因素 … 218
## 第二节　工作设计的方法及程序 … 220
　　一、工作设计的基本原则 …… 220
　　二、工作设计的方法 ………… 221
　　三、不同工作设计方法的对比 … 223
　　四、工作设计的程序 ………… 223
## 第三节　工作设计方法 …………… 228
　　一、工作轮换 ………………… 228
　　二、工作扩大化 ……………… 229
　　三、工作丰富化设计 ………… 229
　　四、工作内容充实 …………… 232
　　五、人性化的岗位再设计方法 … 232
　　六、基于激励的工作设计的意义 … 234
　　七、工作设计的新趋势 ……… 235

# 第十章　岗位评价 …………………… 238
## 第一节　岗位评价概述 …………… 239
　　一、什么是岗位评价 ………… 239
　　二、岗位评价发展历史回顾 … 241
　　三、岗位评价的原则 ………… 242
　　四、岗位评价的意义和作用 … 243
　　五、何时需要岗位评价 ……… 244
## 第二节　工作分析在岗位评价中的应用 ………………………… 245
　　一、工作分析在岗位评价中的位置与贡献 ………………… 245
　　二、工作说明书中的信息与岗位评价要素之间的关系 …… 246
　　三、基于工作说明书进行岗位价值评价的方法 …………… 246
　　四、岗位评价所需要的信息 … 249
　　五、岗位评价的注意事项 …… 249
　　六、岗位评价的指标体系 …… 250
　　七、岗位评价的程序 ………… 255
## 第三节　岗位评价的基本方法 …… 257
　　一、排序法 …………………… 257
　　二、岗位分类法 ……………… 259
　　三、要素计点法 ……………… 261
　　四、要素比较法 ……………… 267
　　五、四种岗位评价方法的比较 … 271
　　六、岗位评价的结果及应用 … 271
## 第四节　岗位等级薪酬体系 ……… 272
　　一、岗位评价与薪酬结构设计 … 272
　　二、薪酬设计举例 …………… 273
## 附录A　海氏岗位评价系统 ……… 275
## 附录B　美世国际岗位评价系统 … 283

# 第十一章　工作分析的未来发展趋势 … 287
## 第一节　工作分析的内外部环境分析 ………………………… 288
　　一、工作条件的变化 ………… 288
　　二、工作和工作分析的发展趋势 … 289
## 第二节　战略工作分析与基于胜任力的工作分析 …………… 298
　　一、传统工作分析的特点 …… 298
　　二、战略工作分析的建立 …… 298
　　三、基于胜任力的工作分析 … 302
　　四、工作分析研究方法需要创新 … 305
## 第三节　应对知识经济时代工作分析的挑战 ………………… 306
　　一、知识经济对工作分析的挑战 … 306
　　二、如何认识知识经济时代对工作分析的挑战 …………… 308
　　三、如何应对知识经济时代对工作分析的挑战 …………… 309

# 参考文献 ……………………………… 314

# 第一章
# 组织结构与组织结构设计

组织结构的存在使普通人能做出非凡的事情。

——泰德·李维特（Ted Levitt，《哈佛商业评论》编辑）

组织结构的设计应该明确谁去做什么，谁要对什么结果负责，并且消除由于分工含糊不清造成的执行中的障碍，还要提供能反映和支持企业目标的决策和沟通网络。

——哈罗德·孔茨（Harold Koontz）

### 学习目标

1. 阐述组织结构的类型。
2. 组织结构与工作分析之间的关系。
3. 陈述职位管理的主要内容。

 **案例导入**

### 美国科技公司的组织结构图

2012 年 6 月 27 日，Web 设计师 Manu Cornet 在自己的博客上，画了一组美国科技公司的组织结构图（如图 1-1 所示）。在他笔下，亚马逊等级森严且有序；谷歌结构清晰，产品和部门之间却相互交错且混乱；Facebook 架构分散，就像一张散开的网络；微软内部各自占山为王，军阀作风深入骨髓；苹果一个人说了算，而那个人路人皆知；对于庞大的甲骨文，臃肿的法务部显然要比工程部门更加重要。真是一组有趣的图，它很快风靡网络。6 月 29 日，它传入中国，在新浪微博上被转发了一万多次。

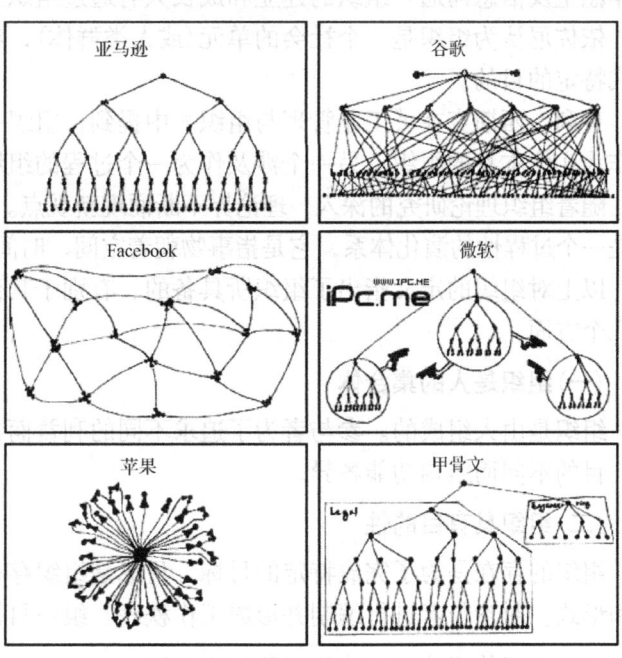

图 1-1　几家美国科技公司的组织结构图

资料来源：http://mt.sohu.com/20150504/n412357424.shtml。

讨论题：
1. 组织结构为什么在这些科技公司显得如此重要？
2. 同是高科技公司，为什么有不同的组织结构？

组织人力资源管理中的工作分析以组织中的岗位以及任职者为研究对象，它所搜集、分析、形成的信息及数据是有效联系人力资源管理各职能模块的纽带，从而为整个人力资源管理体系的建设提供了理性基础。因此，组织中的工作分析是在组织结构既定的前提下进行的，科学合理的组织结构设计是组织开展工作分析的基础和依据。所以，务必在工作分析之前进行组织再设计，为工作分析准备良好的组织前提。

## 第一节 组织结构设计概述

### 一、组织

组织（organization）是现实世界中普遍存在的社会实体。军队、政府机关、企业等都是一个组织。业余活动团体、工会、项目小组等也是一个组织。对于组织的定义，不同管理学派有不同解释。

社会系统学派的代表人物巴纳德，将组织定义为一种有意识的、谨慎的、有意图的人们之间的合作。

管理心理学家加孟尼和雷列认为，组织是为达到共同目的的人所组成的形式。一个组织群体，如果想有效地达到其目标，就必须在协调合作的原则下，使每个员工各司其职。

马奇和西蒙将组织定义为有意识的、协调的各种活动系统，组织成员不只限于传统理解的管理者和一般员工，它还包括投资者、物资供应者、顾客等。组织有三要素，即共同目的、协作愿望及信息沟通。组织的建立和成长只有通过组织三要素的结合才能实现。

依佐尼认为组织是一个社会的单元（或人类群体），组织是被有意建构和重构起来的，以达成特定的目的。

亨利·西斯克在《工业管理与组织》中提到，组织一词有两个不同的含义，其中之一涉及作为实体本身的组织，另一个涉及作为一个过程的组织。

随着组织理论研究的深入，理论界不断涌现新观点。比如，组织理论的新范式就认为，组织是一个过程性的演化体系，它是指事物朝着空间、时间或功能的有序方向演化的过程体系。

以上对组织的定义指出了组织所具备的、有别于其他集合体类型的特性，其具体包含以下几个方面。

**（一）组织是人的集合体**

组织是由人组成的。参与者为了追求不同的利益而参与到组织中来，组织因其成员的思想、目的不同而结构功能各异。

**（二）组织具有目的性**

组织的存在是为了完成特定的目标，目标是组织存在的前提。组织按照一定的目的、任务和形式，对参与者进行编制并形成工作秩序。组织目标决定了组织的性质。

**（三）组织体现分工、协作以及权责关系**

组织拥有确定的目标、精心设计的结构和协调的活动体系，因此其本质在于协作。组织中分工与分化的程度越高，组织整合的需要和难度就越大，从而越需要强有力、更复杂的整合手段来进行协调。分工与协作是组织存在和运作的重要条件。

组织是为了完成一定的组织活动而形成的，它必将建立在分工合作的基础上。不同的分工，参与者所担负的责任和拥有的权力也不同。企业为了达到经营目标，要有采购、生产、销售、财务和人事等许多部门，这是一种分工，每个部门都专门从事一种特定的工作，各个部门又要相互配合。只有把分工与合作结合起来才能产生较高的集团效益。

组织要有不同层次的权力与责任制度。在分工之后，组织就要赋予每个部门每个人相应的权力和责任，以便于实现组织的目标。权力和责任是达成组织目标的必要保证。

### (四)组织的层次性、结构性、过程性和复杂性

组织是一个系统，按照系统的层次性，组织也是有层次的。组织的层次性是一个普适性的特征，它是指组织各个构成要素之间的有序排列。现代企业组织内部包含着若干子系统，如目标子系统、结构子系统、心理子系统、技术子系统、生产子系统、经营子系统等，这些子系统还可以继续分为若干更小的子系统。从现代企业组织目标子系统来看，大体可以分为三个层次：一是社会层，即社会加给现代企业组织的社会目标，如现代企业要为社会提供所需的产品或服务，创造尽可能多的社会福利；二是群体层，即作为现代企业利益整体的群体目标，如现代企业要努力增强市场竞争能力，以提高经济效益，实现长远发展，改善员工生活；三是个人层，即现代企业组织成员自己奋斗的个人目标，如追求较多经济收入，满足兴趣爱好，实现更高成就价值。再从总公司组织结构子系统来看，总公司下有分公司，分公司下有工厂，工厂下有车间，车间下有工段、班组。在组织中，管理者依据组织活动的等级结构，按照一定的标准将组织分成小单元，再将这些小单元分成更小的单元，依次细分下去，使组织表现出不同的等级序列和组织的结构性特征。由于主动性、能动性的不同，任何一个组织的具体形式都会有所差别，但都包含有一些起关键作用的特殊层次，意味着组织具有较强的层次性、复杂性。随着组织理论的发展和组织结构的演化，组织的分支机构将发生变化，使其层次的纵向和横向的复杂性增强。

上述各种学派对"组织"的定义，从不同的视角强调了组织某一方面的特性和功能，归纳起来，我们将组织定义为：组织是为了达到某些特定目标，由分工与合作及不同层次的权力和责任制度，而构成的人的集合。

## 二、组织结构设计

组织结构(organizational structure)是指为了实现组织目标，全体员工进行分工协作，在职务范围、责任、权力等方面形成的架构体系。进行组织结构的研究，对提高组织自身的市场竞争力具有重要意义。随着科技时代的来临，组织所面对的管理环境日趋复杂多变，市场需求的多样性也越显突出，组织为应对日益变化的环境和市场需求，需要进行科学的组织结构设计。组织中的组织机构不是固定不变的，组织结构设计也不是一劳永逸的，组织必须根据内、外部各种因素的变化而及时做出相应的客观调整。

图 1-2 是一个典型的组织结构图。图中的方框表示职务或相应的部门。组织结构图通过直线将各部门、各职位连接起来，标明了各种管理职务或各个部门在组织结构中的地位以及它们之间的相互关系。

从图 1-2 中可以看出，组织结构设计可以分解为横向和纵向两种形式。组织纵向设计

的结果是决策的层级化，即确定了由上到下的指挥链以及链上每一级的权责关系；显然，这种关系具有明确的方向性和连续性；组织横向设计的结果是组织的部门化，即确定了每一部门的基本职能、每一位主管的控制幅度、部门划分的标准以及各部门之间的工作关系。

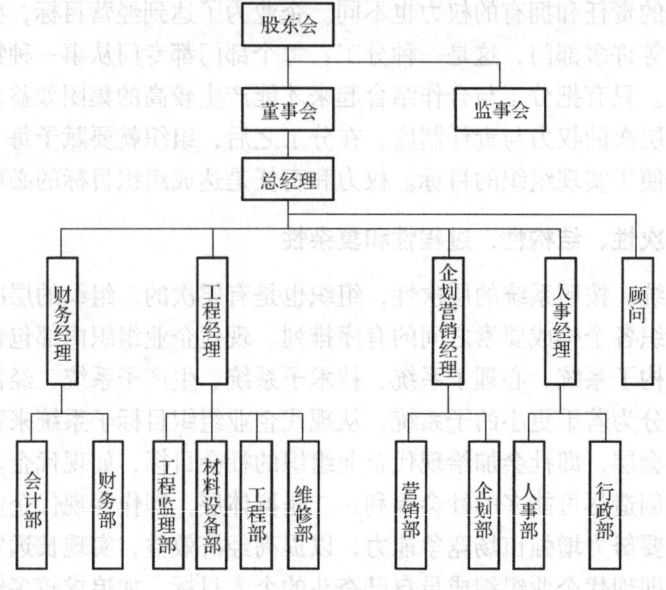

图 1-2 某公司组织结构示意图

所谓组织结构设计是指组织为了有效实现组织目标，而对组织活动进行科学合理的规划，确定组织各岗位的职责、权力、协作关系和沟通模式，从而形成一个高效的结构体系的过程。组织机构与工作岗位的合理配置，直接关系到组织的人力资源管理质量。在一个组织中，设置什么部门和岗位、多少岗位、岗位工作内容、岗位任职资格等将直接关系到工作分析的结果。

组织的结构是动态的，它必须根据组织战略和外界环境的变化而进行相应的调整。通常，组织在三种情况下进行结构设计：一是新建的组织需要进行组织结构设计；二是原有组织结构出现较大问题或组织的战略目标发生变化；三是为了适应组织发展的要求及环境的变化，组织中的组织结构将需要进行必要的局部调整和完善。在进行组织结构设计时，组织要做好客观的市场定位，以能否适应组织发展需要为基准来判断组织结构设计的合理性，以利于组织结构的构建能满足组织发展的需要。

### （一）组织结构设计的基本原则

1. 战略导向原则

组织是实现组织战略目标的有机载体，组织的结构、体系、过程、文化等均是为完成组织战略目标服务的，达成战略目标是组织设计的最终目的。组织应通过组织结构的完善，使每个人在实现组织目标的过程中做出更大的贡献。

2. 适度超前原则

组织结构设计应综合考虑组织的内、外部环境，组织的理念与文化价值观，组织的当前以及未来的发展战略等，以适应组织的现实状况。并且，随着企业的成长与发展，组织结构应有一定的拓展空间。

3. 系统优化原则

现代组织是一个开放的系统，组织中的人、财、物与外界环境交流频繁，联系紧密，需要开放型的组织系统，以提高组织对环境的适应能力和应变能力。因此，组织机构应与组织目标相适应。组织设计应简化流程，保证信息畅通、决策迅速、部门协调，充分考虑交叉业务活动的统一协调性和过程管理的整体性。

4. 有效管理幅度与合理管理层次的原则

管理层级与管理幅度的设置受到组织规模的制约，在组织规模一定的情况下，管理幅度越大，管理层次越少。管理层级的设计应在有效控制的前提下尽量减少管理层级，精简编制，促进信息流通，实现组织扁平化。

其中，管理幅度受主管直接有效地指挥、监督部属能力的限制。管理幅度的设计没有一定的标准，要具体问题具体分析。粗略地讲，高层管理幅度 3~8 人较为合适，中层管理 5~9 人较为合适，低层管理幅度 14~20 人较为合适。

5. 责权利对等原则

责权利对等，是组织正常运行的基本要求。权责不对等对组织危害极大，有权无责容易出现瞎指挥的现象；有责无权会严重挫伤员工的积极性，不利于人才的培养。因此，在结构设计时应着重关注职责和权利的设置，使公司能够做到职责明确、权力对等、分配合理。

6. 职能专业化原则

组织整体目标的实现需要完成多种职能工作，因此，组织结构设计应充分考虑专业化分工与团队协作。对以事业发展、提高效率、监督控制为首要任务的业务活动，组织应以此原则为主，进行部门划分和权限分配。当然，组织的整体行为并不是孤立的，各职能部门应做到既分工明确，又协调一致。

7. 稳定性与适应性相结合的原则

首先，企业组织结构必须具有一定的稳定性，这样可使组织中的每个人工作相对稳定，相互之间的关系也相对稳定，这是企业能正常开展生产经营的必要条件。如果组织结构朝令夕改，必然造成职责不清的局面。其次，企业组织结构又必须具有一定的适应性。由于企业的外部环境和内部条件是在不断变化的，如果组织结构、组织职责不注意适应这种变化，企业就缺乏生命力、缺乏经营活力。因此，企业应该根据行业特点、生产规模、专业技术复杂程度、专业化水平、市场需求和服务对象的变化、经济体制的改革需求等进行相应的动态调整。企业应该强调并贯彻这一原则，应在保持稳定性的基础上进一步加强和提高组织结构的适应性。

组织结构设计是为有效地实现组织目标而形成工作分工与协作关系的一项复杂的系统工程，目的在于帮助组织建立较强有力的组织管理体系。而在进行组织结构设计之前，必须首先明确组织结构设计的原则。组织结构设计的原则规定了进行组织结构设计的方向，明确了组织结构设计的标准。组织结构设计原则是一般性原则，在实际的设计操作过程中，要根据组织的具体情况，明确针对组织的特定原则，有倾向性地进行组织结构设计。与此同时，每一种组织结构都不能普遍适用于所有的组织，也不能适用于组织的每一个发展阶段。因此，在明确组织结构设计原则的前提下，组织结构设计还必须以实现组织使命和战略目标为导向，不断地对新的组织结构的运行情况进行跟踪和诊断，及时发现问题并采取有效措施。

### (二) 组织结构设计的目的

组织设计是指对组织的结构和活动进行创构、变革和再设计。组织结构是描述组织的框架体系，表明包括组织内各部分排列顺序、空间位置、结合方式、联系方式以及各要素之间的相互关系。总体来说，组织结构设计的目的主要有以下几个方面：

(1)通过创构柔性灵活的组织，动态地反映外在环境变化的要求；

(2)能够在组织演化成长的过程中，有效积聚新的组织资源；

(3)协调好组织中部门与部门之间、人员与任务之间的关系，使员工明确自己在组织中应有的权力和应担负的责任；

(4)有效地保证组织活动的开展，最终保证组织目标的实现；

(5)发挥整体大于部分之和的优势，使有限的人力资源形成最佳的综合效果。

企业如果有3000名员工，采用不同的组织结构进行分工，会得到完全不同的组织效应。一个合理的组织结构，能够做到机构设置精简、高效，职能分工明确合理，既发挥了个人的积极性、创造性，又能够保持组织高度的和谐和统一。反之，一个不良的组织结构，会因为机构臃肿、人浮于事而效率低下，因为职能不清、职能重叠而扯皮不止，因为有权无责而滥用权力，因为有责无权而消极怠工……成功的企业，大多数都有着合理的组织设计；相反，失败的企业，大多数都存在着不良的组织设计。

### (三)组织结构设计的步骤

组织结构设计通常可分为以下五个步骤。

#### 1. 工作划分

根据目标一致和效率优先的原则，把达成组织目标的总任务划分为一系列各不相同又相互联系的具体工作任务。

#### 2. 建立部门

把相近的工作归为一类，在每一类工作之上建立相应的部门。这样，在组织内根据工作分工建立职能各异的组织部门。

#### 3. 决定管理跨度

所谓管理跨度，也称管理幅度，就是一个上级直接指挥的下级数目。应该根据人员数量、工作复杂程度、授权情况等合理地决定管理跨度，相应地也就决定了管理层次和职权、职责的范围。

#### 4. 确定职权关系

授予各级管理者完成任务所必需的职务、责任和权力，从而确定组织成员间的职权关系。

上下级间的职权关系——纵向职权关系：上下级间权力和责任的分配，关键在于授权程度。

直线部门与参谋部门之间的职权关系——横向职权关系：直线职权是一种等级式的职权，直线管理人员具有决策权与指挥权，可以向下级发布命令，下级必须执行。而参谋职权是一种顾问性质的职权，其作用主要是协助直线职权去完成组织目标。参谋人员一般具有专业知识，可以就自己职能范围内的事情向直线管理人员提出各种建议，但没有越过直线管理人员去命令下级的权力。

#### 5. 通过组织运行不断修改和完善组织结构

组织结构设计不是一蹴而就的，而是一个动态的不断修改和完善的过程。组织在运行过程中，必然暴露出许多问题，也能获得某些有益的经验，这一切都应作为反馈信息，促使企业管理者重新审视原有的组织结构，酌情进行相应的修改，使其日益完善。

**【知识链接 1-1】**

## 如何设计一个富有弹性的组织

组织结构类型很多，但不存在在任何情况下都是最好的组织结构。对于企业来说，组织结构要随着工作任务、企业的技术工艺特性、企业所处的内外部环境的变化而变。

**组织必须适应工作任务**

对于重复、简单、呆板的工作，其工作程序和效果都是可以预测的，应采用正式的集权式的组织结构加以指挥管理。对于复杂的、创造性的工作，其工作程序和效果并不是可以准确预测的，最好用分权的组织结构加以指挥管理。

**组织必须适应技术工艺特性**

以企业的技术工艺特性划分为依据，企业的类型可分为三种，即单件小批量生产企业、批量生产企业和大批量生产企业。对于单件小批量生产企业，组织设计适宜采用分权的方式进行管理；对于大批量生产企业，组织设计适宜采用相对集权的方式进行管理，组织设计时采用传统的原则，明确层次结构、职责范围；而对于批量生产企业，要灵活掌握集权与分权的界限，在组织设计时要同时考虑传统设计原则和动态设计原则。

**组织要适应于周围环境**

组织的周围环境包括：社会环境，如人口总数、年龄构成、人口分布、教育水平、兴趣和价值观念等；经济环境，如国际与国内市场竞争等；技术环境，如新技术、新工艺、新材料、新设备等；政治环境，如国际与国内政治形势、国家有关政策等。

相对于一个企业而言，其外部环境的性质可以大体上划分为三类。第一类是稳定的环境，处于这种环境的企业适合采用正式化、集权化的组织结构。第二类是变迁环境，处于这种环境的企业虽然仍适合用正式化、集权化的组织结构，但必须委以专人紧盯环境变化。销售部门必须经常调查消费者的市场需求变化。技术人员必须不断引进新技术，以降低成本，改进产品性能；同时，组织应该保持一定弹性。第三类是剧烈变化的环境，处于这种环境的企业很多，如我国的电视机、电冰箱、服装等制造企业。这类企业需要有强烈的敏锐性、创造性，必须具备畅通的沟通渠道、相当分权化的组织结构，并具有很大的弹性，以便在发现新的机会时能迅速地转移重心。

### （四）组织结构图的制作

企业中所有的工作都确定后，有必要明确分工，形成职能部门，并描绘出组织结构图。组织结构图描述了企业中各项工作的关系，同时也是对管理体制和管理模式的反映，参见图 1-2。

制作组织结构图时应考虑以下几个问题：

(1) 组织结构图的主体。确定组织结构图的范围，是一个系统、一个部门、一个地区，还是整个公司的组织结构图。

(2) 简洁明了。尽量使组织结构图简洁清楚，强调主要机构。

(3) 名称。用职务名称来描述工作水平和职能，要尽可能说明责任，如"行政主管"；含义较明朗的，不必进一步阐明，如"总经理"或"秘书"。

(4) 次序。不要先写组织中的人员名称，首先要确定职能，然后再将负有相应责任的人名填上去。

(5)职务。在一个矩形框里描述组织各部门的职务。

(6)等级。用垂直线描述不同等级的相关工作,用水平线描述相同等级的工作。

(7)职权。用水平直线或垂直线表示直接权力,用点线表示间接权力。

在一个有活力的组织里,组织结构图会非常复杂,因为可能会有双重的关系存在。例如,一个设计工程师也许既要向工程经理汇报,又要向负责审核和管理的首席工程师汇报,这种类型的组织叫做"矩阵组织"。现在有越来越多的企业使用这种组织结构,尤其在工程施工和高科技行业里。

## 三、组织结构设计与工作分析

人们建立组织的目的是让组织内的人员分担不同的工作,相互协作实现组织的目标。组织本身并不是目的,组织只是达到组织目标的手段。几乎任何组织都有自己的组织结构设计图,它能够为我们提供许多有用的信息,但是它仍然无法替代工作分析。组织结构设计的作用是表明组织中总共设立了哪些部门,指明各个部门的负责人,指明每位经理人的工作职位,指明组织内上下级的隶属关系和责任关系,使每位员工明确自己的职位及在组织中的地位。

组织结构决定了组织的整体形态。如果将组织比作人,那么组织结构就是人体的躯干、器官以及它们之间的联系。通过组织结构设计,将为组织提供详细而完整的组织结构图,通过它来说明组织中的部门结构及其相互关系和作用原理。

组织结构设计的成果是组织结构图。组织结构图的科学性与合理性,在很大程度上促进或约束组织岗位工作的开展,从而影响组织的发展和战略目标的实现。但是组织结构图也有局限性,通常它无法说明各项工作的日常活动及其职责和组织中实际的沟通方式,不能反映员工受监督的程度,并且不能说明各级管理者掌握的实权范围。为了解决上述问题,我们需要借助于工作分析。所以科学合理的工作分析为组织管理和组织结构的改善提供了依据。图1-3说明了组织结构设计与工作分析的关系。

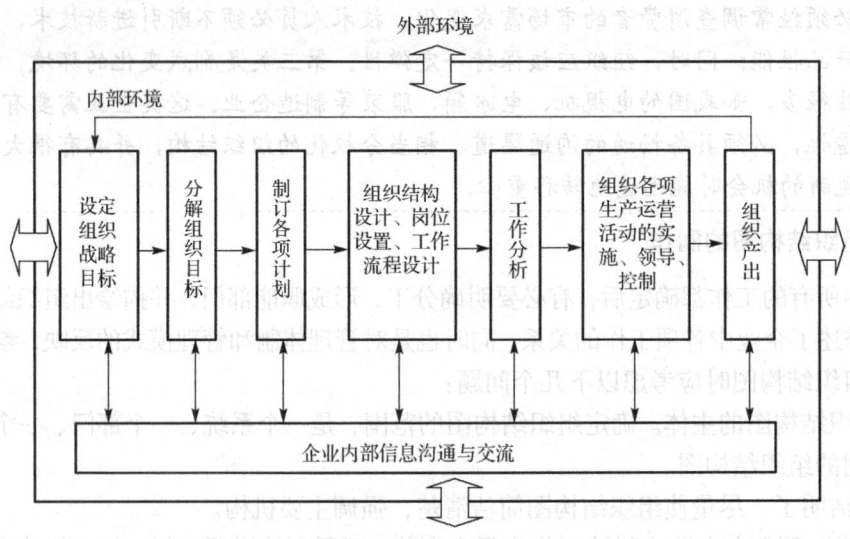

图1-3 组织结构设计与工作分析的关系

从图1-3可以看到,作为一个完整的组织系统,在明确的组织战略和充分的计划工作基础上,通过合理的组织结构设计、岗位设置和工作流程设计,才可以使工作分析工作顺利进行,进而实现组织各项生产运营活动的实施、领导和控制,最终形成组织产出,为组织创造效益。所以说，组织结构设计是工作分析的前提，即工作分析是以科学合理的组织结构设计为基础的，合理的组织结构设计为工作分析提供了良好的平台。组织结构可以为工作分析提供组织中所设立的部门、岗位、负责人及他们在组织中上下级的隶属关系和职责关系等信息，使得工作分析活动在运行的各个环节能够有据可依。同时，工作分析也是组织结构设计实现对领导、控制、产出等方面的基础作用的桥梁。

另外，工作分析是组织结构设计理论的具体化，又是确定职能设计、职务权限、请示等规程必不可少的环节。利用工作分析结果可以避免组织资源的浪费，发现组织中的不合理并及时予以优化和改进。因此，工作分析能够解决一个特定组织在特定时期内特定的工作关系问题，为组织结构的优化与再设计提供数据基础，是组织设计与运作的基础。

综上所述，工作分析与组织结构设计是互为基础、相互补充、相辅相成的关系。

## 第二节 组织结构设计的流程

企业组织结构的设计只有按照正确的程序进行，才能达到组织设计的高效化。如图 1-4 所示为组织结构设计的流程及步骤。

### 一、管理幅度的确定

#### （一）管理幅度设计思路

管理层次和管理幅度是决定组织结构的两个重要参数，而且管理层次与管理幅度是密切相关的。任何企业的组织结构都应是一种梯形结构，

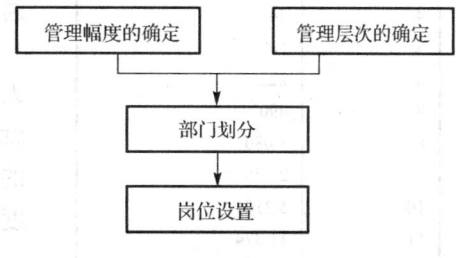

图1-4 组织结构设计的流程及步骤

即上级指挥机构少，下级指挥机构多。根据管理的需要，从上到下通常设有若干指挥和管理层次。这些层次之间是一种隶属关系，从而形成职权上的等级链；管理层次设计就是确定等级链的级数。管理幅度是指组织中的一个上级直接指挥下级的数量。显然，在组织规模一定的情况下，如果不考虑其他因素，管理幅度越大，管理层次就越少；反之，管理层次就越多。

#### （二）管理幅度的影响因素

管理幅度的影响因素主要有以下几方面。

(1) 主观方面的因素，是由领导者的素质决定的。主观因素主要表现在领导者能否减少花在下级身上的时间。

(2) 客观方面的因素，即由客观条件和下属人员素质决定的因素。

#### （三）确定管理幅度

管理幅度首先是由古典管理学派提出的。英国的管理学家厄威克提出了普遍适用的管理幅度：每一个上级领导人所直接领导的下级人员不应超过 5~6 人。

早期关于管理幅度设计的思想特点：①主管人员应该知道自己的管理幅度是有限度的；②认为管理幅度存在一个固定的具体人数，应该努力寻求这一普遍适用的有效幅度，在组织设计中推而广之。

后来的管理学家认识到管理幅度因不同的条件而异，不同行业、不同企业和企业内部不

同职务，管理幅度千差万别，因此将研究的注意力转移到研究管理幅度的各项影响因素上来，并陆续提出一些新的见解和方法。

法国管理咨询专家格拉丘纳斯(V. A. Graicunas)从上下级关系对管理幅度的影响方面进行了深入研究，指出管理幅度以算术幅度增加时，管理者和下属间的人际关系将以几何级数增加。格拉丘纳斯认为，上下级关系可以分为三个基本类型：

(1) 直接的单个关系，如上级 S 和下级 B 之间直接地、单独地发生的联系；

(2) 直接的组合关系，如 S 和 A 谈话时 B 在场；

(3) 交叉关系，如下级人员相互打交道时发生的关系，也就是横向联系。

各类相互关系的总和为 $m$，$m = n \cdot [2^{n-1} + (n-1)]$，$n$ 为下属人员数（如表 1-1 所示）。

表 1-1 不同下属人员数的可能关系数

| 下属人员数 | 关系总数 |
| --- | --- |
| 1 | 1 |
| 2 | 6 |
| 3 | 18 |
| 4 | 44 |
| 5 | 100 |
| 6 | 222 |
| 7 | 490 |
| 8 | 1 080 |
| 9 | 2 376 |
| 10 | 5 210 |
| 11 | 11 374 |
| 12 | 24 708 |
| … | … |
| 18 | 2 359 602 |

管理学者尤代尔(J. G. Udell)对企业中层管理和一些特殊职务的管理幅度进行了观察和验证，如对销售主任进行经验研究中发现，管理幅度是趋向于扩大的，在下列情况下尤为明显：主管人员有助手；下属人员在同一地点工作；管理的职能相似；采用明文规定的信息沟通方法；下属人员有经验。

总之有效的管理幅度不存在一个普遍适用的具体人数，它的大小取决于若干基本变量，组织设计的任务就是找出限制管理幅度的影响因素，根据它们影响强度的大小，具体确定特定企业各级各类管理人员的管理幅度。

决定管理幅度大小的各种因素，可归结为上下级关系的复杂程度，涉及三个指标：①关系的数量；②相互接触的频率；③相互接触所花费的时间。

具体可以分为以下七个因素：

(1) 员工的素质。主管及其部属能力强、学历高、经验丰富者，可以加大控制面，管理幅度可加大；反之，应小一些。

(2) 沟通的程度。组织目标、决策制度、命令可迅速而有效地传达，渠道畅通，管理幅度可加大；反之，应小一些。

(3) 职务的内容。工作性质较为单纯、较标准者，可扩大控制的层面。

(4) 协调工作量。利用幕僚机构及专员作为沟通协调者，可以扩大控制的层面。

(5) 追踪控制。设有良好、彻底、客观的追踪执行工具、机构、人员及程序者，可以扩大控制的层面。

(6) 组织文化。具有追根究底的风气与良好的企业文化背景的公司也可以扩大控制的层面。

(7) 地域相近性。所辖的地域近，可扩大管理控制的幅度，地域远则缩小管理控制的幅度。

目前，人们主要还是采取定性的方法来确定管理幅度。一般认为上层的管理幅度应窄一些，3~8 人为合适；下层的管理幅度应宽一些，14~20 人为合适。中层的管理幅度介于二者之间。这是因为，上层的管理工作复杂，属于非结构化决策的问题较多。实际上，中层的管理幅度比上层要窄，这是因为中层管理者承担着较多的向高层领导汇报工作的职能。

表 1-2 表示主管工作负荷量受到管理幅度各因素的影响。

表 1-2　主管工作负荷量受到管理幅度各因素的影响

| 等　级 | 1 | 2 | 3 | 4 | 5 |
|---|---|---|---|---|---|
| 职能相似性 | 完全一致 | 基本相似 | 相似 | 存在差别 | 根本不同 |
| 位置相似性 | 都在一起 | 在同一幢大楼里 | 在同一企业不同大楼 | 在同一地区不同厂区 | 在不同地区 |
| 职能复杂性 | 简单重复 | 常规工作 | 有些复杂 | 复杂多变 | 高度复杂多变 |
| 指导与控制的工作量 | 最少的指导、监督 | 有限的指导、监督 | 适当的指导、监督 | 经常持续的指导监督 | 始终严格的指导监督 |
| 协调的工作量 | 同别人联系极少 | 关系限于确定的项目 | 易于控制的适当关系 | 相当紧密的关系 | 紧密、广泛而又不重复的关系 |
| 计划的工作量 | 规模与复杂性都很小 | 规模与复杂性有限 | 中等规模与复杂性 | 要求高但只有广泛的政策指导 | 要求极高，范围与政策都不明确 |

## 二、管理层次的确定

### (一)按照企业的纵向职能分工确定基本的管理层次

1．集中经营、集中管理的企业

如果企业的规模较小，技术简单，通常只需要设置经营决策层、管理层和作业管理层；如果企业和规模较大，采用的技术较复杂，管理层次就要多一些。

2．分散经营、分散管理的企业

总公司和分公司是两大管理层次，总公司和分公司中，还分别存在各自的管理层次，如总公司的战略决策层、专业管理层，分公司的经营决策层、专业管理层和作业管理层。

### (二)按照有效的管理幅度推算的管理层次

假设某一企业的员工有1000人，中高层有效的管理幅度为5~8人，基层的有效管理幅度为10~15人，则可以推算出该企业组织的管理层次为3~4层。

(1)按较大的管理幅度计算：第一层的人数为8人，第二层为8×8=64人，第三层为64×15=960人，全部人员加起来为8+64+960=1 032人。有三个层次已经包含了组织的所有人员，故设三个组织层次即可。

(2)若按较小的管理幅度计算：则第一层为5人，第二层为5×5=25人，第三层为25×5=125人，第四层为125×10 = 1 250人。前三个层次只包含了155人，必须设置第四个层次才能包含所有的组织成员。

假设某个企业共有职工900人，有三个基本管理层次，中高层的有效管理幅度为5~8人，基层是10~15人，具体推算管理层次过程见表1-3。

表 1-3　按照有效管理幅度推算管理层次的过程

| 管理层次 | 能够有效的管理人数 | |
|---|---|---|
| | 最少 | 最多 |
| 第一层 | 5 | 8 |
| 第二层 | 5×5=25 | 8×8=64 |
| 第三层 | 25×5=125 | 64×15=960 |
| 第四层 | 125×10=1250 | … |

## 三、部门划分

所谓部门，是指企业组织结构中一个管理人员有权执行所规定的活动的一个明确区分的范围。划分部门就是确定这些范围。这些部门实际是承担某些工作职能的组织机构。所以部门划分也可以称为组织机构的设置。一个部门通常是由若干个工作岗位组成。

划分业务部门的具体方法，通常有①按职能划分；②按地域划分；③按产品划分；④按业务环节划分等。各企业可以根据自己的特点选择，也可以同时采用几种方法。

部门设计——确定企业部门的设置及其职权配置。部门设计实质是进行管理业务组合，分别设置相应的部门来承担，并授予这些部门从事这些管理业务所必需的各种职权。

## 四、岗位设置

工作岗位是根据专业化分工原则，按工作职能划分而成的工作职位。工作岗位是构成企业组织结构的基本单位。从亚当·斯密的分工理论知道，专业化分工有利于提高技术水平，可以缩短作业时间，减少培训费用，有利于提高机械化程度。总之，分工可以降低成本，提高工作效率和经济效益。如果分工过细，一方面会使工作人员感到工作单调而产生厌烦情绪；另一方面还会增加内部调节的工作量，使成本上升。因此，进行工作岗位设计时，既要进行合理分工，又要适当扩展工作内容，使工作人员感到工作内容既丰富充实，又富有挑战性。

## 第三节　组织结构的基本类型

### 一、组织系统架构与设计

任何企业在确定使命、愿景和战略后，必须使之在组织和管理上得到有效的传递与落实。因此，组织设计就成为将企业的目标系统与人力资源管理系统进行衔接的桥梁和纽带。组织设计的内容主要包括组织结构的选择、部门设置和流程梳理。

#### （一）组织结构的选择

组织结构的选择是确定企业采用什么样的组织结构类型。组织结构类型主要包括：直线职能制、事业部制、集团公司制、项目制、矩阵制等。其中，最典型的当属直线职能制、事业部制和矩阵制，集团公司制在运作方式上与事业部制大体相似，而项目制的组织结构有的可以看作一种动态的事业部制，有的则趋近于矩阵制的组织结构。

1. 直线职能制

直线职能制，也叫生产区域制，或直线参谋制，是在直线制和职能制的基础上，吸取这两种形式的优点建立起来的。

目前，我国绝大多数企业都采用这种组织结构形式。这种组织结构形式是把企业管理机构和人员分为两大类：一类是直线领导机构和人员，按统一指挥原则对组织各级行使指挥权；另一类是职能机构和人员，按专业化原则从事组织的各项职能管理工作。直线领导机构和人员在自己的职责范围内有一定的决定权和对所属下级的指挥权，并对自己部门的工作负全部责任。而职能机构和人员，则是直线指挥人员的参谋，不能对直接部门发号施令，只能进行业务指导。这种结构如图1-5所示。

直线职能制的优点是：既保证了企业管理体系的集中统一指挥，又可以在各级行政负责人的领导下，充分发挥职能管理部门的参谋指导作用，弥补领导人员在专业管理知识和能力方面的不足，协助领导人员决策。

直线职能制的缺点是：职能部门之间的协作、配合性较差，职能部门的许多工作要直接向上级领导请示报告才能处理，这一方面加重了上级领导的工作负担，另一方面也造成组织运转效率低下。为了克服这些缺点，组织可以设立管理委员会或建立会议制度，起到沟通作用，帮助高层领导出谋划策，以协调各方面的工作。

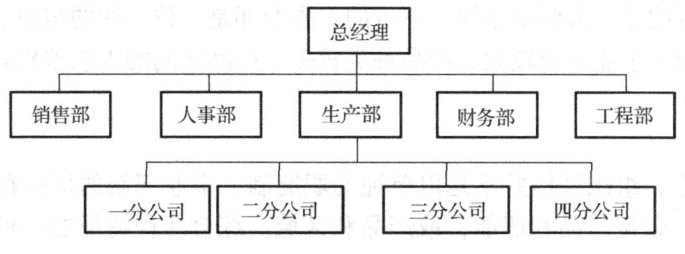

图 1-5　直线职能制结构图

直线职能制在企业规模较小、产品品种简单、工艺较稳定且联系紧密的情况下，优点突出；但对于产品或服务种类繁多的大型企业，就不合适了。

2. 事业部制

事业部制（divisional structure）又称产品部制结构或战略经营单位制结构，最早是由美国通用汽车公司总裁斯隆于 1924 年提出的。在这种结构下，组织可以按照单项的产品、服务、产品组合、主要工程或项目、地理分布、业务或利润中心来组建事业部。事业部制结构的显著特点是基于组织产出过程来组合部门的。事业部制和职能制结构的不同之处在于，事业部制结构可以设计多个独立的事业部，每个产品部门又包括工程、生产、会计与营销等职能部门（见图 1-6）。事业部制是目前国外大型企业通常采用的一种组织结构。跨职能的协调在各产品部内部得到了强化。事业部制结构支持组织灵活性和变革，因为每个组织单元（事业部）变得更小，更能够适应环境的需要。此外，事业部制将权力下放到较低的层级，实现了决策的分权化。与之相反，在一个涉及各个部门的问题得到解决之前，职能制结构总是将决策指向组织的最高层。

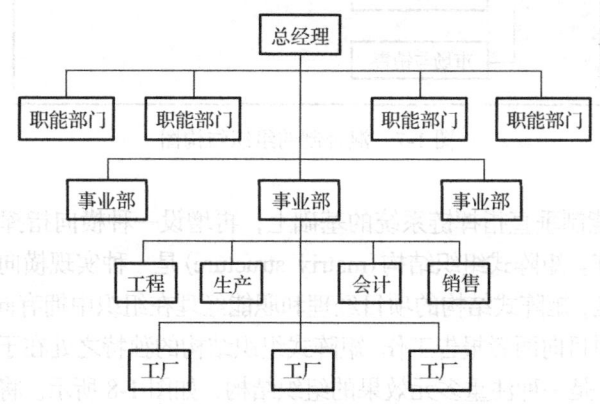

图 1-6　事业部制组织结构图

事业部制是一种分权制的组织形式，实行相对的独立经营，单独核算，拥有一定的经营自主权，并设有相应的职能部门。它是在总公司控制下的利润中心，具有利润生产、利润计算和利润管理的职能，同时又是产品责任单位和市场责任单位，有自己的产品和独立的市场。按照"集中政策，分散经营"的管理原则，公司最高管理机构握有人事决策、财务控制、规定价格幅度、监督等大权，并利用利润等指标对事业部进行控制，事业部经理根据总公司总裁或总经理的指示进行工作，统一领导其主管的事业部。这种组织形式适用于规模巨大、产品种类较多、市场分布较广的企业。

设置事业部必须具备以下几个条件：①事业部必须是分权化的单位，具有相对独立的经营自主权，如采购、生产、销售等权；②事业部必须是利润责任单位，具有利润生产、利润核算、利润管理三种职能；③事业部必须是产品(或市场)责任单位，有着自己的产品和独立的市场。事业部制的这三大要素是缺一不可的。事业部是三位一体的组织。

事业部制适用于企业规模较大、产品种类较多、产品之间的工艺差别较大、市场变化较快的大型联合企业。

### 3. 混合制

在很多情况下，组织结构并不是以单纯的职能制、事业部制的形式存在的。一个组织的结构可能会同时强调产品和职能，或产品和区域。综合两种特征的一种典型的结构就是混合制结构(见图 1-7)。混合制可以看作是职能制组织结构和事业部制组织结构的结合，在这种组织结构中，企业不仅可以根据产品、客户/市场的不同，设置一系列相对独立的业务单元，而且，在设计中往往将一些共用的职能(如客户服务、采购、人事、财务、广告等)集中，由上级直接委派以辅助和协调各产品、客户/市场部门，做到资源共享。混合制在发挥某些职能部门的专长，使这些职能部门的作用得到加强。总部的职能是相对稳定的，需要实现规模经济和深度专门化。通过整合职能制和事业部制结构的特征，组织可以兼具二者的优点，避免二者的一些缺陷。

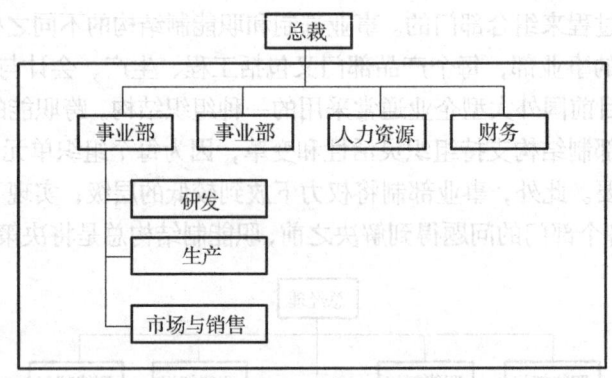

图 1-7 混合制的组织结构图

### 4. 矩阵制

矩阵制在直线职能制垂直指挥链系统的基础上，再增设一种横向指挥链系统，形成具有双重职权关系的组织矩阵。矩阵式组织结构(matrix structure)是一种实现横向联系的有效模式，与其他组织结构不同的是，矩阵式结构的项目经理和职能经理在组织中拥有同样正式的职权，员工分别针对不同的工作项目向两者报告工作。矩阵式组织结构的独特之处在于结合了事业部制结构和职能制结构的特点，是一种注重多元效果的组织结构，如图1-8所示。将各类专业人员安置在其所在的职能部门中，然后根据任务开展的需要从各职能部门抽调有关人员组成项目小组，在工作进行中同时接受职能部门领导和项目小组领导的双重指挥。在工作完成之后，相关人员又回到自己所属的职能部门，等待加入新的项目小组。当环境一方面要求专业技术知识，另一方面又要求每个产品线能快速做出变化时，就可以采用矩阵制结构。当职能制、事业部制或混合制结构均不能很好地整合横向的联系机制时，矩阵制结构常常是解决问题的方案。

当其他模式的组织结构均不能很好整合组织横向联系的机制时，矩阵式组织结构的优势就体现出来了。矩阵式组织结构的优势在于，它能使组织满足职能和项目的双重要求，资源可以在不同项目之间灵活分配，组织能够不断适应变化的项目要求，这种结构也给员工提供了获得专业和一般管理两方面技能的机会。具体来说，其优点包括：第一，加强了管理组织的横向和纵向联系，减少了中间环节，信息传递较快；第二，不同专业人员围绕项目开展工作，可以促进专业人员之间的相互协作，并能激发创造性。矩阵式组织结构的缺点也十分明显，那就是多头领导，容易造成权责不清和责任不明。

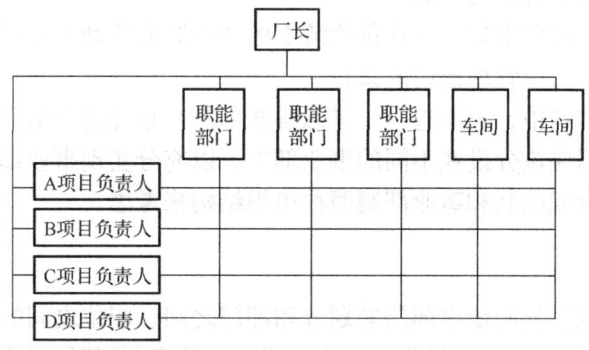

图 1-8 矩阵制的组织结构图

表 1-4 几种不同的组织结构的特点及其比较

|  | 直线职能制 | 事业部制 | 混合制 | 矩阵制 |
|---|---|---|---|---|
| 关联背景 | 环境：不确定性低，稳定<br>技术：例行，相互依存低<br>规模：小型到中型<br>战略目标：内部效率，技术质量 | 环境：中度到高度的不确定性，不断变化<br>技术：非例行，部门间相互依存高<br>规模：大型<br>战略目标：外部有效性，适应环境，满足顾客 | 环境：中度到高度的不确定性，客户需求不断变化<br>技术：例行或非例行，职能间一定的依存<br>规模：大<br>战略目标：外部有效性，适应环境，顾客满意 | 环境：高度不确定性<br>技术：非例行，相互依存较高<br>规模：中等，几条产品线<br>战略目标：二元化——产品创新和积累技术专长 |
| 内部系统 | 经营目标：重视职能目标<br>计划和预算：基于成本的预算，统计报告<br>正式权力：职能经理 | 经营目标：重视产品线<br>计划和预算：基于成本和收益的利润中心<br>正式权力：事业部经理 | 经营目标：重视产品线和某些职能<br>计划和预算：基于事业部的利润中心，基于核心职能的成本<br>正式权力：产品经理或取决于职能经理的协调责任 | 经营目标：同等地强调产品和职能<br>计划和预算：二元体系——基于职能和产品线<br>正式权力：职能经理与产品经理的合作 |
| 优势 | 1.实现职能部门的内规模经济<br>2.促进知识和技能纵深发展<br>3.促进组织实现职能目标<br>4.最适于只有一种或少数几种产品的组织 | 1.适应高度不确定性的环境<br>2.产品责任和接触点明确会使顾客满意<br>3.实现跨职能的高度协调<br>4.使各分部适应不同的产品、地区和顾客<br>5.最适于提供多种产品的大型组织<br>6.决策分权 | 1.使组织在事业部内获得适应性和协调，在核心职能部门内实现效率<br>2.公司和事业部目标获得更高的一致<br>3.获得产品线内和产品线间的协调 | 1.获得满足顾客双重需要所必需的协调<br>2.促使人力资源在多种产品线之间得到灵活共享<br>3.适于在不确定环境中进行复杂决策和满足频繁变化的需要<br>4.为职能和产品两方面技能的发展提供机会<br>5.最适于拥有多种产品线的中等规模的组织 |
| 劣势 | 1.对外界环境变化反应迟缓<br>2.可能导致决策堆积于高层，层级链超载<br>3.导致部门间横向协调差<br>4.导致缺乏创新<br>5.对组织目标的认识有限 | 1.失去了职能部门内部的规模经济<br>2.导致产品线之间协调差<br>3.不利于能力的纵深发展和技术专业化<br>4.使跨产品线的整合与标准化变得困难 | 1.可能产生过多的管理费用<br>2.导致事业部和公司职能部门间的冲突 | 1.导致员工面临双重职权，容易产生无所适从和混乱感<br>2.意味着员工需要良好的人际关系技能并接受高强度的培训<br>3.耗费时间，需要经常召开会议协调及讨论冲突解决方案<br>4.除非员工理解这种模式，并采用像大学那样的而非纵向的关系方式，否则难以生效<br>5.需要做出很大努力来维持权力平衡 |

资料来源：理查德·达夫特.组织理论与设计，北京：清华大学出版社，2014.

## (二)部门设置

在确定了企业采用何种组织结构类型后,就需要对企业的部门进行划分,即考虑设置哪些部门来实现企业的战略目标与功能。

在直线职能制中,需要根据企业在价值链上的主要职能活动来进行业务部门的设置,并围绕业务部门的设置来安排管理部门的设置。

在事业部制组织结构中,还需进一步考虑哪些部门在总部进行集中,以发挥集中化带来的规模效应,哪些部门应该分设在不同的事业部中,以充分实现事业部的活力。对于混合制组织结构,则必须结合职能制和事业部制两种组织结构来考虑。

## (三)流程梳理

现代企业已不再仅仅强调依靠部门的划分和部门之间、职位之间的职责界定来提高组织的运行效率,而是更加突出流程的优化和再造对于组织效率(尤其是对于组织的应变速度和响应顾客的能力)的影响。流程是指完成某一项具体工作的一系列步骤或者程序。企业为顾客提供的产品或者服务最终都要依靠流程来实现。

企业的流程包括业务流程和管理流程。业务流程主要包括企业的研发流程、生产流程、销售流程和客户服务流程。管理流程包括企业的人力资源管理流程、财务管理流程等。每个大的主流程又可以分解为若干小的流程,最终可以将流程的每个步骤或者环节细分到一个个具体的岗位,从而使流程能够找到落脚点和具体的承担者。20世纪90年代,企业界兴起了流程的再造与重组,即通过对组织的现有流程进行分析和梳理,找出流程设计中缺乏效率的地方,并对整个流程的运行步骤和程序进行重新设计,从而大幅提高组织的运行效率,降低企业的成本,提高企业对外部市场的反应能力和速度。

在完成组织结构选择、部门设置和流程梳理的基础上,企业需要进一步对各部门的职能进行定位,并明确每个部门的职责与权限,再根据部门的职责与权限,确定部门内部应该设置哪些职位来完成部门的职责,每个职位应当承担何种工作职责与工作内容,每个职位应该由具备什么知识、技能、经验和素质的任职者来担任。另一方面,对职位的设计和研究,也必须从流程的角度来考虑,研究职位在流程中所处的位置,明确职位在流程中应该扮演的角色,以及应该承担的职能和职责。这样,企业就可以从纵向的直线指挥系统和横向的业务流程两个方面来进行职位设计和职位分析,确保职位能够满足企业的战略要求,并符合流程的期望。这样就从组织设计过渡到企业的职位分析与岗位评价,进而实现向人力资源管理的过渡。因此,组织系统架构与设计是人力资源管理系统设计的重要基础。

## 二、职位管理系统

在对战略和组织进行系统研究的基础上,我们需要对组织的基本要素——职位进行系统的研究和解析,获取建立战略人力资源管理体系的基础信息。

### (一)职位与组织关系

职位是指承担一系列工作职责的某一任职者所对应的组织位置,它是组织的基本构成单位。职位作为组织的实体要素,通过任职者的行为与组织实现各种有形或无形的"交换"(见图1-9),对这种交换过程的解析是人力资源管理系统得以建立的现实"土壤",而交换的性质和特征以及交换过程中组织和任职者的交流是实现人力资源管理系统运行有效性的根本动因。如何最大限度地激活双方的这种"交换"活动,实现组织和任职者的共赢,是人力资源管理乃至所有企业管理活动根本的出发点和归宿。

职位在整个组织运行中的地位由组织结构和流程所构成的二维坐标系决定。从纵向来看,在组织的总体架构中,职位总是处于一定的层级,接受上级的监督、指导,同时对直接下级进行监督、指导,纵向实体的交换活动实现了整个组织管理系统的正常运行;从横向来看,

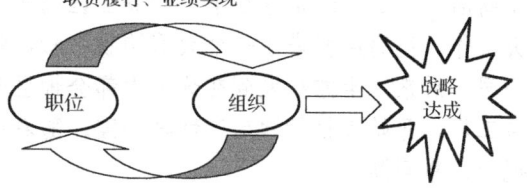

图1-9 职位与组织"交换"模型

在组织的运行流程中,职位总是处于流程的某一主要环节或辅助环节,与流程的上游节点和下游节点实现交换,以保证组织运行流程的畅通。因此,我们应从横向和纵向两个角度系统地审视职位、寻求职位与组织交换的关键点,职位对组织的贡献和职位向组织的"索取"。

### (二)职位管理系统

从职位本身的角度来看,职位是一个开放式的"投入——过程——产出"系统。投入是工作者的任职资格(知识、技能与能力)以及完成工作所需的资源,过程是工作者完成的工作职责,产出则是该工作(职位)所要达成的目标。这就构成了现实的完成工作的逻辑,即任职者通过运用自身的知识、技能与能力完成工作职责与任务,以此来满足组织的需要。而诸如工作关系、工作负荷等内容,均可以看成是这个投入产出模型存在、运行的环境,对这一投入产出过程起着重要的支持作用(见图1-10)。

从上述对职位系统的认识可知,职位是人力资源管理体系运行的最基层的土壤,如何最大限度地激活职位与组织的交换活动,是人力资源管理的基本课题。因此,对于职位系统的研究构成了人力资源管理体系的支柱之一。

传统的观点认为,人力资源管理系统对于职位的关注主要体现在两个方面:一是关注职位所包含的内在信息,包括组织中的职位结构、权责、任职资格要求以及职位之间的关联等;二是职位的相对价值以及由

图1-10 岗位的投入产出模型

此所决定的职位价值序列。职位分析和岗位评价是我们获取这两方面信息的基础性工具。

本书认为,人力资源管理系统不是建立在单一的职位基础之上,而是建立在职位管理系统之上。职位管理系统建立在对企业业务结构、组织结构与流程的深刻认识与理解的基础之上,包括职能体系、职类体系、职种体系和职位体系。职位管理系统是现代人力资源管理系统双轮驱动要素中的一个,对人力资源管理系统中的其他职能模块起支撑作用。

 **案例讨论**

### 猫咪游戏玩具公司的人事问题

乔·伯恩斯是一家公司的职员,在业余时间创办了猫咪游戏玩具公司。起初,他在自己

第一章 组织结构与组织结构设计 ▶ 17

家的地下室里制作一些供人消遣的玩具小猫，谁要买就直接邮寄给他。1980年，他的乔记精品商店开张了，这是他在市中心商业区的第一个零售小商店。乔的生意越做越大，他终于辞去工作，把商店搬进了一个大型购物中心，把原来的店名也改了，正式定名为猫咪游戏玩具公司。后来，生意红火到在这个大都会地区开了7家连锁分店。乔又买下了一个小型玩具制造工厂，开始大批量地生产玩具小猫。随着生意上的发展，他感到不得不处理一些一向被忽视的人事问题。

杰拉尔丁·菲茨是总经理，乔雇她来管理这些零售商店。她抱怨说，下一年度她需要补充人手，乔问："需要多少？"杰拉尔丁举出以下一些数字：

现有职工350人；

生意扩大，需要追加职工50人；

为了填补缺勤，按400人的2.5%比率计算，需要职工10人；

为了替换预期中的正常辞职和解雇职工，需要职工70人；

为了替换预期中的退休人数，需要职工20人。

总经理还要求乔批准每个星期给每个商店的首席店员多付薪50美元，因为首席店员对清点库存与现金收款负更多的责任。

杰拉尔丁从乔那里获得批准追加职工，在每家商店贴出布告，招聘零售商店职工。布告张榜了3个星期，这位总经理大失所望，因为几乎没有人来应聘，就是来应聘的那几个人也不具备她所希望的素质。

此外，一家分店的首席店员辞职了，而这家商店的经理法利·曼尼克斯告诉杰拉尔丁，他希望提拔的一个店员当即要他准确描述这份工作该干点什么，这真让他吃了一惊。"我确实不能挑这副担子。"那个人说，"除非你能明确这份工作，明确希望我干什么。"

乔常常灰心丧气，因为他巡访零售商店时常碰到有些店员对公司的产品系列一无所知，特别是新职工，看上去甚至不知道猫咪游戏玩具公司有自己的工厂。总经理对商店经理们所干的事及没干的事都很失望。她说："我们得干点什么来改进他们的工作。"

一家零售商店突然发生的一件令人不愉快的小事，使得乔和杰拉尔丁明白了需要对人力资源更好地管理。这牵涉到一个叫玛丽·泽勒的售货员，她已工作了3年，她的表现总的来说令人不满意，但商店经理迈克尔·默里留着她，希望她会改进。她并没有这样做，一天上午，有位顾客想买东西，玛丽却不理不睬，商店经理当场解雇了她。这件事情没有到此为止，玛丽指控那家商店经理和猫咪游戏玩具公司，说谁也没对她的工作表现说三道四过，都说满意。她认为解雇她纯粹是一种歧视行为。"商店经理不喜欢雇用妇女。"她说道。当迈克尔因此事受到质问时，他辩解道："店里每个人都知道玛丽是这里最差的店员，如果她还不知道，那她不是聋子，就是瞎子。"

资料来源：http://www.wangxiao.cn/gl/29912991437.html。

讨论题：

1. 你认为猫咪游戏玩具公司的组织设计存在哪些问题？
2. 猫咪游戏玩具公司的职务设计应该怎样进行？
3. 玛丽的指控和迈克尔的辩解有没有道理？为什么？

# 第二章

# 工作分析的概述

"工作分析对于人力资源专家而言，就像钳子对于管道修理工。工作分析作为人力资源管理基础的地位不会动摇！"

——怀勒·卡肖（Wayne F. Caseio）

"工作分析仍将在人力资源管理的各项活动中扮演中心的角色，这是毫无疑问的！"

——罗纳德·阿什（Ronald A. Ash）

> **学习目标**
>
> 1. 掌握工作分析的含义、特征、内容和原则；
> 2. 明确工作分析相关术语及相关联系；
> 3. 明白工作分析的性质与作用。

 **案例导入 1**

## 猴子取食的启示

美国加利福尼亚大学的学者做了这样一个实验：把六只猴子分别关在三间空房子里，每间两只，房子里分别放着一定数量的食物，但放的位置高度不一样。第一间房子的食物就放在地上，第二间房子的食物分别从易到难悬挂在不同高度的适当位置上，第三间房子的食物悬挂在房顶。数日后，他们发现第一间房子的猴子一死一伤，伤的缺了耳朵断了腿，奄奄一息。第三间房子的猴子也死了。只有第二间房子的猴子活得好好的。

究其原因，第一间房子的两只猴子一进房间就看到了地上的食物，于是，为了争夺唾手可得的食物而大动干戈，结果伤的伤，死的死。第三间房子的猴子虽做了努力，但因食物太高，难度过大，够不着，被活活饿死了。只有第二间房子的两只猴子先是各自凭着自己的本能蹦跳取食，最后，随着悬挂食物高度的增加，难度增大，两只猴子只有协作才能取得食物，于是，一只猴子托起另一只猴子跳起取食。这样，每天都能取得够吃的食物，很好地活了下来。

做的虽是猴子取食的实验，但在一定程度上也说明了人才与岗位的关系。

岗位难度过低，人人能干，体现不出能力与水平，选拔不出人才，反倒成了内耗式的位子甚至引起争斗和残杀，其结果无异于第一间房子里的两只猴子。岗位的难度太大，虽努力而不能及，甚至埋没、抹杀了人才，犹如第三间房子里两只猴子的命运。岗位的难度要适当，循序渐进，如同第二间房子的食物。这样，才能真正体现出能力与水平，发挥人的能动性和智慧。同时，相互之间的依存关系使人才间相互协作，共渡难关。

讨论题：
1. 从案例中你获得哪些启示？
2. 从案例看，工作分析应注意什么？

资料来源：葛玉辉主编，工作分析与工作设计实务，清华大学出版社，2011.01，第10页

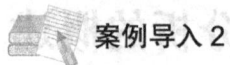 案例导入2

## "秘书门"事件

2006年4月，几乎全国所有的外企员工都在疯狂转发一封来自某网络公司（该网络公司是全球最大的网络信息存储商，总部在美国）北京总部的电子邮件：公司大中华区总裁 KC Lee（化名）和他的高级女秘书因工作琐事发生激烈争吵，导致后者被迫离职。后来这事被评为2006年互联网上十大事件之一——"秘书门事件"，而当事者 Tracy（秘书的英文名）也被冠以"史上最牛女秘书"之称。（以下所有名字已作化名处理）

事件回放：

2006年4月7日晚，公司大中华区总裁 KC Lee 回办公室取东西，到门口才发现自己没带钥匙。此时他的私人秘书 Tracy 已经下班。Lee 试图联系后者未果。数小时后，KC Lee 还是难抑怒火，于是在凌晨1时13分通过内部电子邮件系统给 Tracy 发了一封措辞严厉且语气生硬的"谴责信"。Lee 在发送这封邮件的时候，同时传给了公司几位高管。结果 Tracy 以一封咄咄逼人的邮件进行回复，并让中国公司的所有人都收到了这封邮件。这件事在网上吵得沸沸扬扬，形成几千人转发的局面。

KC Lee，男，东南亚人，该公司大中华区总裁，统管集团在中国的所有运营业务，Tracy 是他的高级秘书。据悉，Lee 拥有新加坡大学工商管理学位，是一名资深的 IT 专业人士，也曾出任 IBM、西门子等知名国际企业的高管。在赴该公司履新之前，他曾担任甲骨文大中华区总裁。

据后续报道，该公司大中华区总裁 KC Lee 于2006年5月8日离开公司，Tracy 在离开公司后，在2006年9月被 IBM 聘用，而她在去公司之前，就是 IBM 的员工。

原邮件：

From: Tracy, Hu[<mailto: Tracy@×××. com]
Sent: 2006年4月10日 13: 48
To: KC, Lee
Cc: China All(Beijing); China All(Chengdu); China All(Guangzhou); ChinaAll(Shanghai); Liu,
Hidy
Subject: FW: Do not assume or take things for granted

KC,

第一，我做这件事是完全正确的，我锁门是从安全角度上考虑的，北京这里不是没有丢过东西，如果一旦丢了东西，我无法承担这个责任。

第二，你有钥匙，你自己忘了带，还要说别人不对。造成这件事的主要原因都是你自己，不要把自己的错误转移到别人的身上。

第三，你无权干涉和控制我的私人时间，我一天就八小时工作时间，请你记住中午和晚上下班的时间都是我的私人时间。

第四，从到公司的第一天到现在为止，我工作尽职尽责，也加过很多次的班，我也没有任何怨言，但是如果你们要求我加班是为了工作以外的事情，我无法做到。

第五，虽然咱们是上下级的关系，也请你注意一下你说话的语气，这是做人最基本的礼貌问题。

第六，我要在这强调一下，我并没有猜想或者假定什么，因为我没有这个时间也没有这个必要。

From: KC, Lee
Sent: Saturday, April 08，2006 1：1 3 AM
To: Tracy, Hu
Cc: Ng,. Peter; Au，Henry; Chung，Leon; Liu，Hidy
Subject: Do not assume or take things for granted

Tracy，I just told you not to assume or take things for granted on Tuesday and you locked me out of my office this evening when all my things are all still in the office because you assume I have my office key on my person.

With immediate effect, you do not leave the office until you have checked with all the managers you support-this is for the lunch hour as well as at end of day, OK?

事实上，邮件中的英文表达的语气是比较强烈的，我们可以试翻译成中文如下：

Tracy，在星期二的时候我刚刚告诉你不要凡事想当然，但是今晚，你想当然地认为我有钥匙而把我锁在办公室外，而我在办公室尚有许多未处理的事情。

从现在开始，你必须在检查完所有你服务的经理们的需求后才可以离开办公室，这包括午餐时间和一直到下班为止，OK?

网络上对此事的评论五花八门，有评论中外文化差异所造成的冲突的，有评论职场潜规则的。有评论互联网时代的聚焦效应的，当然也有评论邮件本身的。

资料来源：杜慕群. 管理沟通[M]. 北京：清华大学出版社，2009.

**讨论题：**

"秘书门"事件的根源在哪里？

## 第一节 工作分析的基本概念

### 一、工作

当前人们对"工作分析"一词的认识和使用存在诸多分歧。比较有代表性的意见有三种：

第一种观点认为"Job 就是工作"。在朱智贤（1991）主编的《心理学大词典》一书中将"Job Analysis"诠释为对某项工作诸特性及与该工作有关的事项进行分析并收集有关资料。工作分析包括两部分：一是正确描述工作的内容和实质，如分析工作性质、范围、难易程度、工作程序、所包含的动作、使用的工具材料及所负的责任等；二是分析并确定执行此项工作的人应具备的能力、知识、技能、经验等资格条件。这种工作分析将为人员的录用和配置、工作评定、薪酬的确定、晋级提升等提供基础资料。

第二种观点认为"Job 是职务"。徐联仓(1993)主编的《组织行为学》将"Job Analysis"定义为获取职务各要素的信息，从中概括出职务特征的研究。徐联仓认为职务分析有广义和狭义之分：广义的职务分析包括职务描述、职务分类和职务评价三个方面的研究内容。狭义的职务分析则仅指职务描述。

第三种观点主要源自实践工作者。他们一般倾向于认为"Job 是工作岗位或岗位"，即在特定的生产技术组织中，在一定的时间内，由一名员工承担完成若干项工作任务，并具有一定的职务和责任、权限，就构成一个工作岗位。换句话说，在实践工作者的眼中，所谓的工作分析就是指工作岗位分析或岗位分析。

事实上，之所以有上述争论，是因为人们对"Occupation(职业)"、"Job(工作)"、"Position(职位/岗位)"、"Task(任务)"、"Work Activity(工作活动)"之间区别和联系的认识存在一定的模糊性。上述诸概念间的关系如图 2-1 所示。

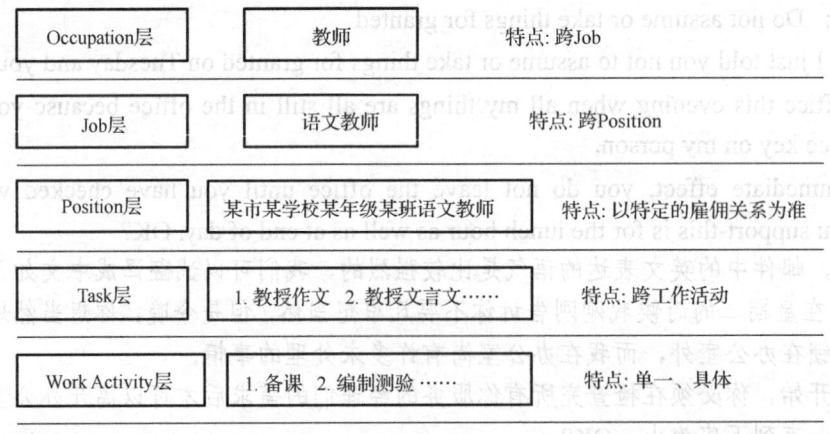

图 2-1  工作诸概念间关系示意图

至于"Work"、"Job"与"Occupation"这三个实践中最易混淆的概念间的细微差别，正如美国人类绩效增进技术委员会、美国行为与社会科学教育委员会和美国国家研究委员会1999年共同发表的《演变中的工作性质》《The Changing Nature of Work》专题报告中所指出的："Work"是指目标定向的、有目的的或工具性的、能为社会创造价值的人类活动，是人类将各种资源转变成为产出的过程，它既可泛指，也可特指；"Job"是指在某个特定的雇佣关系中有着相同的工作活动的职位的集合；"Occupation"则是指有着相类似的工作活动的"Job"的集合。基于上述分析，我们应根据具体的目的有区别地使用"Job"、"Work"、"Occupation"三词，即如果要对工作的性质加以描述，建议使用"Occupational Analysis"（职业分析）一词；如果是基于特定工作的招聘、选拔、培训等目的，建议使用"Job Analysis"一词；如果是基于时间动作的分析或工作标准化研究以达工效学改进的目的，建议使用"Work Analysis"一词。

由于"Job Analysis"的立足点是"Position"（工商企业常称之为"岗位"，而政府机构常称之为"职位"），而"职务"通常被看作是"岗位"或"职位"的构成要素之一，因此，我们认为将"Job Analysis"视为是"岗位/职位分析"比较妥当和符合实际，而且这样可以避免不加区分地将"Job"与"Work"都译为"工作"所导致的一些误解。此外，我们认为今后在具体应用"Job Analysis"时，还应注意其内涵的界限，不应无限制地扩大化，否则会引发一系列相当严重的问题，诸如效度的检验，评价者的选择等。在这一点上我们比较赞同的是 Robert J. Harvey(1991)的观点，即"Job Analysis"与"Job Specification"是两种不同的活动过程。前者是描述工作的内容、实质和工作情境的活动过程，而后者则是指推断成功完成某项工作所需要的人类特质及其要求的活动过程。Harvey 认为，关于这两者的区分无论是在科研文献中还是在与雇员选拔和评价活动有关的专业指南和美国政府指南里都已清楚地加以说明(APA 标准，1985；标准指南，1978)。因此，他坚定地主张任何模糊上述两个术语间的区别，将"Job Analysis"的内涵扩大化的做法都是值得质疑的。由于既往的文献中大多将"Job Analysis"笼统地翻译成"工作"，因此，本书为论述方便起见，依然沿用"工作分析"译法，以避免理解上的困难。

工作是由一个职位或多个职位所组成的。从组织角度来看，工作是组织中基本的活动单元，是支撑组织达到既定经营目标的最小单位，是组织进行管理工作的基础。从个人角度来看，工作是个人在组织中全部角色的总和。狭义的工作是指在一段时间内，为达到某一目的的活动，即任务(task)；组织在进行岗位的工作描述时，工作就是从事一系列专门任务的总和。广义的工作是指个人在组织中的全部角色的总和，包括其职业发展通道。简单地说工作就是任务的集合，其范围大于职业。因此，工作基本包含了3种含义：①泛指体力和脑力劳动活动；②专指职业；③狭义上特指"若干项专门任务"。在岗位研究中，工作是由一组相近的任务所组成的劳动活动。

从工作内容及层次关系方面分析，组织中往往同时拥有多种形式的工作。

1. 静态式工作

静态式工作是指那些可以精确地识别和定义工作元素和任务工作。静态式工作对任职资格方面的界定比较清晰，通常工作任务和任职资格的内容变动较小。例如车间操作工的工作，其工作任务明确、固定，且具有程序性特征，所以在任职资格方面也不会出现经常性的变化。静态式工作也称为传统式工作。

2. 演进式工作

演进式工作是指由于组织结构发生变化、工作负荷发生变化以及技术要求变动而产生的一种工作形式。例如：组织中的人力资源开发与管理工作，强调人与事的动态协调与开发，最终实现人与事的系统优化。由于组织中的人力资源开发与管理工作的工作任务在不同阶段都会产生相应的变化和发展，因此说，人力资源开发与管理工作是一项系统而动态的管理活动。演进式工作的工作描述需要及时针对情况的变化进行必要更新。

3. 弹性工作

弹性工作是指那些需要经常改变的任务。这种变化通常由企业生产计划或客户需求发生变化所导致。一般这类工作的名称和工作描述都比较宽泛，对工作任务和职责只能做粗略的描述。例如，管理和开发不同的项目，需要不同的项目管理人员，对不同项目管理人员的任职资格要求各不相同。随着市场的发展变化，弹性工作形式的应用将更加广泛。为适应工作本身的需要，员工必须具有更强的主动性和自律性。

4. 远程式工作

远程式工作是指那些因业务需要，使员工远离组织，通过信息网络、通信等技术手段而进行的工作。这类工作的特点通常表现为没有固定的工作地点和工作时间，员工可自行安排工作方式和工作地点，工作时间可以设为固定或弹性等多种形式。远程式工作在许多不同领域都有应用，例如销售、写作、财务分析等。

### 5. 团队式工作

团队式工作是指由员工和管理层组成的一个共同体，针对工作任务中的差异性，合理利用每一个成员的知识和技能，协同工作，解决问题，为了达成特定的目标而共同承担的整体任务。团队式工作是一种或多种工作的复合体，分为单一任务型团队式工作和多重任务型团队式工作。前者强调特定工作的胜任力；后者既考虑特定工作的胜任力，又需考虑适应多项工作的胜任力及彼此配合的能力。

## 二、工作分析的内涵

企业要进行高效的人力资源管理，一个重要的前提是了解各种工作的特点以及能够胜任各种工作的人员的特点，这就是工作分析的重要内容。关于工作分析，国内外不同学者给出的定义不同，具体如表2-1所示。

表2-1　学者们对工作分析的定义

| 学　　者 | 定　　义 |
| --- | --- |
| 蒂芬和麦考密克 | 工作分析是针对某种目的，通过某种手段来收集和分析与工作相关的各种信息的过程。这是从广义角度对工作分析进行的定义 |
| 加里·德斯勒 | 工作分析是组织确定某一项工作的任务、性质，以及什么样的人员可以胜任这一工作，并提供与工作本身要求有关的信息的一道程序 |
| 亚瑟·W·小舍曼 | 工作分析是遵循一系列事先确定好的步骤，进行一系列的工作调查来收集工作岗位的信息，以确定工作的职责、任务或活动的过程 |
| 罗伯特·L·马希斯 | 工作分析是一种系统的收集、分析和职位有关的各种信息的方法 |
| R.韦恩·蒙迪 | 职位分析是确定完成各项工作所需的技能、职责和知识的系统过程 |
| 付亚和、孙健敏 | 工作分析实质上是全面了解工作并提取有关工作全面信息的基础性管理活动。这是从组织管理活动角度提出的 |
| 萧鸣政 | 工作分析是分析者采用科学的手段和技术，对每个同类岗位工作的结构因素及其相互关系进行分解、比较与综合，确定该岗位的工作要素特点、性质与要求的过程。这是从工作分析的流程角度进行的定义 |
| 赵琛徽 | 工作分析是人力资源管理的一项核心基础职能，它是应用科学的方法，收集、分析、确定组织中职位的定位、目标、工作内容、职责权限、工作关系、业绩标准、人员要求等基本因素的过程 |
| 彭剑锋 | 工作分析是一种基础性的组织与人力资源管理工具，以战略为导向，以组织为基础，并与流程相衔接的，对职位信息进行收集、整理、分析与综合的一系列程序、技术与方法，其成果以工作说明书、职位分析报告等为主 |

综上所述，本书认为，工作分析是对各类工作岗位的性质、任务、职责权限、岗位关系、劳动条件和环境，以及员工承担本岗位任务应具备的资格条件所进行的系统设计。

## 三、工作分析的时机选择

工作分析是人力资源管理的一项常规性工作。无论是人事经理，还是业务经理，都应该明白工作分析不是一劳永逸之事。要根据工作目标、工作流程、企业战略、市场环境的变化对工作做出相应的动态调整，使责、权、利达到一致。一般而言，当下列情况发生时，企业需要安排工作分析活动（如表2-2所示）。

## 四、工作分析中的常用术语

在工作分析中，常常会使用到一些术语，这些术语的含义经常被人们所混淆，因此在这里有必要澄清一下其间的关系（如图2-2所示），这样有利于大家在后面用同样的含义来理解问题。

表 2-2 企业进行工作分析的时机

| 1 | 企业新成立 |
|---|---|
| 2 | 职位有变动时 |
| 3 | 企业从没有进行过工作分析 |
| 4 | 企业急速扩张或裁减时 |
| 5 | 工作由于新技术、新方法、新工艺、新系统的产生而发生重要变化时 |
| 6 | 经营环境的变化需要对组织结构进行调整时 |
| 7 | 组织内部高层管理人员的调整,可能需要对组织中的工作进行重新界定 |
| 8 | 组织的业务发生变化后,组织的工作流程变化可能引起对工作分析的需求 |
| 9 | 制定绩效考核标准,需要对工作岗位的职责进行界定,明确工作产出的标准时 |
| 10 | 规划培训,制订员工培训计划,了解员工对本身工作的了解程度,寻找员工对扮演角色的认知差距时 |
| 11 | 管理者觉得冗员出现、协调困难时 |
| 12 | 个人工作效率没有达到公司期望水平时 |
| 13 | 工作内容重复,工作流程出现瓶颈时 |
| 14 | 公司想建立完整的薪酬管理体系时 |
| 15 | 公司想实施人员合理化、精减人员或工作内容及流程简化时 |
| 16 | 基层员工感觉工作单调,公司想使工作丰富化以提高员工工作士气时 |

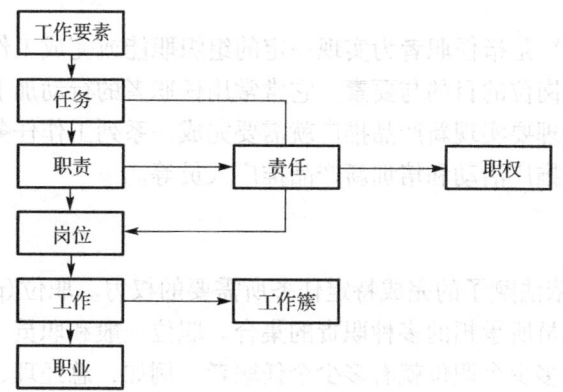

图 2-2 工作分析相关术语间的关系

## (一)工作要素

工作要素(job elements)是指工作中不能继续再分解的最小动作单位,要素中没有再分解的动作、行为或思维过程。工作要素是形成职责的信息来源和分析基础,并不直接体现于工作说明书之中。例如,酒店里负责接待客人的服务员在客人刚刚来到酒店时要帮助客人运送行李,在运送行李这项工作任务中就包含有将行李搬运到行李推车上、推动行李推车、打开客房的行李架、将行李搬运到行李架上四个工作要素。

## (二)任务

任务(task)是为一个明确的目的所进行的一项明确的工作活动,是员工工作中具有逻辑性,包含必要步骤的清晰的活动内容。任务由一个或多个工作要素组成。例如,生产线上的工人给瓶子贴标签这一任务就只有一个工作要素。上面提到的运送行李的工作任务中就包含有四个工作要素。

任务指为达到某一特定的目标而进行的一系列相关的活动或要素,这一系列活动或要素的整体就构成某项任务。如打字员为了完成手写文件打印输出的任务，需要完成将手写文稿输入计算机、形成电子文档、打印正规的文件等分任务。如果将这些分任务再进行细分，可分解为"打开计算机—输入文字—调整版面布局—从打印机中输出文件"一系列活动。任务可以细分出活动、活动程序、要素等更细微的单元。各种任务有大有小，有难有易，所需时间也长短不一。有关任务的分解具体见表2-3。

表2-3 任务分解活动

| 任务 | 分解任务 | 活动 |
| --- | --- | --- |
| 将手写文稿输入计算机形成电子文档并打印 | 启动计算机 | 接通电源<br>按下计算机电源按钮；计算机启动 |
| | 启用软件 | 启动办公软件<br>启用办公软件中的新文档 |
| | 输入文稿 | 在空白文档中输入手写文稿的内容 |
| | 调整与修改 | 对输入的文稿进行检查<br>对文稿的页面进行调整 |
| | 保存文件与输出 | 文稿输入完成后保存文件<br>在打印机上输出文件 |

### （三）责任

责任（responsibility）是指任职者为实现一定的组织职能或完成工作使命而进行的一个或一系列工作任务，也是岗位的目的与要素。它常常用任职者的行动加上行动的目标来加以表达。例如，营销部的经理要实现新产品推广就需要完成一系列工作任务，包括制定新产品推广的策略、组织新产品推广活动和培训新产品推广人员等。

### （四）职权和职位

职权（authority）是依法赋予的完成特定任务所需要的权力。职位（position）也叫岗位，是指一个组织中由特定人员所承担的多种职责的集合。职位一般和职员一一对应，一个职位即一个人。一般来说，有多少个职位就有多少个任职者。例如，总经理、秘书、出纳、招聘主管、营销总监等。应该注意的是，职位是以"事情"为中心确定的，强调的是人所担任的岗位，而不是担任这个岗位的人。例如，李强是某公司中的生产部经理，当我们在对生产部经理这个职位进行工作分析时，我们所指的生产部经理是一个岗位的概念，而不是具体的李强这个人。

### （五）工作和职务

工作（job）是指一个组织中，一组职责相似的职位的集合。例如，某企业有5名电工，或者说有5个电工职位，这5个职位就构成一种电工工作。一个职位也可以成为一种工作。如某企业只有一名秘书，该秘书职位也就是一种工作。因人事管理中的岗位和职务术语与工作同义。工作相当于公务员职位分类中的职系。

职务（headship）是由组织中主要责任在重要性与数量上相当的一组职位的集合或统称。在组织规模大小不同的组织中，根据不同的工作性质，一种职务可以有一个职位，也可以有多个职位。例如营销人员的职务中可能有从事各种不同营销工作的人，但他们的主要工作责任是相似的，因此可以归于同样的职务中。例如，"教授"的职务工作及任务如图2-3所示。

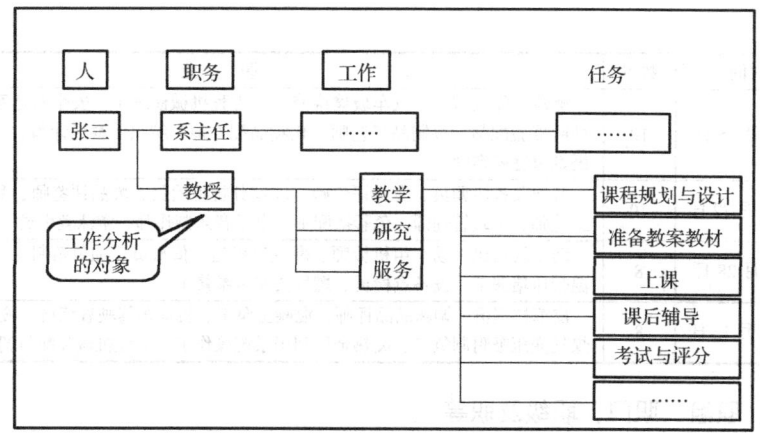

图 2-3 教授的职务、工作及任务

### (六) 职业

职业(occupation)是一类职位的集合。这些职位在工作内容上和工作资格上基本相当,既可以存在于同一组织,也可存在于不同组织。例如,主持人、会计、工程师、律师、教师等都是职业,那么同一企业或者不同企业的会计的工作内容和工作资格基本相当,具有一致性。职业分类要具备以下五个特征:目的性、社会性、稳定性、规范性和群体性。《中华人民共和国职业分类大典》(1999 年出版)将我国社会职业归为 8 个大类,66 个中类,413 个小类,1838 个职业。8 个大类分别为国家机关、党群组织、企业、事业单位负责人,专业技术人员,办事人员和有关人员,商业、服务业人员,农、林、牧、渔、水利业生产人员,生产、运输设备操作人员及有关人员,军人,以及不便分类的其他从业人员。《中华人民共和国职业分类大典》未收录或需要更新的职业,人力资源和社会保障部会进行发布,表 2-4 所示是我国从 2004 年开始至今发布的共计 12 批 122 个新职业(工种)。

表 2-4 新职业和国家发布的 12 批新职业

| 批次 | 发布时间 | 数量 | 职 业 |
| --- | --- | --- | --- |
| 1 | 2004 年 8 月 19 日 | 9 | 形象设计师、锁具修理工、呼叫服务员、水生哺乳动物驯养师、汽车模型工、水产养殖质量管理员、汽车加气站操作工、牛肉分级员、首饰设计制作员 |
| 2 | 2004 年 12 月 2 日 | 10 | 商务策划师、会展策划师、数字视频(DV)策划制作师、景观设计师、模具设计师、建筑模型设计制作员、家具设计师、客户服务管理师、宠物健康护理员、动画绘制员 |
| 3 | 2005 年 3 月 31 日 | 10 | 信用管理师、网络编辑员、房地产策划师、职业信息分析师、玩具设计师、黄金投资分析师、企业文化师、家用纺织品设计师、微水电利用工、智能楼宇管理师 |
| 4 | 2005 年 10 月 25 日 | 11 | 健康管理师、公共营养师、芳香保健师(SPA)、宠物医师、医疗救护员、计算机软件产品检验员、水产品质量检验员、农业技术指导员、激光头制造工、小风电利用工、紧急救助员 |
| 5 | 2005 年 12 月 12 日 | 10 | 礼仪主持人、水域环境养护保洁员、室内环境治理员、霓虹灯制作员、印前制作员、集成电路测试员、花艺环境设计师、计算机乐谱制作师、网络课件设计师、数字视频合成师 |
| 6 | 2006 年 4 月 29 日 | 14 | 数控机床装调维修工、体育经纪人、木材防腐师、照明设计师、安全防范设计评估师、咖啡师、调香师、陶瓷工艺师、陶瓷产品设计师、皮具设计师、糖果工艺师、地毯设计师、调查分析师、肥料配方师 |
| 7 | 2006 年 9 月 21 日 | 12 | 房地产经纪人、品牌管理师、报关员、可编程序控制系统设计师、轮胎翻修工、医学设备管理师、农作物种子加工员、机场运行指挥员、社会文化指导员、宠物驯导师、酿酒师、鞋类设计师 |
| 8 | 2007 年 1 月 11 日 | 10 | 会展设计师、珠宝首饰评估师、创业咨询师、手语翻译员、灾害信息员、孤残儿童护理员、城轨接触网检修工、数控程序员、合成材料测试员、室内装饰装修质量检验员 |

续表

| 批次 | 发布时间 | 数量 | 职业 |
|---|---|---|---|
| 9 | 2007年4月25日 | 10 | 衡器装配调试工、汽车玻璃维修工、工程机械维理工、安全防范系统安装维护员、助听器验配师、豆制品工艺师、化妆品配方师、纺织面料设计师、生殖健康咨询师和婚姻家庭咨询师 |
| 10 | 2007年11月22日 | 10 | 劳动关系协调员、安全评价师、玻璃分析检验员、乳品评鉴师、品酒师、坚果炒货工艺师、厨政管理师、色彩搭配师、电子音乐制作师、游泳救生员 |
| 11 | 2008年5月28日 | 8 | 动车组司机、动车组机械师、燃气轮机运行值班员、加氢精制工、干法熄焦工、带温带压堵漏工、设备点检员、燃气具安装维修工 |
| 12 | 2009年11月12日 | 8 | 皮革护理员、调味品品评员、混凝土泵工、机动车驾驶教练员、液化天然气操作工、煤气变压吸附制氢工、废热余压利用系统操作工、工程机械装配与调试工 |

### (七)职系、职组、职门、职级及职等

职系(job family)是由两个或两个以上有相似特点的工作组成,指职责繁简难易、轻重大小及所需资格并不相同,是工作性质相似的所有职位集合。如:人事行政、社会行政、财税行政等都属于不同的职系。每个职系就是一个职位升迁的系统。

职组(position groups)是工作性质相近的若干职系的集合。如:小学教师、中学教师、大学教师就组成了教师这个职组。职组是工作分类中的一个辅助划分,并非工作评价中不可缺少的因素。

职门(occupational categories)是若干工作性质大致相近的所有职组的集合,如行政职门包括人事行政、社会行政、财税行政与保险行政均可以并入同一个行政职门之下。

职门、职组与职系是对工作的横向划分,而下面的职级与职等则是对工作的纵向划分。

职级(class)是指工作责任大小,工作复杂性与难度,以及对任职者的能力水平要求近似的职位为同一职级,实行同样的管理与薪酬制度。比如部门副经理就是一个职级,"中教一级"与"小教高级"的数学教师属同一职级。

职等(grade)是指工作性质不同或主要职务不同,但其困难程度、职责大小、工作所需资格等条件充分相似的职级为同一职等。例如大学讲师与研究所的助理研究员以及工厂的工程师,均属于同一职等。

职级的划分在于进行同一性质工作程度差异的区分,形成职级系列;而职等的划分则是在于寻求不同性质工作之间程度差异的比较。因为不同职系系列之间的职级数不一定相等,而且甲职级序列中的最高职级与乙职级序列中的最高职级,其工作难度也可能不等,因此职等的概念有助于这一问题的解决。表2-5详细介绍了各术语之间的关系与区别。

在企业中,要重视职位分类工作,因为它是人力资源管理科学化的基础工作,同时它与工作分析也紧密相连。进行职位分类,必须注意职位分类的基本原则。

表2-5 职系、职组、职级、职等之间的关系与区别示例

| 职组 | 职系 | 职等 V 员级 | IV 助级 | III 中级 | II 副高职 | I 正高职 |
|---|---|---|---|---|---|---|
| 高等教育 | 教师 | — | 助教 | 讲师 | 副教授 | 教授 |
|  | 科研人员 | — | 助理工程师 | 工程师 | 高级工程师 | — |
|  | 实验人员 | 实验员 | 助理实验师 | 实验师 | 高级实验师 | — |
|  | 图书、资料、档案 | 管理员 | 助理馆员 | 馆员 | 副研究馆员 | 研究馆员 |
| 科学研究 | 研究人员 | — | 研究实习员 | 助理研究员 | 副研究员 | 研究员 |

续表

| 职组 | 职系 | 职等 V 员级 | IV 助级 | III 中级 | II 副高职 | I 正高职 |
|---|---|---|---|---|---|---|
| 医疗卫生 | 医疗、保健、预防 | 医士 | 医师 | 主治医师 | 副主任医师 | 主任医师 |
| | 护理 | 护士 | 护师 | 主管护师 | 副主任护师 | 主任护师 |
| | 药剂 | 药士 | 药师 | 主管药师 | 副主任药师 | 主任药师 |
| | 其他 | 技士 | 技师 | 主管技师 | 副主任技师 | 主任技师 |
| 企业 | 工程技术 | 技术员 | 助理工程师 | 工程师 | 高级工程师 | 正高工 |
| | 会计 | 会计员 | 助理会计师 | 会计师 | 高级工程师 | — |
| | 统计 | 统计员 | 助理统计师 | 统计师 | 高级统计师 | — |
| | 管理 | 经济员 | 助理经济师 | 经济师 | 高级经济师 | — |
| 农业 | 农业技术人员 | 农业技术员 | 助理农艺师 | 农艺师 | 高级农艺师 | — |
| 新闻 | 记者 | — | 助理记者 | 记者 | 主任记者 | 高级记者 |
| | 广播电视播音 | 三级播音员 | 二级播音员 | 一级播音员 | 主任播音指导 | 播音指导 |
| 出版 | 编辑 | — | 助理编辑 | 编辑 | 副编审 | 编审 |
| | 技术编辑 | 技术设计员 | 助理技术编辑 | 技术编辑 | — | — |
| | 校对 | 三级校对 | 二级校对 | 一级校对 | — | — |

## 第二节 工作分析的内容

### 一、工作分析的信息

工作分析就是通过一系列程序，确定某一工作的内容和程序，明确工作对任职者的要求。有人将工作分析所要回答的问题归纳为 6W1H。6W 即做什么（What）、为什么（Why）、谁来做（Who）、何时做（When）、在哪做（Where）、为谁做（for Whom），1H 即如何做（How）。这 6W1H 基本上概括了工作分析所有收集的信息和内容。

做什么（What）：是指所从事的工作活动。主要包括：

——任职者所要完成的工作活动是什么？

——任职者的这些活动要产生什么样的结果或产品？

——任职者的工作结果要达到什么样的标准？

为什么（Why）：表示任职者工作的目的，也就是这项工作在整个组织中的作用。主要包括：

——做这项工作的目的是什么？

——这项工作与组织中的其他工作有什么联系？对其他工作有什么影响？

谁来做（Who）：是指对从事某项工作的人的要求。主要包括：

——从事这项工作的人应具备怎样的身体素质？

——从事这项工作的人必须具备哪些知识和技能？

——从事这项工作的人至少应接受过哪些教育和培训？

——从事这项工作的人至少应具备怎样的经验？

——从事这项工作的人在个性特征上应具备哪些特点？

——从事这项工作的人在其他方面应具备什么样的条件？

何时做（When）：表示在什么时间从事各项工作活动。主要包括：

——哪些工作活动是有固定时间的？在什么时候做？
——哪些工作活动是每天必做的？
——哪些工作活动有每周必做的？
——哪些工作活动是每月必做的？

在哪做（Where）：表示从事工作活动的环境。主要包括：
——工作的物理环境，包括地点(室内与户外)、温度、光线、噪声、安全条件等。
——工作的社会环境，包括工作所处的文化环境(例如跨文化的环境)、工作群体中的人数、完成工作所要求的人际交往的数量和程度、环境的稳定性等。

为谁做（for Whom）：是指在工作中与哪些人发生关系，发生什么样的关系。主要包括：
——工作要向谁请示和汇报？
——向谁提供信息或工作结果？
——可以指挥和监控何人？

如何做（How）：是指任职者怎样从事工作活动以获得预期的结果。主要包括：
——从事工作活动的一般程序是怎样的？
——工作中要使用哪些工具？操纵什么机器设备？
——工作中所涉及的文件或记录有哪些？
——工作中应重点控制的环节有什么？

## 二、工作分析的结果

通过对所收集来的信息进行整理和分析，工作分析所输出的结果就形成各个职位的工作说明书。工作说明书基本上可以包括两大部分：工作(职务)描述和职位要求。

工作描述主要表达的是任职者实际从事的工作活动和责任、这些工作活动的流程、应达到的绩效标准、与组织内外的关联等关于工作本身特性的信息；职位要求则是根据工作描述所提出的对职位任职者的基本要求，如任职者应具备的知识、能力、受过何种教育培训等，以及其他方面的要求等。

概括地说，工作分析所提供的结果信息大体包括以下方面。

### （一）职位名称

职位名称是指组织对承担特定的工作职责从事特定的一系列工作任务的职位所规定的名称。例如，人力资源部经理、总账会计、设备工程师、项目经理等。在同一个组织中，不同的职位名称之间应具有一致性，即它们应该按照同样的体系来命名。例如，若规定部门一级的主管人员称为部门经理，部门上一级为办公室，其主管人员称为主任，那么在这个组织中都应该符合这样的规律，不能够在部门下面再设主任。

### （二）职位在组织中所处的位置

职位在组织中所处的位置是指职位处于组织结构中的哪个部门，接受哪个职位的领导和监督，可以领导和监督哪些职位。例如，营销部经理在组织结构中处于营销部，接受营销总监的领导与监督，对销售代表进行领导和监督。

### （三）工作的目的或职位的使命

工作的目的或职位的使命概括了职位在组织中所要完成的职责及对组织所起的作用。例如，营销总监职位的工作目的是完成销售额、实现利润及获得市场占有率。

### (四)工作职责与任务

工作职责与任务是指一个职位所承担的职责以及为实现这些职责所要求完成的任务。例如，招聘主管的工作是负责人员的招聘，使用人部门能及时用到合适的人员。为了实现这样的职责，招聘主管所要完成的工作任务就是制定招聘计划、确定候选人的来源、对可能的候选人进行识别、向用人部门推荐合适的候选人、办理人员试用的手续等。

### (五)各项职责和任务所占的比重

假设在所有的职责和任务上花费的时间总和为百分之百，各项职责和任务所占时间的百分比即为所占比重。例如，对某个营销主管的职位来说，制定促销活动计划的职责和任务所占的比重为30%，对营销人员进行培训的职责和任务所占的比重为25%，与分销商和客户进行联络沟通的职责和任务所占的比重为40%，撰写报告所占的比重为5%。

### (六)原材料、机器和设备

原材料、机器和设备是指在该职位上的任职者在工作中所使用的原材料、操作的机器和设备。

### (七)衡量绩效的标准

衡量绩效的标准是指针对各项职责和任务，从哪些方面来衡量这些职责和任务的完成情况。绩效一般可以从数量、质量、时效性、成本或费用、他人的反应五个方面来进行衡量。例如，对招聘主管这个职位来说，招聘工作的数量标准就是各部门对所需人员的数量要求，质量标准就是指招聘来的人员符合规定的任职者要求的程度，时效性是指能及时满足用人单位的用人需求，成本或费用是指平均招聘一个合格的候选人所花费的成本，他人的反应可以是被推荐的候选人试用期间内其主管人员对其的评价。

### (八)权限

权限是指在某个职位上的任职者所拥有的权力范围，即他可以对什么样的事情做出决定。例如，销售主管有权决定产品的促销方式，人力主管有权决定人员的招聘方式等。

### (九)与组织内外其他部门和人员的关联关系

与组织内外其他部门和人员的关联关系是指该职位主要与组织内部哪些部门和个人发生关系，与组织外部哪些部门和个人发生联系。例如，一个外企招聘主管需要同当地的外企服务总公司、政府的人事部门、人才中介机构等发生关系。

### (十)职位的晋升与替代

职位的晋升与替代是指该职位的任职者可以晋升到什么职位，当任职者临时不能在本职位上工作时，可以暂时性地由什么职位的人员进行替代。例如，招聘专员可以晋升为招聘主管，可以由其他的人事专员替代。

### (十一)任职者的基本要求

任职者的基本要求是指从事该职位的任职者应具备的知识、技能，接受的教育、培训和工作经验等。例如，某网络公司的系统管理员要求具有本科以上的计算机或相关专业学历，至少2年的相关工作经验，精通UNIX系统的操作、管理与维护，精通Netscape、Webserver的配制与调试，了解至少一种大型数据库的操作。

## 第三节 工作分析的性质和作用

工作分析是人力资源管理中的一项基础性工作，它所得到的信息是进行人力资源管理中的其他活动所必需的基础和依据。从图 2-4 中，我们可以清楚地看到工作分析在人力资源管理中的地位和作用。

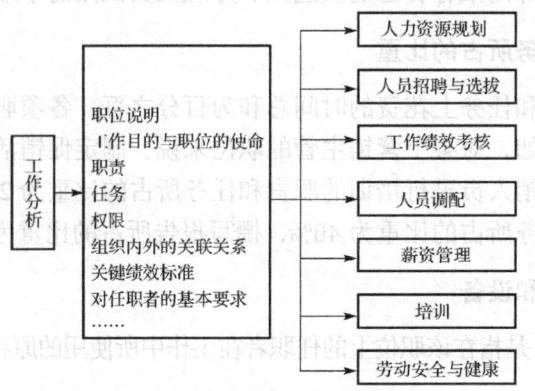

图 2-4 工作分析的目的与应用

### 一、工作分析的原则

工作分析在人力资源管理乃至组织整个管理体系中占有重要地位，因此在进行工作分析的过程中，必须遵循一定的原则，以确保其成果的有效性和实用性。

1. 系统性原则

对于某一个岗位工作进行分析时，也要注意分析其在组织中的位置以及与其他岗位工作的关系，从组织的角度看待工作的作用和价值。

2. 动态性原则

由于组织所处的社会、经济、制度环境是不断变化的，组织的战略和目标也要随之变化，不能够一成不变，所以工作分析的成果也不是固定的，而是要随时调整，随时变化的。

3. 目的性原则

因为组织的实际情况不同，人力资源管理体系各有不同的侧重点，对于工作分析的要求也不尽相同，要根据组织的特点和对工作分析的实际需要安排工作分析的侧重点。

4. 效率性原则

工作分析应该根据组织的实际要求，合理选择方法，提高工作分析成果的准确率，缩短工作分析的周期，努力用最小的投入达到最佳的工作分析效果，提高工作分析的效率。

5. 对岗不对人原则

因为组织的管理水平有差异，有些组织存在因人设岗的问题，工作分析中应当注意这种问题带来的影响，应该尽量保证工作分析的客观性，减少人为因素的影响。

6. 实用性原则

工作分析的成果，即工作说明书及其他成果文件必须能够应用到组织管理的相关方面，具有很强的可操作性。

### 二、从逻辑上理解工作分析的目的与应用

通过工作分析可以客观解决大量人员管理的矛盾。

【知识链接 2-1】

**亨利·福特的工作分析**

亨利·福特一世，不仅是一位家族企业老板，而且是一位企业工作分析的行家里手与始祖。他在自己的传记《我的生活和工作》一书中揭露了 T 型轿车的秘密，详细地叙述了 8000 多道工序对工人的要求：949 道工序需要强壮、灵活、身体各方面都非常好的成年男子；3338 道工序需要普通男工；剩下的工序可由女工或年纪稍大的儿童承担，其中：50 道工序可由没有腿的人来完成；2637 道工序可由一条腿的人来完成；2 道工序可由没有手的人来完成；715 道工序可由一只手的人完成；10 道工序可由失明的人完成。相信任何一个人力资源工作者都会感叹亨利·福特先生对工作内容和任职者的精确分析，正是这些分析有效地帮助了福特组建当时远远领先于同行的严密的工作流程和组织架构。

下面分别从人力资源管理的各个工作环节上来看一看工作分析的地位和作用。

### (一) 人力资源规划

人力资源规划，是指根据组织发展战略、组织目标及组织内外环境的变化，预测未来的组织任务和环境对组织的要求，为完成这些任务和满足这些要求而提供人力资源的过程。它包括预测组织未来的人力资源供求状况、制订行动计划及控制和评估计划的过程。人力资源规划的目标是：确保组织在适当的时间和不同的岗位上获得适当的人选(包括数量、质量、层次和结构)。一方面，满足变化的组织对人力资源的需求；另一方面，最大限度地开发和利用组织内现有人员的潜力，使组织和员工的需要得到充分满足。

为了达到这样的目标，必须对各个职位的工作特性和用人要求有清楚的了解，而这恰恰是工作分析所能解决的问题。人力资源规划中很重要的一部分内容就是各个岗位上的定编定员。在对岗位进行定编定员时，必须考虑组织发展的战略和目标以及组织内外环境的发展变化，但也必须充分了解各个岗位的工作内容和特性，才能准确地判断岗位上所需的人员数量和质量，做出切实可靠的岗位用人规划。了解了岗位的职责和任务，我们才能在此基础上测算各个岗位的工作量，从而计算出岗位所需的人员数量。通过工作分析，我们知道了职位对人的要求，这样我们才有可能进一步获悉从哪里可以得到这些符合要求的人员，才能做出组织未来的人员补充和供给的预测和规划。

### (二) 人员招聘与选拔

人员招聘和录用是工作分析在人力资源管理中应用最广泛的一个环节。工作分析是人员招聘和录用工作的基础。然而，错误的雇佣决策会给所有企业带来严重危害——无论是小型企业还是大型跨国公司。事实上，失败的录用决策带来的成本，估计为个人工资的 1/2～10 倍。因此，企业必须使用系统一致的方式来甄选、录用胜任岗位的合适人员，以控制录用决策失误的成本。只有通过工作分析，才能知道招聘的职位需要完成哪些特定的工作任务，履行哪些职责，胜任该职位的人应具备哪些基本的要求。对于招聘者和应聘者来说，有了工作分析的结果，招聘工作才能有的放矢。招聘者知道了应该招聘什么样的人才能胜任工作，他们可以根据职位的要求和职位候选人的情况对候选人进行选择，选择最适合该职位的人选。应聘者也了解了工作的基本内容和要求，从而去应聘适合自己的工作，避免盲目地去应聘。

另外，根据工作分析的结果，可以帮助招聘者选择使用适宜的测评与选拔人才的手段和方法。不同的职位对从事该职位的人有不同的要求，因此对不同职位在选拔时的侧重点也有所不同。例如，在对财务人员的要求中比较强调对数字的敏感性，因此对他们进行选拔时就要采用一些关于数量关系问题的测验；对操作工人的选拔比较看重手指的灵活性，因此就采用一些操作性的测验方法；对管理人员的选拔要注重综合的管理能力，因此应注重对其管理能力的考察。

招聘中所使用的招聘广告通常就是根据工作分析的结果做出的。招聘广告中对职位的描述通常包括两部分，即职位的主要职责和基本要求。下面举两个典型的招聘广告的例子：

例一：

---

A公司是全球最大的化工企业之一。目前在全球的员工超过10万人，年销售额达300多万美元。A公司在中国各地设有14个合资企业。由于在中国内地的业务迅速发展，需招聘下列人员：

职位名称：高级人力资源总监
工作地点：北京

工作职责：
- 处理日常的人力资源管理事务，包括人员招聘选拔、培训与发展、薪酬福利等；
- 向公司内部其他部门解释和运用人力资源的政策，为各部门提供高质量的人力资源服务；
- 与外企服务总公司、政府机构和其他人才机构保持良好的关系。

基本要求：
- 本科以上学历，最好学过工商管理方面的课程；
- 有三年以上的跨国公司日常人力资源运作经验，熟悉有关的劳动政策法规；
- 熟练运用英语进行口头和书面的交流，熟练使用计算机进行文件处理；
- 有良好的人际交往和沟通技能。

---

例二：

---

B公司是一家中美合资的食品企业，总部设在上海。目前北京办事处的销售部需招聘以下职位的人员：

职位名称：促销经理（中国北方区）
工作地点：北京
区域：整个中国北方区
报告至：中国北方区销售经理

工作职责：
- 制定店内销售、促销、样品派发等活动的计划；
- 对促销人员的队伍进行管理；
- 对产品促销的费用进行控制；
- 通过市场部门进行联络；
- 每周和每月将活动向上级进行汇报。

基本要求：
- 本科以上学历；
- 三年以上的食品行业销售工作经验；
具有从事促销工作的经验；
熟练运用英语进行口头和书面交流。

---

从上面这两个例子中可以看出，招聘广告中对职位的主要职责和任职者基本要求的描述都是基于工作分析的结果。

### （三）绩效管理

工作分析在制定或修改绩效评价中扮演着重要角色。确定某一职位的不同绩效等级，是工作分析的一个基本内容。了解什么构成了"杰出"绩效，什么属于"平均"水平，什么属于"合格"水平，是绩效管理的关键。对员工的绩效进行考核也是人力资源管理工作中的一项重要内容。对员工的绩效考核通常要依据一定的绩效标准，而制定绩效考核的标准一般要基于工作分析的结果。

一般来说，员工绩效中可评价的指标一部分应该是与其工作产出直接相关的，也就是直接对其工作结果的评价，国外有的管理学家将这部分绩效指标称为任务绩效；另一部分绩效指标是对工作结果造成影响的因素，但并不是以结果的形式表现出来的，一般为工作过程中的一些表现，通常被称为是周边绩效。任务绩效的指标来自于工作的目标，而工作目标是根据工作分析得出的一个职位的工作职责和任务确定的，因此，这样的绩效考核指标直接依赖于工作分析的结果。任务绩效的指标可以使用与工作职责任务相关的数量、质量、时效性、成本控制等指标。例如，某销售职位的工作职责是进行产品的销售，那么每月销售产品的数量就可以作为一个绩效指标；对于某个生产职位来说，其职责是生产合格的产品，那么生产的废品率就可以作为衡量工作绩效的指标，如可以规定废品率不超过千分之一。周边绩效的指标是根据工作的职责和任务分析提取出来的，因此是间接地来自于工作分析的结果。例如，在生产性的职位上，工作的质量是非常重要的，因此可以将"遵守规则和纪律"作为周边绩效中的一个指标；在从事研发的职位上，非常看重工作中的创造性，因此就可以将"创新意识"作为周边绩效的一个指标。所以，只有通过工作分析，才能客观合理地确定各个职位的绩效标准，从而进行合理的绩效考核工作。如果没有工作分析，那么绩效考核工作很难做到有的放矢。

### （四）人员调配

员工并不是从进入一个企业开始就始终在一个职位上工作，而是需要在不同的职位上流动的。

一个员工可以晋升到什么岗位上去？哪些岗位上的员工可以进行相互之间的岗位轮换？当某个岗位上的员工临时无法在该岗位上工作时，可以由哪些岗位上的员工进行临时性的替代呢？当某个岗位上的员工离职或调走了，应该由什么岗位上的员工来补充这个职位空缺呢？

这种种问题将如何得到解决呢？这些都是摆在人力资源管理者面前的问题。解决这些问题的重要依据就是工作分析中得到的信息。根据工作分析的结果，可以确定在工作性质上相似，难度上有层次差异的一系列工作之间的晋升、轮换和替代关系。因此，有了工作分析的结果，解决上述这些问题就可以做到有据可循，才能有效进行人员调配。

### （五）薪资管理

工作差异性的存在导致不同的薪资级别。而工作要素相似的职位则将归于同一薪资级别。在一个企业中，不同的人取得不同的薪资，各个企业都有自己的薪资体系。人们常常会问一个问题：为什么不同的人的薪资不同呢，薪资的差距是由什么决定的？薪资管理中一个重要的原则就是根据职位的不同而给予不同的报酬，不同的职位在组织中的价值大小不同。那么，通过什么来确定职位的不同价值呢？这就需要找到一系列衡量职位不同价值的因素。例如：

（1）不同职位所承担的责任不同。有的职位需要对组织承担较大的责任，有的职位承担的风险较大，有的职位有较多的指导监督他人的责任，有的职位需要承担较多的在组织外部进行协调的责任。根据承担的责任不同，所应获得的薪酬也应有所不同。

(2) 不同职位对知识和技能的要求不同。不同的职位在对学历的要求上可能有所不同，有的职位要求必须要本科毕业的人员才能担任，有的职位要求特定的专业方向上的学历。不同的职位要求的技能也有所不同，有的职位对数量关系的能力有较高要求，有的职位对语言表达的能力有较高的要求，有的职位则没有特定的要求。不同职位的工作复杂程度也有所不同，有的职位只需要任职者按照既定的程序进行操作就可以，而有的职位则需要任职者根据情况的变化采取不同的应对方法，有的职位则要求任职者自己创造出解决问题的方法。因此，对知识和技能有不同需求的职位上的任职者应获得不同的薪酬。

(3) 不同职位所面临的工作环境也是有所不同的。有的职位在作息时间上总是有变化，没有规律；有的职位需要在户外工作，或经常接触有毒有害物质；有些职位的工作环境对体力有较高的要求。因此，在不同环境中工作的人应获得的报酬也有所不同。

以上只是举出了几方面的例子，造成不同职位工作价值差异的因素还有很多。从这些例子中，我们可以看出，衡量工作价值的因素大多与工作分析的结果有关。

### (六) 培训与开发

一个员工被企业雇佣了之后，在工作的过程中需要不断接受各种各样的培训。这些培训，除了关于公司基本政策和理念的培训之外，更多的是与工作岗位密切相关的岗位技能的培训。那么，选择哪些培训课程呢？如何确定培训的目标呢？这就要依赖于工作分析的结果。根据工作分析，得出各个职位的工作职责和任务以及完成这些职责和任务所需的知识技能，这就是培训的目标。

现在很多先进的企业建立了企业内部的评价中心和发展中心，在这里将工作的要求与培训密切结合起来了。所谓建立评价中心和发展中心就是根据各个岗位的工作特性分析出任职者的核心胜任特质，然后开发出针对这些胜任特质的评价手段，以及培养和提高这些核心胜任特质的培训方法。所有的这些工作，都是以工作分析为基础的。

### (七) 劳动安全与健康

在工作分析中，要对工作环境的各种因素进行分析，同时也会对生产作业的流程进行分析，这样就可以帮助我们了解影响劳动安全的主要因素，以便采取有效的预防和处理措施，提高劳动的安全性，保护员工的健康。很多职业，如矿工、化工企业的工人，都需要员工在危险的环境中工作。进行了工作分析，就可以知道哪些危险是可以事先避免的，在哪些工作环节上容易出现事故，从而进行提前防范。这样就可以降低事故发生的概率，也有利于保护员工的身体健康。

总之，工作分析在人力资源管理活动中扮演着一个中心的角色。著名的怀勒·卡肖教授用了一个形象的比喻说明了工作分析在人力资源领域中目前的和未来的角色："……工作分析对人事专家来说就如同扳手对钳工一样重要。"

## 三、工作分析在组织管理中的作用

工作分析不仅在人力资源管理中有着重要的作用，而且它作为组织中的一项重要管理活动，对整个组织管理都起着重要的作用。工作分析对于组织管理的作用主要体现在以下几个方面：

### (一)确保工作职责的合理分配

在管理良好的组织中,各项职责应该是被合理地分配到相应的位置上的。工作分析可以帮助我们发现组织中在职责分配上的问题。例如,我们可能会发现组织中的某个重要的职责被忽略了,在所有的职位中都没有包含这一职责。这就要求我们考虑如何在职位中体现这一职责,或者增加职位来实现这一职责,或者将这一职责分配给某个现有的职位。工作分析可以帮助我们发现组织中被忽视的职责,也可以帮助我们发现组织中被过分分散了的职责。例如,有的职责完全可以由一个或较少的职位来承担,但通过工作分析却发现这个职责分配给了过多的职位,造成了工作效率低下,相互衔接的环节上出现扯皮。于是就可以将这一职责集中分配给某一个或几个职位。因此,工作分析可以帮助我们更好地分配组织中的职责。

### (二)完善工作流程

组织中的各个不同职位的工作不是孤立存在的,而是相互之间密切联系的。一项完整的工作要经过多个职位,在不同职位之间构成流程。对各个不同职位的工作分析可以帮助我们完善工作的流程。在工作分析中,我们可以得到不同职位之间关联关系的信息。我们可能会发现有些应该发生关联关系的部门或职位之间没有发生关系,导致相应的信息得不到传递。例如,生产部门得不到市场部门关于市场上对于产品需求的信息,这种情况下,如果在流程上规定市场部门得到的信息向生产部门传递,那么就可以使生产的产品适应市场需求的变化。有时也会发现工作中的某些环节过于烦琐,效率低下,这时就可以在流程中简化环节。

### (三)健全规范和制度

组织的有效运行需要有一整套的规范和制度。通过工作分析,可以为建立和健全组织中的规范和制度提出要求。例如,在工作当中,哪些应该规定的程序没有做出规定,哪些方面的工作标准规定得不够合理等。工作分析本身所得出的职位的职责和权限等通过某种管理规范的形式规定出来,就会构成对组织运行的约束,使得各项工作有序进行。工作说明书就是任职者在工作中的规范和指南,使每个人能正确地从事自己的工作。同时,工作分析也为管理者和下属之间提供了明确的隶属关系。

### (四)促进工作的再设计

现存的工作方法和程序不一定就是合理的。通过工作分析,可能会发现在工作方法和工作设备、工具等方面存在有待改进的地方,从而促进人们设计更好的工作方法和设备、工具等以提高工作效率。同时,基于现有的工作信息,还可以进行工作内容的丰富化、工作职责的扩大化等工作再设计,使得工作本身对员工形成更大的激励。

总之,通过工作分析,可以发现组织管理中的很多问题,也为解决这些问题提供了依据。

## 第四节 工作分析发展的历史

早在公元前1115年,古代中国的政府就开始运用工作分析的方法。西周时期要求参加政府岗位应聘的人员必须通过礼(礼仪)、乐(音乐)、射(射箭)、御(骑术)、书(书写)、数(算术),简称为"六艺"的考试,并制订了不同岗位要求达到的水平标准。这些要求就是基于一种最早的工作分析基础上的,这可能是工作分析在军队和政府里最早的运用。

## 一、工作分析思想的溯源

工作分析的思想与活动最早起源于社会的分工。在世界史中，最早论述分工问题的是中国古代政治家管仲，至今已有2700年的历史。管仲就提出了著名的四民分业定居论，主张将国人划分为士、农、工、商四大行业，并按专业分别聚居在固定的区域。后来荀况把分工称为"曲辩"，特别强调分工的整体功能。他认为，人类强于动物的地方不在于个体的能力，而在于群体的能力与有关的智慧。就个体来说，力不若牛，走不若马。群体的力量产生于合理而科学的分工，只有社会确定了合理而科学的分工，人们才能各就各位有序地工作，避免纷争，发挥出群体的共同能力。

公元前5世纪，著名思想家苏格拉底在其对理想社会的设想中指出社会的需求是多种多样的，每个人只能通过社会分工的方法，从事自己力所能及的工作，才能为社会做出较大的贡献。苏格拉底认为，一个公平的社会应当承认：工作才能具有个体差异；不同的工作有其特殊的要求；让人们从事其最适合的工作以获得最高的工作效率是很重要的。因此，人们需要去了解各种不同的工作以及工作对人的要求。一个社会(或一个组织)要想取得成功，就必须获取与职位要求有关的详细信息(通过工作分析得到)，并且还必须保证这些职位的要求与个人资质是相互匹配的(通过甄选来实现)，以让合适的人从事合适的工作。这也成为日后工作分析及整个人力资源关注的基本问题。

早在公元前4世纪，柏拉图(被认为是现知世界历史上有系统论述分工理论的创始人)在描述"正义"国家时就曾经指出过，"人性格不同，适合于不同的工作"。这就意味着不同的人之间是存在能力差异的，且不同的职业需要具备相应资质的人来完成。进而，一个国家发展要想获得好的成效，就必须努力去把每一个人都安排到最适合他们的资质发挥的职业中去。这就充分体现了分工合作、人岗匹配的思想。柏拉图从治理一个国家的角度，给出了不同岗位对人的资质要求，他说一个国家有三类人，供养者要具备节制之德，卫国者要具备勇武之德，治国者(统治者)要具备智慧之德。这可以被看成是早期的工作分析。

亚当·斯密在《国富论》一书中，对西方国家某工厂所进行的劳动分工做了如下描述：一个工人抽出铁丝，另一个工人把它弄直，第三个人负责截断，第四个人只管磨尖，第五个人磨其顶部，以备连接，然而，针头的加工还需要两三道独特的工序，最后才是装配与镀锡。因此制造一根大头针，大约有18个工序，如果一个工序由一个人操作，那么，生产一根大头针的岗位将有18个。亚当·斯密甚至认为，人们天赋才能的差异，与其说是分工的原因，不如说是结果。分工极大地促进了社会的发展，人们认识到由不同的人共同完成一项事业的重要性，而且由最合适的人来完成其中相应的工作可以极大提高效率。《国富论》认为劳动分工提高劳动生产率的主要原因有三个方面：①分工使得劳动生产者越来越将其生产活动集中于较少的操作上，能够较快地提高其生产的熟练程度；②分工使生产者节约或减少因经常变换工作或变换生产活动中的不同操作而损失的时间；③分工促使大量有利于节省劳动的机器问世，从而使一个人能干许多人的活。

伴随着分工的进行，就会出现目标分化和权力分散，于是有了进行工作分析的必要，对每一项工作的任务和职责进行描述，以便明确该工作做什么，由谁来做，如何做等。

分工不仅使工作分析成为必要，且促成了管理的各大职能的形成和完善，规范了人类的生产生活活动，从而造就了人类历史上众多辉煌成果，如金字塔、万里长城这些由成千上万人共同完成的巨大的工程。正如恩格斯所说，人类是通过分工的进步走到文明时代的门槛的。

由于分工的重要性，对分工的研究也有很多，理清分工发展进程，熟悉分工理论，对于理解我们今天的管理活动，尤其是工作分析有重大意义。工作分析虽然是一种技术及方法，但需要有正确的理论指导，才能促进企业内部分工的发展，从而对管理活动做出有益的贡献。分工论是从社会整体的角度出发，对分工有个总体把握；工作分析则更具体地对组织内部的分工进行考察、分析。通过对分工理论的研究，可以看出工作内容、性质等方面的变化，进而理解工作分析方法相应的变化。

首先是亚当·斯密的分工论，他认为人类互通有无、物物交换、互相交易的倾向是分工产生的原因。"分工起因于交换能力，分工的程度因此总要受交换能力大小的限制，换言之，要受市场广狭的限制"。斯密主要从交换的角度、市场的角度谈论分工，未谈及组织结构，也未谈到工作分析，他只是从一般意义上来谈分工。而在斯密之前的柏拉图、威廉·配第及之后的黑格尔、马克思都支持分工与专业化理论，对生产组织做深入系统研究。不过，斯密对分工系统详细的研究，引起了大家对分工的重视，为后来的管理思想家所借鉴，纳入管理体系原则中。在斯密时代，分工还处在简单社会劳动技能分工阶段，以家庭为生产组织形式，可以把这一时期看成分工理论的第一阶段。

亨利·福特开创的流水生产线引发了分工的一次变革，形成了规模经济的劳动分工体系，使上一时期的个人或家庭专业化转向了个人技术专门化、企业生产专业化和市场交易专业化，大大地提高了劳动生产率。流水线生产和规模经济改变了人与机器设备的关系，改变了人们的工作方式，根据机器设备的设置和生产线的设计形成了一系列标准化的工作。工作流程被纳入了工作分析的考虑，包括工作产出分析、工作过程分析、工作投入分析，工作分析在这些基础上才是对整个组织有利的，并且通过工作分析，来再设计出合理的工作流程。同样是通用汽车的艾尔福雷德·斯隆促使了分工的又一次变革。前两者都解决的是工人之间的分工，随着分工的细化，带来了协调和管理上的复杂性。斯隆把分工引进职能管理，成立事业部，使其与分工的专业化形成平行架构。

英国数学家、发明家、现代计算机的创始人、科学管理的先驱查尔斯·巴贝奇在《论机械和制造业的经济》一书中进一步发展了亚当·斯密关于"劳动分工的利益"的思想，分析了分工能提高劳动生产率的原因。他指出，这些原因是：节省了学习所需要的时间，节省了学习中所耗费的材料，节省了从一道工序转变到另一道工序所耗费的时间，节省了改变工具所耗费的时间。而且，由于分工后经常做某一项作业，肌肉得到了锻炼，就更不易疲劳；由于经常重复同一操作，技术熟练，工作速度可以加快；分工后注意力集中于比较单纯的作业，能改进工具和机器，设计出更精致合用的工具和机器，从而提高劳动生产率。巴贝奇还指出，脑力劳动同体力劳动一样可以进行分工。他指出，法国桥梁和道路学校校长普隆尼把他的工作人员分成技术性、半技术性、非技术性三类，把复杂的工作交给有高度能力的数学家去做，把简单的工作交给只能从事加减运算的人去做，从而大大提高了整个工作的效率。他进行了有关工作时间问题的研究。在研究中，他征得同意后引用了法国库伦布的观察材料，这是在管理问题上国际合作的最早范例。他制定了一种"观察制造业的方法"，同后来别人提出的"作业研究的科学的、系统的方法"非常相似。观察者用这种方法进行观察时利用一种印好的标准提问表，表中包括的项目有生产所用的材料、正常的耗费、费用、工具、价格、最终市场、工人、工资、需要的技术，工作周期的长度等。

此时的工作分析要进一步考虑到工作流程和组织结构，并且要建立在对这两者分析的基础上。在特定的组织结构和工作流程下，职务的范围、性质、协调关系等都有很大的不同，这给我们工作分析带来极大的挑战。如何才能尽可能准确、详细地描述一项工作，是我们首要考虑的。由此可见，分工理论的发展要求相应的工作分析技术的进步。

## 二、工作分析的早期发展

18世纪的时候，一位名叫狄德罗（Denis Diderot）的人在编撰一本百科全书的过程中做了大量的调查研究，去了解各种工作的程序，这其实就是一次工作分析的过程。

工业革命之后，随着人类社会的发展，对组织进行科学管理显得越来越重要。在工业社会中，生产规模不断扩大，但在工业生产过程中的一些问题也逐渐暴露出来。例如，由于在工作中缺乏统一的标准，造成一些机器设备的损毁；很多工作中没有充分考虑到人的因素，而造成生产效率的低下。

美国人泰勒（F. W. Taylor）在20世纪初对组织的管理进行了一系列的研究，这对当时和现在的管理都有着非常深刻的影响。由于其卓越的贡献，被后世尊为科学管理之父。当时由于老板不知一个工人一天能干多少活，工人出于各种原因经常"磨洋工"，劳动生产率非常低下。为了挖掘工人的潜力，提高劳动生产率，泰勒通过科学地观察、记录、分析，致力于"时间动作研究"，探讨提高劳动生产率的最佳方法，制定出合理的日工作量。所谓时间动作研究，就是将工作分成若干部分并分别进行计时。通过分析，对各种活动的时间及顺序进行重新规划，达到提高生产率的目的。泰勒在1903年出版的《工厂管理》一书中详细地描述了由于把工作分成若干个部分并进行记时而提高了劳动生产率的事实。1911年他又出版了《科学管理原理》一书。在该书中他宣称，要对组织进行科学管理，就必须对组织中的每一份工作进行研究，从而科学地选拔、培训工人。泰勒的研究被认为是科学工作分析的起始。

现代意义上的工作分析还和人员选拔测评等人力资源的管理和开发工作密切地联系在一起。所谓选拔无非就是确定在某一职务上所要做的工作和胜任该工作所需的能力、技能、知识等，从而将能够很好胜任与不能很好胜任这项工作的人筛选出来。由于任何一项工作在环境要素、时间要素、作业活动要素、任职者要素四个方面是存在差异的。要做到人和职的匹配，就必须对工作进行合理的分析。工作分析是人事选拔和测评的主要手段和必经程序。本世纪初，与人员选拔和测评密切相关的工业心理学得到了迅速的发展。

芒斯特伯格（H. Munsterberg）于1913年在美国出版了《心理学与工业效率》，标志着工业心理学的诞生，他也被称为"工业心理学之父"。他对工作分析的最大贡献是，发现工作分析最为重要的工作是从"内行人"那里获取真实而准确的信息，而不是依据自己的操作体验。

工程师弗兰克·吉尔布雷思（Frank Gillbreth）提出了一种在实验室条件下进行工作分析的程序方法。这种方法通过提供恰当的设备，减少多余的动作来达到劳动生产率最大程度提高的目的。弗兰克以泥木匠砌砖为例介绍了他的理论。

1905年，心理学家比内和医生西蒙应法国教育部的要求编制了世界上第一份智力测验。该测验对于筛选弱智儿童非常有效。于是，在第一次世界大战和第二次世界大战期间，人们把测验应用于军人的选拔和安置上，并获得了极大的成功。人事选拔和测评又被广泛应用于商业，而且变得越来越重要。作为人事选拔和测评的主要方法和必经程序——工作分析，也得到了迅速的发展。

在管理思想演变的不同阶段，工作分析呈现出不同的特征。科学管理时代，工作分析以工作研究、工时研究为基础，强调细致的分工。工作分析的主要任务就是确定工作的标准。行为科学学派提出的工作轮换、工作扩大化、工作丰富化，打破了原来单一任务的界限，工作分析在各方面（对工作内容、性质、职责等的规定以及对任职资格的要求）呈现出扩展的特征。人本主义学派提出的弹性工作时间、工作家庭化，导致工作分析立足点的变化，不是强调对工作的规定，而是工作如何符合人的发展。到了现代，工作分析从组织的战略出发，更加灵活、更加软性。

### 三、工作分析的形成阶段

第一次世界大战的爆发极大地推动了工业心理学的发展，尤其促进了心理学在人员分类、甄选、配置中的应用。工作分析在形成阶段的主要成果如表2-6所示。

表2-6　工作分析在形成阶段的主要成果

| 领衔任务及关键事件 | 主要观点及成果 |
| --- | --- |
| 宾汉（W.V.Bingham）与大规模工作分析 | ● 将工作分析作为工业心理学的分支来研究<br>● 完成了以解决人员配置为目的的工作分析方法论的研究<br>● 推动社会科学研究会和国家研究会开展为大众就业服务而开展的大型工作分析项目 |
| 斯科特（S.D.Scott）对军衔资格的研究 | ● 制定了军衔资格标准<br>● 编制了"军官任职技能说明书"、"入伍申请表"、"人员调查表"<br>● 实现了面谈考评的科学化，即要求在设计军人考评方法之前必须进行工作分析<br>● 将研究成果广泛应用，创立了斯科特公司 |
| 巴鲁什（Baruch）与薪资等级划分 | ● 收集有关政府机构职位任务资料，评定工作等级与工资水平的关系<br>● 把工作分析的方法与结果成功地应用于美国国会的《工薪划分法案》<br>● 重点关注影响每一工作的普遍因素，不考虑偶然的个别因素 |
| 美国社会科学研究会与职业技能标准 | ● 研究经济大萧条对就业的影响<br>● 制定各种工作所需要的职业技能标准，并划分为共有部分与特定部分 |
| 美国国家研究会的工作分析研究与贡献 | ● 为美国职业能力评价提出了一套生理指数体系<br>● 试图通过工作分析的应用来减轻失业造成的社会压力 |
| 美国职位研究会（ORP）的职位分析研究 | ● 编写就业指导辞典<br>● 编制职业编码表<br>● 完成《职业大辞典》（Dictionary of Occupational Titles，DOT）<br>● 设计人员配置表，以反映某一工作所需的工作经验、知识量及在岗经验 |

### 四、工作分析的现代发展

早期的工作分析，侧重于对职务信息的定性描述。随着统计科学、心理测量理论等相关学科的发展，及人们对工作分析的了解、研究的增多和要求的提高，20世纪70年代以来，结构化、定量化的工作分析方法不断涌现。著名的工作分析方法包括工作者指向的结构化工作分析问卷（PAQ）、职务指向的功能性工作分析（FJA），等等。同时也出现了关键事件法、功能性工作分析、工作要素分析等新的方法。西方国家还通过公平就业等方面的法规对工作分析的某些方面做出规定。

1979年，德国工效学家罗莫特（Walter Rohmert）经过几十年的工作分析和设计研究后加以总结归纳，提出了工作分析的工效学调查法，被管理学界公认为"工作分析"的创始人。

传统工作分析与现代工作分析的比较如表2-7所示。

表 2-7 传统工作分析与现代工作分析的比较

| | 传统工作分析 | 现代工作分析 |
|---|---|---|
| 内容范围 | 单个的以及事前确定的工作职责 | 扩大的职责和交叉职责 |
| 人员关系 | 员工和管理层之间保持较大距离 | 员工与管理层之间的差别逐渐缩小 |
| 分析对象 | 静态工作与知识、技能、能力和其他个性特征 | 持续变动中的职责与知识、技能、能力和其他个性特征 |
| 效果 | 缺乏竞争和较大的市场份额 | 能够产生竞争性资本优势 |
| 团队 | 孤立的岗位和最少的员工反馈 | 团队工作和自我管理小组 |

资料来源：李文辉. 工作分析与岗位设计，北京：中国电力出版社，2014.

## 五、工作分析在中国的发展

1916 年，我国开始了人事心理学的研究。清华大学为了指导学生选择职业，在学校开展了职业指导。20 世纪 30 年代成立了"人事心理学会"，当时主要用于人员测量和淘汰，并未真正研究人力资源的合理使用和科学人事制度的建立。

自 50 年代引进工作分析以来，代表性的成就有：①纺织业岗位评价体系及劳动规范的建立；②国企岗位责任制；③铁道部 1991 年 5 月—1992 年 12 月制定《铁道行业岗位劳动评价工作手册》。

20 世纪 90 年代后以制造业为主的市场经济进一步促进了工作分析的发展，但也存在一些问题，如等级思想严重、人际关系复杂、思想意识没有跟上等。

## 六、西方国家工作分析研究历史发展的启示

纵观工作分析的历史发展，其研究的重点转移到提高观测和记录人们的工作行为方面，进而注意到：
(1) 任职者完成工作的要素、细节；
(2) 任职者的工作行为、工作职责，如何达到工作目标和高出工作目标。
以下几点将对工作分析有所启示。

### (一) 目标清晰

工作分析是为满足特定的需要而进行的。着手工作分析，就必须明确"需要分析"什么。它决定着工作分析的方向、程序、应用方向等。

### (二) 语言清晰

分析工具中的语言，如果使用不当，不明晰，往往会将工作分析活动导入歧途，因而分析者务必采用准确、清晰的语言。

### (三) 效度

数据信息的来源应该是有关方面的专家。工作分析的数据资料必须能被他们理解并接受、没有任何数据的统计工作能够替代专家意见这一基础效度。

### (四) 连接行为和结果

工作分析的任务说明应显示特殊的工作分析行为或行动怎样与工作分析结果连接，至少要说明每一步工作分析活动的目的及其与结果的联系。

## （五）说明工作分析的结果如何应用

工作分析结果的应用目标，包括员工考核、评估、定级、招聘、培训开发、工作说明书等的制定，应该与工作分析的展开同步进行。

## （六）工作分析发展的复杂性

虽然工作分析在不同历史时期具有不同的特征，但事实上工作分析的发展是相当复杂的。在同一时期不同职业，工作分析可能处于不同的阶段，在不同时期同一职业，工作分析可能保持相对不变，不同企业对同一工作的分析可能不同。总之，正如前面所说，工作分析一定要和组织的战略、竞争环境结合起来，建立在对工作流程和组织结构的分析基础上。从动作分解到对工作的全面描述，再到战略化、灵活化，工作分析不断发展变化，逐渐成为现代人力资源管理的一项重要职能。通过对工作分析历史演变的回顾，可以更加深刻地理解工作分析的实质、意义和发展方向。

## 案例讨论

### 卡特洗衣公司工作说明书

詹妮弗根据自己对洗衣店的逐项了解所得出的结论是，她所要做的第一件事就是为洗衣店管理人员编写工作说明书。

正像詹妮弗所说，她在大学所学的一般管理课程和人事管理课程都强调了工作说明书的重要性，但在学习时，她一直不相信工作说明书在一家企业的顺利运行中会有如此重要的作用。但在她上班的最初几周内，多次发现每当她问及洗衣店的管理人员为什么违反既定的公司政策和办事程序时，这些人总是回答："因为我不知道这是我的工作内容"或"因为我不知道应该这么做"。詹妮弗这时才知道，只有花大力气编写工作说明书并制定一整套标准和程序来告诉大家应该做些什么以及如何去做，才能使这一类问题得到解决。

从总体上说，洗衣店的管理人员负责指挥店里的所有活动，包括生产服务质量的监督、顾客关系的维护、营业额的增长，以及通过有效地控制劳动力、物资、能源等方面的成本实现利润的最大化等。

在完成这些总体目标的同时，洗衣店管理人员的任务和职责还包括：质量控制、店铺的外观和清洁、顾客关系、账务和现金管理、成本控制和生产率、事故控制、价格掌握、库存管理、机器维修、衣物的接受与清洗、雇员安全、人力资源管理、不良事件控制等。

**讨论题：**

1. 编写洗衣店管理人员的工作说明书应该用什么样的格式？
2. 是应当将工作标准和程序写进说明书，还是应当将它们单独分列出来？
3. 詹妮弗如何才能搜集到编写工作标准、工作程序以及工作说明书所需要的信息？

# 第三章

# 工作分析的流程

对于 21 世纪的企业来说，流程将非常关键。优秀的流程将使成功的企业与其他竞争者区分开来。

——迈克尔·哈默

一套科学适用的工作分析流程可以有效地指导企业的工作分析活动，帮助企业避免无效活动，为企业节省操作成本。

——佚名

> **学习目标**
>
> 1. 掌握工作分析的主要流程及其每一个阶段的具体工作；
> 2. 掌握工作分析内容标准化的具体步骤、工作分析指标的具体含义及构建；
> 3. 了解工作分析过程中可能出现的误区与问题。

**案例导入**

### A 公司怎样实施工作分析

A 公司是一家从事软件开发的公司。自 2000 年成立以来，凭借高质量的产品和良好的售后服务，业务增长一直保持着较高水平，公司规模不断扩大。伴随公司发展，公司的组织结构与岗位职责发生了很大变化。在最近做的一个员工满意度的访谈调查中，公司总经理王刚发现，很多新进员工不明白自己的岗位职责是什么，部门主管对所属员工的工作也颇有疑问。部门和部门之间也经常因为工作的事情而发生推诿现象，部门经理往往要花费很多时间进行协调处理，这无形中就浪费了很多时间。虽然大家都彼此体谅，以公司业务为重，基本完成了各项工作。但是，这种不良情况似乎在不断蔓延，对公司未来的发展有很大影响。王总通知人力资源部李晓红经理，要求人力资源部负责解决这个问题，并且在 2 个月内提出解决方案。李经理经过思考认为，目前很有必要对岗位职责与工作任务做一个详细了解，工作分析的技术是其中的一个重要方法。当前的任务，就是做一个工作计划实施工作分析。那么，按照什么样的流程去完成这个工作呢？

## 第一节 工作分析的流程设计

### 一、工作分析流程概述

工作分析的整个过程其实从本质上来讲是一个信息的流动过程，从输入到分析再到输出，把关于岗位的复杂信息加工成为有序的工作分析成果。

为了使工作分析顺畅以及确保分析结果的有效性,许多学者认为在执行工作分析前应先做好计划,只有规划好整个工作分析流程,才能有效获取资料并进行分析。表3-1所示是专家、学者所提出的工作分析流程,我们的分析也是建立在前人分析基础之上,在这里只做简要介绍。

在对国内外分析理论和实践研究的基础上,总结开发出适合中国多数企业情况的工作分析流程,如图3-1所示。工作分析的过程是对工作进行全方位评价的过程。工作分析流程本身不是一成不变的,应根据工作分析实际情况进行调整,这五个阶段又是一个闭路循环。

表 3-1 工作分析流程

| 学者 | 工作分析流程 |
|---|---|
| Ghorpade(1988) | 将工作分析的目的具体化<br>鉴定与目的相关的各种工作因素属性<br>决定资料收集者与信息来源<br>选择资料收集与分析的方法<br>收集、分析与整合工作信息 |
| 郭昆谟等(1990) | 决定分析计划<br>选择分析人员<br>收集背景资料<br>收集工作分析资料<br>分析并撰写书面说明 |
| Dessler(1994) | 决定工作分析资料用途<br>收集背景资料<br>选择具有代表性的工作分析<br>收集工作分析资料<br>请在职者与其直属上司认可收集的资料<br>编写工作说明书与工作规范 |

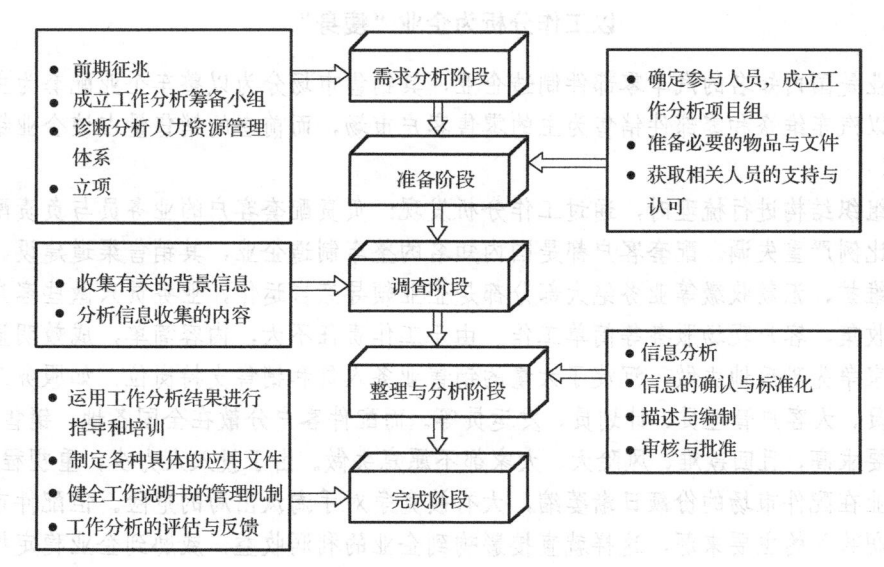

图 3-1 适合中国企业的工作分析流程

## 二、工作分析的需求分析阶段

### (一)前期征兆

把握工作分析的时机就是要说明什么时候要开始考虑开展工作分析活动并付诸行动。进行有效的工作分析,必须确定合适的时机。对于国内很多企业来说,基础管理工作还不是很完善,许多企业都需要通过工作分析来设定岗位职责和要求,进一步确定工作规范。而且,在管理实践过程中,通过工作分析可以使员工清楚地知道自己的职责、工作任务、工作流程、所要产生的结果及企业对业绩衡量的标准,同时也使管理者了解员工的工作任务内容及评价方法，能够更好地提高企业的工作效率和工作绩效。即使企业之前进行了工作分析，也制订了相应的工作说明书、工作规范，一般来说，当出现下述情况时，企业应该继续开展工作分析工作，从而对工作说明书进行修订。

(1) 公司组织管理体系、业务流程运行不畅，造成效率低下；
(2) 战略空置，缺乏管理支持和落实；
(3) 组织变革，新流程、新技术引进；
(4) 组织运行关键点无人负责和控制；
(5) 人浮于事、职责不明；
(6) 工作说明书虚置，与实际不符；
(7) 当需要招聘某个职位上的新员工时，发现很难确定用人标准；
(8) 当需要对员工进行培训时，发现难以制订有针对性的计划；
(9) 当需要对员工的业绩进行考核时，发现没有根据职位确定的考核标准；
(10) 当需要建立新的薪酬体系时，无法将各个职位的价值进行评估。

### 案例

#### 以工作分析为企业"瘦身"

某企业是国内知名的汽车零部件制造企业，其销售市场分为以整车企业配套为主的大客户市场和以汽车维修和零部件销售为主的零售客户市场，而前者的销售量占该企业销售总量的大部分。

在对组织结构进行梳理时，通过工作分析发现：负责配套客户的业务员与负责配件客户的业务员比例严重失调。配套客户都是国内知名的整车制造企业，其销售渠道建设、订单签订、关系维护、汇款收缴等业务绝大部分都是企业领导亲自运作，业务员只做些客户关系管理、信息收集、客户现场服务等简单工作。由于工作责任不大，内容简单，成效明显，环境舒适，大家争先恐后地去做，沉淀了大量的销售业务人员和销售支持岗位，如服务工程师、信息分析员、大客户管理员、计划员、发运员等。而配件客户分散在全国各地，销售批量小，服务水平要求高，且回款难、风险大，大家都不愿意去做。由于投入人力少，重视程度不够，造成该企业在配件市场的份额日渐萎缩，大有被竞争对手淘汰出局的危险。但配件市场又是该企业利润收入的主要来源，这样就直接影响到企业的利润收益，威胁到企业稳定持续的发展，后果严重。

针对存在的问题，企业采取了以下对策。

首先，缩减配套客户业务人员和销售支持人员，选择优秀的、有市场开拓精神的员工充实到配件客户业务员和配件市场服务工程师等岗位上，增强零配件市场的销售力量，夺回失去的市场份额，确保企业的利润收益稳步增长。

其次，建立明确的业务员工作目标，用量化指标去考核其工作业绩，并与末位淘汰机制结合起来，防止滥竽充数的人员沉淀和回流。

最后，大幅度提高配件客户业务人员的报酬，建立有效的以市场开发、市场销售、汇款数额和售后服务为内容的激励机制，让能者多劳、能者多得，提高其工作积极性。

资料来源：中国人力资源开发网。

讨论题：

1. 该企业是如何进行工作分析的？
2. 该企业的工作分析关键点在什么地方？对我们有什么启示？

### (二) 成立工作分析筹备小组

在发现工作分析需求征兆后，应由公司高层主管领导牵头组建工作分析筹备小组，其他成员包括人力资源部经理、主管以及其他部门经理(如财务部、行政部等)。工作分析筹备小组的主要职责是：①确认工作分析需求；②制定工作分析总体原则、导向、预算等；③对外部咨询团队选聘；④对过程监控；⑤确认最终结果；⑥推广运用成果；⑦进行项目评估。

### (三) 人力资源管理体系的诊断分析

工作分析筹备小组成立后，应在组织内部开展工作分析的需求分析，采用的方法包括问卷调查、重点员工访谈等，以形成对组织人力资源管理现状的诊断分析报告。可以聘请外部咨询专家，采用规范、系统的人力资源管理诊断工具来完成，具体需视组织需要而定。

### (四) 立项(明确工作分析的目的)

在企业管理过程中，不同人力资源管理问题(如制定工作说明书、改进工作设计、确定培训需要、设计薪酬制度等)工作分析的目的各不相同，这就会导致所需要采集、处理的工作信息内容不同，工作分析的工作量不同，工作分析人员的选择不同，所需要的费用也不同。所以进行工作分析之前，一定要明确工作分析的目的，做到有的放矢。工作分析是收集整理有关工作的信息，并对各项管理活动提供信息支持。工作职责和任职资格是工作说明书的核心，最简洁的工作说明书可以只包括这两部分。不同的管理活动对信息要求的侧重点有所不同。因此，要在获取一般性信息的基础上，综合考虑某项管理活动的特殊性，增强信息的针对性和适用性，如表 3-2 所示。

表 3-2 工作目的与信息收集的重点

| 目 的 | 信息收集的重点 |
|---|---|
| 组织优化与设计 | 组织结构、岗位的职责权限、工作流程、岗位的工作范围、岗位与岗位之间的边界、每一岗位的工作流程 |
| 聘用与选拔 | 岗位任职资格与条件、哪些是核心指标、评价标准是什么 |
| 培训与开发 | 岗位任职资格与条件、标准与实际的差距 |
| 绩效考核 | 每一岗位的性质、特点与价值，明确考核的指标与标准 |
| 薪酬管理 | 每一岗位的性质、特点与价值，明确薪酬评价要素与标准 |

## 第二节 工作分析的准备阶段

工作分析的准备阶段的主要任务是为工作分析的正式开展做好人力、物力、财力、信息方面的准备工作。

### (一) 确定参与人员，成立工作分析项目组

为了顺利地实施工作分析，建立一个专门的工作分析项目组是十分必要的。通过组建专

门的小组，可以从工作时间、人员配置、组织建构等方面保证工作的顺利完成。在工作分析人员的选择和匹配上，要对整个组织的工作分析活动有一个通盘的考虑。有的人员只要提供有价值的工作分析计划方案，一般聘请专家担任；而有的人员只要求能熟练掌握工作信息分析的操作技能。熟悉一个工作方案，只需要几个月的准备即可，而有效地利用和操作一个工作分析方案的能力则需要较长时间才能掌握。因此，在考虑工作分析者的人选时，要充分依靠群众、相信群众，用非专家的方法来收集资料。特别是要发动和依靠各个层次的管理人员，分派他们分析所管辖区域的工作。一般说来，组建工作分析小组可以参考以下一些原则和标准。

### 1. 工作人员相对稳定

减少人员的流动性以及其他事务的干扰，确保员工有足够的时间和精力完成此工作。保持人员的相对稳定，有利于保持工作分析过程中的连续性，提高分析的深度和广度，形成一份客观、翔实、有效的工作说明书。如果小组成员的流动性过强，则新成员需要时间去熟悉有关信息，就会影响工作分析的工作进度；如果其他事务过多，则会挤占工作分析的时间，影响工作的质量。

### 2. 人员的多样性

选择人员不要局限于人力资源部的专业人员，工作小组可以由人力资源部、企业内其他部门以及外部咨询机构的人员共同组成。工作分析小组建成后，可以由人力资源部负责统筹组织。在具体的实施过程中，可以有不同的实施主体，如表3-3所示。这些主体具有不同的优点和缺点，在实际工作中，可以从企业工作人员的专业水平、企业成本、确保公平性等角度进行考虑组建工作小组并确定实施主体。

表3-3 工作分析实施主体的三种选择

| 工作分析实施主体 | 含义 | 优点 | 缺点 |
| --- | --- | --- | --- |
| 组织内人力资源部 | 以人力资源为主，其他部门配合 | 节省成本<br>实施主体了解公司文化、战略和现状 | 耗费大量人力和时间<br>如果工作分析方面的经验不丰富，会影响实施效果 |
| 组织内其他部门 | 由工作分析需求部门自己实施工作分析，人力资源部门提供支持 | 节省成本<br>非常熟悉本部门工作，收集的信息全面、内行 | 从人力资源管理的角度看，实施过程中和形成的工作分析结果文件可能不专业，会影响工作分析的可信度 |
| 外部咨询机构 | 聘请咨询机构实施工作分析，人力资源部门配合咨询顾问，协调问题，确保计划的实施 | 工作分析经验丰富<br>作为第三方的中立位置，员工易于接受工作分析结果，相对也容易提供真实的信息给工作分析员 | 耗费咨询费用<br>咨询顾问不了解企业具体情况，组织需要花费时间与他们进行企业文化、战略、管理等方面的沟通 |

资料来源：朱勇国．工作分析．北京：中国劳动社会保障出版社，2006．

在工作分析开始前，最重要的一项工作是确定由谁进行工作分析。一般说来主要有以下两种选择："内部人"和"外部咨询机构"，在实际操作中，由"内部人"和"外部咨询机构"主导工作分析过程，这两种途径各有利弊，工作分析筹备小组应在充分考虑、论证的基础上做出选择，具体说来主要有以下思考角度，供工作分析筹备小组参考，如表3-4。

通常，工作分析小组无论来自内部还是外部，其成员的素质以及整体构成情况会影响工作分析的质量和效果。因此，在成立分析小组时应该充分了解内外部专家的优点、缺点，如表3-5、表3-6所示。

表 3-4　确定工作分析参与人员的考虑因素

| 考虑的因素 | 内　　容 |
|---|---|
| 工作分析的目的 | 工作分析的目的、导向在一定程度上会影响工作分析主体的选择决策。因为对于某些目的，需要采用比较直接、常规的工作分析方法，组织内部可以自行解决；而对于部分工作分析目标，例如工作分析结果运用于岗位评价、绩效考核、培训开发评估、招聘测试等方面，则要求相当专业的技术和科学的流程，必须由外部专业咨询机构来承担 |
| 工作分析方法的要求 | 在工作分析业界，工作分析工具主要有两种类型：有专利权的商业工具和公开的共享工具，因此工作分析方法不同将会影响对工作分析主体的选择。另外部分信息收集方法采用内部和外部人，在效果方面将会产生明显的差异，比如访谈法等。因此工作分析筹备小组在决策时应考虑预期采用工作分析方法的要求 |
| 员工培训对比 | 内部操作有利于培训组织内部员工，使组织获得自我开发、完善的能力，便于工作分析的动态管理，而外部咨询的培训效果往往较弱。但内部操作的培训工作的进程和质量将会影响整个工作分析过程和结果，往往会带来相当的代价 |
| 质量对比 | 工作分析结果的质量对比主要取决于内部人和外部咨询机构在工作分析领域的实力对比，一般说来外部咨询机构拥有专业技术上的优势，但对于组织的熟悉程度弱于组织内部人，因此对于工作分析质量的预期取决于工作分析筹备小组对技术和经验的偏好和判断 |
| 成本对比 | 对于大多数组织来说，聘请外部咨询机构是相当奢侈昂贵的，尤其是咨询机构的社会声誉有很高的附加值，因此首要考虑因素是"内部操作"和"外部咨询"的成本对比。"外部咨询"的成本主要是合同约定的各项费用，如咨询费、差旅费、交通费、住宿费等；"内部操作"的成本主要是员工薪资、机会成本、办公费用、培训费、购买工作分析工具费用以及其他信息收集、使用费用等 |
| 时间对比 | 工作分析的时限是确定内部、外部的另一个考虑因素，由于外部咨询成本相对较高，因此阶段性、短期的工作分析过程可采用外部咨询的方式，而长期的、动态的工作分析应采用内部操作的方式 |
| 可信度对比 | 一般说来，组织内部进行的工作分析由于分析师的内部人身份，往往在过程和结果方面的公正性会受到来自组织高层和内部员工的挑战；而在公正性方面外部咨询机构具有相当的优势。另外由于外部机构的专家身份，使得工作分析的过程和结果更具权威性，更能获得组织内部成员的信任和积极参与 |

表 3-5　理想的专家组成员的任职条件

| 理想的专家组成员的任职条件 |
|---|
| (1) 必须能够客观地看问题，保证工作分析过程中资料收集分析和岗位分析的真实性和有效性 |
| (2) 应对整个企业的所有岗位有较为全面的了解 |
| (3) 在企业员工中应有一定的影响力，能够调动员工积极性 |
| (4) 应具有一定的工作分析知识和相关工作经验，具有人力资源管理、心理学理论基础，对工作分析的技术和程序比较了解 |
| (5) 应掌握观察、面谈、记录等技巧，具备较强的文字表达能力 |
| (6) 具有良好的记忆力、理解力和分析能力 |
| (7) 应有获得他人信赖与合作的能力 |

表 3-6　外聘专家与内部专家优、劣势比较分析

| 比较 \ 专家 | 外聘专家 | 内部专家 |
|---|---|---|
| 优势 | ● 聘请外部专家来实施工作分析比在企业内部保留专职的工作分析人员更节省费用<br>● 外部专家作为企业外部的人员，对企业内的问题分析会更加客观、可信<br>● 外部专家往往具有在不同企业中实施工作分析的丰富经验 | ● 来自于企业内部的工作分析专家对于企业工作流程和企业文化都有较详细的了解，在进行工作分析时就可以节约大量时间，提高工作分析的速度<br>● 由于都是企业内部员工，在进行工作分析时，员工出现抵触情绪的可能性比较小 |
| 劣势 | ● 工作分析专家对企业具体的工作业务流程缺乏了解，他们在进行工作分析之前要花大量时间去了解工作业务，这样可能会影响工作分析的进程<br>● 有时，由于外部专家的介入，可能会对企业员工造成压力，对外部专家排斥，提供不正确的信息，影响工作分析的结果<br>● 外聘专家由于对企业的方方面面都不了解，因此，工作分析所需的时间就会延长 | ● 由于企业进行工作分析的周期比较长，所以企业保留专职的工作分析人员会增加企业的成本<br>● 可能会出现"近亲"现象，企业内部员工对于本企业存在的一些问题看得不够透彻，不能客观、公正地看待问题<br>● 经验不如外聘专家丰富 |

### 3. 职责分工的明确性

工作小组本身也是一个组织。这个组织由一些人员组成，遵循一定的工作规范，完成一定的使命即根据企业的要求完成工作分析。作为一个组织，内部应该具有一定的职能分工，负责不同的职责，通过分工协作完成相应的任务。明确的职责说明可以让工作小组成员明确各自的职责，按职责规定去完成自己的工作。

收集工作信息的人通常有三种类型：工作分析专家、岗位任职者和任职者的上级主管。在工作分析工作中，其各自的职责是不同的，具体如表3-7所示。

表3-7 工作分析小组人员各自职责一览表

|  | 职　　责 |
|---|---|
| 企业高层领导 | 1. 相关政策的发布<br>2. 动员全体员工配合人力资源部的工作<br>3. 为工作分析的顺利进行铺平道路<br>4. 工作分析成果的验收 |
| 部门领导<br>人力资源部门<br>外部专家 | 1. 动员本部门员工配合岗位信息调查工作<br>2. 协助人力资源部编制本部门工作说明书的工作<br>3. 制定工作分析的实施方案并执行<br>4. 整体上掌控工作分析的实施情况<br>5. 设计相关工具（如表单、调查表等）<br>6. 提供技术上的支持<br>7. 对内部员工进行工作分析培训<br>8. 与其他部门进行协调与沟通<br>9. 获取企业（组织）高层领导的支持和配合<br>10. 岗位信息的收集、分析、整理<br>11. 编制工作说明书 |
| 岗位任职者 | 尽可能全面、详尽地提供岗位信息资料 |

### 4. 工作行为规范化

工作行为的规范化是工作小组顺利开展工作的保障。良好的程序和事项，能够将各个环节联系起来，使工作分析小组的各项职能充分发挥出来，准确地将工作信息传递给每一名工作人员。通过相对稳定的工作规范，一方面可以推进该项工作的有序开展，另一方面可以向企业和员工展示职业化的工作行为，增强企业和员工对小组工作的认可度和支持度。

### （二）准备必要的物品与文件

为了顺利地实施工作分析，还要准备一些必要的物品与资料。这些物品与资料是使工作分析得以顺利进行的保证。

1. 物品的种类

工作分析过程中涉及的物品大致如表3-8所示。

2. 文件的种类

工作分析过程中涉及的文件大致包括以下几类，如表3-9所示。

（1）宣传文件。介绍工作分析的目的、意义、方法等的文字材料或者幻灯片。

（2）工作表单。即工作分析中所需要的各类表单，这是收集、填写工作信息的工具，填写完成后的这些表单是进一步开展工作的基础性信息。

(3)相关岗位与人员信息。在确定了工作分析的部门和岗位后,要及时与有关部门、人员进行沟通。

表 3-8 物品目录

| 用途 | 工作分析 | | | | |
|---|---|---|---|---|---|
| 负责人 | 小李 | | | | |
| 物品明细 | | | | | |
| 类别 | 名称 | 型号 | 数量 | 用途 | 来源 |
| 文具 | 笔 | | | | |
| | 纸张 | | | | |
| | 文件夹 | | | | |
| 工具设备 | 笔记本 | | | | |
| | 录音笔 | | | | |
| | 摄像机 | | | | |
| | 相机 | | | | |
| | 计时器 | | | | |
| | 存储设备 | | | | |
| 其他工具 | 车辆 | | | | |

表 3-9 文件目录

| 分类 | | 数量 | 负责人/部门 |
|---|---|---|---|
| 宣传文件 | 文字材料 | | |
| | PPT | | |
| 工作表单 | 工作计划 | | |
| | 访谈提纲 | | |
| | 访谈记录表 | | |
| | 观察提纲 | | |
| | 观察记录表 | | |
| | 调查问卷 | | |
| 相关岗位与人员信息表 | | | |

## (三)取得相关人员的支持与认可

工作分析的对象是工作岗位,在实施过程中需要与工作岗位的任职者与管理者发生关系。只有获取相关人员的理解与支持,才能顺利地开展工作分析。

1. 高层领导的支持和认可

为了保证工作分析工作的顺利进行,上级领导应该深刻理解工作分析的方案,向其他人对计划方案做出解释,并与其下属一起积极推行计划方案。高层领导的支持是顺利完成工作分析的重要保障。

2. 职能部门管理者的支持与配合

首先,职能部门的管理者是岗位任职者的上级,他们的态度会对员工产生一定的影响。其次,他们可以从组织全局的角度提供更多关于岗位的信息,弥补员工由于组织层级较低所提供信息的不足之处。再次,工作说明书内容的审核与确认需要他们的支持与帮助。最后,职能部门的管理者是工作说明书的重要使用者之一,工作分析小组需要得到他们在使用过程中的反馈信息,并对其进行进一步的补充和完善。

3. 员工的理解与支持

员工是工作岗位的运行主体，大量的工作分析任务需要员工的直接配合与协作，员工的态度与行为将直接决定能否获取足够翔实的信息。如果员工存在不信任、抵触等心理，那么就会形成不真实的工作信息。因此，要通过积极有效的沟通消除员工的抵触与防备心理，获取员工的积极配合与支持，协作工作分析任务的顺利完成。

在准备阶段，从思想上、行动上和资源上进行了充分准备，紧接着就可以进入工作分析的调查阶段。

## 第三节  工作分析的调查阶段

### （一）收集有关的背景信息

通过收集和组织有关的信息，可以有效地了解该组织的结构、职能分配、层级关系等情况。完成这项工作对于进行工作分析具有积极的意义。根据信息来源的不同，这些信息可以分为组织内信息与组织外信息。组织内信息包括组织结构图、工作（业务）流程图、部门职责说明书与岗位职责说明书；组织外信息包括国家职业标准、其他组织中相关岗位的职责说明书等。

1. 组织结构图

组织结构图是用来描述组织中各个组成部分之间相互关系的图。从组织结构图中，可以看到部门或岗位之间的关系，每一个部门或岗位应该向谁负责，每一个部门或岗位的下属是谁，发生关联的部门和岗位有哪些。通过组织机构图，可以很清楚地理解各个岗位在组织中的位置。

2. 工作流程图

组织结构图表示的是部门或职位之间的一种静态联系，而工作流程图则对于投入转化为产出的动态关系提供了一种纵向的透视。在工作流程图中，我们可以看出在一项工作活动中，某个部门或职位需要接受来自哪些部门或职位的信息或指令，需要对信息和指令做出哪些处理，需要向哪些部门或职位发出信息或指令，等等。通过工作流程图，可以比较好地了解工作任务以及工作中的关联关系。图 3-2 是彼此相关的四项工作关系流程图。

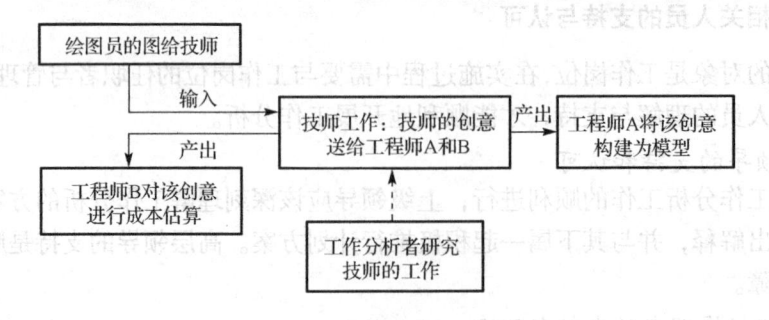

图 3-2  工作关系流程图

3. 部门职责说明书与岗位职责说明书

除了组织结构图和工作流程图之外，组织中各个部门的职责说明书也是进行工作分析时非常有用的资料。部门的职责说明书规定了组织中一个部门的使命和职责，而工作分析就是要将部门的职责分解到下属的职位上。

部门是根据企业发展目标而确定的，承担一定管理职能的机构。企业中的每一个部门都有相应的职责。部门职责说明书明晰了各部门的管理层级、管理权限、工作内容、工作岗位设置等信息。岗位是根据部门职责而设置的具体工作职位，通过职位之间的协作，完成部门的工作职责。仔细研究现有的部门职责说明书，可以帮助我们将部门的职责全面充分有效地分解到部门内部的各个职位上。表3-10所示是某公司软件开发部职责与岗位职责说明书。

表3-10 某公司软件开发部职责与岗位职责说明书

| 软件开发部职责 | |
|---|---|
| 软件开发部是本公司下设的技术研究和开发部门，主要工作是对内独立承担由公司下达的自选项目，对外承接商业性项目的设计开发任务，同时参加由公司组织的跨部门协作项目。该部门应具备以下职责<br>● 用户需求调查和分析<br>● 系统分析和方案设计<br>● 面向应用的计算机软件的研究开发<br>● 基于计算机网络的应用系统研究开发<br>● 软件产品的集成和文档编撰 | |
| 岗位设置 | 岗位职责 |
| 部门经理 | 负责技术发展部的工作计划，参与项目的前期调查研究、用户需求分析、项目进度管理和人员调度、产品集成和验收、用户培训等项工作 |
| 项目经理 | 负责项目的进度管理和人员调度，定期向上级主管汇报项目进展情况；参与项目的前期调研工作、系统设计、项目开发以及调试工作 |
| 系统工程师 | 参与项目的前期调研和用户需求分析，负责项目的系统设计、开发、调试集成、验收以及总体文档编撰工作 |
| 软件工程师 | 负责项目的软件开发、调试、测试以及相关文档编撰工作 |
| 程序员 | 负责项目程序的编程、调试及相关文档编撰工作 |

在很多组织中，并不是第一次实施工作分析，因此组织中一般会有一些现成的岗位职责、职位描述等资料。这些现有的资料尽管可能不尽完善，或者由于工作的变化已经与现在的实际状况不符，但仍会提供工作职位的一些基本信息，因此仍然具有参考价值。要谨慎地、批判性地接受这些信息，因为它们有可能已经不能准确而全面地反映职位的本质。

4. 职业分类标准

职业分类是采用一定的标准方法，依据一定的分类原则，对从业人员所从事的各种专业化的社会职业进行全面、系统的划分与归类，具体如下所述。

（1）《中华人民共和国职业分类大典》（1999年版）。职业分类的基本依据是工作性质的同一性。我国的职业分类大典将职业分为大类、中类、小类和细类4个层次，依次体现出由粗到细的职业类型。每一个层次都有不同的划分原则和方法。大类层次的职业分类是依据工作性质的同一性，并考虑相应的能力水平进行分类的；中类层次的职业分类是在大类的范围内，根据工作任务和分工的同一性进行分类的；小类的职业分类是在中类的范围内，按照工作的环境、功能及其相互关系的同一性进行分类的；细类的职业分类即为职业的划分和归类，是在小类的基础上，按照工作分析的方法，根据工艺技术、对象、操作流程和方法的相似同一性进行分类的。

八个大类分别是：第一大类为国家机关、党群组织、企业、事业单位负责人，其中包括5个中类，16个小类，25个细类；第二大类为专业技术人员，其中包括14个中类，115个小类，379个细类；第三大类为办事人员和有关人员，其中包括4个中类，12个小类，45个细类；第四大类为商业、服务业人员，其中包括8个中类，43个小类，147个细类；第五大类为农、林、牧、渔、水利业生产人员，其中包括6个中类，30个小类，121个细类；第六大类为生产、运输设备操作人员及有关人员，其中包括 27 个中类，195 个小类，1119 个细类；第七大类为军人，其中包括 1 个中类，1 个小类，1 个细类；第八大类为不便分类的其他从业人员，其中包括 1 个中类，1 个小类，1 个细类。职业的细类主要是根据工作分析方法得出的，它是许多不同组织中进行工作分析的结果的总结。因此，关于职业细类的描述对于进行工作分析非常重要。

由于产业结构调整、科技进步和生产力发展的影响，我国的职业结构正在发生变化，一些旧的职业逐渐消失了，一批新职业如雨后春笋般涌现。这些新职业既包括近年来新出现的全新职业，也包括原有职业的内涵和从业方式因技术发展产生较大变化的更新职业。例如，劳动关系协调员就是 2007 年第 4 季度发布的新职业，如表 3-11 所示。为了反映这些新变化，劳动和社会保障部组织有关专家对《中华人民共和国职业分类大典》进行了增补修订。

表 3-11 劳动关系协调员职业信息

| 职业名称 | 劳动关系协调员 |
|---|---|
| 职业定义 | 从事劳动标准的宣传和实施管理以及劳动合同管理、集体协商协调、促进劳资沟通、预防与处理劳动争议等工作的人员 |
| 主要工作内容 | (1) 劳动标准实施管理<br>(2) 管理劳动合同<br>(3) 参与集体协商与集体合同管理<br>(4) 进行劳动规章制度建设<br>(5) 开展劳资沟通和民主管理<br>(6) 协调处理员工申诉和劳动争议 |
| 职业概况 | 劳动关系是最重要和最复杂的社会关系，其内容高度敏感，形式复杂多样。在全球化、信息化不断发展的背景下，新型劳动关系大量涌现。由于缺乏成熟的调控机制，我国目前的劳动关系总体上比以前更加脆弱，劳动违法案件和劳动争议案件数量持续增长。为了满足新形势下保持和谐劳动关系的需要，有必要进一步完善劳动关系协调体系，建立劳动关系协调的专业化队伍。<br>劳动关系协调员是用人单位和员工双方利益协调机制、诉求表达机制、矛盾调处机制、权益保障机制的最基层承担者。劳动关系协调工作责任重、专业性强，不仅要求从业人员具有认真负责的态度、客观公正的意识，更要具备劳动关系和劳动保障法律方面的专业知识以及娴熟的沟通与交流技能 |

资料来源：中国劳动力市场，http://www.lm.gov.cn/gb/training/2007 11/22/content_210644.htm。

(2) 国际劳工组织制定的《国际标准职业分类》(International Standard Classification of Occupation，ISCO)，将职业分为 8 个大类，83 个小类，284 个细类，1506 种职业项目。

(3)《加拿大职业分类词典札》将有关自然科学、社会科学、工程技术、医疗、卫生、教育、体育、行政等各种职业，划分为 23 个大组、81 个小组、499 个细组，共计 11300 多个职业，对每个职业的名称、定义、工作内容、性质、特征和职业心理生理的要求，都做了详尽的说明和严格的规定。

(4) 职位词典。

① 美国《职位名称词典》提供了 12000 多个职位信息以及另外 16000 个相关的职位名称。但是并未收录全部有关工作者特征的资料。

② 美国《职位名称词典修订本之职位特征精选》对《职位名称词典》中的职位提供了有关下列工作者特征的排序资料。a. 培训时间：包括数学和语言能力的必要等级和具体的职业准备期；b. 身体需求特征；c. 环境条件。本手册的使用者需要知道被分析职位在《职位名称词典》中的职位代码。按照职位代码在该手册中找到该职位后，就可以便捷地参考用以识别任职资格的特征排序。

③ 美国《职位开发改进指南：2500个最重要职位的说明书》，这是具有潜在意义的有关任职者特征信息的资料来源。该说明书基于美国劳工部、调查局和其他官方及私人资源所提供的资料，包含2500个美国最常见的职位。

④ 美国劳工部开发的职位信息网络（Occupational Information NETwork，O*NET），用一种从各种职位中提炼出来的通用语言，从6个方面对1000种职位进行了描述。表3-12是职业分类词典中关于出纳职位的描述。

表3-12　出纳职业描述

| 211.362—18　出纳（财务人员） |
| --- |
| 收进和支出资金，并保存资金的记录和财务交易中的可转让票据。 |
| 接收现金和支票并存在银行中，核对数目，检查支票背书。核对签名和余额之后将支票兑现。将交易的记录输入计算机，并出具计算机生成的收据。安排日常的现金供应，计算将要入账的现金。平衡现金支票，对账。开新账户，提取存款。使用打字机、复印机，准备支票和其他财务文件。 |
| GOE：07.03.01　　STRENGTH：L　　GED：R4M3L3　　SVP：5 |

在上面的职位描述中，左上角的数字表示的是职业代码。前3位数字表示的是分类编码。第4位到第6位表示的是对职位所从事的活动的评定，第4位表示与资料的关系，第5位表示与人的关系，第6位表示与物的关系。在上面这个"出纳"职位中，与资料的关系是"汇编"，与人的关系是"交谈—示意"，与物的关系是"操作控制"。在最后一行中的符号和数字中，"GOE"表示按照职业兴趣、能力倾向等对职业进行的分类，"07.03.01"表示的是"商业细节、财务细节、付出与收进"；"STRENGTH"表示职业所需的体力程度，"L"表示轻度体力活动；"GED"表示教育程度，"R"表示推理能力水平，"M"表示数学能力水平，"L"表示语言能力水平，均为1~6分，6分表示最高的教育水平，1分表示最低的教育水平；"SVP"表示从事该职业所需的经验，"5"表示6个月到1年的经验。

在进行工作分析时，首先可以查阅职业分类词典，找到类似的职位描述，除非所要分析的职位是全新的职位。但一定要注意，不可照搬现有的资料，只可将现有的资料作为参考，因为职业分类词典中的职位描述并不是针对某个具体组织中的职位。很多情况下，在不同的组织中，名称相同的职位其具体的职责、任务、任职要求等都有很大的差异。因此，应针对具体组织中的实际情况做出具体的分析。

#### （二）分析信息收集的内容

工作分析的目的不同，工作信息收集的范围也不同，不一定每次工作活动都要采集全面的信息并涵盖所有的相关内容，因为所有的新消息收集都是要付出成本的。在对现有资料进行分析的基础上，综合本次工作分析的目的等因素，确定工作分析需要收集的信息内容。这些信息主要包括以下内容：

(1) 工作本身的信息：工作任务、工作绩效标准、工作程序、工作方法、劳动工具、工作时间、工作环境、工作关系等。

(2) 对任职者的要求：身体素质、教育程度、专业知识、工作经验、心理特征等。

进行工作分析，必须获得相关的信息资料。通常而言，工作分析需要收集的信息资料主要包括两大部分（如表3-13）：一是工作的外部环境信息，又分为组织内和组织外的环境信息；二是与工作相关的信息资料。

表 3-13 工作外部环境信息

| 组织内的环境信息 | 组织外的环境信息 |
| --- | --- |
| 组织的愿景、目标与战略 | 行业标杆职位的状况(以行业中的领先业与主要竞争对手为主) |
| 组织的经营管理模式 | 有关客户(经销商)信息(包括客户档案、客户经营管理模式、客户投诉记录等) |
| 组织结构和业务流程 | |
| 人力资源管理、财务管理、营销管理状况 | 顾客(最终用户)信息(包括顾客的内在需求特点、顾客调查、顾客投诉等) |
| 组织所提供的产品或服务 | |
| 组织的研发、采购、生产、销售、客户服务的有关信息 | 外部供应商的信息 |
| 组织文化和价值观 | 主要合作者与战略联盟的信息 |
| | 主要竞争对手的信息 |

在工作分析中,有些信息需要实地去收集,而有些可在现存的背景资料中找到。对工作分析有参考价值的背景资料主要包括:国家职业分类标准或国际职业分类标准,组织现有的资料(包括组织结构图、部门职能说明等),现有的岗位说明或有关岗位描述的信息。

按照有关程序和方法,由工作分析人员将各类原始信息进行收集与整理,这是信息的初次加工阶段,是工作分析各类信息的形成阶段。具体包括信息收集、信息整理与汇总、信息加工、信息审核、信息录入等过程。

不同的工作分析方法对于收集整理的过程有不同的操作方法和要求,要根据具体的方法灵活安排。例如,采用访谈法的过程中,可能会采用一些符号、简写、数字等方法,以便于当时的及时记录。因此,访谈结束后,应立即进行补充和完善,将符号、简写等速记方式转化为可以阅读和使用的文字与图形说明,从而形成一份详细的、完整的访谈记录。

收集整理信息的过程中要把握两个原则:及时性原则和准确性原则。因此,工作信息收集阶段要做好以下几个工作:动员大会的召开,工作分析小组成员的培训;信息收集技术的开发与应用;与岗位任职者进行沟通等活动。

1. 动员大会的召开,工作分析小组成员的培训

在进行工作分析之前要召开由组织高层领导主持的全员动员大会,提高全员对工作分析项目开展意义的认识,激发全员参与工作分析的积极性。由于部门主管人员对工作分析活动的开展有着很大的影响,有时候还需要专门针对部门主管级以上的管理人员召开动员大会,使得他们能够认识到工作分析项目开展对于组织管理的价值和作用,同时也要求他们对工作分析项目开展表达支持的态度。

工作分析小组成员的培训是重要的一环。通过对工作分析小组参与人员的培训,不仅再次让他们认识到工作分析的意义和价值,也让他们认识到他们在整个工作分析开展中的重要地位,还让他们了解和掌握在工作分析开展过程中需要完成哪些工作,需要如何去配合与协调。针对工作分析小组成员的培训,可能需要根据具体情况开展几次,直到达到以上目的。

2. 信息收集技术的开发与应用

信息收集工作主要是通过各种信息收集方法的开发来完成的,因此在收集信息前就需要将各种拟使用方法技术的资料和工具准备好。一般来讲,各种方法的使用没有前后顺序之分,不过在收集信息的不同阶段,方法使用会有所差异。

3. 与岗位任职者进行沟通

与岗位任职者进行沟通是实施工作分析前的一个重要环节。岗位任职者熟悉岗位的工作情况,是该岗位的执行主体。能否获取真实、可靠的信息在很大程度上取决于岗位任职者的信任与

配合程度。因此，在正式开始前，需要与岗位任职者进行沟通，建立信任关系，创造一个良好的氛围。有效的沟通就像润滑剂，有助于工作分析人员与任职者之间建立良好的合作关系。

1）沟通导入

工作分析人员与岗位任职者通过介绍相互认识，彼此熟悉，以创造一个有利于谈判的良好气氛。

2）沟通交流

工作分析人员简要介绍这次工作分析的目的、使用的方法、注意事项、工作时间、工作程序等，并解答岗位任职者的问题。通过问题解答、说明与交流，消除其顾虑，建立信任关系。

## 第四节　工作分析的整理和分析阶段

在工作分析结果形成阶段，需要对收集到的信息进行进一步分析、确认与标准化、描述与编制、审核与批准确认，进而形成工作说明书。

（一）信息分析

信息分析是工作分析的核心阶段。这个阶段的任务就是将收集到的信息进行分析与研究，明确工作分析的以下内容。

1. 工作名称分析

工作名称是对本岗位工作任务所做的概括，包括职务、职称、等级、工种等项目。该岗位的名称是什么，是否反映了该岗位在组织中的地位与作用等。

2. 工作职责分析

工作职责是指为了达到某一特定目的而进行的多项活动的综合，不仅包括对本工作任务范围的分析，还包括对工作责任的大小、重要程度的分析。

3. 劳动条件和环境的分析

劳动条件和环境分析主要包括：工作环境有无噪声污染，温度、湿度和空气的含尘量如何，以及工作环境有无危险等。对这些因素的定性和定量分析应结合国家各行业主管部门公布的有关标准进行。

4. 工作关系分析

本岗位的工作与哪些工作岗位发生业务关系，业务关系的内容是什么，本岗位的汇报对象，本岗位的监督对象等。

5. 任职条件分析

从事本岗位需要具备什么条件，即对任职者的资格要求。这些要求包括文化程度、业务知识、外语水平、工作经验、身心要求、心理素质等。

（二）信息的确认与标准化

1. 信息的确认

将整理好的信息，发给任职者或者其上级主管进行确认，并了解是否准确、详细地说明了岗位的相关情况。信息确认的内容主要包括信息是否完整，信息是否准确，信息描述是否符合从业规范，信息是否容易理解等。在收到有关反馈意见和建议后，进一步修改、补充和完善信息。

确认信息时要注意以下一些事项。第一，确认信息要设定期限。一方面，可以防止无限期拖延确认任务；另一方面，可以防止已经收集到的信息失效，失去了工作分析的意义。第二，专人负责收集确认信息。由专人对整个所有确认的信息资料进行汇总，形成一份关于本次任务的详细的工作信息文件。第三，妥善保管相关确认信息等文件。这些文件包括纸质文件、电子文件等。

### 2. 工作信息的标准化

工作信息的标准化就是将工作信息按照人力资源管理各个环节信息使用的要求进行标准化处理。通过标准化，工作信息就可以作为人力资源管理其他模块开展工作的现成有用的信息进行使用。例如，在进行岗位评价时，在确定了评价职位的各个维度后，还需要确定该工作在某一维度上处于哪一级别，而这些信息就需要通过对原始信息的标准化处理而获得。

工作信息的标准化首先要明确界定工作信息的各项内容，包括所涉及的名词、概念和要素等。例如，"工作强度"可以定义为"工作的繁重、紧张和密集程度"；"设备责任"可以定义为"工作中使用的设备、仪器对工作任务完成的影响程度，以及任职者对其维护和保养的责任"。一般地，这些定义要采用学术界和行业内所共同认可和接受的定义。

在明确定义各种概念之后，还要对其进行等级划分，即根据该指标标志值的不同程度划分为不同的等级，如表3-14就对工作负荷的等级进行了4级划分。

表3-14 工作负荷的等级划分

| 等级 | 等级名称 | 等级解释 |
| --- | --- | --- |
| 1 | 轻松 | 工作的节奏、时限自己可以掌握，没有紧迫感 |
| 2 | 正常 | 大部分时间的工作节奏、时限可以自己掌握，有时比较紧张，但持续时间不长，一般没有加班情况 |
| 3 | 满负荷 | 工作的节奏、时限自己无法控制，明显感到紧张，出现少量加班 |
| 4 | 超负荷 | 完成每日工作必须加快工作节奏，持续保持注意力高度集中，经常感到疲劳，有经常加班现象 |

在确定了各个指标的等级之后，就可以根据具体工作的特点确定其所处的级别，这样就可以为不同的人力资源管理工作提供更为准确、现成的有用信息。

### (三) 描述与编制

根据对收集整理的信息进行分析，可以获取本岗位的工作名称、工作职责、工作关系、任职条件等信息。然后，按照工作分析的专业规范与要求将这些信息进行分类，填入设计好的标准格式，形成工作说明书。

工作说明书是对工作的目的、职责、任务、权限以及对任职者的资格要求等的书面描述。在工作说明书的编写过程中应该注意以下几点：

(1) 工作分析人员应对事不对人；
(2) 尽量全面地掌握资料，避免主观臆断；
(3) 根据对比的结果决定是否需要进行再次调查研究；
(4) 修改工作描述与工作规范；
(5) 形成最终的工作描述与工作规范；
(6) 在工作描述与工作规范的基础上形成工作说明书；
(7) 将最终文件应用于实际工作中，并对工作分析本身进行总结评价。

下面给出工作分析结果——工作说明书的一个示例，如表3-15所示。

表 3-15 某公司市场销售部经理工作说明书

| 岗位名称 | 市场销售部经理 | 岗位代码 | XS001 | 所属部门 | 市场销售部 |
|---|---|---|---|---|---|
| 上级领导 | 总裁 | 填写日期 | 2010.04.20 | 核准人 | 王阳 |
| 职责概要 | 策划、指挥、调整与组织产品及服务有关市场策略，通过自身及手下员工完成以下职责 ||||||
| 相关职责 | 1.建立市场目标确保公司产品及服务的市场份额及利润率<br>2.研究、分析和指挥财务、技术、统计方面的力量，确保抓住市场机会，规避竞争对手影响计划并审查公司广告<br>3.与作家、艺术家联系有关产品设计<br>4.根据工业和经济状况拟定市场占有率并了解具体的情况<br>5.确保高效掌握市场相关信息并拟定对策<br>6.评估市场对产品、广告、销售政策、外包装的反映，并及时修正<br>7.执行市场调研，了解新产品信息<br>8.准备市场调查报告 |||||
| 监督责任 | 1.管理3个下属及在市场销售部的5个职员，负责本部门的指挥、协调、业绩评估<br>2.直接指导2个非下属人员<br>3.负责面试、雇佣、培训下属员工，计划、分配、指挥工作，根据工作业绩决定薪酬，解决抱怨和其他问题 |||||
| 任职资格 | 1.必须做好每项职责工作，具有相关的知识、技能、要求的能力，具有很强的适应能力<br>2.教育或经验：硕士学位或相当水平；或有3~10年相关经验或培训 |||||
| 语言表达 | 1.可读、分析、解释基本的科学和技术文件、财务报告、法律文件<br>2.处理来自客户、机构、社区商业成员的要求和抱怨。能撰写演讲或文章来介绍基本情况<br>3.能将重要信息及时反馈给公司高层和大众 |||||
| 算术能力 | 会运用指数、对数、二次方程和数列等数学概念进行工作，完成诸如日常分配、可靠性和真实性的测试、变化研究、相关技术分析、样本分析和因素分析等任务 |||||
| 论证能力 | 有能力发现问题，收集资料，了解事实，得出正确结论。能用数学方法或图表将技术性指导内容解释给相关的人认识了解 |||||

### （四）审核与批准

为确保工作描述和工作规范的正确、清楚、易理解，编写完成的工作说明书由管理者和员工检查一遍，有助于获得对职务分析结果的认可和接受，并根据有关建议和意见，对工作说明书进行修订。

修订后的工作说明书，按照一定的程序，经过负责人的批准后，正式公布执行。可以通过公告板、文件、会议等多种形式公布相关信息，方便各部门与员工从多个渠道了解工作说明书的有关内容。

## 第五节 工作分析的完成阶段

工作说明书是根据企业的需要完成的规范性文件。只有将编制的工作说明书运用到企业实际当中，才能充分展现其在企业管理中的作用。工作说明书的利用率高，说明工作分析的成效大；反之，工作说明书的利用率低，不仅在人力、物力上造成浪费，还使有用的信息得不到正常的交流与使用。

在工作分析的完成阶段主要开展以下工作：工作分析结果运用的指导和培训，根据工作分析结果制定各种具体的应用文件，健全工作说明书的管理机制，完成工作分析的评估与反馈等。

### （一）工作分析结果运用的指导和培训

工作分析结果的表达方式包括职务说明书、任务分析表、工作词典、工作定义、职业分类、工作规范或其他方式。我们要充分发挥其使用价值，就要使使用者明白它在人力资源管理与开发中的作用。如果不能让工作分析结果用于解决实际问题，那么我们所做的工作分析纯粹是一种浪费。

应用工作分析结果的指导和培训，是各个工作分析程序中的一个重要组成部分。它包括何时何地以及怎样使用分析资料和结果，以便实现人力资源管理与开发的目的。

### (二) 制定各种具体的应用文件

工作说明书只有运用于企业的各项实践中，才能充分发挥其基础性作用。因此，要协调各部门制定完成相应的具体文件。例如：如何根据工作说明书确认岗位招聘条件；如何根据工作说明书确定工作的绩效标准等。

### (三) 健全工作说明书的管理机制

工作说明书的管理和使用是一个动态过程，必须建立一套完整的管理机制。

1. 健全信息管理体系

采用计算机系统完成信息的录入与更新工作，全面反映工作说明书的各项内容。指定专门的人员负责工作说明书等工作文件的管理与使用，形成标准化、制度化的管理规范。重视用科学的定量分析方法，从大量数据中找出规律，提高科学管理水平，使信息充分发挥作用。

2. 建立灵敏的信息反馈机制

组织的变化、岗位的调整、新技术的运用等都会引起工作内容与任职资格的变化，因此，必须及时了解和改进工作说明书的内容。一方面，人力资源部要定期检查追踪工作岗位信息的变化情况，通过专门的训练，使工作人员具有识别信息的能力；另一方面，严格规定反馈制度，各职能部门定期向人力资源部反馈相关信息，由人力资源部对各种数据信息做深入的分析，为进一步改进和完善工作说明书提供科学依据。

3. 重视对工作说明书的过程管理

不仅仅注重工作说明书的制定过程，还要注重工作说明书的使用过程、反馈和修订过程，切实发挥工作说明书在人力资源管理活动中的作用。

### (四) 工作分析的评估与反馈

工作分析任务完成后，要对整个工作进行评估与反馈。这不仅仅是了解本次工作是否达到预期目的，还有助于对本次任务执行的过程和环节进行改进和优化，为以后开展此项工作提供可借鉴的经验。

工作分析是实现某种管理目的的手段，而不是目的本身。对工作分析活动及其成果的评价，取决于分析结果使用者的意见。为了完成此项工作，我们可以从以下三个方面确定有关评估与反馈内容。

(1) 工作分析的过程信息：对工作分析过程的总体评价如何，是否满意，是否影响了他们的工作，如何改进等。

(2) 工作分析的内容信息：是否全面反映了工作的信息，是否体现了岗位性质与特征，是否科学地界定了岗位的任职资格与条件等。

(3) 工作分析的效果信息：是否达到预期目的，是否明确岗位职责与相互关系，是否提高了工作绩效，是否规范了岗位的操作方式与流程等。

### 案例讨论 1

#### 按照正确的流程进行工作分析

M 公司规模不断扩大，部门与组织体系有了新的整合。公司管理层决定对公司开展一次工作分析，对部门与岗位工作进行明确界定，为新业务的发展奠定良好的基础。在设计具体实施方案的时候，人事部出现了不同的意见。有的人认为，应该从搜集基本信息开始；有的人认为，应该直接进行访谈调查；有的人认为，应该首先与各部门经理做个沟通；有的人认为，应该与岗位任职者直接交流。

**讨论题：**

1. 请问应该如何评价 M 公司及人事部的工作行为？
2. 如何按照正确的流程对 M 公司进行工作分析？

### 案例讨论 2

#### 确定工作职责 提升企业绩效——A 公司的工作分析方案

工作分析，作为一种对企业各类岗位的性质、任务、职责、劳动条件和环境，以及员工承担本岗位任务应具备的资格条件所进行的系统分析和研究的方法，为企业人力资源管理工作提供了可靠的依据，对于提高企业绩效有重要的意义。

**一、企业经营苦难重重**

A 公司是一家已有近 30 年历史的国有企业，主要从事进出口贸易，其年进出口总额在全行业中排名一向很靠前，享有很高的知名度。但是，随着中国加入 WTO，进出口贸易的状况有了很大的变化，A 公司面临着越来越大的经营压力。目前，该公司的平均营业收益率仅为 5%，而且还存在着较大的交易风险。

从该公司的经营状况来看，A 公司的销售收入逐年大幅下降，收益越来越低，而且近年来，投资失误接连不断，法律纠纷也时有发生，银行信用大打折扣，几乎降到零点。A 公司经营出现问题，员工的收益自然也受到影响，个人收入年年下降。员工收入下降，导致情绪低落，纪律涣散，并且谣传 A 公司即将破产，员工纷纷暗中寻找"退路"。为了应对 A 公司出现的这些情况及中国加入 WTO 后对本企业的冲击，A 公司特地聘请了某知名咨询公司进驻，以对 A 公司的组织结构进行诊断，并对公司职位进行重新设计。

A 公司期望通过外部专家的介入和工作，促使 A 公司形成新的组织结构、职能权限体系和业务工作流程。

通过调查分析，咨询公司认为 A 公司主要存在以下问题。

(1) A 公司高级管理人员定位失误，片面理解集中管理的优点，过分纠缠于操作管理和管理决策，必然造成管理缺少战略性规划，决策失误的风险加大。授权的失效也禁锢了多数中低层管理者和员工的工作积极性和创造性。

(2) 管理层次过多，纵向太深，造成组织效率低下，信息渠道严重受阻。高层管理者代行中层管理者的职能，出现权责混乱，进一步加深了组织效率的恶化速度。

(3)因人设岗，造成机构臃肿。全公司副经理级别人员39人，达到近40%的比率。非生产性人员过度膨胀，达到50%以上。

(4)职能部门，包括经理办公室、行政办、人事部、财务部等未尽其责，致使高层管理者在决策过程中缺乏政策参考、统计支持和相关信息基础。

(5)职能部门人员的绩效无考核标准，而且工作得不到其他部门人员的认可，被认为是吃"闲饭"的，相关员工无工作积极性。

(6)忽视人力资源综合开发。由于职责划分模糊，组织功能不健全，员工普遍存在多角色，操作失去专业化和专人化，效率和效果都不理想。

(7)以人为控制为主要内容的财务制度、人事制度、考勤制度、奖励制度等存在着严重的随意性，无"制"可依，有"制"不严，导致基层员工失望、不满。

(8)激励敏感点的观念淡漠，保持着原始的极端激励观念和方式。经济责任制考核到个人，又与所在部门整体效益挂钩，仍然不能彻底解决大锅饭弊病。

总之，A公司的主要问题是组织的职能机构功能不清，岗位职责不明。需要通过工作分析重新划分职能部门，确定工作流程。

## 二、A公司人力资源状况和工作分析计划

在了解A公司进行工作分析的计划之前，我们先来看看该公司人力资源的状况。

A公司现在员工总数为107人。其中，16人服务于7个国内外机构，4个直属专业分公司共有经理人员及业务员42人，储运部4人，财务部11人，企业部4人，副经理3人，总经理1人。全体员工65%以上具有大专以上文凭，主要集中在业务部门和管理层，很少进行在职培训，主要由招聘筛选。

A公司在各外部机构设经理1名，3个分公司各设总经理及副总经理2人，下属有关分支机构各设负责人1人。其他部门各设经理1名。3名副总经理中有一人由党委书记兼任，实行总经理法人代表负责制。

通过调查分析，咨询公司希望通过工作分析使A公司的组织结构设计进一步深入和细化，将部门的工作职能分解到各个职位，明确界定各个职位的职责与权限，确定各个职位的主要工作绩效指标和对任职者的基本要求，为各项人力资源管理工作提供基础。经过仔细研究，确定工作分析将要完成以下内容：① 了解各个职位的主要职责与任务；② 根据新的组织结构运行的要求，合理清晰地界定职位的职责权限以及职位与组织内外的密切关系；③ 确定各个职位的关键绩效指标；④ 确定对工作任职者的基本要求。

工作分析的最终成果形成了具体的《工作说明书》。

在工作分析中将使用的方法有：资料调研、工作日志法、面谈法、职位调查表和现场观察法。工作分析由咨询公司团队与A公司有关人员一起组成工作分析项目组来开展。

本次工作分析主要分为三个阶段进行，即准备阶段、实施阶段和结果整合阶段。

第一阶段：准备阶段

① 成立工作分析领导小组(A公司领导担任组长，咨询公司派人参加)；② 成立工作分析工作小组(由A公司员工和咨询公司员工组成)；③ 对现有资料进行研究；④ 选定待分析的职位；⑤ 设计调研用的工具。

第二阶段：实施阶段

① 召开员工会议，进行宣传动员；② 对参加工作分析工作组的A公司员工进行培训；③ 制定具体的调研计划；④ 记录工作日志；⑤ 实施面谈和现场观察；⑥ 发放调查表。

第三阶段：结果整合阶段

① 对收集来的信息进行整理；② 与有关人员确认信息，并做适当的调整；③ 编写工作说明书。

工作分析完成之后，形成了各职位的工作说明书，其中一例，如表3-16。

表3-16 工作说明书的示例

| 职位名称 | 薪资福利主管 | 职位代码 | | 所属部门 | 人力资源部 |
|---|---|---|---|---|---|
| 职系 | | 职等职级 | | 直属上级 | |
| 薪金标准 | | 填写日期 | | 核对人 | |
| 职位概要：协助上级完成薪酬、福利的各项日常工作 ||||||
| 工作内容：<br>● 起草公司年度薪酬规划及福利计划<br>● 参与制定、调整薪酬福利政策<br>● 定期收集市场薪酬信息和数据<br>● 根据公司业务发展情况和市场水平，制定合理的薪酬调整实施办法<br>● 按时完成人工成本、人工费用的分析报告并及时更新维护员工资料库<br>● 制作公司每月的工资报表，按时发放工资<br>● 办理养老保险、医疗保险、失业保险、住房公积金等社会保险和基金<br>● 加强考勤和管理休假<br>● 其他与薪酬相关的工作 ||||||
| 任职资格：<br>教育背景：<br>　　人力资源、劳动经济、心理学、管理学等相关专业本科以上学历<br>培训经历：<br>　　受过现代人力资源管理技术、劳动法律法规和财务会计等方面的培训<br>经验：<br>　　两年以上薪资管理工作经验<br>技能技巧：<br>　　熟悉国家人事政策、法律和法规<br>　　熟悉与薪酬相关的法律、法规<br>　　熟悉薪酬福利管理流程<br>　　人力资源管理理论基础扎实<br>　　熟练使用相关办公软件<br>态度：<br>　　良好的职业操守，细致、耐心、谨慎、踏实、稳重<br>　　强烈的敬业精神与责任感，工作原则性强，人际沟通、协调能力强 ||||||
| 工作条件：<br>　　工作场所：办公室<br>　　环境状况：舒适<br>　　危险性：基本无危险，无职业病危险 ||||||

资料来源：张德.人力资源开发与管理案例精选［M］.北京：清华大学出版社，2002.

## 讨论题：

1. A公司在管理上存在的问题应该如何改进？
2. 你认为A公司的这一工作分析计划可行吗？
3. 如果你是该工作分析工作组的成员，你会怎么做？

# 第四章

# 工作说明书的编写

在某种意义上说,"人类工作岗位研究"这个术语比"岗位(工作)分析"一词更形象准确,涉及的内容更为广泛。但人们一般习惯用"工作分析",而且词义简单。

——[英] 恩尼斯特丁·麦克米科

## 学习目标

1. 解释关于职位描述的内容;
2. 阐述任职资格的内容;
3. 熟悉工作说明书的编写技巧。

## 案例导入

### 一份工作说明书引起的出走事件

从事人力资源工作的R小姐虽没有做到HRM(Human Resource Management)经理级别,但其所任职的是一家知名的大型上市公司,公司对人力资源工作极为重视,使得R小姐在此公司任职的三年中积累了较丰富的人力资源经验,同时也具有一定的行政管理经验,深得领导好评。不久前,因经济环境影响,公司大面积裁员,R小姐不幸身列其中,于是开始寻求职业生涯第二次发展机会。

很快,一位朋友推荐一个小公司给她,声称此公司在寻找人力资源经理,并把工作说明书发送给她,工作说明书中明确列出了四条HRM经理通用的任职资格和工作描述,另外加注有一定的行政经验者优先。由此R小姐得出,此职位相当于人力行政经理,重点在人力资源各个模块的运用,和自己之前经历相符,同时其本人也期望得到一个全面掌控人力资源工作的机会,由此看来,此机会很适合自己的发展。

不出所料,面谈进展很顺利,薪水5000元,虽然低于之前的5500元,但R小姐并不介意,一周后正式入职。

在入职10天后,R小姐却主动提出离职,义无反顾地离开了这家公司。

短短10天,是什么让R小姐的态度转变了呢?经友人了解,R小姐很胜任此工作,并在一周内将全公司的绩效考核体系搭建起来,马上就要实施,却得到了减薪的通知,令她十分费解,找到投资方大老板沟通。

这次沟通直接导致她对该公司失去了信任。原来,大老板不但对其所做工作不认可,同时明确表示自己所需要的只是一个行政人员,相应的薪水并不能给到之前谈好的5000元,需要减薪至3000元左右,当时,R小姐很愤怒。

用 R 小姐的话说，行政的工作和人力资源的工作在老板眼里原来是一回事，这是对她的工作专业度的一种侮辱，这种看低人力资源工作的老板和公司，是不值得一起共事的。

同时，R 小姐对该公司出尔反尔的态度很费解，"说实话，如果刚开始谈 3000 元，我也不会完全拒绝，毕竟工作内容对我以后的发展有很大帮助，也是一种挑战，现在突然要求减薪，我不能接受。"

抛开薪水不谈，作为人力资源从业者，相信大家会很理解 R 小姐的遭遇，这种理解可能更多的是在同行之中，换言之，如果这种遭遇放在其他岗位从业者身上，我们是否也会报以同样的心情和态度呢？毕竟，这种问题的出现不仅仅是因为老板，还有负责招聘的人事专员，都或多或少存在某些招聘和用人上的分歧或失误。

当然，R 小姐的遭遇同样不可避免地有人事招聘专员的责任。我们可以说人事招聘专员不专业，但不专业可以慢慢变得专业，这是小问题，关键是人事招聘专员需要完全明白老板脑子里对这个职位怎么看、怎么想，这是几乎所有公司人事招聘专员每天都要应对的重要问题。

追根溯源，R 小姐的遭遇，从企业方招聘角度讲，是职位说明书设计的失败。但是隐藏在任职资格和职位描述背后的诸多因素，才是导致招聘失败的关键因素。对于工作说明书，相信专业的人力资源从业者是可以写得很漂亮，但这种漂亮在某种意义上可以和"不实际"概念偷换。招聘的失败往往体现在企业对人选的不满意，或者人选对职位设置的不理解，要么大材小用，要么小材大用，要么边用边看。

对于出现过这种问题的企业及人力资源工作者，试问一下：
1. 对于老板的想法你是否真正领悟？
2. 对于职位对公司的重要性你是否真正理解？

老板的意图不清楚，怎么能去写工作说明书；公司需要这个职位解决什么问题你不清楚，怎么能去写工作说明书？

如果你想很轻松地完成工作说明书的设计，那么以上两点必须要搞清楚；同时，切忌从网站上或者大纲里随便摘抄或组合一些条条框框组成一个职位说明书，这是最平常又是最忌讳的做法。

资料来源： http://www.hr.com.cn/p/1423412092 2009-06-23.

**讨论题：**
1. R 小姐离职的根本原因是什么？
2. 如何省时省力地做出一个有效的工作说明书呢？

## 第一节　工作分析的成果

工作分析，通过对信息的收集、分析与综合，最终要形成工作分析的成果——工作说明书。在工作说明书中，主要包括两块核心的内容：一块是职位描述，另一块是任职资格。

### 一、职位描述

职位描述（job description），是对职位本身的内涵和外延加以规范的描述性文件。其主要内容包括工作标识、工作概要、工作职责、工作关系、工作权限、绩效标准、工作压力与工作环境等。职位描述包括核心内容和选择性内容。前者是任何一份职位描述都必须包含的部分，这些内容的缺失，会导致我们无法对本职位与其他职位加以区分；后者并非是任何一份职位描述所必需的，可由工作分析专家根据预先确定的工作分析的具体目标或者职位类别，有选择性地进行安排(见表4-1)。

表4-1 职位描述的内容

| 分类 | 内容项目 | 项目内涵 | 应用目标 |
|---|---|---|---|
| 核心内容 | 工作标识 | 工作名称、所在部门、直接上级职位、工资、代码、工作雇员数量、工作所在部门雇员数量等 | |
| | 工作概要 | 关于该职位的主要目标与工作内容的概要性陈述 | |
| | 工作职责 | 该职位必须获得的工作成果和必须担负的责任 | |
| | 工作关系 | 该职位在组织中的位置 | |
| 选择性内容 | 工作权限 | 该职位在人事、财务和业务上做出决策的范围和层级 | 组织优化、岗位评价 |
| | 绩效标准 | 职责的评价性和描述性量化信息 | 岗位评价、绩效考核 |
| | 工作压力 | 职位对任职者造成的工作压力 | 岗位评价 |
| | 工作环境 | 职位存在的物理环境 | 上岗引导/岗位评价 |

### (一)工作标识

工作标识，是关于职位的基本信息，是一职位区别于其他职位的基本标志。通过工作标识，可以向职位描述的阅读者传递关于该职位的基本信息，使其能够获得对该职位的基本认识。

### (二)工作概要

工作概要又称工作目的，是指用非常简洁和明确的一句话来表述该职位存在的价值和理由。任何职位的存在价值都在于它能够帮助组织实现其战略目标，因此，对该职位目的的获取一般都通过战略分解的方式而得到。在这一目标分解的过程中，一般需要通过对以下几个问题的回答来完成。

(1)组织的整体目标的哪一部分与该职位高度相关？
(2)该职位如何对这部分组织目标做出贡献？
(3)如果该职位不存在，组织目标的实现将会发生什么问题？
(4)我们究竟为什么需要该职位的存在？

工作概要的书写示例如图4-1所示。

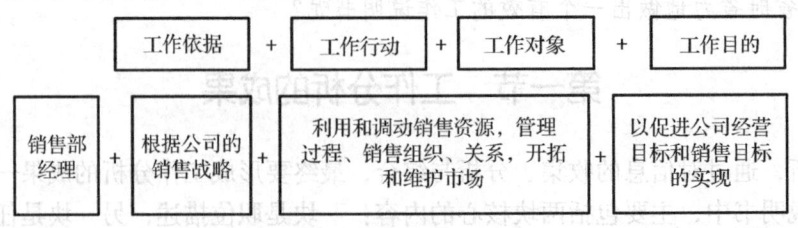

工作依据 + 工作行动 + 工作对象 + 工作目的

销售部经理 + 根据公司的销售战略 + 利用和调动销售资源，管理过程、销售组织、关系，开拓和维护市场 + 以促进公司经营目标和销售目标的实现

图4-1 工作概要书写示例

表4-2是工作分析过程中常用的动词，表4-3是美国工作分析常用动词库——动词指南，主要体现在工作概要的写作中。

**表 4-2 工作分析过程中常用的动词**

| | |
|---|---|
| 1. 对计划、制度、方案等文件 | |
| 编制、制定、拟定、起草、审定、审核、审查、转呈、转交、提交、呈报、下达、备案、存档、提出意见 | |
| 2. 针对信息、资料 | |
| 调查、研究、对照、整理、分析、归纳、总结、提供、汇报、反馈、转达、通知、分布、维护管理 | |
| 3. 某项工作（上级） | |
| 主持、组织、指导、安排、协调、指示、监督、分配、控制、牵头负责、审批、审定、签发、批准、评估 | |
| 4. 思考行为 | |
| 研究、分析、评估、发展、建议、倡议、参与、推荐、计划 | |
| 5. 直接行动 | |
| 组织、实行、执行、指导、带领、控制、监管、采用、生产、参加、阐明、解释、提供、协助 | |
| 6. 上级行为 | |
| 许可、批准、定义、确定、指导、确立、规划、监督、决定 | |
| 7. 管理行为 | |
| 达到、评估、控制、协调、确保、鉴定、保持、监督 | |
| 8. 专家行为 | |
| 分析、协助、促使、联络、建议、推荐、支持、评估、评价 | |
| 9. 下级行为 | |
| 检查、核对、收集、获得、提交、制作 | |
| 10. 其他 | |
| 维持、保持、建立、开发、准备、处理、执行、接待、安排、监控、汇报、经营、确定、概念化、合作、协作、主持、获得、核对、检查、联络、设计、带领、指导、评价、评估、测试、建造、修改、执笔、起草、拟定、收集、引导、传递、翻译、组织、控制、操作、保证、预防、解决、介绍、支付、计算、修订、承担、支持、谈判、商议、面谈、拒绝、否决、监视、预测、比较、删除、运用 | |

**表 4-3 美国工作分析常用动词库——动词指南**

| | | | |
|---|---|---|---|
| study 研究 | produce 生产 | adapt 采用 | rotate 旋转 |
| maintain 保持 | establish 建立 | develop 开发、发展 | check 检查、核对 |
| formulate 阐明 | supervise 监督、主管 | provide 提供 | direct 指导 |
| assist 协助、帮助 | prepare 准备 | analysis 分析 | build 建造 |
| determine 决定 | coordinate 协调、调整 | route 发送 | authorize 批准 |
| locate 定位、查找 | compose 组成 | file 文件处理 | recommend 推荐 |
| arrange 排列、安排、协商 | monitor 监察、检测、监控 | report to 报告 | predict 预测 |
| plan 计划 | administrate 管理、执行 | manage 管理、设法达成、执行 | control 控制 |
| identify 确认 | conceptualize 概念化 | cooperate 合作、协作 | ensure 保证 |
| take charge 主持 | gain 获得 | submit 提交 | resolve 解决 |
| connect 联络 | design 设计 | lead 带领 | research 研究、调查 |
| evaluate 评价 | calibrate 校准 | test 测试 | keep 保持、维持 |
| modify 修改 | write 写、起草、执笔 | make 制作 | enter 进入、输入 |
| oversee 监视 | resale 转售 | forecast 预测 | negotiate 商议、谈判 |
| compare 比较 | delete 删除 | use 应用 | discuss 讨论 |
| observe 遵守 | collect 收集 | conduct 引导、传导 | examine 检查 |
| schedule 计划、制定进度 | read 读 | organize 组织 | permit 批准 |
| operate 操作 | perform 执行 | identify 识别 | participate 参加 |
| patrol 巡逻 | inspect 检查 | prevent 防止 | greet 问候 |
| handle 处置 | interpret 解释 | dispute 争论、辩论 | work with 共同工作 |
| recommend 推荐、建议、介绍 | receive 接收、接待 | cash 兑现 | confer 赠与 |
| pay 支付 | count 计算 | attend 参加 | verify 核对 |
| construct 建造、构造、创立 | repair 修理、修正、修订 | review 评论 | interview 面谈 |
| undertake 从事、承担 | post 张贴、布置、邮寄 | reject 拒绝 | support 支持 |

资料来源：付亚和. 工作分析(第二版)，上海：复旦大学出版社，2010。

### (三)工作职责

工作职责主要指该职位通过一系列什么样的活动来实现组织的目标,并取得什么样的工作成果。它是在工作标识与工作概要的基础上,进一步对职位的内容加以细化。工作职责的分析与梳理主要有两种方法:一种是基于战略的职责分解,一种是基于流程的职责分析。

基于战略的职责分解,它侧重于对具体职责内容的界定,主要回答的是该职位需要通过完成什么样的职责,来为组织创造价值(见表4-4)。

基于流程的职责分解,侧重于理顺每项工作职责中的角色与权限,主要回答的是:"在每项工作职责中,该职位应该扮演什么样的角色?应该如何处理与流程上下游之间的关系?"

表4-4 基于战略的职责分解过程

| 实施步骤: |
| --- |
| 1. 确定职位目的。根据组织的战略和部门的职能、职责、定位,确定该职位需要达成的目的。 |
| 2. 分解关键成果领域。通过对职位目的的分解得到该职位的关键成果领域。关键成果领域是指一个职位需要在哪几个方面取得成果,来实现职位目的。关键成果领域可以利用鱼骨图作为工具对职位目的进行分解而得到。 |
| 3. 确定职责目标。即确定该职位在该关键成果领域中必须达成的目标(取得的成果)。由于职责描述是要说明这项职责主要做什么以及为什么做,因此,从成果导向出发,应该在关键成果领域中进一步明确所要达成的目标,并且所有关键成果领域的目标都应与职位的整体目标之间存在整体与部分的逻辑关系。 |
| 4. 确定达成职责目标的行动。即确定该职位为了达成这些职责目标需要采取的行动。职责目标表达了该职位为什么要完成这些职责,确定行动则表达了任职者到底要从事什么样的活动来达成这些目标。 |
| 5. 形成初步的职责描述。通过将上述四个步骤得到的职责目标与行动相结合,就可以得到关于该职位的基本职责的初步描述。 |

为了强化职责书写的规范性,避免造成语意含混和模糊,常采用如下的规范格式来对工作职责进行表达(见图4-2)。

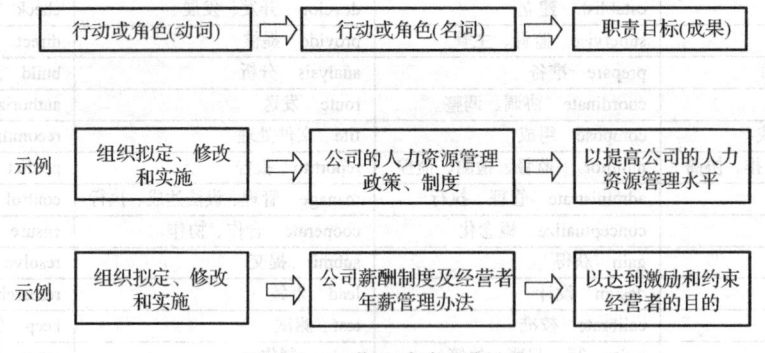

图4-2 工作职责书写示例

一般来说,职责描述应遵循以下书写规则。

(1)必须采用"动词+名词+目标"或者"工作依据+动词+名词+目标"的书写格式;必须尽量避免采用模糊性的动词,如"负责"、"管理"、"领导"等。

(2)必须尽量避免采用模糊性的数量词,如"许多"、"一些"等,而尽可能表达为准确的数量。

(3)必须尽量避免采用任职者或其上级所不熟悉的专业化术语,尤其要尽量避免采用管理学专业的冷僻术语。例如,确实有采用术语的必要,则必须在工作说明书的附件中予以解释。

(4)如存在多个行动和多个对象时,行动动词和对象之间的关系可能会引起歧义,需要进行分别表述。

## (四)工作关系

职位描述中所提到的工作关系主要包括两部分:一部分是该职位在组织中的位置,用组织结构图来进行反映;另一部分是该职位任职者在工作过程中,与组织内部和外部各单位之间的工作联系,包括联系的对象、联系的方式、联系的内容和联系的频次等。

组织结构图是职位描述中的核心部分,它反映了与该职位在组织中的上下左右的关系(见图4-3)。

工作关系所涉及的方面很多,包括联系的对象、频率、内容、方式,联系所采用的工具等。在工作分析的实际操作中,我们主要关注两个方面:联系的对象和内容。因为,这两个方面说明了联系的本质特征与沟通的难度,可以用于岗位评价(见表4-5)。

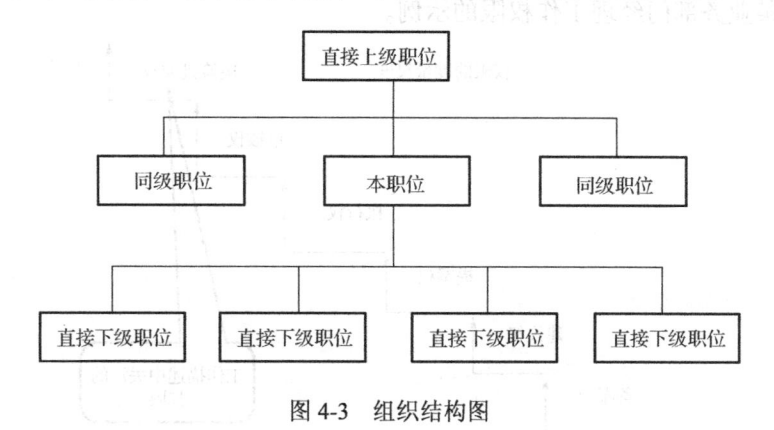

图 4-3 组织结构图

表 4-5 工作关系示例

| 内       外 | 联系对象(部门或单位) | 联系的主要内容 |
|---|---|---|
| 与公司总部各部门的联系 | 财务部 | 薪酬预算、薪酬发放 |
|  | 行政部 | 文件、档案管理 |
|  | 总部各部门 | 人员招聘、培训、调动、考核 |
| 与公司子公司的联系 | 子公司人事部 | 业务指导 |
|  | 子公司总经理 | 业务协商 |
| 与公司外部单位的联系 | 人才市场、高校、猎头公司 | 人员招聘 |
|  | 外部培训机构 | 人员培训 |

## (五)工作权限

工作权限是指根据该职位的工作目标与工作职责,组织赋予该职位的决策范围、层级与控制力度。权限指该岗位在执行其工作职责的过程中可以对人、财、物的支配权力。该项目主要应用于管理人员的职位描述与岗位评价,以确定职位"对企业的影响大小"和"过失损害程度";另外,通过在工作说明书中对该职位拥有的工作权限的明确表达,可以进一步强化组织的规范化,提升任职者的职业化意识,并有助于其职业化能力的培养。

职位描述中的工作权限往往并非来自对工作本身的分析,而是来自组织内部《分权手册》赋予该职位的权限。在实际的职位分析操作中,工作权限一般包括三个部分:人事权限、财务权限和重大的业务权限,分别和《分权手册》中的人事管理分权、财务管理分权、业务与技术管理分权等不同板块相对应。

通常针对每一条职责,可以采用"全部承担—部分承担—协助承担"这三个级别来描述工作权限,级别的不同主要表现在动词上。图4-4所示为权限的度量尺度与工作描述中关注的权限。

1. 根据动词作用对象可以使用相应的工作权限描述方式

(1)制度/方案/计划/报告：用审批、审核、主持草拟/设计、分担草拟/设计、协助草拟/设计来区分界定；

(2)业务活动：用主持、督导、组织执行、分担执行、协助执行来区分界定。

2. 根据权限所指向对象的不同，可以采取如下的工作权限描述方式

(1)财务权限：批准……元以内的……费用。

(2)人事权限：批准……类(或级)以下员工的录用、考核、升迁、出差、请假等。

(3)业务权限：批准……(事项)。

表4-6是某业务部门经理工作权限的示例。

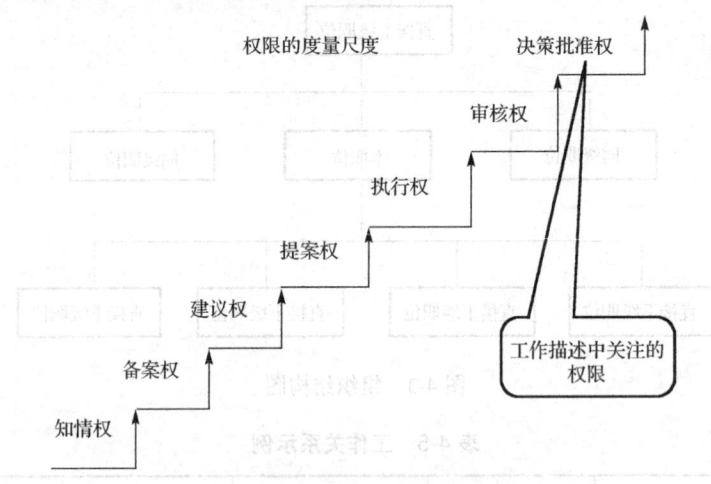

图4-4 权限的度量尺度与工作描述中关注的权限

表4-6 某业务部门经理工作权限示例

| 人 事 权 限 | 财 务 权 限 | 业 务 权 限 |
| --- | --- | --- |
| 批准本部门新员工的录用<br>批准本部门员工7天以内的出差<br>批准本部门员工 7 天以内的病假和 3 天以内的事假 | 批准本部门3 000元以内的差旅费、1 000元以内的业务招待费、2 000元以内的礼品费<br>批准本部门500元以内的办公用品购置费、1 000元以内的设备租赁费、30 000元以内的固定资产购置费 | 批准范围以内的图纸变更<br>批准材料质量检查 |

### (六)绩效标准

绩效标准又称业绩变量，是完成某些任务或工作量需要达到的标准。它应该与工作职责相对应。也就是说，有工作职责就应该有与其相对应的绩效标准要求。一般来说，对于工作说明书的每一职责和任务都能列出具体的绩效要求，从而形成一套较完整的绩效标准。绩效标准是提取职位层级的绩效考核指标的重要基础和依据。在以考核为导向的职位描述中，业绩标准是必须包含的关键部分。但是，绩效标准不是简单地等同于绩效考核中的考核指标，它主要告诉我们应该从哪些方面和角度去构建该职位的考核指标体系，而没有提供具体的操作性的考核指标。

1. 绩效指标提取的操作性思路

(1)直接以结果为导向，将职责所要达成目标的完成情况作为绩效标准。

(2) 通过分析在职责完成的整个流程中存在哪些关键点，从中找到对整个职责的完成效果影响最大、最重要的关键点来作为绩效标准。

(3) 反向提取，主要回答这样一个问题：该项职责如果完成得不好，其负面影响表现在哪些方面？

2. 绩效指标的筛选主要应遵循的基本要求

(1) 关键性，即绩效标准变量对该职责的最终完成效果的影响程度。影响程度越大，则该绩效变量越可取。因此，最终结果标准比从关键控制点中找到的过程性标准更好。

(2) 可操作性，即绩效标准是否可以转化为实际能够衡量的指标。包括：是否可以收集到准确的数据或者事实来作为考核该标准的依据；是否可以量化；如果不能量化，是否可以细化，以避免单纯凭感觉打分的现象发生。

(3) 可控性，即该绩效变量受到任职者工作行为的影响有多大，是更多地受到任职者的控制，还是更多地受到外部环境的控制。一般认为，如果任职者对该业绩变量的控制程度低于70%，则该变量应该舍弃。

(4) 上级认可：业绩变量的选取还必须得到该职位上级的认可。

### (七) 工作压力与工作环境

工作压力因素主要指由于工作本身或工作环境的特点给任职者带来压力和不适的因素。在薪酬理论中，这样的因素应该得到额外的补偿性工资，因此它常常作为岗位评价中的要素出现。职位描述中的这部分内容，就是要为工作评价提供与压力相关的职位信息。由于知识型员工的薪酬因素很少需要考虑这样的内容，因此，高科技企业的工作说明书中，往往不会包含这项内容。

在众多的工作压力因素中，我们主要关注工作时间的波动性、出差时间的百分比、工作负荷的大小这三个方面的特征。并且，这些特征在职位描述中都将其划分为若干等级，进行等级评定，从而为工作评价直接提供信息，具体参看表4-7。

表4-7 工作压力的具体界定

| 维度 | 具 体 界 定 |
|---|---|
| 工作时间的波动性 | 定时制：一个工作周期内（管理人员一般为一个月，或者更长），工作量基本没有太大的变化，比如出纳员 |
| | 适度波动：一个工作周期内，出现以天计的工作忙闲不均的情况，如工资发放的主管，在月末比较忙，而平时工作比较轻松 |
| | 周期性：在长期的工作过程中，出现强烈的反差，如市场人员，在投标前期工作极其紧张，但是交接工作以后则相对轻松 |
| 出差时间的百分比 | 经常出差，占总时间的40%以上 |
| | 出差较为频繁，占总时间的20%~40% |
| | 出差时间不多，占总时间的10%~20% |
| | 很少出差，占总时间的6%~10% |
| | 偶尔出差，占总时间的0%~5% |
| 工作负荷 | 轻松：工作的节奏、时限可以自己掌握，没有紧迫感 |
| | 正常：大部分时间的工作节奏、时限可以自己掌握，有时比较紧张，但持续时间不长，一般没有加班情况 |
| | 满负荷：工作的节奏、时限无法自己控制，明显感到紧张，出现少量加班 |
| | 超负荷：完成每日工作必须加快工作节奏，持续保持注意力的高度集中，经常感到疲劳，有经常的加班现象 |

工作环境条件，主要针对操作工人的职位描述，其目标是界定工作的物理环境在多大程

度上会对工人造成身体上的不适或者影响其身体健康。在制造类企业中，这一部分内容是传统的工作分析的核心内容。随着后工业化时代的到来，该部分已经逐步丧失了其传统的地位，尤其是针对管理人员和专业人员的职位分析，对"工作环境"的界定已无实际的意义。表4-8给出了工作环境的条件。

表4-8　工作环境的条件

| 工作环境 | 工作的自然环境 | 环境中的温度、湿度、照明度、噪声、震动、异味、粉尘、辐射等 |
| --- | --- | --- |
| | | 任职者与上述环境因素接触的时间 |
| | 工作的安全环境 | 工作的危险性 |
| | | 可能发生的事故、事故发生率及发生原因 |
| | | 对身体的哪些部位易造成危害及危害程度 |
| | | 易患的职业病、患病率及危害程度等 |
| | 工作的社会环境 | 工作地点的生活方便程度 |
| | | 环境变化程度 |
| | | 工作的孤独程度 |
| | | 与他人交往的程度等 |

## 二、任职资格

任职资格(qualification)，指的是与工作绩效高度相关的一系列人员特征。具体包括：为了完成工作，并取得良好的工作绩效，任职者所需具备的知识、技能、能力，以及个性特征要求。比如，关于"任职者乐于做什么"，其影响因素包括态度、价值观、动机、兴趣、人格等多方面的心理特质(统称为个性)。但是，为了提高工作分析的可操作性，我们往往只选取上述诸多因素中与工作绩效密切相关，并且具有高度稳定性和可测性的因素，作为工作说明书的一部分。

构建职位的任职资格主要有以下两种途径。

(1)以工作为导向的推导方法。它是从工作本身的职责和任务出发，去分析为了完成这样的工作职责与任务，需要任职者具备什么样的条件。然后，将这种基于职责、任务推导出来的任职者特点与企业事先所构建好的素质清单进行对照，将素质要求的普通描述转化为系统化、规范化的任职资格，这样就形成了该职位的任职资格。

(2)以人员为导向的推导方法。它是从导致任职者获得成功的关键行为或高频率、花费大量时间的工作行为出发，去分析任职者要从事这样的行为，需要具备什么样的素质特点。然后，再将这样的素质要求与事先构造的素质清单进行对照，将其转化为系统化、规范化的任职资格语言。

### (一)教育背景

教育程度要求包含两部分内容——学历和专业。学历要求是指胜任该岗位所需要的最低学历要求，比如：中专、大专、本科、硕士、博士等。专业要求是指任职者需要具备什么样的专业才能承担该岗位工作。核心岗位或行业专业性要求极强的岗位要明确规定专业范围，如财务人员必须是会计专业，播音员可以是新闻学、传播学、媒体创意等专业。在确定教育背景时应该考虑，如果让一位新员工来工作，他最低应该是什么学历，而不一定是当前任职者的学历。

### (二)工作经验

工作经验反映任职者在从事该职位之前，应具有的最起码的工作经验要求。由于不同组织、不同岗位对经验的要求都不尽相同，描述工作经验可以从三个方向来描述，即社会工作经验、专业工作经验和管理工作经验。这样的分类可以较全面地体现出岗位的行业性、专业性特点。经验是从已发生的事件中获取的知识，一般包括知识和技巧。经验是体验或观察某一事物或某一事件后所获得的心得并应用于后续作业。而这些以前获取的知识和技巧，对于工作的开展具有极其重要的作用。

(1)社会工作经验：指参加工作的经验，包括任职者的所有工作经历。
(2)管理工作经验：指从事管理职位的工作经验。
(3)专业工作经验：指从事过相同岗位、相似岗位的工作经验。

表4-9所示是某游戏制作公司对项目经理的工作经验要求。

表4-9 某游戏制作公司项目经理的工作经验要求

| 工作经验 | 必备条件 | 理想条件(期望条件) |
|---|---|---|
| 一般工作经验 | 3年以上社会工作经验 | 5年以上社会工作经验 |
| 相关工作经验 | 2年以上游戏行业从业经验 | 3年以上游戏行业从业经验 |
| 专业工作经验 | 1年以上游戏项目经理经验，参与过知名游戏项目的制作 | 3年以上游戏项目经理经验；1年游戏测试/策划/美工/程序经验；领导过知名游戏项目的制作 |
| 管理工作经验 | 1年以上担任10人项目小组领导者，有很强的协调能力，熟悉游戏项目的操作流程与管理方法 | 3年以上担任10人项目小组领导者，有管理20人以上团队的经验；能迅速适应并领导新组建的团队，很强的协调能力；十分熟悉游戏项目的操作流程与管理方法 |

对任职条件中的学历、经验等条件要掌握适度，不可过于苛求。表4-10中确定的岗位任职资格供大家参考。

表4-10 岗位任职资格一览表

| 职位 | 学历 | 经验 |
|---|---|---|
| 高层管理者 | 本科及以上，硕士优先 | 8年或10年以上 |
| 中层管理者 | 本科及以上 | 3年或5年以上 |
| 基层管理者 | 大专以上 | 2年以上 |
| 一般职员或工人 | 中专以上 | |

(三)技能要求

技能要求是指对与工作相关的工具、技术和方法的运用。事实上，职位所要求的工作技能会随着职位的不同存在很大的差异。但在工作说明书中，为了便于对不同职位的技能要求进行比较，我们往往只关注其中少数几项对所有职位均通用的技能，包括：计算机技能、外语技能与公文处理技能(见表4-11)。

(四)知识要求

这里的知识包括专业知识、政策法律知识和管理知识等。知识是固化的经验，是对人类的认识成果的不断沉淀和积累，其初级形态是经验知识，高级形态是系统科学理论。心理学上的知识界定为个体通过与环境相互作用后获得的信息及其组织。个人知识的获得主要是通过学习，所以其知识含量可以通过对其学习过程、接受教育的程度或者最后学历来测量。受教育程度可以通过其接受教育的年限来判定，但是年限未必能真实地反映其知识获得水平，所以用学历更为准确。学历是个人在教育机构中接受教育的学习经历。在我国，学历包括小学、初中、高中(包括高中、职高、中专和技校)、大专(高职、大学专科)、大本(大学本科)、研究生(包括硕士研究生和博士研究生)六个层次，学历证书(毕业证书)代表其学历的获得。

表 4-11 通用的工作技能示例

| 技能模块 | 主要内容或等级要求 | 选择 |
|---|---|---|
| 外语 | (1) 不需要<br>(2) 国家英语四级，简单读写<br>(3) 国家英语六级，具备一定听说读写能力<br>(4) 英语专业，能熟练使用英语表达 | |
| 计算机 | (1) 办公软件<br>(2) MIS 系统<br>(3) 专业软件 | |
| 公文处理 | (1) 能看懂一般公文<br>(2) 熟悉一般公文写作格式，能够起草基本的公文，且行文符合要求<br>(3) 能抓住公文要点，并加以归纳整理<br>(4) 具有较强的文字表达能力，言简意赅，行文流畅 | |

　　与学历证书相关的还有学位证书。学位是标志授予者的教育程度和学术水平达到规定标准的学术称号，包括学士学位、硕士学位和博士学位三种。需要注意的是，取得学士学位证书的，必须首先获得大学本科毕业证书；而取得硕士学位或博士学位证书的，却不一定能够获得硕士研究生或博士研究生毕业证书。

　　知识具有专业领域特征。所谓专业，就是指高等学校或中等专业学校根据社会职业分工、学科分类、科学技术和文化发展状况及经济建设与社会发展需要设立的学业类别。表 4-12 所示的是我国现行的本科专业分类。

表 4-12 我国现行本科专业分类

| 学科 | 门类及专业名称 |
|---|---|
| 哲学 | 哲学、逻辑学、宗教学 |
| 历史学 | 历史学类：历史学、世界历史、考古学、博物馆学、民族学 |
| 经济学 | 经济学类：经济学、国际经济与贸易、财政学、金融学 |
| 管理学 | 管理科学与工程类：管理科学、信息管理与信息系统、工业工程、工程管理<br>工商管理类：工商管理、市场营销、会计学、财务管理、人力资源管理、旅游管理<br>公共管理类：行政管理、公共事业管理、劳动与社会保障、土地资源管理<br>农业经济管理类：农林经济管理、农村区域发展<br>图书档案学类：图书馆学、档案学 |
| 教育学 | 教育学类：教育学、学前教育、特殊教育、教育技术学<br>体育学类：体育教育、运动训练、社会体育、运动人体科学、民族传统体育 |
| 法学 | 法学类：法学<br>马克思主义理论类：科学社会主义与国际共产主义运动、中国革命史与中国共产党党史<br>社会学类：社会学、社会工作<br>政治学类：政治学与行政学、国际政治、外交学、思想政治教育<br>公安学类：治安学、侦查学、边防管理 |
| 文学 | 中国语言文学类：汉语言文学、汉语言、对外汉语、中国少数民族语言文学、古典文献<br>外国语言文学类：外语<br>新闻传播学类：新闻学、广播电视新闻学、广告学、编辑出版学<br>艺术类：音乐学、作曲与作曲技术理论、音乐表演、绘画、雕塑、美术学、艺术设计学、艺术设计、舞蹈学、舞蹈编导、戏剧学、表演、导演、戏剧影视文学、戏剧影视美术设计、摄影、录音艺术、动画、播音与主持艺术、广播电视编导 |
| 理学 | 数学类：数学与应用数学、信息与计算科学<br>物理学类：物理学、应用物理学<br>化学类：化学、应用化学<br>生物科学类：生物科学、生物技术 |

续表

| 学科 | 门类及专业名称 |
|---|---|
| 理学 | 天文学类：天文学<br>地质学类：地质学、地球化学<br>地理科学类：地理科学、资源环境与城市规划管理、地理信息系统<br>地球物理学类：地球物理学<br>大气科学类：大气科学、应用气象学<br>海洋科学类：海洋科学、海洋技术<br>力学：理论与应用力学<br>电子信息科学类：电子信息科学与技术、微电子学、光信息科学与技术<br>材料科学类：材料物理、材料化学<br>环境科学类：环境科学、生态学<br>心理学类：心理学、应用心理学<br>统计学类：统计学 |
| 工学 | 地矿类：采矿工程、石油工程、矿物加工工程、勘察技术与工程、资源勘察工程<br>材料类：冶金工程、金属材料工程、无机非金属材料工程、高分子材料与工程<br>机械类：机械设计制造及其自动化、材料成型及控制工程、工业设计、过程装备与控制工程<br>仪器仪表类：测控技术与仪器<br>能源动力类：热能与动力工程、核工程与核技术<br>电气信息类：电气工程及其自动化、自动化、电子信息工程、通信工程、计算机科学与技术、电子科学与技术、生物医学工程<br>土建类：建筑学、城市规划、土木工程、建筑环境与设备工程、给水排水工程<br>水利类：水利水电工程、水文与水资源工程、港口航道与海岸工程<br>测绘类：测绘工程<br>环境与安全类：环境工程、安全工程<br>化学与制药类：化学工程与工艺、制药工程<br>交通运输类：交通运输、交通工程、油气储运工程、飞行技术、航海技术、轮机工程<br>海洋工程类：船舶与海洋工程<br>轻工纺织食品类：食品科学与工程、轻化工程、包装工程、印刷工程、纺织工程、服装设计与工程<br>航空航天类：飞行器设计与工程、飞行器动力工程、飞行器制造与工程、飞行器环境与生命保障工程<br>武器：武器系统与发射工程、探测制导与控制技术、弹药工程与爆炸技术、特种能源工程与烟火技术、地面武器机动工程、信息对抗技术<br>农业工程类：农业机械化及其自动化、农业电气化与自动化、农业建筑环境与能源工程、农业水利工程<br>林业工程类：森林工程、木材科学与工程、林产化工<br>公安技术类：刑事科学技术、消防工程<br>工程力学类：工程力学<br>生物工程类：生物工程 |
| 农学 | 植物生产类：农学、园艺、植物保护、茶学<br>草业科学类：草业科学<br>森林资源类：林学、森林资源保护与游憩、野生动物与自然保护区管理<br>森林生产类：园林、水土保持与荒漠化防治、农业资源与环境<br>动物生产类：动物科学、蚕学<br>动物医学类：动物医学<br>水产类：水产养殖学、海洋渔业科学与技术 |
| 医学 | 基础医学类：基础医学<br>预防医学类：预防医学<br>临床医学与医学技术类：临床医学、麻醉学、医学影像学、医学检验<br>口腔医学类：口腔医学<br>中医学类：中医学、针灸推拿学、蒙医学、藏医学<br>法医学类：法医学<br>护理学类：护理学<br>药学类：药学、中药学、药物制剂 |

从工作分析角度看，知识可分为一般了解性知识、熟练掌握性知识和精通性知识。一般了解性知识是辅助性的知识，属于外围的知识；熟练掌握性知识是保障性的知识，属于专业领域的知识；精通性知识是核心性的知识，属于工作创新必需的知识。例如，可可咖啡事业部总监的知识构成：一般了解性知识有可可咖啡商品知识，熟练掌握性知识有国际贸易规则，精通性知识有市场营销、谈判技巧、企业管理。

从工作分析角度看，工作经验可分为一般工作经验、专业工作经验和管理工作经验。一般工作经验是指参加工作就会获取和积累的，具有一般性的工作经历和感受，强调一般性操作和问题解决的经验掌握；专业工作经验是指工作经验与专业工作相联系的，从事专门工作、能够进行专业操作和解决专业问题的经验；管理工作经验则是指工作者担任管理职务，需要发挥管理技能和能力的工作经历和体会。例如，可可咖啡事业部总监的经验构成：一般工作经验为10年，专业工作经验为5年，国际贸易经验、管理工作经验为3年部门管理相关经验。

### (五)能力素质要求

能力是个性心理特征之一，是指人顺利地完成某种心理活动所必需的个性心理条件和心理特征。例如，在学习掌握数控机床的过程中，有些员工学得快些，有些员工学得慢些，这里学得"快"和"慢"，是指每个员工学习掌握某种技能的能力不同。从心理学的一般概念上看，从事绘画活动的具体方式虽然是素描、运笔、调色、着色等动作，但其所需要的心理特征是空间感、线条感、形象感、色调感、浓度感；从事音乐活动，其具体活动方式是发音、演唱、奏乐，但需要形成曲调感、节奏感、音乐听觉等心理条件和特征。

人的能力是在人的心理素质的基础上，经过后天的教育和培养，并在实践活动中逐步形成和发展起来的。人的能力是在人的各种活动中得以展示，在各种活动中得到发展。人的能力高低，集中表现在认识主客观事物的准确、完全、深刻的程度和解决实际问题的速度和质量上。从职业生涯的发展轨迹上看，人在中小学期间以及之前所享受到教育和培养，直接影响人的智力水平；大学期间所享受的教育或者一定时期的社会实践活动，影响人的专业能力的养成和提高，而大学以后的教育或长期的社会实践活动的锻炼和培养，直接影响人的创新能力的形成和发展。

在企业的实践活动中，员工要顺利完成某种生产经营活动，常常需要将各种能力有效地结合在一起，即需要员工具备一定"才能"。员工所应具备的、能够满足工作岗位要求的"才能"，是员工成功地完成本岗位工作任务所必需的各种能力的结合。例如，一名主管的才能表现为语言表达能力、组织指挥能力、指导与影响下属能力、沟通协调能力、解决冲突能力、时间控制能力等的结合。在企业中，员工的能力因人而异，形成能力的个体差异。这种能力或才能上的差异，主要表现在：①一般认识能力上的差异，如注意力、记忆力、判断力、分析力等认识上的差异；②特殊才能上的差异，如管理才能、技术才能、营销才能等，在这方面可以表现出每个员工的个人特征；③还有能力发展水平以及发展快慢、表现早晚等方面差异；④创新能力上的差异，如在思想观念、理论方法、管理模式、技术设计、规章制度、作业流程、操作程序等诸方面创新能力上所表现出来的差异。这就是为什么在企业中，总是有些员工"别出心裁"，能提出新的创意，在工作上总有新的建树，而有些员工总是循规蹈矩、无所作为的基本原因。

能力是人具有的一种稳定的内在特征，对完成不同的工作非常有用。与技能不同点在于，能力是稳定持久的，可以应用到广泛不同的任务工作中去，一般可以分为：认知能力、心理运动能力、体能和感知能力。如"口头表达"能力定义为"用语言沟通使别人理解信息和思想的能力"。表4-13所示为职业信息网中的能力。

表4-13 职业信息网中的能力

| | | | |
|---|---|---|---|
| 认知能力 | 记忆能力 | 控制运动能力 | 舒展灵活性 |
| 言语能力 | 默记 | 控制精度 | 动态灵活性 |
| 口头理解 | 知觉能力 | 身体协调 | 身体协调能力 |
| 书面理解 | 闭合速度 | 方向反应 | 身体平衡能力 |
| 口头表达 | 闭合灵活性 | 速度控制 | 感知能力 |
| 书面表达 | 知觉速度 | 反应时间和速度 | 视觉能力 |
| 主意产生和推断能力 | 空间能力 | 反应时间 | 近视能力 |
| 主意流畅性 | 空间组织 | 手腕—手指灵巧 | 远视能力 |
| 创意 | 空间想象力 | 四肢运动速度 | 色彩辨别 |
| 问题敏感性 | 注意能力 | 体能 | 夜视能力 |
| 演绎推理 | 选择性注意 | 身体力量能力 | 周边视觉 |
| 感应推理 | 时间共享 | 静态力量 | 眩目敏感性 |
| 信息分类 | 心理运动能力 | 爆发力 | 听觉和语音能力 |
| 分类灵活性 | 精细操作能力 | 动态力量 | 听力敏感性 |
| 数量能力 | 手臂稳定性 | 躯干力量 | 听觉注意力 |
| 数学推理 | 手的灵巧 | 忍耐力 | 声音定位 |
| 数字敏感性 | 手指灵巧 | 持久力 | 语音识别能力 |
| | | 灵活、平衡和协调 | 语音清晰度 |

资料来源：N.G.Peterson, M.D.Mumford, W.C.Borman, P.R.Jeanneret, E.A.Fleishman, and K.Y.Levin, O*NET Final Technical Report, Vol.2（Salt Lake City：Utah Department of Workforce Services, 1997），pp.9~1 to 9~26. Utah Department of Workforce Services on behalf of U.S. Department of Labor.

## （六）其他特征

其他特征指其他的要求。尽管这些要求包罗万象，但是对建立雇佣关系（法律要求），完成工作（可取性要求）和使组织文化价值一致（品质要求）是非常重要的，见表4-14。必须注意，由于组织千差万别的各种偏好，其他特征也是工作要求。

表4-14 其他的工作要求举例

| | |
|---|---|
| 法律要求 | 旅行 |
| 证书（职业证书、驾驶证等） | 出勤和迟到 |
| 公民或合法外侨 | 品质要求 |
| 区域限制（如城市对公务员的限制） | 士气 |
| 安全保障 | 工作伦理 |
| 可取性要求 | 工作背景 |
| 开始时间 | 责任意识 |
| 工作场所的位置 | 正直与诚信 |
| 工作时间长短 | |

1. 培训要求

培训要求一般包括：每年需要的工作培训时间、培训的内容以及培训方式。培训主要分为在岗培训、脱岗培训或者自我培训三类，它们都需要以整个企业的培训开发政策、制度和体系为基础。这种培训的时间度量往往以周为单位。

现代的培训体系在设计培训方式、内容以及培训时间的时候，往往都是针对不同的职位层级展开设计的。比如，针对基础岗位的职位知识与技能培训、企业的基础技术与产品知识培训；针对中层管理人员的管理技能培训；针对中高层管理人员的经营管理理念培训。因此，在确定某一职位的培训内容时，往往可以根据其在组织中所处的职位层级，来确定需要进行什么层次的培训。

2. 资格证书要求

资格证书要求是指国家或行业规定的任职者必须持有的执业资格证书。例如，汽车修理厂要求汽车修理技师持有相应的技术资格等级证书。

**3. 隐性任职资格（工作能力要求）**

确定职位的能力要求的基础，来自企业的整体能力模型和分层分类的能力体系的建立。也就是说，需要根据企业的整体竞争战略和文化，提出企业员工需要具备什么样的能力，从而形成企业的分层分类的能力要素库，这一要素库将成为后面对各职位簇和具体职位能力要素选取的基础。

企业分层分类的能力要素体系主要包括以下几个组成部分（见图4-5）。

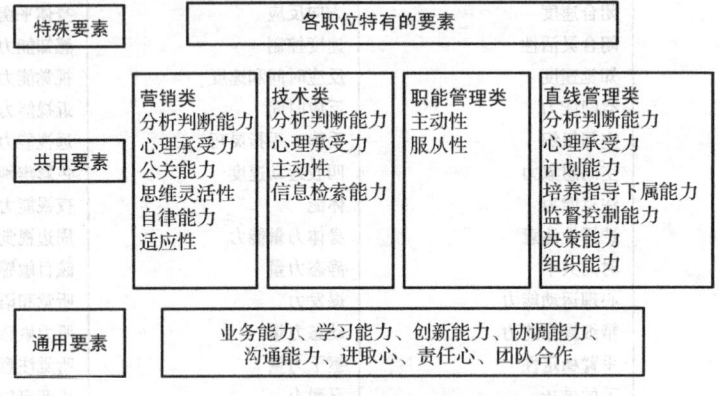

```
特殊要素 ──── 各职位特有的要素

共用要素 ┌──────────┬──────────┬──────────┬──────────┐
        │营销类    │技术类    │职能管理类│直线管理类│
        │分析判断能力│分析判断能力│主动性   │分析判断能力│
        │心理承受力│心理承受力│服从性   │心理承受力│
        │公关能力  │主动性    │         │计划能力  │
        │思维灵活性│信息检索能力│        │培养指导下属能力│
        │自律能力  │          │         │监督控制能力│
        │适应性    │          │         │决策能力  │
        │          │          │         │组织能力  │
        └──────────┴──────────┴──────────┴──────────┘

通用要素 ──── 业务能力、学习能力、创新能力、协调能力、
             沟通能力、进取心、责任心、团队合作
```

图4-5 某公司分层分类能力要素体系示例

(1)通用要素：公司所有职位的任职者都必须具备的能力要素。

(2)共用要素：公司某一职种（或职簇）的职位任职者都必须具备的能力要素，但又不包括在通用要素之中。

(3)特殊要素：公司的某个职位的任职者所必须具备的个性化的能力要素，并且不包括在通用要素和共用要素之中。

**4. 心理品质**

心理品质要求分析是根据岗位的性质和特点，对员工心理素质及其发展程度的要求所进行的综合分析。按照心理学的解释，"心理"是感觉、知觉、记忆、思维、情感、意志、气质、性格、能力等心理现象的总称。"素质"是人先天的生理特点解剖，主要包括人的神经系统、脑的特性，以及感觉和运动器官方面的特点。本书所采用的"心理品质"，是指人的心理在遗传素质基础上，经过后天的环境熏染和教育所具有的实际水平和发展潜力。

1）三种心理品质描述模型

国内外学者对心理品质的研究成果有许多，其中较为典型的研究理论分别是：冰山模型、美国DOT系统中一般能力倾向模型（GATB），以及能力要求法中的52种能力模型。

2）心理品质的内容——能力和个性特质

(1)能力。描述能力要求，可以按照职位簇分类描述。例如，经营类工作要求任职者应当具备的能力一般为：公关能力、市场开拓能力、市场调研能力、信息收集能力、分析判断能力、协作能力、学习能力、解决问题能力、应变能力、谈判能力、预测能力、成本控制能力等。而技术类工作要求任职者应当具备的能力一般为：分析判断能力、解决问题能力、执行能力、协作能力、演绎能力、归纳能力、学习能力等。

(2)个性特质。个性特质主要指个人的性格、气质、兴趣、价值观以及态度。常用的个人特质如表4-15所示。

性格是人对现实的态度和行为方式中比较稳定的心理特征的总和。例如，正直、诚恳、热忱、谦虚，或者虚伪、懒惰、粗心、傲慢等都属于性格特征。常用的几种对性格的研究成果有：卡特尔的 16 种主要特质、霍兰德的人格类型与职业范例（如表 4-16 所示）等。

气质指人的典型的、稳定的心理特征，主要表现为情绪体验的快慢、强弱以及动作的灵敏或迟钝方面，是人的心理活动的动力特征。心理学上把人的气质分为 4 类，即多血质、黏液质、胆汁质和抑郁质，各自对应不同的职业适应性。正如 4 类气质的名称一样，多血质对应于活泼型，黏液质对应于安静型，胆汁质对应于兴奋型，而抑郁质对应的是抑郁型。

表 4-15 常用的个人特质举例

| 常用的个人特质 | |
| --- | --- |
| 社会使命感 | 全局意识 |
| 责任感 | 心理承受力 |
| 亲和力 | 保密意识 |
| 服务意识 | 团队精神 |
| 个人感召力 | 进取心 |
| 新闻敏感性 | 仔细、认真 |
| 艺术感悟力 | 专业灵敏度 |
| 灵活性 | 专业精神 |
| 主动性 | 影响力 |
| …… | …… |

兴趣是使个体积极探索某种事物的认识倾向。兴趣使人对有兴趣的事物给予优先注意、积极的探索，并且带有情绪色彩和向往的心情。

表 4-16 霍兰德的人格类型与职业范例

| 类　　型 | 人格特点 | 职业范例 |
| --- | --- | --- |
| 现实型偏好：需要技能、力量、协调性的体力活动 | 害羞、真诚、持久、稳定、顺从、实际 | 机械师、钻井操作工、装配线工人 |
| 研究型偏好：需要思考、组织和理解的活动 | 分析、创造、好奇、独立 | 生物学家、经济学家、数学家、新闻记者 |
| 社会型偏好：能够帮助别人的活动 | 社会、友好、合作、理解 | 社会工作者、教师、临床心理学家 |
| 企业型偏好：能够影响他人和获得权力的言语活动 | 自信、进取、精力充沛、盛气凌人 | 法官、房地产经纪人、公共关系专家 |
| 艺术型偏好：需要创造性表达的、模糊的且无规律可循的活动 | 富有想象力、无序、杂乱、理想化、情绪化、不实际 | 画家、音乐家、作家、室内装饰等 |
| 传统型偏好：规范、有序、清楚明确的活动 | 顺从、高效、实际、缺乏想象力、缺乏灵活性 | 会计、业务经理、银行出纳员、档案管理员 |

### （七）知识、技能与能力的区别和联系

通过上述的深入比较和分析，不难看出，人的知识、技能和能力三个基本概念，具有以下两个共同点。

(1) 形成和发展的基础是一致的。它们的形成和发展是人自身的心理素质，即先天的自然因素和后天获得的因素共同作用的结果。这些因素在不同的环境条件下发挥着不同的作用，两者存在着辩证统一的关系。人的自然素质是知识、技能和能力形成和发展的物质基础，而知识、技能和能力是在一定的社会生活环境和条件下，通过实践活动形成和发展的。

(2) 作用和影响的因素是相同的。知识、技能和能力的后天获得因素主要有：①营养状态；②早期教育水平；③教育与教学程度；④社会实践活动；⑤主观努力程度；⑥个人的兴趣和爱好。

虽然人的知识、技能与能力存在着上述两个基本共同点，但毕竟在概念的内涵与外延上存在着明显的区别。

首先，从人的知识、技能和能力的形成过程来看，人一般是先具有一定的社会生产生活

的知识，再形成一定的社会物质资料生产和生活的技能，从而使人具备了各种必需的生活、生存以及生产的心理素质，即人在改造客观世界的同时，也改造自己主观世界的各种不同层次和水平的能力。

心理学专家们的研究表明：技能是从知识的掌握到能力的形成和发展的中间环节，技能的形成对能力的发展有着重要的促进作用。

能力和知识、技能相互联系、相互制约，但又不应将能力归结为知识、技能，与其相混淆。能力是个人的比较稳定的心理特征，人的能力的形成和发展，较知识、技能的获得更慢、更晚。

其次由于员工工作活动的方式不同，所需要的心理特征在个体身上的发展程度和结合方式也不同。也就是说，员工能力的发展水平又对人的知识、技能的形成和发展有着一定的制衡作用，制约和影响着人掌握相应的知识和技能的速度、深度、广度以及复杂难易程度。

知识、技能和能力之间这种相互渗透、相互作用和相互影响的关系，完全符合马克思主义的唯物辩证法和认识论，如图4-6所示。知识的形成过程是人们从实践到认识的过程，而技能的形成又是运用一定的知识进行社会活动即再实践的过程，经过不断地实践认识，再实践再认识，最终导致了人的某种能力乃至综合性能力素质的形成、提高与发展。而一旦人具备了所需要的某类层次的能力之后，又对人的知识领域横向和纵向的扩展和加深，以及人的专业技能水平的提高起着不可估量的推动作用。

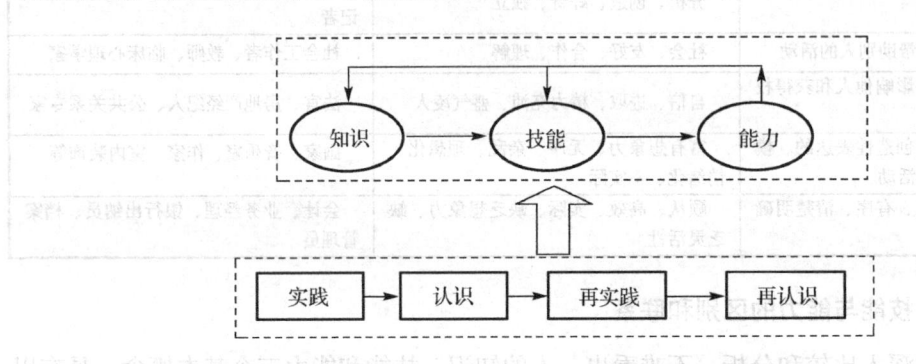

图4-6 人的认识与知识、技能和能力的关系图

## 第二节 编写工作说明书的准则

工作说明书是从"工作"和"人员"两方面来考虑人力资源管理工作的。应该反映的是某个岗位的全面信息和与该职位匹配的人员的资格条件信息，它是一项复杂的工作。同时，由于工作说明书的作用和应用范围的广泛，它也是一项重要的工作。为了使工作说明书真正起到应有的作用，在编写工作说明书的时候，必须遵循一些相应的准则。

### 一、结构完整

结构完整是指在编写工作说明书的程序上要保证其全面性。由于工作说明书是关于职位信息的全面描述，是人力资源开发与管理工作的基础和依据，对人力资源工作有重要的影响，因此，在编写工作说明书的过程中，一定要保证工作说明书内容完整，结构合理。

## 二、表达准确

工作说明书应当清楚地说明职位的工作情况，描述要准确，语言要精练。如在运用表示动作的词汇时，力图写明其标准，避免用词含糊。通常情况下，组织中较低级职位的任务最为具体，因而表达时可以做到比较准确；而较高层次的职位则涉及处理面更广一些的问题，描述时更多的时候是用概括的词语进行。表达准确有助于不同的人对同一个职位形成接近的认知，这可以节省很多的交流成本。

## 三、逻辑顺畅

以符合逻辑的顺序来组织职位的工作职责。一般来说，一个职位通常有多项工作职责，在工作说明书中，这些工作职责的罗列并非是杂乱无章的、随机的，而是要按照一定的逻辑关系顺序来编排，这样才有助于理解和使用工作说明书。较常见的组织工作职责的次序是按照各项职位的重要程度和所花费的人力资源成本及必要劳动时间来确定。

## 四、讲究实用

工作说明书的作用不是作为工作分析的结果来表明完成了一项工作，也不是为了包装漂亮拿来炫耀，工作说明书应该能够为人力资源的管理与开发工作提供指导。因此，工作说明书应该讲究实用，真正实现"任务明确好上岗，职责明确易考核，资格明确好培训，层次清楚能评价"的作用。要达到实用的目的，可以对各项职责所出现的频率进行说明。表示各项职责出现的频率高低可以通过完成各项职责的时间所占的比重来表示，因此，可以在各项工作职责旁边加上一列，表明各项职责在总的职责中所占的百分比。

## 五、划分清楚

工作说明书要达到一一对应。按照分层分类的原则，将职位的层次和类别划分清楚。每个职位要对应唯一的工作说明书，同时每个职位也只能有唯一的一份说明书。这就要求在编制说明书的时候一定要将职位界限划分清楚，职位不能出现交叉、重叠现象。当然也不能出现划分界限上的空白地带，不能出现找不到工作说明书的职位。最理想的状态是界限彼此相临，无交叉、无空白，达到数学上所说的完备覆盖。现实中，如果出现交叉，也以非关键要素出现交叉为宜。

在编制工作说明书时，一般要选用专业的词汇来表述，比如分析、搜集、分解、监督等。对职位具体行为的描述一定要用最恰当的词语描述。可以通过对专业人士的访谈和观察获取与职位行为最匹配的词汇，也可以通过查阅职位描述词典来获得精确的描绘词语。当然，工作说明书也要坚持简洁易懂的原则，不能过分追求专业性而使说明书晦涩难懂。要坚持大众化原则，使从业人员能体会和领悟到工作的具体要求。总之，要一语中的，专业性和简易性相结合。

## 六、体例统一

文件格式要统一，这可参照典型工作说明书样本进行编写。注意整体的协调性，做到美观大方、形式一致。工作说明书要体例统一、分层分类、互有区分、整体和谐。

## 案例讨论

### Y公司如何做好工作分析

1. 公司的背景

Y公司是我国中部省份的一家房地产开发公司。近年来，随着当地经济的迅速增长，房产需求强劲，公司有了飞速的发展，规模持续扩大，逐步发展为一家中型房地产开发公司。

2. 变革的理由

随着公司的发展和壮大，员工人数大量增加，众多的组织和人力资源管理问题逐渐凸显出来。

1) 组织上的问题

公司现有的组织机构，是基于创业时的公司规划，随着业务扩张的需要逐渐扩充而形成的，在运行的过程中，组织与业务上的矛盾已经逐渐凸显出来。部门之间、职位之间的职责与权限缺乏明确的界定，扯皮推诿的现象不断发生；有的部门抱怨事情太多，人手不够，任务不能按时、按质、按量完成；有的部门又觉得人员冗杂，人浮于事，效率低下。

2) 招聘中的问题

公司在人员招聘方面，用人部门给出的招聘标准往往含糊不清，招聘主管往往无法准确地加以理解，使得招来的人大多差强人意。同时，目前的许多岗位不能做到人事匹配，员工的能力不能得以充分发挥，严重挫伤了士气，并影响了工作效果。

3) 晋升中的问题

以前公司员工的晋升由总经理直接做出，现在公司规模大了，总经理已经没有时间与基层员工和部门主管打交道，基层员工和部门主管的晋升只能根据部门经理的意见做出。而在晋升中，上级和下属之间的私人感情成了决定性的因素，有才干的人往往不能获得提升。因此，许多优秀的员工由于看不到自己未来的前途，而另寻高就。

4) 激励机制的问题

在激励机制方面，公司缺乏科学的绩效考核和薪酬制度，考核中的主观性和随意性非常严重，员工的报酬不能体现其价值与能力，人力资源部经常听到大家对薪酬的抱怨和不满，这也是人才流失的重要原因。

3. 公司的对策

面对这样严峻的形势，人力资源部开始着手进行人力资源管理的变革，变革首先从进行工作分析、确定职位价值开始。工作分析、岗位评价究竟如何开展、如何抓住工作分析、岗位评价过程中的关键点，为公司本次组织变革提供有效的信息支持和基础保证，是摆在Y公司面前的重要课题。首先，他们开始寻找进行工作分析的工具与技术。在阅读了国内目前流行的基本工作分析书籍之后，他们从其中选取了一份工作分析问卷（见表4-17），来作为收集职位信息的工具。

然后，人力资源部将问卷发放到了各个部门经理手中，同时他们还在公司的内部网上也上发了一份关于开展问卷调查的通知，要求各部门配合人力资源部的问卷调查。

据反映，问卷下发到各部门之后，却一直搁置在各部门经理手中，没有发下去。很多部门是直到人力资源部开始催收时才把问卷发放到每个人手中。同时，由于大家都很忙，很多人在拿到问卷之后，都没有时间仔细思考，草草填写完事。还有很多人在外地出差，或者任务缠身，自己无法填写，而由同事代笔。此外，据一些较为重视这次调查的员工反映，大家都不了解这次问卷调查的意图,也不理解问卷中那些陌生的管理术语,何为职责、何为工作目的。很多人想就疑难问题向人力资源部进行询问,可是也不知道具体该找谁。因此,在回答问卷时只能凭借自己个人的理解来进行填写,无法把握填写的规范和标准。

表 4-17 工作分析问卷

| 1. 个人基本情况 | | | | | |
| --- | --- | --- | --- | --- | --- |
| 姓名 | | 现任职位名称 | | 年龄 | |
| 学历 | | 所学专业 | | 职称 | |
| 目前工资 | | | | | |
| 所在科室、部门、子公司 | | | | | |
| 2. 职位基本情况<br>本岗位设置的目的(请你填写你的工作目的)<br>工作职责(请尽量列出本岗位的职责,并按照重要性加以排序) | | | | | |
| 重要性 | 工作职责 | | 时间比重 | | |
| (1) | | | | | |
| (2) | | | | | |
| (3) | | | | | |
| (4) | | | | | |
| (5) | | | | | |
| (6) | | | | | |
| (7) | | | | | |
| 其他 | | | | | |
| 填写下面的图表,以表明本职位在整个组织中所处的层级 | | | | | |
| 3. 工作联系 | | | | | |
| 内外 | 联系对象(部门或单位) | | 联系主要内容 | | |
| 与公司总部各部门的联系 | | | | | |
| 与公司子公司的联系 | | | | | |
| 与公司外部单位的联系 | | | | | |
| 4. 知识和能力要求 | | | | | |
| 学历要求 | | | | | |
| 专业要求 | | | | | |
| 能力要求 | | | | | |
| 知识要求 | | | | | |
| 技能要求 | | | | | |

一个星期之后，人力资源部收回了问卷。但他们发现，问卷填写的效果不太理想，有一部分问卷填写不全，一部分问卷答非所问，还有一部分问卷根本没有收上来。辛苦调查的结果却没有发挥它应有的价值。

与此同时，人力资源部也着手选取一些职位进行访谈。但在试着谈了几个职位之后，发现访谈的效果也不好。因为在人力资源部，能够对部门经理访谈的人只有人力资源部经理一人，主管和一般员工都无法与其他部门经理进行沟通。同时，由于经理们都很忙，能够把双方凑在一块，实在不容易。因此，两个星期过去之后，只访谈了两个部门经理。

人力资源部的几位主管负责对经理级以下的人员进行访谈，但在访谈中，出现的情况却出乎意料。大部分时间都是被访谈的人在发牢骚，指责公司的管理问题，抱怨自己的待遇不公等。而在谈到与工作分析相关的内容时，被访谈人往往又言辞闪烁，顾左右而言他，似乎对人力资源部这次访谈不太信任。访谈结束之后，访谈人都反映对该职位的认识还是停留在模糊的阶段。这样持续了两个星期，访谈了大概1/3的职位。王经理认为时间不能拖延下去了，因此决定开始进入项目的下一个阶段——撰写工作说明书。

可这时，各职位的信息收集却还不完全。怎么办呢？人力资源部在无奈之中，不得不另觅他途。于是，他们通过各种途径从其他公司收集了许多工作说明书，试图以此作为参照，再结合问卷和访谈收集到的一些信息来撰写工作说明书。

在撰写阶段，人力资源部还成立了几个小组，每个小组专门负责起草某一部门的工作说明书，并且还要求各组在两个星期内完成任务。在起草工作说明书的过程中，人力资源部的员工都颇感为难，一方面不了解别的部门的工作，问卷和访谈提供的信息又不准确；另一方面，大家缺乏写工作说明书的经验，因此，写起来都感觉很费劲。规定的时间快到了，很多人为了交稿，不得不急急忙忙、东拼西凑了一些材料，再结合自己的判断，最后成稿（如表4-18所示）。

最后，工作说明书终于出台了。然后，人力资源部将成稿的工作说明书下发到了各部门，同时，还下发了一份文件，要求各部门按照新的工作说明书来界定工作范围，并按照其中规定的任职条件来进行人员的招聘、选拔和任用。但这却引起了各部门的强烈反对，很多直线部门的管理人员甚至公开指责人力资源部，说人力资源部的工作说明书是一堆垃圾文件，完全不符合实际情况。

于是，人力资源部专门与相关部门召开了一次会议来推动工作说明书的应用。人力资源部经理本来想通过这次会议来说服各部门支持这次项目。但结果却恰恰相反，在会上，人力资源部遭到了各部门的一致批评。同时，人力资源部由于对其他部门不了解，对于其他部门所提的很多问题，也无法进行解释和反驳，因此，会议的最终结果是，让人力资源部重新编写工作说明书。后来，经过多次重写与修改，工作说明书始终无法令人满意。最后，工作分析项目不了了之。

人力资源部的员工在经历了这次失败的项目后，对工作分析彻底丧失了信心。他们开始认为，工作分析只不过是"雾里看花，水中望月"的东西，说起来挺好，实际上却没有什么大用，而且认为工作分析只能针对西方国家那些管理先进的大公司，拿到中国的企业来，根本就行不通。原来雄心勃勃的人力资源部经理也变得灰心丧气，但他却一直对这次失败耿耿于怀，对项目失败的原因也是百思不得其解。

那么，工作分析真的是他们认为的"雾里看花，水中望月"吗？该公司的工作分析项目为什么会失败呢？

表 4-18　公司形成的某岗位工作说明书

| 一、工作标识 | |
|---|---|
| 岗位名称：综合会计科科长 | 岗位代码：000000 |
| 岗位等级：000000 | 所属部门：财金部 |
| 直接上级岗位名称：财金部经理 | 直接下级岗位名称：综合会计科科员 |

| 二、工作概述 |
|---|
| 该岗位主要负责组织本科的会计核算、年终决算等工作，负责本科报出的各项数据准确及时 |

| 三、工作职责 |
|---|
| 1.负责日常会计核算及会计报表的编报工作 |
| 2.负责对财金部整体会计核算的真实性、完整性进行检查 |
| 3.负责牵头组织计算机系统的维护和系统的再开发，以及 SAP 软件的进程 |
| 4.负责财金部内部人员的业务培训 |
| 5.负责财金部会计基础工作的达标、认证工作 |
| 6.负责公司整体工资的核算 |
| 7.管理公司的税收业务和发票，并计缴税金 |
| 8.负责牵头组织会计档案的归档工作 |
| 9.管理公司本部保险金、公积金、个调税，个人备用金、建房借款，代缴个人公积金，领导风险抵押金的扣缴、清理和核算 |
| 10.负责 GDP 的上报工作 |
| 11.管理固定资产的核算及协同工作 |
| 12.协调相关部门的关系，共同协作，完成各项工作 |
| 13.完成领导交办的其他任务 |

| 四、岗位关系 |
|---|
| （一）内部关系 |
| 财金部各科室：做好相关工作的配合 |
| （二）外部关系 |
| 保险统筹中心：做好员工各种保险和公积金的核算 |
| 地方税务局、财政局和统计局：做好资料的报送 |
| （三）职务关系 |
| 1. 可直接升迁的岗位：财金部副经理 |
| 2. 可升迁至此的岗位：财金部副科长、科员 |

| 五、知识、技能或能力要求 |
|---|
| （一）教育背景 |
| 1. 专业要求：财金类专业 |
| 2. 学历要求：大学本科及以上学历 |
| （二）经验要求 |
| 三年以上相关工作经验，了解公司整体核算流程 |
| （三）能力要求 |
| 能够分析数据，编制财务报表，并且具备一定的审计能力 |
| （四）专业知识要求 |
| 1. 政策法规知识：熟悉有关财经制度和法规，尤其是税收方面的有关规定 |
| 2. 岗位专业知识：熟悉财务会计制度和法规 |
| 3. 其他相关知识：熟悉房地产业务知识 |

讨论题：

1. 试分析该公司为什么决定从工作分析入手来实施变革，这样的决定正确吗？为什么？

2. 请用本书中所讲到的知识，分析在工作分析项目的整个组织与实施过程中，存在着哪些问题？

3. 该公司所采用的工作分析工具和方法主要存在着哪些问题？请用课程中的知识加以分析。

4. 从工作说明书的项目安排和书写规范的角度来看，示例中的工作说明书存在着什么样的问题？

# 第五章

# 通用工作分析方法与工具

*不闻不若闻之，闻之不若见之，见之不若知之，知之不若行之。*

——荀子《儒效》

> **学习目标**
> 1. 掌握观察法、文献分析法、工作日志法、工作实践法、访谈法、问卷调查法、主题专家会议法等工作分析方法的内容、适用范围及其特点；
> 2. 掌握工作分析各种基本方法的应用技巧；
> 3. 了解工作分析方法的最新发展及其内容。

### 案例导入

李明是夏普公司的新任人力资源部经理。他希望能够立即在公司开展工作分析。在其接任后的第六个星期，他就将工作分析问卷发放给员工，但是提交的结果却令人迷惑不解。从操作员工(机器操作工、技术员、抄写员等)那里得到的关于其工作的反馈，与从他们的直接上级那里得到的大不相同。管理者所列出的都是比较简单的和例行的工作职责，而一般员工却认为自己的工作非常复杂，而且经常会有偶然事件发生，自己必须具备各种技能才能处理好工作。

管理者与员工对工作的不同理解更加坚定了李明进行工作分析的信心，他想通过这次工作分析活动，使管理者和一般员工对工作的认识达成一致，出现的争论和错误达到最少。

**讨论题：**
1. 你认为夏普公司是否应该进行工作分析？
2. 针对夏普公司的具体情况，你认为应采取何种方法，才能使工作分析的结果更加有效？

## 第一节 工作分析方法的分类

工作分析要素差异的多样性，决定了工作分析方法的丰富性与多样性。依照不同的标准，工作分析方法的分类有不同的形式。依据工作分析功能划分，工作分析方法有基本方法和非基本方法；依据分析内容划分，有结构性分析与非结构性分析方法；依据分析对象划分，有任务分析、人员分析与方法分析；依据分析的基本方法划分，有观察法、写实法与调查法等。

工作分析在百余年的研究和管理实践中，在理论和实践方面都取得了相当的进展，形成了较为成熟的方法体系。根据职位分析方法的目标导向、适用对象以及操作要点等的差异，我们将其归为四类(见表5-1)。

表 5-1 工作分析方法

| 通用工作信息收集方法 | 传统工业企业的工作分析方法 | 以工作为基础的系统性工作分析方法 | 以人为基础的系统性工作分析方法 |
|---|---|---|---|
| 观察法 | 时间研究法 | 功能性职位分析法 | 工作元素分析法 |
| 文献分析法 | 动作研究法 | 关键事件法 | 职位分析问卷法 |
| 工作日志法 | 标杆工作法 | 工作—任务清单分析法 | 管理职位分析问卷法 |
| 工作实践法 | 工作负荷分析及人事规划法 | 管理及专业职位功能清单法 | 工作诊断调查法 |
| 访谈法 | 电脑模拟职位分析 | | 能力需求量表法 |
| 问卷调查法 | | | 基础特质分析系统 |
| 主题专家会议法 | | | 工作成分清单法 |
| | | | 职位分析清单法 |

## 一、通用工作信息收集方法

### (一)通用工作信息收集方法的定义

通用工作信息收集方法是我国企业在工作分析过程中常用的收集工作信息的方法。这类方法具有灵活性强、易操作、适用范围广等明显优势，但也存在结构化程度低、稳定性缺乏等缺点。

### (二)通用工作信息收集方法的主要类型

①观察法；②文献分析法；③工作日志法；④工作实践法；⑤访谈法；⑥问卷调查法；⑦主题专家会议法。

## 二、传统工业企业的工作分析方法

传统工业企业的工作分析方法以科学管理之父泰勒和吉尔布雷斯夫妇针对工厂中操作性工作所做的时间动作研究为基础，进而对其进行完善开发。这类方法适用于对重复性强且具有规律性的操作性工作进行分析。

## 三、以工作为基础的系统性工作分析方法

以工作为基础的系统性工作分析方法是从工作角度出发，侧重描述完成其工作所需的活动、业绩标准以及相关任职条件等。该方法着眼于准确详尽地描述履行工作任务的前期投入、中期过程和后期产出。

## 四、以人为基础的系统性工作分析方法

以人为基础的系统性工作分析方法是从任职者的行为角度描述工作，侧重于任职者在履行工作职责时所需要的知识、技术、能力以及其他行为特征。

# 第二节 工作分析的主要方法

在工作分析的实践中常用的工作分析方法有：观察法、文献分析法、工作日志法、工作实践法、访谈法、问卷调查法及主题专家会议法。

## 一、观察法

### (一)观察法概述

1. 观察法的概念

观察法一般是由工作分析人员到工作现场通过感观或利用其他工具记录某一时期内工作的内容、工作环境以及人与工作的关系等信息,并在此基础上分析与工作有关的工作要素,达到工作分析目的的一种方法。

2. 观察法的分类

观察法适用于周期性及重复性较强的工作,主要有直接观察法、自我观察法(工作日志)以及工作参与法三种。

按照结构化程度来分,观察法可以分为结构化观察法和非结构化观察法。观察法的结构化程度是指观察过程、记录方式、结果整理等环节在多大程度上得以事先确定和统一。

结构化观察法,需要在现有理论模型和对与职位相关的资源进行分析整理的基础上,针对目标职位的特点开发个性化的观察分析指南,对观察过程进行详细规范,严密掌控观察分析的全过程;非结构化观察法,只需根据观察的目标定位、对所要收集的信息进行观察,方式灵活,这在国内经常使用。

3. 观察法的适用范围

一般来说,观察分析比较适用于短时期的外显行为特征的分析,适合于比较简单、不断重复、周期性较强又容易观察的工作分析,而不适合于隐蔽的心理素质的分析,不适合于没有时间规律与表现规律的工作的分析。如果用于对复杂性较强的工作进行分析时,最好与其他方法结合使用。

### (二)观察法的操作

采用观察法时,有几种方式:一种是工作分析人员可以在员工的工作期间观察并记录员工的工作活动,然后和员工进行面谈,请员工进行补充;一种是工作分析人员一边观察员工的工作,一边和员工交谈;还有一种是工作分析人员通过问卷调查获得基本信息,再通过访谈和直接观察来确认和补充已获取的信息。

1. 初步了解工作信息

(1)检查现有文件,形成工作的总体概念:工作使命、主要任务和作用、工作流程。

(2)准备一个初步的任务清单,作为面谈的框架。

(3)为在数据收集过程中涉及的还不清楚的主要项目做一个注释。

2. 进行面谈

(1)最好首先选择一个主管或有经验的员工进行面谈,因为他们了解工作的整体情况以及各项任务是如何配合起来的。

(2)确保所选择的面谈对象具有代表性。

3. 合并工作信息

(1)在合并阶段,工作分析人员应该随时补充资料。

(2)检查最初的任务或问题清单,确保每一项都已经得到回答或确认。

4. 核实工作描述

(1)核实阶段应该以小组的形式进行。把工作描述分发给主管和工作的承担者。

(2)工作分析人员要逐字逐句地整理整个工作的描述,并在遗漏和含糊的地方做出标记。

在进行观察分析时,一般以标准格式记录观察到的结果。表 5-2 是一个观察记录表的示例,表 5-3 是工作分析的观察提纲。

表 5-2 观察记录表示例

| 序号 | 工作任务 | 工作操作程序与方法 | 权限 | 结果 | 时间消耗 | 备注 |
| --- | --- | --- | --- | --- | --- | --- |
| 1 | 起草公文 | 领会领导意图→撰写→修改 | 需审核 | 1 份 | 2 小时 | |
| 2 | 开介绍信 | 领导签字→开介绍信→登记 | 执行 | 1 份 | 10 分钟 | |
| …… | …… | …… | …… | …… | …… | |

表 5-3 工作分析的观察提纲

| | |
| --- | --- |
| 被观察者姓名: | 日期: |
| 观察者姓名: | 观察时间: |
| 工作类型: | 工作部门: |
| 观察内容: | |
| 1. 什么时候开始正式工作? | |
| 2. 上午工作多少小时? | |
| 3. 上午休息几次? | |
| 4. 第一次休息时间从_____到_____。 | |
| 5. 第二次休息时间从_____到_____。 | |
| 6. 上午完成产品多少件? | |
| 7. 平均多长时间完成一件产品? | |
| 8. 与同事交谈几次? | |
| 9. 每次交谈约多长时间? | |
| 10. 室内温度_____度。 | |
| 11. 上午抽了几支香烟? | |
| 12. 上午喝了几次水? | |
| 13. 什么时候开始午休? | |
| 14. 出了多少次品? | |
| 15. 搬了多少次原材料? | |
| 16. 工作场地噪声分贝是多少? | |

### (三)观察法的优点、缺点

**1. 优点**

(1)通过对工作的直接观察和工作者介绍能使工作分析人员更多、更深刻地了解工作要求,适用于那些主要用体力活动来完成的工作,如流水线工人等,从而使所获得的信息比较客观和准确。但这也需要观察者具备一定的实际操作经验,工作人员也需要较高的素质。

(2)观察法具有真实性、深入性、灵活性、有效性等特点。观察法在收集信息目的性方面具有较大的灵活性,可根据工作分析的目的有选择性地收集各种不同的信息。运用观察法可以在工作过程中与任职者面对面地交流,在任职者对其工作描述出现问题时,可以通过形体语言给予正确的解答,这样可以避免信息二次加工带来的失真现象,提高信息收集的有效性。

**2. 缺点**

(1)观察分析法不适用于脑力劳动成分比较高的工作和处理紧急情况的间歇性工作,如科学研究者、律师、教师、急救站的护士等。

(2)观察法耗时长、成本花费高、难度大且不能得到有关任职者资格要求的信息。虽然观察法所用时间部分取决于观察的规模和广度,但无论多大的规模,观察法都包含一些必备的操作程序。同等规模的工作分析采用观察法所需的时间要远远多于运用访谈法和问卷法所需的时间。观察法的成本与时间是相对应的。通常观察分析人员如果由外部专业人士担任,其费用成本相对较高;若从组织内部培训观察分析人员,培训时间相对较长,而且往往会影响工作分析的效果。在任职者和组织其他成员看来,观察法必然带有分析人员主观评价成分,因此展示出错误信息,由此造成工作分析失真。

## 二、文献分析法

### (一)文献分析法概述

文献分析法是一项经济且有效的信息收集方法,它是指通过对与工作相关的现有文献进行系统性的分析来获取工作信息。由于它是对现有资料的分析提炼、总结加工,所以通过文献分析法无法弥补原有资料的空缺,也无法验证描述的真伪,因此文献分析法一般用于收集工作的原始信息,编制任务清单初稿。

### (二)文献分析法的操作流程

1. 确定信息来源

信息来源包括内部信息和外部信息。内部信息包括《员工手册》、《公司管理制度》、《岗位职责说明》、《绩效评价》、《公司会议记录》、《作业流程说明》、《ISO 质量文件》、《分权手册》、《工作环境描述》、《员工生产额记录》、《工作计划》、《设备材料使用与管理制度》、《行政主管、行业主管部门文件》、《作业指导书》等;外部信息可以从外部类似企业相关工作分析结果或原始信息中收集,并作为原始信息加以利用,但必须注意目标职位与"标杆瞄准职位"的相似性。

2. 确定并分析有效信息

进行文献分析时,需要快速浏览文献,从大量的文档中寻找有效信息点。当发现有效信息后,可以根据收集信息内容的不同,使用各种符号进行标示,或者采用不同的颜色标示,以便以后快速查找。针对文献中信息不完整和缺乏连贯性的情况,应及时重点标出,在编制工作分析提纲时,作为重点问题加以明示;对于文献中隐含的工作内容以及绩效标准,应深入挖掘,在以后的分析中得以求证。

### (三)文献分析法的操作注意事项

1. 甄别信息

对企业现有文献的分析,要坚持所收集信息的"参考"地位,采取批判吸收的态度,切忌先入为主,让其中错误或多余的信息影响工作分析乃至其他管理活动的最终结果。

2. 做好阅读标记

研究文献时,要按照既定标准记录信息,切忌"走马观花",流于形式。

3. 适度运用文献

注意对获得文献中信息的适度运用。不能使编制的工作分析工具流于表面,缺乏弹性,也不能因旧信息的大量堆积影响任职者的判断。

为了应对大萧条时期的经济危机,美国劳工部于 20 世纪 30 年代出版了《职业名称字典》,允许新的公共雇佣系统将技能供给和技能需求联系起来。《职业名称字典》的最新版本是美国劳工部在 1991 年出版的,包含了对 12 000 多种工作的描述信息。但是,那些信息都是针对具体工作的,却未能提供一个允许对工作之间的差异性和相似性进行比较的跨工作的组织结构。此外,《职业名称字典》也未直接表明员工在执行工作时哪些个人特征是必须具备的及工作执行时的环境,而只关注任务或做了什么工作。

为了解决这些问题，美国劳工部发起了一项名为职业信息网络（Occupational Informational Network，O*Net）的大型研究项目。该项目包含了《职业名称字典》出版60年来所收集到的工作和职业信息。职业信息网络是一个对员工工作属性进行全面描述的国家职业信息系统。它建立在四大设计原则基础之上：①多种描述符为全世界的工作提供了多种视窗；②一种涵盖了所有职业范围的工作描述符和员工描述符的共同语言；③基于广泛或具体分类法的职业描述；④整合了上述3项原则的综合内容模型。

1）多种视窗

有必要让人们接触并了解对其所询问的问题最有用的描述符类型。这些描述符包括任务、能力、技能、知识领域和工作环境。这样的组织允许人们询问具体技能是如何与不同种类的工作活动相联系的。

2）共同语言

由于具体工作的信息可能是瞬息万变的，因此职业信息网络只使用较为稳定的一般描述符。它允许使用具体的工作信息，但是只在具备广泛描述符的组织结构中加以使用，比如像"销售或影响他人"和"辅助或关心他人"这样的普通工作活动。

3）职业描述符的分类法和层级

这种职业分类方法可以将信息归结为更少的种类。由于职业信息网络既涉及职位又涉及职业，因此人们开发了广泛的描述符。例如，有些描述符关注执行具体工作所需要的关键技能，而其他描述符可能关注更广泛的组织和环境因素，如组织气氛。然后把内容域内的描述符按层级进行排列。

4）职业信息网络的内容模型

职业信息网络的内容模型融合了上述三个设计原则，并提供了一种职业信息的综合描述框架。图5-1所示为O*Net内容模型的六个主要领域，以及每个领域的主要分类。所有这些信息都包含在一个相关的数据库里，社会公众可通过登录 http：//online. onetcenter. org 获取这些信息。该系统设计得十分灵活，人们既可以先了解技能或能力轮廓，再寻找与之相匹配的职业，也可以先了解职业，再寻找具备相似特征的人。欲了解有关职业信息网络的更详细的信息，请参见Peterson等人（2001）或Peterson, Mumford, Borman, Jenneret&Fleishman（1999）的著作。

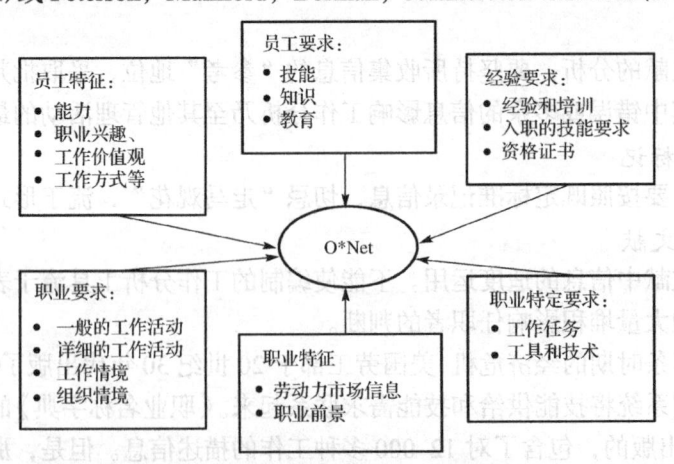

图5-1 O*Net内容模型的六个主要领域

资料来源：Peterson. N(j., Mumfl, rd, M I), Borman, W.C., Jeanneret, P. R, Fleishman, E. A., Levin, K, Y., Campion, M. A., Mayfield, M. S., Morge-son, F. P, Pearlman, K. Gowing, M. K., Lancaster, A. R, Silver. M. B., & Dye, D. M. f2001）Understanding work using the Occupational Informa-lion Network (O+Net)：Implications fm practice and research. Personnel Psychology. 54. 458.（美）

鉴于人们在过去所投入的巨大努力,职业信息网络取得了持续的进展和完善。虽然现在的职业信息网络数据库确实包含了1 122种职业在几个领域内的评定等级,但仅有大约30种职业经过全面的检验。尽管如此,理解职业信息的基本框架现在仍是适用的,未来的研究将会提升职业信息网络的价值。我们看到职业信息网络的开发是用来分析美国经济中的职位,但研究表明,这一方法往往也适用于其他国家。

### (四)文献分析法的优点、缺点比较

1. 优点

(1)分析成本低,工作效率高。

(2)能够为进一步工作分析提供基础资料、信息。

2. 缺点

(1)收集到的信息不够全面,尤其是小型企业或管理落后的企业往往无法收集到有效、即时的信息。

(2)要与其他工作分析方法结合起来使用。

## 三、工作日志法

### (一)工作日志法概述

1. 工作日志法的概念

工作日志法又称工作写实法,它是指任职者按时间顺序详细记录自己的工作内容和工作过程,然后经过工作分析人员的归纳、提炼,获取所需信息,从而达到工作分析目的的一种工作分析方法。这种工作分析方法要求工作者每天按时间顺序记录自己所进行的工作任务、工作程序、工作方法、工作职责、工作权限以及各项工作所花费的时间等,一般要连续记录15天以上。这种方法提供的信息完整详细且客观性强,适用于管理岗位或其他随意性大、内容复杂的岗位的工作分析。

2. 工作日志法的功能

(1)提醒作用。员工(特别是企业高层管理者)在实际操作过程中,可能会同时做多项工作,会因为注意细节而忽略重要的事情。所以,及时查看工作日志并对其进行标注,对企业的每一位员工都有重要作用。

(2)跟踪作用。企业的高层管理人员根据工作日志上所记录的内容,对员工的重要事件进行跟踪,在跟踪过程中可以及时发现问题并提出解决方案,把风险降到最低程度。

3. 工作日志法的适用范围

工作日志法主要用于收集有关工作职责、工作内容、工作关系以及劳动强度等原始的工作信息,为其他工作分析方法提供信息支持。特别是在缺乏工作文献时,工作日志法的优势就表现得尤为突出。工作日志法适用于工作循环周期较短、工作状态稳定的工作。

### (二)工作日志法的操作

通用的工作日志法操作流程主要包括四个阶段,依次是工作日志填写辅导、选择填写时间区间、过程监控、分析整理收集的信息。

1. 工作日志填写辅导

为了尽可能使收集的信息规范与完整,为后期的分析整理工作减轻压力,在工作日志下发之前,应由工作分析小组对填写者如何规范填写工作日志进行辅导。

2. 选择填写时间区间

一般来说，工作日志填写时间需要工作分析人员事先加以规定，主要有两个层面。①填写的总的时间跨度，即工作日志填写的时间范围。总体时间跨度应适中，时间太短易造成信息缺失，太长易使成本上升。对于大多数工作一般选取一个月到一个半月作为工作日志填写时间。②每日填写的时间间隔。对于填写者来说，确定填写工作日志的时间间隔的原则是，在尽可能不影响日常工作的前提下记录完整准确的工作信息。时间间隔不能过长也不能过短，一般来说，每日填写时间间隔为半小时，能最大限度地满足工作日志法的填写原则，且所收集的信息也是相对完整准确的。

3. 过程监控

在工作日志填写过程中，工作分析人员有必要通过各种方法进行过程监控。例如，中期讲解、阶段成果分析、工作分析交流会等。

4. 分析整理收集的信息

通过工作日志法收集到的信息需要专业的分析人员对其进行统计、分类和提炼，如提炼工作活动、工作职责描述、工作任务性质描述、工作联系、工作地点描述、工作时间描述等，以形成较为完整的工作框架。工作日志示例如表 5-4 所示，工作日志记录表(正文)如表 5-5 所示、工作分析日志统计表示例如 5-6 所示。

表 5-4　工作日志示例

| 工作日志(封面) |
|---|
| 姓名： |
| 年龄： |
| 岗位名称： |
| 所属部门： |
| 直接上级： |
| 从事本业务工龄： |
| 填写日期：自　　　　月　　　　日　　　　至　　　　月　　　　日 |
| 工作日志填写说明(封二) |
| 1.请您在工作开始前将工作日志放在手边，按工作活动发生的顺序及时填写，切勿在一天工作结束后一并填写。 |
| 2.要严格按照表格要求进行填写，不要遗漏细小的工作活动，以保证信息的完整性。 |
| 3.请您提供真实的信息，以免损害您的利益。 |
| 　　　　　　　　　　　　　　　感谢您的真诚合作！ |

表 5-5　工作日志记录表(正文)

| 5月29日 | 工作开始时间 8:30 | | 工作结束时间 17:30 | | |
|---|---|---|---|---|---|
| 序号 | 工作活动名称 | 工作活动内容 | 工作活动结果 | 所耗时间(分钟) | 备注 |
| 1 | 复印 | 协议文件 | 4页 | 6 | 存档 |
| 2 | 起草公文 | 贸易代理委托书 | 800字 | 75 | 报上级审批 |
| 3 | 贸易洽谈 | 玩具出口 | 1次 | 240 | 承办 |
| 4 | 布置工作 | 对日出口业务 | 1次 | 20 | 指示 |
| 5 | 会议 | 讨论东欧贸易 | 1次 | 90 | 参与 |
| ⋮ | | | | | |
| 16 | 请示 | 贷款数额 | 1次 | 20 | 报批 |
| 17 | 计算机录入 | 经营数据 | 2屏 | 60 | 承办 |
| 18 | 接待 | 参观 | 3人 | 35 | 承办 |

表 5-6　工作分析日志统计表示例

| 工作内容 | 工作职责 | 临时频次 | 常规频次 |
|---|---|---|---|
| 1. 处理信件 | 领取听众来信，阅读并回复听众来信，录入整理有代表性的听众意见，并对听众信件进行存档 | | 9 |
| 2. 接听热线 | 接听听众服务热线并做记录、回答听众问题 | | 6 |
| 3. 咨询 | 向节目部门咨询听众问题 | | 1 |
| 4. 意见整理 | 录入、整理听众来信、网站留言、电话中反映的意见 | | 1 |
| 5. 听众档案 | 记录听众档案 | | 1 |
| 6. 接待听众 | 登记、接待来访听众 | 1 | 1 |
| 7. 网站管理 | 阅读并回复电台网站上的听众留言，及时更新电台"听友之家"网页内容 | | 2 |
| 8. 汇报工作 | 上交主任初审《听众反映专辑》或《听众反映内参》，汇报回复听众意见落实情况 | | 1 |

（1）提炼工作活动。工作日志整理的首要任务是从繁杂的日常工作描述中提炼目标工作的活动内容。一般来说，根据各项活动不同的完成方式，采用标准的动词形式，将其划分为大致的活动板块，如"文件起草"、"手续办理"、"编制报表"等，然后按照各板块内部工作客体的不同对工作任务加以细化归类，形成对各项活动的大致描述。

（2）工作职责描述。在确定工作活动后，根据日志内容尤其是工作活动中的"动词"确定目标工作在工作活动中扮演的角色，结合工作对象、工作结果及重要性评价形成任职者在各项工作活动的职责。

（3）工作任务性质描述。区分工作活动的常规性和临时性，对于临时性的工作活动，应在工作描述中加以说明。

（4）工作联系。将相同的工作联系客体归类，按照联系频率和重要性加以区分，在工作说明书相应项目下填写。

（5）工作地点描述。对工作地点进行统计分类，按照出现频率进行排列，对于特殊工作地点应详细说明。

（6）工作时间描述。可采用相应的统计制图软件，做出目标职位的时间—任务序列图表，以确定工作时间的性质。

### （三）工作日志法的优点、缺点

1. 优点

（1）成本低、所需费用较少。

（2）对于分析高水平与复杂性的工作，显得比较经济与有效。

2. 缺点

（1）无法对日志填写过程进行有效的监控，可能导致任职者填写的活动详细化程度与工作分析人员的预期有差异。因此，使用这种方法必须确定从事这一工作的人对此项工作的情况与要求有明确的了解。

（2）任职者可能不会按照规定的填写时间及时填写工作日志，导致事后填写的信息不完整，甚至"创造"工作活动。

（3）需要占用任职者较多的填写时间；工作的部分任务发生频率低，但是影响重大，是本工作的核心职能，在日志法中，有可能因在填写的时间区间内没有发生，而导致重要信息的缺失。

### 四、工作实践法

#### (一)工作实践法概述

工作实践法是指工作分析人员直接参与某项工作，从而细致地、深入地体验、了解、分析工作的特点和要求。要想对某一工作有一个深刻的了解，最好的方法就是亲自去实践。例如，为了了解工人的工作状况，佛罗里达州州长鲍伯·格雷尼姆在竞选期间的100天里，做了100种不同的工作。

#### (二)工作实践法的操作流程

工作实践法的操作流程可分为三个步骤，依次是准备阶段、实践阶段和结束阶段。

1. 准备阶段

(1)工作实践之前，阅读相关资料。例如，《员工操作手册》、《工作计划》、《岗位职责说明》等。

(2)与目标岗位的上级主管沟通，安排好工作实践的具体时间。

(3)向目标岗位任职者说明工作分析的目的和意义，以最大限度地获得他们的理解和支持。

2. 实践阶段

在参与工作的同时，注意运用5W1H原则观察工作流程并进行详细地记录。有疑问的地方及时与员工或上级主管沟通。

3. 结束阶段

工作实践结束后，分析整理所收集的信息，并与事先收集的相关资料核对，确定该工作实际流程及相应的工作职责。

#### (三)工作实践法的操作注意事项

(1)获得组织高层管理者的支持，与他们协调工作实践的具体时间。

(2)如果实践法的目标工作技术性要求比较高时，要事先对参与实践的工作分析人员进行培训。

#### (四)工作实践法的优点、缺点

1. 优点

可以克服一些有经验的员工并不总是很了解自己完成任务的方式的缺点，也可以克服有些员工不善于表达的缺点。另外，还可以弥补一些观察不到的内容，如工作的实际任务以及在体力、环境、社会等方面的要求。分析者通过亲自体验，可获得真实的信息，但这种方法只适用于短期内可以掌握的工作。

2. 缺点

不适用于需要大量训练和危险的工作。

### 五、访谈法

#### (一)访谈法概述

1. 访谈法的概念

访谈法又称面谈法。它是工作分析人员就某项工作，通过与任职者、主管、专家等人面对面地询问来收集相关工作信息的一种工作分析方法。访谈法是一种重要的收集基本工作信息的工作分析方法，是目前国内企业运用最广泛、最成熟并且最有效的工作信息收集方法。通过访谈法收集到的工作信息不仅是工作分析的基础源泉，而且还可以为其他工作分析方法提供最初始的资料。

2. 访谈法的分类

按照结构化程度划分，访谈法可以分为结构化访谈和非结构化访谈。通过非结构化访谈可以根据实际情况灵活地收集工作信息，但信息缺乏完备性；通过结构化访谈能够全面地收集信息，但是不利于任职者思维的发散。在实践运用中，应该将两者结合起来使用。

3. 访谈法的适用范围

访谈法可以对任职者的工作态度和工作动机等深层次内容进行详细地了解。访谈法是唯一适用于各类工作的方法，而且对脑力工作者实施工作分析最有效，如开发人员、设计人员、高层管理人员等。访谈还能促使任职者对工作进行系统性的思考、总结与提炼。

### (二) 访谈法的操作流程

使用访谈法进行工作分析的程序包括如下几个阶段。

1. 访谈准备阶段

在准备阶段，需要制订访谈计划、培训访谈人员、编制访谈提纲。

(1) 制订访谈计划。访谈计划的内容是：访谈目标、访谈对象、访谈方法、访谈的时间和地点及访谈所需的材料和设备。

(2) 培训访谈人员。需要对访谈人员做如下培训：访谈基本原则和知识技能培训；对访谈计划进行专项培训，明确访谈的意义和目的；组织和指导访谈人员并分析现有目标职位的相关背景信息。

(3) 编制访谈提纲。编制访谈提纲可以防止访谈中出现严重的信息缺失，确保访谈过程的连贯性。访谈提纲大致分为通用性问题（封闭式）和个性化问题（开放式），通用性问题主要列举需要收集的各方面信息，个性化问题主要列举与工作相关的各项职责和任务，以作为启发被访谈者思路的依据。某公司高管和中层管理者用访谈法访谈的提纲示例分别如表 5-7、表 5-8 所示。

表 5-7　某公司高管访谈提纲示例一

| |
|---|
| 1. 您分管的业务是什么？ |
| 2. 请您简单介绍公司的发展历程和当前的经营状况。 |
| 3. 请您简单介绍公司的整体战略目标和业务组合情况。 |
| 4. 您认为公司当前的优势是什么？当前存在的问题是什么？ |
| 5. 如果用几个词形容一下公司的文化氛围，是什么？ |
| 6. 公司的人员构成情况如何？ |
| 7. 公司的部门设置和组织结构是如何演变的？ |
| 8. 公司的业务流程是否清晰，办事效率如何？ |
| 9. 公司的人事任免和竞聘程序是否科学和合理？ |
| 10. 当前的考核体系存在何种问题？ |
| 11. 薪酬体系存在什么问题？ |
| 12. 员工期望什么样的激励方式？ |

表 5-8　某公司中层管理者访谈提纲(典型提问)示例

> 1. 您所在部门的工作目标是什么？为了更好地完成工作目标，贵部门的具体职责是什么？关键考核指标是什么？
> 2. 组织赋予部门的权限(知情权、参与权、建议权、执行权、决策权、审核权、监督权)有哪些？你认为是否合理？哪些需要改进和重新界定？
> 3. 贵部门的工作流程有哪些？您认为在这些工作流程当中有哪些是不顺畅的？您认为哪些可以清除、简化、整合以及形成自动化？
> 4. 贵部门和哪些部门存在工作联系？在这些具体的工作中，贵部门处于怎样的地位(建议、协调、配合、监督、控制等)？同时您认为和其他部门进行工作联系的时候，哪些工作受到阻碍，需要进行怎样的修改？
> 5. 您所在的部门有哪些岗位？这些岗位对于部门工作目标的实现起哪些作用？您又是如何来考核这些岗位工作完成情况的？
> 6. 您是如何来协调这些岗位之间的关系？您在协调内部岗位之间关系时有无阻碍？如果有阻碍的话，您是如何来调整的？
>
> 最后，非常感谢您接受我们的访谈。

## 2. 访谈开始阶段

访谈是双方面对面的交流互动的过程，访谈双方的情绪和心态对于访谈的效果起着关键作用。因此，访谈者应该营造轻松舒适的访谈气氛，介绍访谈的程序，强调工作分析的目的、预期目标、所收集的信息的用途等，做出访谈承诺，告知被访谈者本次访谈已经征得其上级的同意，并且参与访谈的全部人员将保证访谈的内容除了作为工作分析基础外，将对其上级和组织中的任何人完全保密。

访谈中常用的技巧(简称 SOLAR 模型)：

- S——从日常话题(Social)开始，让被访者能够轻松起来。例如，讨论天气、社会新闻等，借以消除被访谈者的戒备心理。
- O——解释访谈、讨论的目标(Objective)。例如，告诉被访谈者为什么会参加访谈，访谈的内容有哪些等，避免员工产生心理恐惧。
- L——仔细倾听(Listen)。访谈过程中要充分引导被访谈者的谈话兴趣，访谈者以倾听和记录为主。
- A——建议(Advise)或询问(Ask)。为了获得更多的了解，访谈者可以使用建议、询问等方式提出更多问题，以便更深入地了解关键内容。
- R——记录(Record)。确认并详细记录被访者回答或讨论的内容，并保证记录是客观的、真实的。

## 3. 访谈主体阶段

访谈主体阶段的任务包括：寻找访谈"切入点"、询问工作任务及工作任务的细节。这一阶段的目的是收集到关于目标工作的准确而全面的信息。

## 4. 访谈结束阶段

工作分析人员应根据访谈计划把握访谈进程，若需要超过计划时间，应该及时与被访谈者及其上司沟通，征得其同意。在访谈结束阶段，访谈者应就如下问题与被访谈者沟通：允许被访谈者提问；就细节问题进一步追问并与被访谈者确认信息的真实性与完整性；重申工作分析的目的与访谈收集信息的用途；提前告知访谈的内容(最终确定的结果)；感谢被访谈者的帮助与合作。

## 5. 访谈整理阶段

访谈整理阶段是整个访谈过程的最后一个环节，由工作分析人员在速记员的协助下，整理访谈记录，为下一步信息分析提供清晰、有条理的信息记录。

### (三)访谈法的操作注意事项

运用访谈法收集工作相关的信息时,要注意以下一些关键点。

(1)对访谈者进行系统的培训。

(2)事前沟通。

事前与被访职位的主管沟通确定合适的访谈对象,并提前一周通知访谈对象为访谈做准备,以"访谈指引"等书面形式告知其访谈内容,使其提前对工作内容进行系统总结,有利于获得访谈对象的支持与配合。

(3)事先对被访职位进行文献研究,并通过开放式工作分析问卷初步收集、整理与汇总工作信息。

(4)提问技巧。

访谈者应与被访谈者建立互信和睦的关系,访谈者语言表达要清楚,含义要准确,避免使用生僻的专业词汇。访谈中应注意如下几点。

① 不要使用封闭式或"是……"这样的方式。

② 不要使用类似"为什么……"这样的提问方式,这样会让被访谈者感到自己的表述缺乏可信度,容易产生敌对不合作的情绪。

③ 不要使用轻率的判断性问题和行为,这样容易降低收集信息的准确性。例如带有强制性的提问:"你负责处理服务订单,不是吗?"这种提问容易让被访谈者感觉这项工作是访谈者对其工作的期望,或许反映了上级的意图,从而将原本不属于本职位的职责也纳入自己的工作范围。

④ 不要与员工争论,更不要偏离访谈的中心内容,避免发表个人观点和看法。

(5)话题控制。

若被访谈者缺乏兴趣、回答过于简单或发言太多,则访谈者可以通过转换话题或变换面部表情和姿势等方式缓解现场气氛,同时要克制自己不打断被访谈者的发言。

如被访谈者回答问题过于冗长、过多地谈及题外话、提问过多等,则访谈者可以及时总结相关话题,结束在无关问题上的纠缠,必要时,直接结束话题:"为了节省时间,我们应该转入下一个问题了,以后有机会我们再就这一问题进行沟通吧。"

(6)追问细节。

当被访谈者提供的信息过于抽象或模糊时,要使用简短的语言或者附和式提问等技巧进行追问。要敢于将自己的某些错误理解暴露在被访谈者面前,由被访谈者给予解答,也会收到查缺补漏的效果,同时也能激发被访谈者表达的欲望。

(7)与被访谈者进行信息确认。

在访谈过程中,访谈者应就获取的信息及时向被访谈者反馈并确认,在访谈结束前,应向被访谈者复述所获信息的要点。

### (四)访谈原则及标准

访谈时要坚持以下几点原则:①明确面谈的意义;②建立融洽的气氛;③准备完整的问题;④要求按工作重要性程度排列;⑤面谈结果让任职者及上司审阅修订。

麦考米克在1979年提出了访谈法的一些标准:①所提问题要和工作分析的目的有关;②工作分析人员语言表达要清楚,不能模棱两可;③问题不能对被询问者有启发性,即提问不能隐含另一个期望的特定答案；④所提问题和谈话内容不能超过谈话人的知识和信息范围；⑤问题不应包括被访谈者可能加以抵制的隐私材料；⑥成为一名好的听众。

### (五)访谈法的优点、缺点

1. 优点

(1)可以对工作者的工作态度与工作动机等较深层次的内容有比较详细的了解。这是问卷调查法无法替代的作用。

(2)运用面广，能够根据实际情况简单而迅速地收集多方面的工作分析资料。

(3)由任职者亲口讲出工作内容，工作分析者可随时提问，对有关问题加以澄清。使工作分析人员了解到观察法不容易发现的情况并有助于发现问题。

(4)为任职者解释工作分析的必要性及功能。

(5)有助于与员工沟通，缓解其负面情绪和调整其心态。

2. 缺点

(1)工作分析人员在访谈过程中容易受到任职者个人因素的影响，导致搜集到的信息往往被扭曲和失真。

(2)访谈法会影响任职者的工作甚至组织日常运转。访谈的双方需要充足的时间进行沟通，在大规模的访谈过程中，这个弊端表现得更加明显。

(3)由于访谈双方的公开性，可能导致任职者的不诚实或自利行为，特别是在劳动关系紧张、劳资双方缺乏必要的信任的组织，会极大地影响工作分析的可信度。

(4)访谈法比较花费时间，工作成本较高，特别是不能进行集体面谈时。

(5)工作分析常是调整薪酬的序幕，因而员工容易把工作分析看成是变相的绩效考核，从而夸大其承担的责任和工作难度，容易引起工作分析资料的失真和扭曲。

## 六、问卷调查法

### (一)问卷调查法概述

1. 问卷调查法的概念

问卷调查法又称问卷法，是通过让被调查职位的任职者、主管及其他相关人员填写调查问卷来获取工作相关信息的方法。问卷调查法操作程序简单，成本较低，因此大多数组织都采取此方法来收集工作相关信息。

2. 问卷调查法的分类

按照结构化程度划分，调查问卷分为定量结构化问卷和非结构化问卷。

定量结构化问卷是在一定的假设前提下，采用封闭式的问题收集信息。定量结构化问卷具有较高的信度和效度，便于职位之间的相互比较。常见的定量结构化问卷有职位分析问卷(PAQ)和管理职位分析问卷(MPDQ)。

跟定量结构化问卷相对比，非结构化问卷中的问题都是开放式的，能全面完整地收集信息，最终满足不同组织结构的个性化设计的信息需求，因此其适应性强、灵活性高。但非结构化问卷也存在精度不高及随意性强等不足。

3. 问卷调查法的适用范围

问卷调查法可以用于对组织各个层次各类工作进行工作分析，具有较为普遍的适用性，也是中国组织目前运用最广泛、实施效果最好的工作分析方法之一。由于问卷调查法收集的信息完整、系统、操作方便简单、经济可靠，因此几乎所有的结构化分析方法在信息收集阶段都采用问卷调查的形式。由于问卷调查法与访谈法具有极高的互补性，通常来说将二者结合使用能提高工作分析的可靠程度，这也是目前工作分析的主流。

(二)问卷调查法的操作流程

1. 问卷设计

问卷设计主要包括职位基本信息、职位目的、工作职责、绩效标准、工作联系、组织架构、工作特征、任职资格、所需培训职业生涯等。除此之外，问卷设计应该考虑问卷的难度、长度等内容。

2. 问卷测试

正式下发问卷之前，选取局部职位任职者填写问卷初稿以测试问卷，针对测试中的问题及时修订和完善。

3. 样本选择

针对某一职位进行分析时，若目标职位任职者较少(3人以下)，则全体任职者均为调查对象；若任职者较多，则选取3~5人为宜。

4. 问卷发放与回收

问卷发放与回收主要包含三个阶段：对填写者进行培训并下发问卷；及时跟踪填写状况；回收问卷前将问卷反馈到被调查职位的直接上级，请求确认，以确保信息的真实性和准确性。

5. 问卷处理及运用

剔除回收问卷中不合格的问卷或重新进行调查，将相同职位的调查问卷进行比较分析，提炼正确信息，编制工作说明书。

用于民警工作分析的调查问卷示例如表5-9所示、工作分析问卷如表5-10所示。

表5-9 用于民警工作分析的调查问卷示例

| 逐步核对，在符合本职任务的项目上划"√"，并说明它对工作的重要性 |
|---|
| 代号　　　　N　　　1　　　2　　　3　　　4　　　5 |
| 重要性　　　无关　　很低　　低　　一般　　高　　很高 |
| 1. 保护交通事故现场证据_____ |
| 2. 在经常发生事故的地段注意防止新事故_____ |
| 3. 使用闪光信号灯指挥交通_____ |
| 4. 使用交通灯指挥交通 |
| 5. 捕捉违章驾驶员并填写情况表_____ |
| 6. 估计驾驶员的驾驶能力_____ |
| 7. 对违反交通规则的人解释交通规则和法律知识_____ |
| 8. 跟踪可疑车辆，观察违章情况_____ |
| 9. 签发交通传票 |
| 10. 对违反交通规则的人发出警告_____ |
| 11. 监视交通情况，搜寻违章车辆和人员_____ |
| 12. 检查驾驶执照或通行证_____ |
| 13. 护送老人、儿童、残疾人过马路_____ |
| 14. 参加在职培训_____ |
| 15. 参加射击训练_____ |
| 16. 操作电话交换机_____ |
| 17. 擦洗和检查装备 |
| 18. 维修本部门的交通工具_____ |

表 5-10 工作分析问卷

| 姓名： | 岗位名称： |
|---|---|
| 部门： | 工号： |
| 主管姓名： | 主管职位： |

1. 任务综述：请用你自己的语言简要叙述你的主要工作任务，如果你还负责写报告或做记录，请同时完成第8部分内容
2. 特定资格要求：请举例说明为完成由你的职位所承担的那些任务，需要具有哪些证书、文凭或许可证
3. 设备：请列举为了完成本职位工作，你通常使用的所有设备、机器、工具(比如打字机、计算机、汽车、车床、叉车、钻机等机器名称。 平均每周使用_____小时，次数_____
4. 常规工作任务：请用概括性语言描述你的常规工作任务，请根据各项任务的重要性以及每个月每项任务所花费时间的百分比将其从高到低排列。并请尽可能多地列出工作任务
5. 工作接触：你所从事的工作要求你同其他部门和其他人员、其他公司或机构有所接触吗？如果是，请列出要求与他人接触的工作任务并说明其频繁程度
6. 监督：你的职位负有监督职责吗？（ ）有（ ）没有。如果有，请另外填写监督职位问卷。如果你的职位对他人的工作还负有责任但不是监督职责的话，请加以解释
7. 决策：请解释你在完成常规工作的过程中所要做出的决策有哪些
   (a)如果你所做出的判断或决定的质量不高，那么可能会带来的后果是什么
   (b)如果你所采取的行动不恰当，那么可能会带来的后果是什么
8. 文件记录人：请列举需要由你准备的报告或保存的文件资料有哪些，并请概括说明每份报告都是递交给谁的
   (a)报告递交给_____
   (b)保存的资料_____
9. 监督的频率：为进行决策或决定采取某种正确的行动程序，你必须以一种怎样的频率同你的主管或其他人协商
   （ ）经常 （ ）偶尔 （ ）很少 （ ）从来不
10. 工作条件：请描述你是在一种什么样的条件下进行工作的，包括内部条件、外部条件、空调办公区域等。请一定将所有令人不满意或非常规的工作条件记录下来
11. 资历要求：请指出为令人满意地完成本职位的工作，工作承担者需要达到的最低要求是什么
    (a)教育
      最低学历_____
      受教育年限_____
      专业和特长_____
    (b)工作经验
      工作经验的类型_____ 年限_____
    (c)特殊培训
      类型_____ 年限_____
    (d)特殊技能
      打字：_____字/分钟 速记：_____字/分钟
      其他：_____
12. 其他信息：请提供各项目中所未能包括，但你认为对你的职位来说是十分重要的其他信息

员工签名　　　　　　日期

### (三)问卷调查法操作注意事项

(1)问卷设计的注意事项。问卷中要包含详细的填写说明书和填写范例，调查项目与调查目的应一致，问题的阐述应简明并易于回答，防止提诱导式问题。

(2)对被调查者进行事前培训，说明调查意图，就问卷的内容和填写规范进行讲解。

(3)对调查过程严密控制、及时沟通与反馈。

(4)由被调查职位的上级对调查结果进行签字确认。

### (四)问卷调查法的优点、缺点

1. 优点

(1)可以在很短时间内从众多任职者那里收集到工作分析所需要的信息资料。

(2)填写问卷可以在生产和工作之余进行,不影响正常的工作。

(3)问卷调查的范围广,适用于多种目的、多种用途的工作分析。

(4)便于对调查结果进行定量研究。

2. 缺点

(1)问卷调查法对问卷的编制技术要求高。

(2)使用同一问卷时,不同任职者对问卷中同样的问题的理解会产生差异,这样会产生信息资料的误差,进而影响工作分析的目标。

(3)使用问卷调查时,其回收率往往比较低,工作量大。

(4)问卷调查只适用于有一定文字理解能力及表达能力的调查对象,因此不适合对文字理解能力和表达能力较差的人进行问卷调查。

## 七、主题专家会议法

### (一)主题专家会议法概述

1. 主题专家会议法的概念

主题专家会议法(SMEC)又称为专家讨论法、技术会议法,就是将主题专家召集起来,就目标职位的相关信息展开讨论,以收集数据,验证并确认分析结果的过程。主题专家会议法的成员包括组织内部成员和组织外部成员,内部成员是指任职者、直接上级、内部客户等;外部成员是指咨询专家、外部客户、其他组织标杆职位任职者。

2. 主题专家会议法的适用范围

主题专家会议法在整个组织的管理过程中,有着极其广泛的用途,也是一种重要的工作分析方法。具体在工作分析中主题专家会议法也通常扮演极为重要的角色。主题专家会议法是所有与职位相关的人员集思广益的过程,在组织的内部—外部、流程的上游—下游、时间上的过去—当前—将来等多方面、多层次都达到高度的协调和统一。因此,除了收集基础信息以外,主题专家会议法还担负着最终确认工作分析成果,并加以推广运用的重要职能。在工作分析中,主题专家会议法主要用于建立培训开发规划、评价工作描述、讨论任职者的绩效水平、分析工作任务,以及进行工作分析设计等。

### (二)主题专家会议法的操作流程

1. 确定主持人

主题专家会议的主持人最好是组织内与目标职位相关的中层管理者,并需要人力资源部的工作分析专业人员对其进行专业指导和培训。主持人的主要职责如下。

(1)按照会议计划,协调并召集相关人员参加会议。

(2)根据会议日程展开讨论,确保会议有序、高效地进行。

(3)根据会议提要,提出讨论范围和内容,及时调整会议议题。

(4) 根据与会者讨论结果对目标职位做出判定。

(5) 准备并分发会议相关资料。

(6) 对讨论过程中的分歧，会后进行调研复核，并将结果反馈给相关人员。

主持人在会议中所起的作用决定了对主持人的知识要求的高低。如果主持人在会议中的参与程度较低，则不必具备相关职位知识；若在会议中扮演重要角色，则应充分了解该职位的相关信息。在实践中，主持人一般应对目标职位有一定的了解，同时对会议将要使用的各种资料理解透彻，以便更好地推动会议的进程，达到预期效果。

2. 选择与会专家

为了保证在充分收集信息的前提下，提高会议效率，会议的规模必须加以控制，以5~8人为宜，因此主题专家会议的参与人必须有所选择。根据会议的主要目的确定与会者，如果会议的主要目的是工作分析设计，则与会的主题专家应包括任职者的上级、咨询专家、外部客户、其他组织标杆职位的任职者等；若会议的目的是确定任职资格，则与会主题专家主要是上司、任职者、外部专家等。

3. 准备会议相关材料和设施

为了使会议更加具有针对性，提高会议的效率，会议主持人应事先准备好相关书面材料或其他媒体材料，如需确认的工作分析初稿、调查问卷、访谈提纲等。

4. 会议组织与安排

进行会场布置以及后勤准备工作，提前通知与会者，并协助其准备好会议所需的相关文件资料。某公司主题专家会议议程如表5-11所示。

表5-11 某公司主题专家会议议程

| | 日 程 | 起止时间 |
| --- | --- | --- |
| 第一天 | 开场白 | 8:30~8:45 |
| | 会议内容简介 | 8:45~9:00 |
| | 讨论具体目标及相关内容 | 9:00~9:15 |
| | 讨论工作目标 | 9:15~9:30 |
| | 讨论工作描述并提供相关实证 | 9:30~10:30 |
| | 会议休息 | 10:30~10:45 |
| | 讨论工作结果及影响 | 10:45~11:45 |
| | 介绍并讨论工作任务列表 | 11:45~12:00 |
| | 午餐 | 12:00~14:00 |
| | 逐项评价并修订任务列表 | 14:00~17:00 |
| 第二天 | 填写与目标职位相关的调查问卷 | 8:30~10:30 |
| | 集中分析问卷数据 | 10:30~12:00 |
| | 午餐 | 12:00~14:00 |
| | 讨论与任务相对应的KSAO要求 | 14:00~15:00 |
| | 最终定稿 | 15:00~15:30 |

(三) 操作注意事项

(1) 主题专家会议的主要目的是为了征求各方面意见，所以应该注意营造会场平等、互信、友好的气氛，与会人员应该抛弃层级观念，就职位的一切方面进行面对面的平等、深入的探讨。

(2)主题专家会议的一个特点是外部专家参与,外部专家的参与是为了起到"标杆"的作用,有效地弥补组织内部自我修正完善能力的不足。

(3)主题专家会议是工作分析的重要阶段之一,往往承担着最终确认工作分析成果的重任。组织者应在会议之前进行周密的计划安排、提供职位信息、协调与会人员时间、做好会议后勤保障工作。

(4)主题专家会议应有专人记录,以备查询。

(5)对于主题专家会议未形成决议的事项,应在会后由专人负责办理,然后将成果反馈与会人员。

**(四)主题专家会议法的优点、缺点**

1. 优点

(1)主题专家会议有助于专家们交换意见,通过互相启发,可以弥补个人意见的不足。

(2)通过内外信息的交流与反馈,产生"思维共振",进而将产生的创造性思维活动集中于预测对象,在较短时间内得到富有成效的创造性成果,为决策提供预测依据。

(3)主题专家会议操作简单、成本低,适合在各类组织中开展。

(4)主题专家会议可以运用于工作分析的各个环节,具备多方协调的功能,有利于工作分析结果最大限度地得到组织的认同以及后期的推广。

2. 缺点

(1)由于参加会议的人数有限,因此代表性不充分。

(2)结构化程度低,缺乏客观性。

(3)受权威的影响较大,容易压制不同意见的发表。

(4)受到与会专家的知识水平及其相关背景的制约。

(5)由于自尊心等因素的影响,会使会议出现僵局。

(6)易受潮流思想的影响等。

# 第三节 工作分析方法的比较

实践中我们有多种工作分析方法可以选择。这些方法在分析导向、信息收集方法、分析方法上存在差异,因此在选择工作分析方法时应关注各分析方法在不同类别性质的工作、不同的人力资源管理等领域或方面的特殊使用性。由于资料与研究的局限,我们在这里参考了相关学者的研究,只对其中的一些方法加以比较。

## 一、选择工作分析方法应考虑的因素

企业的文化因素。企业文化倡导和谐的氛围,员工就会积极主动地接受、配合工作分析。反之,则会对工作分析持怀疑、否定的态度,那就不能解决任何问题。

企业的技术因素。设备的自动化程度,产品本身的技术含量对岗位内容的要求,对工作分析方法的选择也存在影响。研究与实验部门的工作内容复杂,对任职者的创新能力要求很强,因此应选用不同的工作分析方法。

企业的组织结构因素。企业的组织结构在一定程度上影响工作分析方法的选择。组织结构复杂的企业,应采用多种工作分析方法来进行,因为简单的方法对分散在众多部门的具有可比性岗位的分析难以顾全；对于单个车间的小企业一般一种方法就行；对于制造生产与业务研发工作界限分明的企业，需同时选用针对分析简单操作的工作分析方法和复杂脑力工作的分析方法。

业务流程的因素。业务流程是岗位与其他部门和岗位互动的联系，一般企业在开展工作分析时会忽略对工作流程的分析。不了解工作分析与流程的内在联系，以及每个岗位在工作流程中的定位和作用，片面强调对岗位内在要素的详尽描述，将完整的流程分割得支离破碎。因此，必须通过对企业业务流程的全面的、系统化的梳理来提高组织设计、流程设计与岗位设置的合理性。

管理方式的因素。企业内部管理方式也影响工作分析方法的选择。民主的、开放的管理方式，一般会允许员工参与工作分析方案的设计，并能跟员工进行有效互动、充分沟通，因此倾向于采取综合的工作分析方法。

成本效益因素。各种方法所要求投入的人力、物力、财力都不一样，不同的企业所能承受的成本也不相同。因此，应根据企业自身特点，综合考虑选择一种或综合几种工作分析方法。比如，成本较低的方法有文献分析法、问卷调查法和工作日志法；而访谈法、观察法等则都需要花费大量的时间和精力，成本较高。

岗位工作特点的因素。每个组织、每项工作都有自身的特点，因此选择合适的工作分析方法应结合岗位工作的特点。例如，对工作内容、工作程序相对稳定的工作易选用观察法；但脑力程度劳动较高，工作内容较复杂的工作就不适用。如对工作内容复杂、管理工作简单的体力劳动工作，问卷调查法适用；而对不同组织管理层次以上的工作分析，常用管理职位描述问卷方法。

工作分析方法本身的因素。各种方法既有优点，也都有缺陷。因此，选择工作分析方法时要本着扬长避短、获取岗位全面信息的原则。

总之，要充分了解企业的组织状况、各种工作分析方法的利弊，在实践中要综合考虑各方面的因素，不能只用一种方法，而要将几种方法综合起来使用，效果才会好。

## 二、工作分析方法适用人力资源管理领域的比较

各种不同的工作分析方法在其个性化设计过程中具有不同的功能定位，因此在选择工作分析方法时要考虑人力资源管理功能领域的对应性，以充分发挥它们的效能。下面我们根据卡肖（Casio,1992）的研究结果，整理分析了不同的工作分析方法对于不同人力资源管理工作的成效，如表 5-12 所示。

表 5-12 工作分析方法适用人力资源管理领域的比较

| | | 观察法 | 工作日志法 | 访谈法 | 问卷调查法 | 关键事件法 | 工作实践法 |
|---|---|---|---|---|---|---|---|
| 人力资源功能领域 | 工作说明书 | O | O | | | O | O |
| | 工作分类 | | | O | | | |
| | 工作评价 | | | | O | | |
| | 工作设计 | | O | | | | |
| | 工作规范 | | O | O | O | | |
| | 绩效评估 | | | | O | | |
| | 培训开发 | | | O | O | O | O |
| | 人员流动 | | | O | O | | |
| | HR 规划 | | | | | | |

资料主要来源：Casio,W.F. Managing Human Resources Productivity , Quality of Work Life, Profits, 3rd ed. McGraw-Hill, 1992:116.

### 案例讨论 1

## 什么方法最合适

张某是某管理顾问公司经理兼高级顾问,最近正为某医院做一个人力资源咨询项目。为了更好地完成人员和岗位的最佳配置,张经理今天早上和公司从事顾问工作的同事们一起召开了一个项目工作例会。会上,就工作分析方法的选择和使用,他们发生了激烈的争吵。谈话内容如下:

"他们医院大,有 2000 多人,我建议用职位问卷调查法做,这样比较规范和标准,也容易操作。"

"我不同意,2000 多份问卷,发下去,收回来,难度很大。另外,要完成这么多份问卷的分析工作,起码要一个多月时间,而我们这一阶段的全部工作时间才一个月,时间不允许我们这么做。"

谈话陷入了僵局。实际上每个顾问的想法都是对的,只不过各自的出发点不同。

最后,张经理说:"这样吧,我们以访谈法为主,同时辅助以职位问卷调查法和工作日志法,多种方法结合,这样既能节省时间,又能达到预期效果。"

讨论题:

1. 你认为张经理的意见合理吗?请说明理由。
2. 针对这样一种情况,你认为应该采用什么方法分析更有效?

### 案例讨论 2

## HI 信息服务公司的工作分析

赵珍大学刚毕业就顺利进入了 HI 信息服务公司(以下简称 HI)。赵珍学的是国际企业管理专业,因此公司将她安排在人力资源部工作。在应聘和面谈过程中,她了解到这是一家中外合资企业,经营的主要业务是为企业和个人提供软件和硬件。公司自 1994 年创办以来,发展迅速,通过灵活的经营手段、高质量的产品、优良的售后服务,在激烈的竞争中保持了领先地位。HI 管理层深知,作为一个知识密集型的企业,公司的发展将主要依赖于它所拥有的人力资源,企业间的竞争实质是对于高质量人力资源的竞争。因此,HI 非常注重通过提高员工的工作满意度来留住他们。至今为止,它的人员流动率接近于行业的平均水平。赵珍为自己能进入这样一个充满活力的公司暗自高兴。

但是在听了人力资源部张经理的一番谈话后,赵珍原来乐观的想法改变了。张经理告诉她,尽管从表面上看,HI 有骄人的经营业绩和良好的发展势头,但是事实上公司内部的管理制度有很多不完善的地方,这些方面将严重阻碍 HI 的进一步发展。张经理举例说,作为人力资源管理基础工作之一的工作分析,在 HI 就没有得到很好的贯彻落实,随着公司规模的扩大,新的工作不断增加,但是相应的工作描述和工作说明书却没有制定,原有的一些工作描述和工作说明书的内容也与实际情况不完全匹配了。张经理交给赵珍一份旧的助理程序员工作说明书(见表 5-13)。造成这种状况的原因在于,初创时期 HI 的员工较少,公司内部的局域网可以使上下级之间和同事之间非常通畅地沟通,相对平坦的组织结构也使公司各个层次的员工很容易接近。同部门的工作经常由员工们共同协力完成，职位在 HI 被定义成是员工之间关于特定技术、专业能力和兴趣的竞赛。有超常能力和成就的员工常被录用，接着很快获得晋升。正因为如此，HI 并不注重为每个工作制定工作描述和工作说明书，因为从某种意义上来说，这只是一纸空文。

表 5-13　一个旧的助理程序员工作说明书

| 职　位 | 助理程序员 |
|---|---|
| 基本目的 | 在项目经理的监督下进行编码、测试、调试程序 |
| 具体任务 | 根据总体的程序设计，编码、测试、调试程序，开发程序的文件资料。在使用系统时培训用户，为用户提供帮助，按要求向管理者汇报服务管理信息 |
| 任职资格 | 至少具备如下条件：在相关领域里具有学士学位或相当的经验和知识；具备 FORTRAN 语言编程知识；在经营和财务应用方面具有较好的工作知识。希望具备如下条件：具有在分时环境下的计算机编程经验；在 COBOL、PLI 或者装配语言方面受过培训或者教育 |

　　但是这种忽视工作分析的做法，随着 HI 的规模日益扩大，显示出越来越多的对人力资源管理工作的负面影响。张经理坦率地告诉赵珍，在 HI，人力资源部被认为是一个低效率的团队。比如说通过绩效评估，发现员工绩效不符合标准的原因，并安排各种培训和锻炼机会以提高这部分员工的技能，增强他们的信心，这应该是人力资源部门的职责。但是由于缺乏准确的工作描述和工作说明书，人力资源部门就没有确切的标准来衡量员工的工作绩效，因而也无从发现员工究竟哪些地方需要改进和提高，更别提为员工制订适宜的培训计划了。因此在 HI，没有部门认为人力资源部的员工有这方面的能力和经验。另外，HI 主要的奖励系统也似乎和人力资源部没有太大关系，甚至 HI 的年度职工表彰会也被认为是来自外方总经理的奖赏而与人力资源部无关。而按惯例，员工的薪酬奖励计划应该是由人力资源部根据工作描述和工作说明书，判断每个工作岗位的相对价值以后，再以此为依据制订的。

　　正是由于缺乏细致的工作分析，HI 的人力资源部在开展工作时显得力不从心。近期，HI 又将大规模招聘新员工，张经理决定先从工作分析这一环节抓起，彻底改变人力资源部以往在人们心中的形象。他将此重任交给赵珍，要求她在 6 个月的时间内修正所有的职位说明书。

　　资料来源：http://www.360doc.com/content/11/0327/10/4631822_105023377.shtml

**讨论题：**

　　1. 如果你是赵珍，你如何看待工作分析在人力资源管理职能中的作用？

　　2. 为了修改旧的工作说明书，制定新的工作说明书，你将通过哪些具体步骤开展这一工作？

　　3. 你将采用哪些方法收集必要的工作分析信息？

　　4. 请尝试修改旧的助理程序员的工作说明书。

# 第六章

# 传统的工作分析方法

天下大事，必作于细；天下难事，必作于易。

——老子《道德经》

### 学习目标

1. 掌握工作研究的内容、方法及操作流程；
2. 了解方法研究与时间研究的操作流程及适用范围；
3. 掌握工作衡量的内容、方法及操作流程；
4. 熟悉劳动强度的测评和分级方法；
5. 熟悉劳动环境的测评和分级方法。

### 案例导入

#### 电梯内外的镜子

纽约一栋多层办公楼的租户们抱怨楼里电梯服务极差。他们说，上班高峰时，等电梯的时间超长。因此，有好几家租户威胁说要解除租约搬走。办公楼的经理于是向一家从事电梯系统设计和运行的专业工程公司求助。

工程师们在听了对问题的描述之后，做了时间调查，确认等电梯的时间着实有点儿长。于是，他们对经理说，有三种办法可以缓解当前的局面。第一，增加电梯数量；第二，把现有电梯换成速度快一点的电梯；第三，可以进行电脑控制，要是这样做，上述两种选择要不要都可以。这样的话，楼上没人等电梯时，通过电脑控制可以让无人乘坐的电梯下到一楼。一般来说，旧电梯要先上到楼房的顶层，然后再返回一楼。

管理人员授权对此进行研究，以确定哪种方案最佳。研究表明，由于楼房年代久远，上述工程方案都不能经济地解决问题。工程师说，管理人员只得永远忍耐这个问题了。

绝望的经理召开了全体员工大会，与会人员中有一位刚刚受聘的年轻的人事心理学毕业生。经理要大家群策群力想办法，找到可行的方案。尽管集思广益的规则是只提正面建议，但起初的每个提议都被指存在某种不足之处因而遭到否决。屋子里一片沉寂。唯一没有参与讨论的就是那位年轻的人事心理学专家。

总经理于是专门问这位一直没开口的年轻人，看他是否有什么好办法。年轻人说不愿意说出自己的看法，因为之前的每个建议都遭到了负面的回应。经理驳回了他的理由，并让他说出自己的观点。

这位年轻人并没有关注电梯的性能，他所关注的是人们只等待几分钟就抱怨这一事实。他自问道，他们为何只等很短的时间就怨声载道呢？他得出的结论是，抱怨是无聊的结果。

因此，他认为，问题就是如何让这些等待者在等待过程中心情愉悦地打发时间。他提议在上电梯的地方安装几面镜子，这样的话，那些等电梯者就可以看看镜中的自己或别人，但看不出来他们在照镜子或看别人。经理采纳了他的建议。镜子很快装好了，成本低廉。等电梯时间长的抱怨声也随之消失了。

今天，高楼里电梯走廊甚至电梯里安装镜子的做法已经是司空见惯。

**讨论题：**

从电梯加装镜子的故事给我们管理实践的启示是什么？

## 第一节 工作研究

### 一、工效学的概述

工效学是关于工作站、工作实务、工作流程、设备和工具的科学研究和设计，它能协助员工发挥生理和心理优势，或提供能力范围之外的帮助。由于工效学研究和应用的范围极其广泛，因而世界各国对该学科的命名不尽相同。例如，该学科在美国被称为"human engineering"（人类工程学）或"human factors engineering"（人的因素工程学），西欧国家多称为"ergonomics"（工效学），而其他国家大多引用西欧的名称。这种方法的关键是为人类设计最合适的机械和设备，也就是考虑到身体的、感觉的、感性的、心理的、认识的以及其他一些人类的特征，有时也被称作对人的使用的设计。

"ergonomics"一词是由希腊词根"ergon"（即工作、劳动）和"nomos"（即规律、规则）复合而成的，其本义为人的劳动规律。由于该词能够较全面地反映该学科的本质，又源自希腊文，便于各国语言翻译上的统一，而且词义保持中立性，因此，目前较多的国家采用"ergonomics"一词作为该学科的命名。

工效学在我国起步较晚，目前该学科在国内的名称尚未统一，除普遍采用工效学外，常见的名称还有人一机—环境系统工程、人体工程学、人类工效学、人机工程学、工程心理学等。由于任何一个学科的名称和定义都不是一成不变的，特别是新兴边缘学科，随着学科的不断发展，研究内容的不断扩大，其名称和定义还将发生变化。

国际人类工效学学会（International Ergonomics Association，IEA）为该学科所下的定义是最有权威、最全面的定义，即工效学是研究人在某种工作环境中的解剖学、生理学和心理学等方面的各种因素；研究人和机器及环境的相互作用；研究在工作中和家庭生活中怎样统一考虑工作效率、人的健康、安全和舒适等问题的学科。

我国于1979年出版的《辞海》中对工效学给出了如下的定义：工效学是一门新兴的边缘学科，它是运用人体测量学、生理学、心理学和生物力学，以及工程学等学科的研究方法和手段，综合地进行人体结构、功能、心理及力学等问题研究的学科。用以设计使操作者能发挥最大效能的机械、仪器和控制装置，并研究控制台上各个仪表的最适位置。

### 二、管理工效学和管理学的关系

如果说人体科学、心理学、行为学都是管理工效学的基础，为管理工效学提供大量的数据及模型，管理学就是管理工效学的上游学科。管理工效学是工效学在管理体系方面的运用和研究,它是在人与机器、人与环境不相协调,甚至存在严重矛盾的历史条件下,逐步形成和建立起来的,它研究的重点是人一机一环境系统中的人。

从管理角度来看,人、物资和信息是现代管理体系的三大要素,物资和信息有联系又有着根本不同的表现形式,但都是要通过人才能起作用的。所以,尽管物资和信息不同,却都是人的工作对象,可看作同属于一类"物"来进行管理。

前面已经说过,作为企业管理的对象来说,主要有两方面:一是对人的管理,二是对"物"的管理。客观事实已经说明,要提高工效,只注重对人的管理,而不重视对"物"的管理,或把对人的管理与对"物"的管理分割开来、对立起来,都不会得到好的效果。只有把两者结合起来,既抓人头,又抓"物"头,以人头管"物"头,带动人头,又促"物"头,这样循环反馈,管理效能才能提高。管理工效学把"物"和人进行了有机的结合,因此管理和管理工效学是不能分开的。

早先,由于工业发展水平所限,管理工效学在管理学中不太突出,而且管理工效学与人类工效学一度相提并论。如今,现代工业的迅速发展,不但管理工效学在管理学中占据越来越重要的位置,同时也成为人类工效学中组织功能的一部分。图 6-1 所示为管理工效学与其他学科的关系,从中可以得到更多的启示。

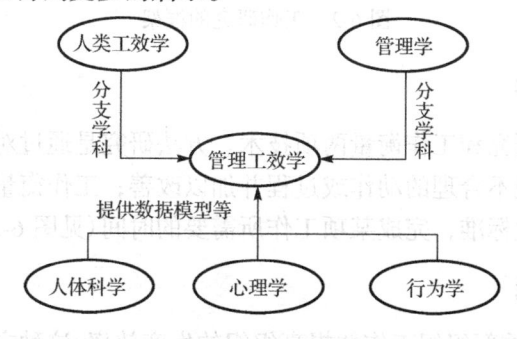

图 6-1 管理工效学与其他学科的关系

**(一)铁锹作业试验**

1898 年,美国学者泰勒根据自己几十年来的工作经验,对工人的操作动作进行了细致的观察和分析,以确定合理的工作方法,选取合适的工具,规定标准的工时定额,以提高劳动效率。他用形状相同而铲量不同的四种铁锹(每次可铲重量分别为 5kg、10kg、17kg 和 30kg 的四种铁锹),去铲同样的一堆煤。虽然 17kg 和 30kg 的铁锹每次铲量大,但试验结果表明,用 10kg 的铁锹铲煤效率最高。他做了许多试验,终于找出了铁锹的最佳设计方案,并找出搬运煤屑、铁屑、砂子和铁矿石等松散粒状材料时每一铲的最适当重量,从而使劳动生产率大大提高。这就是工效学建立过程中著名的铁锹作业试验。

**(二)砌砖作业试验**

1911 年,美国学者吉尔布雷斯对美国建筑公司工人砌砖作业进行了试验。他用快速摄影机将工人砌砖动作拍摄下来,然后对动作过程进行分析研究,哪些动作必需,哪些动作多余,去掉多余的无效动作,提高有效动作的效率,这就是著名的时间和动作研究。结果使工人的砌砖速度由当时的每小时 120 块提高到 350 块。

随着机械化生产的发展,从当时研究动作及时间的分配,进而研究人和机器设备的利用率,从而提高了生产效率,这就是现代人机学的基础。

## 三、工作研究概述

### (一)工作研究的概念

工作研究(work study)是运用系统分析的方法将工作中不合理和不经济的因素排除,寻求更经济和更容易操作的工作方法,以提高系统的效率。工作研究的基本目标是避免在时间、人力、物料和资金等多方面的浪费(见图6-2)。

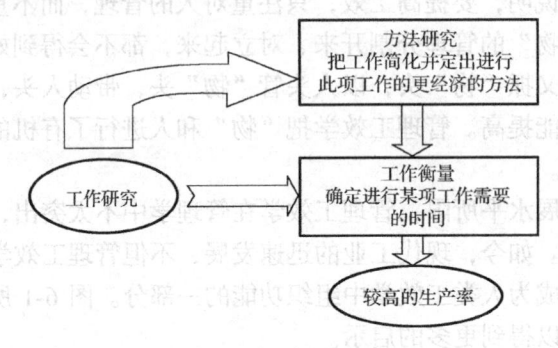

图 6-2 工作研究的框架

### (二)工作研究的内容

工作研究包含方法研究和工作衡量两项技术。方法研究是通过对现行工作方法的过程和动作进行分析,从中发现不合理的动作或过程并加以改善;工作衡量则是运用一些技术来确定合格工人按规定的作业标准,完成某项工作所需要的时间(见图6-2)。

### (三)工作研究的功能

(1)工作研究有利于重新组织工作并提高组织的生产效率。这种方法一般很少甚至无须对厂房和设备进行投资。

(2)工作研究是系统性的。无论是分析原有做法还是开发新的方法,它保证不忽略任何一个影响作业效率的因素,并保证提供有关该项作业的全部情况。

(3)工作研究是规定绩效标准的最精确的方法,能够为生产的有效计划与控制提供依据。

(4)适当应用工作研究会立即带来节约的效果,只要作业以这种改进的方式继续进行,就可持续不断地节约。

(5)工作研究的适用范围广泛,在制造车间、办公室、实验室和诸如批发与零售、饭店等服务行业,以及农场等领域都可采用。

(6)工作研究是管理部门可利用的最有效的调研手段之一。

### (四)工作研究的操作流程

一项完整的工作研究包括以下八个步骤。

(1)选定所要研究的工作或工艺。

(2)利用最适当的记录方法,记录直接观察到的每一件事,以便使数据成为便于分析的形式。

(3)严格检查记录的事实,并对完成的每一件事提出疑问,逐项进行考虑,包括:这项活动的目的、发生的地点、完成的顺序、当事人以及采用的方法。

(4) 制定最经济的方法。
(5) 衡量所选择的方法,并计算从事这一工作的标准作业时间。
(6) 确定新的工作方法及其有关的作业时间,以便使它永远可以鉴定。
(7) 规定新的方法,作为一致同意的标准做法和所允许的时间。
(8) 通过适当的控制程序,维持这种新标准做法。

### (五)操作注意事项

1. 建立良好的合作氛围

要使工作研究对提高生产率起重大作用,管理部门与工人之间必须在实施工作研究之前建立良好的关系,而且员工必须信任管理部门,否则,很难消除他们的抵触情绪。

工作研究人员可以通过如下方式来取得普通工人的积极配合。
(1) 工作研究人员对自己研究的目的要开诚布公和坦率诚恳。
(2) 将正在研究的内容以及进行研究的原因告诉工人。
(3) 在关注提高生产率的同时,还要提高工人的工作满意度。

2. 得到高层管理人员的支持

在进行工作研究之前,应当先向高层管理者说明工作研究的目的和方法,以获得他们对工作研究活动的理解和大力支持。

3. 挑选工作研究人员

挑选工作研究人员应当考虑他的教育程度、实践经验以及个人品质等方面。

## 第二节 方 法 研 究

### 一、方法研究的概述

#### (一)方法研究的概念

方法研究(method study)是一种对现行作业系统进行记录和分析,寻找最经济和最合理的工作程序和操作方法的管理技术。它是在现有条件下,不增或少增投资,消除工作中费力的动作,克服停工、等待等浪费工时的现象,充分发挥员工的工作潜力。

#### (二)方法研究的内容

方法研究包括生产过程(程序)分析(process analysis)、作业(操作)分析(operation analysis)与动作分析(motion analysis)。生产过程分析是以整个工作系统为研究对象;作业分析与动作分析则缩小到以某个作业或操作动作为研究对象。应先做好程序研究,然后再做动作研究。

#### (三)方法研究的功能

通过方法研究可以:①改进工艺和程序;②改进工厂、车间和工作场所的平面布置;③改进整个工厂和设备的设计;④经济地使用人力,使作业变得容易、安全并降低劳动强度,减少不必要的疲劳;⑤改进物料、机器和人力的利用,缩短生产周期,降低成本,增加产量;⑥改善实际工作环境,提高员工的工作积极性。

### (四)方法研究的操作流程

方法研究主要包括以下六个步骤：选择研究对象、确定研究目标、记录现行方法、信息分析整理、设计使用新方法和实施新方法。

**1. 选择研究对象**

一般来说，工作研究的对象主要集中在系统的关键环节、薄弱环节或者普遍性问题上，从实施角度容易开展并且能够快速见效的方面。因此，应该选择效率明显不高、成本耗费较大、亟待改善的工作作为研究对象。工作研究的对象可以是系统的全部或者局部，如生产线中的某一工序、某些工作岗位，甚至某些操作人员的具体动作、时间标准等。

**2. 确定研究目标**

研究目标通常包括：①减少作业时间；②节约生产中的物料消耗；③提高产品质量的稳定性；④增强员工的工作安全性，改善工作环境与条件；⑤改善员工的操作，减轻劳动疲劳；⑥提高员工对工作的兴趣和积极性等。

**3. 记录现行方法**

将现在采用的工作方法或工作过程如实、详细地记录下来。可借助于各类专用表格技术来记录，动作与时间研究还可借助于摄像机来记录。尽管方法各异，但都是工作研究的基础，而且记录的详细程度和正确程度直接影响下一步对原始资料所作分析的结果。现在有不少规范性很强的专用图表工具，它们有助于研究人员准确地、迅速地并且方便地记录研究事实，为分析这些事实提供标准的表达形式和语言基础。

**4. 信息分析整理**

详细分析现行工作方法中的每一个步骤和每一个动作是否必要，顺序是否合理，哪些可以去掉，哪些可以改变。这里，可以运用表 6-1 所示的"5W1H"分析方法从六个方面反复提出问题。

表 6-1　5W1H 分析法

| | | | |
|---|---|---|---|
| Why<br>(为什么) | 为什么这项工作是必不可少的 | What | 这项工作的目的何在 |
| | 为什么这项工作要以这种方式进行 | How | 这项工作如何能更好地完成 |
| | 为什么这项工作制定这些标准 | Who | 何人为这项工作的恰当人选 |
| | 为什么完成这项工作需要这些投入 | Where | 何处开展这项工作更为恰当 |
| | 为什么这项工作需要这样的人员素质 | When | 何时开展这项工作更为恰当 |

**5. 设计使用新方法**

设计使用新方法是工作研究的核心部分，包括三项主要任务：建立、使用和评价新方法。建立新方法可以在现有工作方法的基础上，通过取消、合并、重排、简化这四项技术形成对现有方法的改进。这四项技术俗称工作研究的 ECRS 技术，具体是指：

1) Elimination：取消

对任何动作首先要问：为什么要干？能否不干？

(1) 取消所有可能取消的工作、步骤或动作(其中包括身体、四肢、手、眼的动作)。

(2) 减少工作中的不规则性，比如确定工具的固定存放地，形成习惯性机械动作。

(3) 除需要的休息外，取消工作中一切怠工和闲置时间。

2) Combination：合并

如果工作不能取消，则考虑是否应与其他工作合并。实现工具的合并、控制的合并、动作的合并。

3) Rearrangement：重排

对工作的顺序进行重新排列。

4) Simplification：简化

简化工作内容和步骤，也指简化动作、节省能量。

经过 ECRS 技术处理后得出的工作方法可能会有很多，应从中选择最佳的方案。评价新方法的优劣主要从经济价值、安全程度和管理方便程度几方面来考虑。

6. 实施新方法

工作研究成果的实施可能比工作研究本身难得多，尤其是这种变化在一开始还不被人了解，并且改变了人们多年的习惯时，工作研究新方案的推广会更加困难。因此，实施过程要认真做好宣传、试点工作，做好各类人员的培训工作，切勿急于求成。

## 二、程序分析

### (一) 程序分析的概念

程序分析，即生产过程分析。生产过程是一切生产活动的综合。这些活动使原材料一步步变为成品。生产过程的主要组成部分有：工艺过程(以机械厂为例，它是由刨、钻、磨、铸、锻、焊、热处理、电镀、装配等工序组成)，运输过程和检验过程。

生产过程分析是以产品(零件)制造过程为研究改进对象的一种分析技术。它主要是从经济有效的角度，通过加工对象从原材料投入到制成成品的整个生产过程的分析，探讨加工工艺(包括工序划分、运输路线、使用工具等)是否合理。此外，对加工对象所用的原材料、元器件也应进行价值分析，分析选用的原材料、元器件是否合适(是否有功能过剩或功能不足现象)？有没有功能相同而价钱更低的代用品？原材料、毛坯的大小形状是否适当等。

程序分析可根据不同的目的采用适当的技术。例如，分析整个制造过程采用生产程序图；分析物料或产品的流动采用流动程序图；有关工厂布置及搬运的分析采用线图等。

### (二) 程序分析技术

程序分析技术是一种图式分析方法。

程序分析技术根据分析对象和研究目的的不同，可分为以下几种方法。

1. 整体生产程序分析

整体生产程序分析是采用过程程序图进行分析，这是对整个生产过程作"鸟瞰"式的概况介绍和分析的方法。

2. 产品或材料流动分析

产品或材料流动分析是采用流程程序图进行分析，这是对整个生产过程中操作、检验、延误、储存等完整详细的分析方法，目的是寻求改良工作程序的途径。

3. 工作地布置与路线分析

工作地布置与路线分析是采用路线图，将工作地布置及工作地连接和行进方向按比例缩小，表示在平面图上的方法。目的在于寻求合理的工作布置和减少搬运及缩短搬运距离。

进行程序分析时，应根据不同研究目的和分析对象，选择适当的分析技术，有时也可以将几种技术配合使用。

下面仅以工作地布置与路线分析为例，说明程序分析技术的应用。

如果把流程程序图所涉及的厂房、通道、机器和工作地按一定的比例缩小绘制成平面图，就是流程图。通过它可以直观地了解工作活动的流动路线。路线图可以补充流程程序图的不足。若将两种图配合在一起使用，效果更为理想。因为生产过程和运输路线的改善，必须视厂房空间和现有设备布置是否有变动的可能性来决定。

某冶金机械厂铸造车间生产的各种铸件毛坯供加工车间使用。加工分两个车间，在一车间设一个材料主库，在二车间设一个分库。毛坯件由铸造车间仓库运来，入主库储存。二车间分库根据加工进度从主库提货(见图6-3(a))。长期以来，工人感到这样的管理烦琐，环节多，运距长，要求改变管理方式。

根据研究人员的研究，改革了管理办法，由加工二车间直接从铸件仓库提货，开通了车间后门，减少了中间环节，图 6-3(b)是改善后的流程图。所需人数、搬运时间和运距都大大减少了。

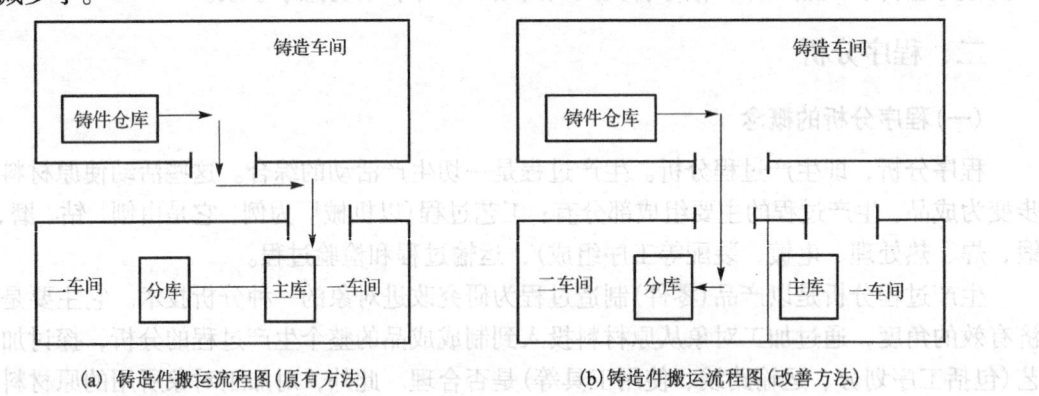

(a) 铸造件搬运流程图(原有方法)　　　　(b) 铸造件搬运流程图(改善方法)

图6-3　程序分析技术示例

## 三、作业分析

### (一)概念

作业分析主要是研究与分析作业组成部分和影响作业时间的因素，重点在于改进操作方法，取消多余的和笨拙的动作，协调人和机器的配合，以及工作中各操作工人的配合，以达到提高作业效率和降低工人劳动强度的目的。

作业分析的形式包括：操作者分析(一名操作者-单台设备分析；一名操作者-多台设备分析；多名操作者-单台设备分析；多名操作者-多台设备分析)和小组作业分析。

### (二)作业的组成部分——作业要素

为了达到使作业结构合理，减轻劳动强度，减少作业时间的目的，必须将一项作业细分为作业要素。作业要素是由一个或若干个劳动动作组成。作业要素根据其性质和作用可分为基本要素与辅助要素。这种分类的目的在于寻求要素机械化和自动化的可能性，同时要尽量在机动时间内做手动工作。例如，半自动、自动机床的操作工人利用该机床机动时间去操作另外的机床，实行多机床管理。

任何作业都可以细分为许多要素，某零件制造工序可划分为：安装工件、开车、进刀、切削(走刀)、停车、退刀、检验(测量尺寸)、卸下零件并放在适当地方。

### (三)影响作业要素时间消耗的因素

影响作业要素时间消耗的因素主要有下列六类。

(1)与劳动对象有关的因素,如工件、原材料的性质、重量、尺寸、形状等。

(2)与机器设备有关的因素,如机器的功率、运转速度、最大负荷限度及其他性能等。如车削加工,单件生产一般宜用普通车床,中小批生产宜用六角车床,大批和大量生产宜用高效的半自动(自动)车床。

(3)与工艺装备有关的因素。工艺装备简称工装,是工具、夹具、量具和模具的总称。采用的工装是否合适,不仅影响产品(零件)的质量,而且对作业的效率影响很大。例如,可以使用粗锉的作业,不用细锉,因为用粗锉效率高。机器加工中的钻孔,单件生产一般采用画线的方法,批量大时,应采用钻模,不仅能大大提高效率,又能保证产品质量。又如在检验时,大批量生产中应使用专用量具(如塞规、环规等)。

(4)与工作地组织有关的因素。这方面的因素包括机器设备的布置、原材料(毛坯、半成品)和工具的放置位置等。高效率的生产只有在工作地合理组织和布置的条件下方有实现的可能。厂内运输也是工作地组织工作之一。在现代制造工业企业中,厂内运输具有特别重要的意义。如能利用起重机、传送带等先进设备代替人力及手推车运材料及制件,就可缩短运输作业时间,降低运输成本和减轻工人劳动强度。

(5)与劳动条件有关的因素。劳动条件(工作环境)包括工作地的安全设施、照明、温度、湿度、噪声、清洁卫生等的状况。劳动条件的好坏不仅对工人身体和心理健康有重大影响,而且对作业要素时间的消耗也有很大影响。

(6)与工人有关的因素。作业要素时间的消耗与工人的技术熟练程度、经验、责任心和情绪等因素有关。

**(四)作业分析的方法**

进行作业分析经常用的图表技术有:人—机程序图(man-machine chart)、操作人操作程序图、线图等。人—机程序图用于记录作业者和机器在同一时间内的工作情况,以便分析寻求合理的操作方法,使人的操作和机器的运转协调配合,以充分发挥人和机器的效率。

**(五)作业分析的目的**

通过作业分析,能够得到一个系统、有条理的生产过程程序或工作过程程序。程序分析可以减少不必要的工序。

作业分析有以下几方面的目的。

(1)对操作者的操作场所、工序、方法、材料、设备、搬运和工具进行分类和改进。

(2)改进工作场地的布置。

(3)获得产品、材料改变后对操作影响的资料。

(4)编制操作规程。

总之,作业分析的目的就是通过观测和分析操作者和机器在同一时间内的工作情况,寻求合理的方法,使人的操作和机器的运转协调配合,以充分发挥人和机器的效率。

## 四、动作分析

**(一)动作分析的概念**

动作分析是以一项操作为对象,对动作活动进行详细的分析研究。其基本思想是:对操作者手、眼及其他身体部位的动作进行分析、比较、研究后,剔除多余无效的动作,把必要的有效动作更好地组合成标准动作系列,并与之相配合设计适当的工具、工作地布置等。

## (二)动作分析方法的种类

动作分析由吉尔布雷斯首创。他最初研究手的动作,继而总结出动作经济原则。动作分析根据精确度要求,常采用下列三种方法。

### 1. 目视动作分析法

目视动作分析法一般用于比较简单的操作活动,研究人员观察后用动作要素符号进行记录,根据动作经济原则分析改进。

### 2. 动素分析法

动素分析法将工作中的各要素逐项分析,谋求改进。一般用于具有重复性且周期较短的手工操作。

### 3. 动作影片分析法

用摄影机或录像机把操作者的动作拍摄下来,根据需要可以按正常速度拍摄,也可按高速度(用高速摄影机)拍摄,通过影片的放映而进行分析,提出改善意见。这种方法能够取得准确的资料,特别是对细微动作、速度快的动作,更是一种分析研究的有效方法。

## (三)基本动作要素

吉尔布雷斯将人的操作活动分解为17种最小限度单位——基本动作要素,简称"动素",如表6-2所示。第一类为有效动素,共9种:伸手、抓取、移物、定位、装配、拆卸、应用、放手、检查;第二类为辅助动素,共4种:寻找、选择、计划、预定位;第三类为无效动素,共4种:拿住、延迟、休息和故延。动作分析与研究时应尽可能将第二、三类动素排除,并把第一类动素合理配成系列,使操作速度加快。

表6-2　17个动素名称及符号

| 序号 | 动素符号 | 动作名称 | 代号 | 序号 | 动素符号 | 动作名称 | 代号 |
|---|---|---|---|---|---|---|---|
| 1 |  | 伸手 | TE (Transport Empty) | 10 |  | 检查 | I (Inspection) |
| 2 |  | 抓取 | G (Grasp) | 11 |  | 寻找 | SH (Search) |
| 3 |  | 移物 | TL (Transport Load) | 12 |  | 计划 | PN (Plan) |
| 4 |  | 放手 | RL (Release Load) | 13 |  | 预定位 | PP (Preposition) |
| 5 |  | 应用 | U (Use) | 14 |  | 定位 | P (Position) |
| 6 |  | 拿住 | H (Hold) | 15 |  | 休息 | RT (Rest) |
| 7 |  | 拆卸 | D (Disassemble) | 16 |  | 延迟 | UD (Unavoidable Delay) |
| 8 |  | 装配 | A (Assemble) | 17 |  | 故延 | AD (Avoidable Delay) |
| 9 |  | 选择 | ST (Select) | | | | |

## (四)动作经济原则

动作有许多经济原则,都是从经验发展而来的。运用这些原则分析操作和动作可以改进工作。吉尔布雷斯首创动作经济与效率法则(rules for motion economy and efficiency),后经若干学者发展,并由美国加州大学的巴恩斯(Ralph M Barnes)综合为22项,称为动作经济原则。这些原则和方法包括人的动作和工作地布置,工厂和办公室均适用。它为提高手工劳动效率和减少疲劳提供了基础的准则。

动作经济原则的基本思想是:以尽可能减少工人的疲劳、发挥工人最高效率为准则制定操作方法,再配备适当的加工工具、工作区及机械设备。

1. 身体使用原则
(1)双手应同时开始并同时完成其动作;
(2)规定休息时间外,两手不应同时闲着;
(3)两臂的动作应对称、反向并同时进行;
(4)手的动作应尽可能用最低等级而又能获得满意结果的方式;
(5)凡是能利用力矩的地方应用力矩,如果必须用力克服力矩时,应将其降到最低限度;
(6)手的动作以圆滑连续的曲线运动最好,不要采用折线或直线、突然或急剧改变方向的动作;
(7)自然带弧形的运动比受限制或受控制的运动轻快和准确;
(8)动作应尽可能具有轻松自然的节奏,节奏性对于自然地完成一项操作具有重大作用。

2. 工作地布置原则
(1)工具、物料应放于固定处所;
(2)工具、物料及操作装置应放于工作者前方的近处;
(3)零件、物料应尽量利用重力运送到靠近用料的地方;
(4)工具、物料应按操作顺序放置;
(5)应有适当的照明设备,使视觉舒适;
(6)工作台和椅高应使工作者坐、立方便适宜;
(7)工作椅的形状和高度应使工作者保持良好姿势;
(8)工作地点的颜色要与工具的颜色有明显的差别,以减少眼睛的疲劳。

3. 工具装备
(1)尽量减轻手的工作负担,代之以夹具或脚踏装置进行工作;
(2)尽可能用两个或两个以上工具的组合工具;
(3)工具和物料应尽可能预放在工作位置;
(4)手指分别工作时,每个手指的负荷应按照其固有能力分配;
(5)手柄设计时,应尽可能扩大它与手的接触面;
(6)机器的手柄、手轮及操纵杆应安置在很少转动身体就能进行操纵的位置,且能得到最大的机械效率。

上面谈到的几方面原则,并不都具有同等的重要性,而且也没有全面地论述有关制定更好操作方法的所有因素。但是,在工作设计中如果运用得当,就可能使动作效率大大提高并减少疲劳。

## 第三节 工作衡量

### 一、工作衡量的概念

工作衡量（work weight），是指衡量完成一种操作或一系列操作所需要的时间，找出无效时间并区分有效时间和无效时间，以便发现以前总工时中隐藏的无效时间及其性质和数量。工作衡量还有另外的作用，它不仅能发现无效时间，而且能用来制定完成工作任务的标准时间，从而杜绝无效时间再次出现。

### 二、工作衡量的目的

工作衡量关注通过调查研究来减少甚至消除无效时间。

### 三、工作衡量的用途

通过研究，揭露无效时间的原因固然很重要，但从长远来看，制定合理的时间标准更为重要，因为一旦确定了时间标准，还要在继续工作时不断应用并发现无效时间和不必要的工作。制定时间标准时，必须采用工作衡量技术，其作用如下。

第一，比较各种工作分析方法的效果。在相同条件下，工时最短的方法是最理想的方法。

第二，平衡作业组成人员之间的工作量，利用多种活动图，使每人完成工作量的时间尽可能趋于相等。

第三，根据人—机多种活动图，决定每个作业人员能操纵的机器台数。

第四，提供编制生产计划和生产进程的基础资料，包括执行工作方案和利用现有生产能力所需要的设备和劳力。

第五，提供估算标价、销售价格和交货合同的基础资料。

第六，确定机器利用率指标和劳动定额。用以达到上述任何一项目的，还可作为制定奖励办法的基础。

最后，提供劳动成本管理的资料并可确定和维持标准成本。

因此可以清楚地看到，工作衡量可提供企业全部组织活动和管理工作所必要的基础资料，其中时间因素很起作用。当采用这种技术确定标准时间以后，就能清晰地看出工作衡量对这些活动的用途。

### 四、工作衡量的基本程序

以下为工作衡量所必需的各个步骤，图6-4对此加以进一步说明。

第一，选择需要研究的工作。

第二，记录全部工作环境、作业方法和工作要素的有关资料。

第三，考察全部记录材料和细目，以保证使用最有效的方法和动作，将非生产的和不适当的工作要素与生产要素区别开来。

第四，衡量各项要素的工作量（时间），选用适当的工作衡量技术。

第五，制定操作的标准时间，采用秒表测时法研究时，标准时间应包括休息时间和个人生理需要等宽放时间。

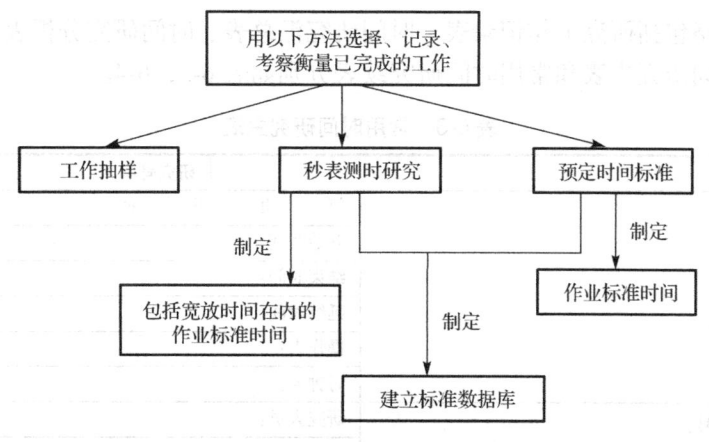

图 6-4 工作衡量的基本程序

最后，确切界定已制定时间的各种活动和操作方法，并发布确定的各种活动和方法的标准时间。其中采用的工作衡量技术主要有：工作抽样、秒表测时研究、预定的时间标准、标准数据库。

## 第四节 时 间 研 究

### 一、时间研究概述

#### （一）时间研究的概念

时间研究（time study）是一种工作衡量技术，用以记录一定条件下进行的某种作业要素的工作效率和时间并分析其数据，从而得到按照规定标准完成作业所需要的时间。

#### （二）时间研究的分类

时间研究可以分为整体时间研究和单元时间研究两大类。

整体时间研究，是把工作日作为一个整体研究对象，对工人和机器设备的各种时间消耗进行观测和记录，找出工时浪费的具体表现和原因，并采取有效措施，进而制定出工作日的标准时间。整体时间研究主要有工作日写实和工作抽样两种方法。

单元时间研究就是研究一个作业单元的工时消耗情况，通过对实测工时的记录、评定，制定出作业单元的标准时间。

#### （三）时间研究的基本工具

时间研究的基本工具是：秒表、记录板、时间研究记录表。

研究人员在进行时间研究时需要携带这些工具，此外还需要以下一些室内作业工具：小型计算器一只、计时准确的带秒针时钟一个。

测量工具：皮尺、钢卷尺、千分尺、弹簧秤、转速表等。

根据所研究的工作的类型，还需要准备其他量具。

#### （四）时间研究记录表

时间研究记录表包含如下表格：常用时间研究主表、常用时间研究续表、短循环研究表。

办公室使用的表格包括研究工作记录表、时间研究汇总表、时间研究分析表、休息宽放时间汇总表。常用时间研究主表和常用时间研究续表分别如表6-3，6-4。

表6-3 常用时间研究主表

| 部门： | | | | 研究号： | | | |
|---|---|---|---|---|---|---|---|
| 作业： 总号： 车间/机器： 号： 工具和量具： | | | | 第 页 共 页 | | | |
| | | | | 开始时间： | | | |
| | | | | 结束时间： | | | |
| | | | | 延续时间： | | | |
| | | | | 操作人： | | | |
| | | | | 时钟号： | | | |
| 产品/零件： 号： 图号： 材料： 质量： | | | | 研究人员： | | | |
| | | | | 日期： | | | |
| | | | | 审定人： | | | |
| 注意：现场平面布置图、装配图、部件图见反面或另面 | | | | | | | |
| 工作要素说明 | 测速 | 秒表读数 | 扣除时间 | 基本时间 | 工作要素说明 | 测速 | 秒表读数 | 扣除时间 | 基本时间 |

表6-4 常用时间研究续表

| 研究项目号数 | | | 时间研究续表 | | | | | 第 页 共 页 | |
|---|---|---|---|---|---|---|---|---|---|
| 工作要素说明 | 测速 | 秒表读数 | 扣除时间 | 基本时间 | 工作要素说明 | 测速 | 秒表读数 | 扣除时间 | 基本时间 |

### （五）时间研究的操作流程

选出需要衡量的工作以后，进行时间研究一般包括以下八个步骤。
(1)收集和记录一切可能影响工作开展的有关作业、操作人员和环境条件的资料。
(2)记录工作方法的详细说明，将作业分为各种要素。
(3)对细节进行考察，以保证使用最有用的工作方法和动作，确定抽样数目。
(4)用计时仪表(通常使用秒表)测量并记录操作人员完成每项作业要素所用的时间。
(5)根据观察人员关于标准速度的概念，评估操作人员的有效工作速度。
(6)把观察到的时间纳入基本时间。
(7)确定操作基本时间之外的宽放时间。
(8)确定操作的标准时间。

## 二、工作日写实

### (一)工作日写实的概念

工作日写实(detailed record of work days)是指对在工作现场的岗位任职者整个工作日的工时利用情况,按时间消耗的顺序,进行观察、记录和分析的一种方法。

### (二)工作日写实的作用

可以全面分析、研究工时利用的情况,找出工时损失的原因,拟定改进工时利用的措施。为制定或修订最大限度加大作业提供必要的数据。

### (三)工作日写实的对象和范围

写实的对象可以是先进的、一般的或后进的工人,也可以对设备的运转进行写实。写实的范围,可以是个人的,也可以是集体的。写实的内容,可以是典型的,也可以是全面的。这些都要根据工作日写实的目的和要求来决定。

### (四)工作日写实的分类

工作日写实根据观察对象和目的的不同可分为五种,即个人工作日写实、工组工作日写实、多机床看管工作日写实、自我工作日写实和特殊工作日写实。

1. 个人工作日写实

以某一岗位任职者为对象,由观察人员实地考察记录的一种情况,是工作日写实的一种基本形式。个人工作日写实的目的侧重于调查工时利用率,确定定额时间,总结先进工作方法和经验等。

2. 工组工作日写实

以工组为对象,由观察人员实施的工作日写实。一般工组写实人数为4~6人,可细分为两类。

(1)同工种工组工作日写实:被观察的工组为相同工种的作业者(如都是车工、都是造型工)。此种写实可以获得反映同类作业者在工时利用以及在生产效率等方面的优劣和差距资料,发现先进工作方法及引起低效或时间浪费的原因。

(2)异工种工组工作日写实:被观察的工组为不同工种工人构成(如兼有基本工人和辅助工人的工组,兼有多种技术工种的工组)。此种写实可以获得反映组内作业者负荷、配合等情况的资料,为改善劳动组织、确定合理定员等提供依据。

3. 多机床看管工作日写实

以多机床看管工人为对象,由观察人员实施的工作日写实。此种写实主要用于研究多机床看管工人作业内容、操作方法、巡回路线等的合理性,以及机器设备运转、工作地的布置、供应、服务等情况,以发现并解决多台看管存在的问题,为充分地发挥工人和设备的效能提供依据。

4. 自我工作日写实

以岗位任职者本人为对象,由作业者自己实施。此种写实,有特定的写实记录表格,由作业者作原始记录,专业人员作分析改进。主要用于研究由组织原因造成的工时损失的规模和原因,目的是为改进企业管理、减少停工时间和非生产时间提供依据。

5. 特殊工作日写实

以研究特定现象为目的，以个人或工作为对象，由观察人员实施的工作日写实。特点是只观察记录、分析研究与研究目的有关的事项及其消耗时间。既可针对个人，也可针对工作时间。例如，调查繁重体力劳动工人的休息与生理需要时间，调查材料、能源缺乏引起的停工时间损失，调查长期完不成生产定额者的工作状态等，都可通过特殊工作日写实获得所需的情况和资料。

(五)工作日写实的操作流程

工作日写实的操作流程包括三个阶段，依次是写实前准备、写实观察记录、写实资料的整理与分析。

1. 写实前准备

(1)根据写实的目的和要求选择对象。为了分析和改进工时利用的情况，找出工时损失的原因，可以分别选择先进、中间和后进工人为对象，便于分析对比。为制定定额提供资料，应选择介于一般和先进之间的工人为对象。为了总结先进经验，应选择具有代表性的先进工人为对象。

(2)事先调查写实对象和工作地情况，如设备、工具、劳动组织、工作地布置、工人技术等级、工龄、工种等。如果写实是为了提供制定定额的数据资料，需要消除生产和管理方面不正常的因素，以便使测定资料具有代表性。

(3)写实人员要把写实的意图和目的向写实对象讲清楚，以便取得工人的积极配合。

(4)明确划分写实事项，并规定各类工时的代号，以便记录。

2. 写实观察记录

写实应从上班开始，一直到下班结束，并将整个工作日的工时消耗毫无遗漏地记录下来，以保证写实资料的完整性。在观察记录过程中，写实人员要集中精力，在工人的配合下，按顺序判明每项活动的性质，并简明扼要地记录每一事项及起止时间(参见表 6-5)。如果发生与机动时间交叉的活动项目，应记清其内容。

表 6-5 工作日写实原始记录表

| | 工作内容： | | | 工程量单位： | | | |
|---|---|---|---|---|---|---|---|
| 观测地点： | | 日期： | | 施工单位： | 观测编号： | | |
| 班组工人数量： | | | | 施工组织情况： | | | |
| | 时间划分 | 开始时间 时：分 | 结束时间 时：分 | 时间消耗(分) | 耗时修正 时(分) | 修正后耗 时(分) | 备注 |
| | 定额时间 | | | | | | |
| 1 | 准备工作时间 | | | | | | |
| 2 | 基本工作时间 | | | | | | |
| 3 | 辅助工作时间 | | | | | | |
| 4 | 合理中断时间 | | | | | | |
| 5 | 休息时间 | | | | | | |

续表

| 观测地点: | | 日期: | | 施工单位: | | 观测编号: | | | |
|---|---|---|---|---|---|---|---|---|---|
| 6 | 结束整理时间 | | | | | | | | |
| | 非定额时间 | | | | | | | | |
| 7 | 施工本身造成的停工时间 | | | | | | | | |
| 8 | 非施工本身造成的停工时间 | | | | | | | | |
| 9 | 违反劳动纪律损失的时间 | | | | | | | | |
| 10 | 其他浪费时间 | | | | | | | | |
| | 消耗时间总计 | | | | | | | | |
| | 完成产量 | | | | | | | | |

观察者：　　　　　　　　　　　复核者：

### 3. 写实资料的整理与分析

(1)计算各项活动事项消耗的时间。

(2)对所有观察事项进行分类，通过汇总计算出每一类工时的合计数。

(3)编制工作日写实记录汇总表(参见表6-6)。在分析、研究各类工时消耗的基础上，分别计算出每类工时消耗占全部工作时间和占作业时间的比重。

表6-6　工作日写实记录汇总表

| 工作内容： | | | | | | | | | | | | 工程量单位： | |
|---|---|---|---|---|---|---|---|---|---|---|---|---|---|
| 观测编号 | | | | | | | | | | | | | 加权平均值 $m$ |
| 工人数量 | | | | | | | | | | | | | |
| 实际观测时间(分) | | | | | | | | | | | | | |
| 序号 | 时间划分 | 时间消耗 | | 时间消耗 | | 时间消耗 | | 时间消耗 | | 时间消耗 | | | |
| | | 分 | % | 分 | % | 分 | % | 分 | % | 分 | % | | |
| 定额时间 | | | | | | | | | | | | | |
| 1 | 准备工作时间 | | | | | | | | | | | | |
| 2 | 基本工作时间 | | | | | | | | | | | | |
| 3 | 辅助工作时间 | | | | | | | | | | | | |
| 4 | 合理中断时间 | | | | | | | | | | | | |
| 5 | 休息时间 | | | | | | | | | | | | |
| 6 | 结束整理时间 | | | | | | | | | | | | |
| 7 | 非定额时间 | | | | | | | | | | | | |
| 8 | 施工本身造成的停工时间 | | | | | | | | | | | | |
| 9 | 非施工本身造成的停工时间 | | | | | | | | | | | | |
| 10 | 返工的时间 | | | | | | | | | | | | |
| 11 | 其他浪费的时间 | | | | | | | | | | | | |
| 完成产量 | | | | | | | | | | | | | |
| 每工日产量 $q$ | | | | | | | | | | | | | |

计算者：　　　　　　　　　　　复核者：

(4)拟定各项改进工时利用的技术组织措施,计算通过实施技术组织措施后,可能提高劳动生产率的程度。

(5)根据写实结果,写出分析报告。

## 三、工作抽样

### (一)工作抽样的概念

工作抽样又叫工时抽样、瞬时观测法。它是根据数理统计原理,利用随机抽样的方法,通过对观察现象的工作情况进行观测记录,并对记录数据进行分析整理和计算,可以得到工时消耗资料的一种时间研究方法。

### (二)工作抽样的用途

(1)测定工时利用率和设备开动率。

(2)代替工作日写实法,可以测定某工种或工序的实际工时消耗结构。

(3)测定各类非定额人员的工作负荷,为合理定员提供依据。

(4)审核定额水平。

### (三)工作抽样的操作流程

1. 明确调查目的

根据调查目的来确定工作抽样调查的对象、范围以及工作抽样所要达到的可靠度和准确度。进行工时研究时,可靠度取95%、准确度取正负5%~10%,即可满足要求。

2. 对调查对象的作业活动适当分类

对调查对象的作业活动适当分类,以便正确地观察、记录和事后分析。调查操作者时,一般按工作消耗类别划分;调查设备开动状况时,一般按造成设备停开的原因分类。分类可粗可细,主要根据调查的目的和要求确定。

3. 确定观测次数

确定观测次数,即抽取的样本数。取样少,对总体的代表性小,抽样结果的准确性和可靠性就小;反之,对总体的代表性大,抽样结果的准确性和可靠性就大。观测次数可根据统计学中二项式分布标准偏差的公式计算,当可靠度取95%时,计算公式如下

$$N = \frac{4(1-P)}{S^2 P} \tag{6-1}$$

式中　$N$——观测次数;

　　　$S$——相对误差,即准确度要求;

　　　$P$——调查事项发生率的估算值。

根据实验,一般情况下,为了发现企业管理上存在的问题需观测1000~2000次,为了精确测定设备停开率或工时利用率并分析原因,需观测3000~5000次;为了精确制定时间标准数据,需观测5000~10 000次。

4. 决定观测时刻

观测时刻决定不当,会使观测失去代表性。观测时刻一般可借助于随机数表、随机时刻表、乱数骰子等方式确定。从组织抽查的方式看,可采取纯随机时间间隔进行,也可是每天的第一个观测时刻在开始工作后半小时内随机确定,以后按一定间隔确定其他观测时刻。为

了提高工作抽查的准确性和有效性，也可采取分层抽查或区域抽查，根据调查对象作业活动的特点确定采取的观测方式。

5．现场观测

在每天事先确定的观测时刻里，按一定的巡回路线进行现场观测。观测时不需使用秒表或其他计时工具。当观测人员巡回至固定的观测位置时，将此一瞬间见到的作业活动，记录到事先设计好的表格中。

6．检验抽样数据

完成全部观测以后，需检验全部抽样的结果。检验的方法：根据抽样的数据，先计算出所调查的主要事项发生率，然后分别计算出上下控制界限。公式如下

$$上控制界限 = P + 3\sqrt{P(1-P)/N} \quad (6-2)$$

$$下控制界限 = P - 3\sqrt{P(1-P)/N} \quad (6-3)$$

式中：$N$——每日观测次数；

$P$——总平均发生率(某事项)。

将每天观测的结果反映到管理图上，凡超出上下界限的点，表明观测数据异常，应予以废弃。另外，尚需计算工作抽样的相对误差 $S$，看其是否达到预定要求。公式如下

$$S = 2\sqrt{(1-P)/NP} \quad (6-4)$$

式中：$S$——相对误差；

$P$——删去异常数据后总平均发生率；

$N$——删去异常数据后的总观察次数。

假若相对误差 $S$ 没有达到预先规定的要求，需追加观测次数，直到满足准确度要求为止。

7．计算和评价观测结果

计算出所有分类事项的发生次数和发生率，同时结合现场观察到的情况，作必要的分析评价和说明，以备使用。

### 案例

**某电器销售公司营运部的工作抽样应用举例**

工作抽样法应用于研究各类管理岗位的工时消耗情况，为制定或修订企业定员数量提供依据。某电器销售公司营运部库管员需要经常填写入库单据，现要对其填写单据的情况进行抽样调查，并提出处理单据的时间定额标准。

首先，应当选择好观测的对象，并将其工作分解为几个具体的工作事项，用不等间隔随机地进行瞬间观测。结果发现在 100 个小时内处理了 500 份单据，总观察次数为 1000 次，并对工作活动进行必要的评定，其结果如表 6-7 所示。

表 6-7 抽样调查汇总表

| 观察次数 | 工作内容 | 评定系数 | 折合次数 |
| --- | --- | --- | --- |
| 300 | 填写单据 | 0.70 | 210 |
| 200 | 查询 | 1.15 | 230 |
| 100 | 削铅笔 | 0.65 | 65 |
| 200 | 分类存档入账 | 1.05 | 210 |
| 200 | 无事闲谈 | — | — |
| 合计 | — | — | 715 |

资料来源：安鸿章．工作岗位研究原理与应用(第二版)[M]　北京：中国劳动社会保障出版社，2005。

为了求出处理单据的标准时间，应按下列步骤进行。

1. 求出填写单据实际耗用的时间

$$T_g = T_c \times n / N = 100 \times (300 + 200 + 100 + 200) / 1000 = 80 (工时)$$

式中：$T_g$——实际耗用工时；

$T_c$——总的工作时间；

$n$——观测中与填写单据有关的观测次数；

$N$——总观测次数。

2. 计算总平均的工作效率

$$P_x = H / n = 715 / (300+200+100+200) \approx 0.89 \text{ 或 } 89\%$$

式中：$P_x$——总平均的工作效率；

$H$——评定后折合的工作次数；

$N$——评定前观察的工作次数。

3. 计算出总的正常工作时间

$$T_{zh} = T_g \cdot P_x = 80 \times 0.89 = 71.2 (工时)$$

式中：$T_{zh}$——总的正常工作时间。

4. 计算出处理每份单据的正常工作时间

$$T_d = T_{zh} / D_c = 71.2 / 500 = 0.1424 (工时/份)$$

式中：$T_d$——处理每份单据的正常时间；

$D_c$——已处理完毕的单据总数。

5. 赋予宽放时间，最后求出标准时间

由于本项工作完全是手工操作，故时间宽放率为 20%（$K=0.2$）

$$T_b = T_d / (1-K) = 0.1424 / (1-0.2) = 0.178 (工时/份) \text{ 或者 } 10.68 (分钟/份)$$

式中：$T_b$——处理每份单据的标准时间；

$K$——时间宽放率。

最后，根据工作抽样的结果，可制定出处理单据的标准时间为 10.68 分钟/份。

## 第五节 劳动强度的测评

### 一、劳动强度的概念

劳动强度（work intensity）是指劳动者所从事的劳动的繁重、紧张或密集程度。劳动强度以劳动者一定时间内体力和智力（肌肉能量和神经能量）的消耗量来衡量。劳动者的劳动强度既与生产劳动过程和劳动组织状况有关，又直接反映为劳动者的生理、心理状态。最终反映为劳动者的产热量——能量代谢的状态。因此，对劳动强度的测定，不但要掌握劳动组织安排和劳动过程（劳动时间、动作）的情况，而且要对劳动者的生理、心理状态进行测定和观察。

### 二、劳动强度的测定方法

劳动强度与多种因素有关，但最终都反映为能量代谢的变化，表现为能量代谢率、心率、肺通气量、氧耗量、体温、出汗率等方面的变化。对劳动强度的测定主要是用测定能量代谢的方法，也有通过测定体温、心率、排汗量来测定的。

### (一)能量代谢的测定方法

1. 直接测热法

由于人体的能量消耗最终都转变为热能，因此，把人置于特制的量热器中，直接测量其产生的热量，计算出能量代谢率。这种方法称为直接测热法。直接测热法的装置比较复杂，只限于实验研究。

2. 间接测热法

间接测热法是利用人体的能量消耗量与氧气的消耗量和二氧化碳的产生量相关的原理，测定人体在一定时间内氧气的消耗量和二氧化碳的呼出量。然后结合呼吸商(二氧化碳呼出量与氧耗量之比)和氧的热价，间接计算出产生的热量，而测出能量代谢率。这种方法也主要是用于实验研究。

3. 肺通气量法

人体的肺通气量与能量代谢也有一定的函数关系。肺通气量法就是利用这种关系，通过测定一定时间内的肺通气量，间接计算出能量代谢率。由于已有携带方便、可在生产现场使用的肺通气量仪，因而这种方法使用较广泛。

### (二)测定劳动强度的其他方法

1. 心率法

劳动强度的变化也会引起心血管系统的变化，尤其是心率的变化。因此，可以通过测定心率来衡量劳动强度。影响心率的因素较多，个体差异也较大，易影响测定的准确性。但这种测试方法方便简单，便于应用。

2. 体温法

由于劳动强度的增加，引起人体产热量的增加，因而体温也会升高。因此，也可以通过测定体温来衡量劳动强度的大小。但体温的影响因素很多，要精确测定也有一定困难，实际应用不多。

3. 排汗量法

劳动强度的增加，使产热增加，机体的排汗也增加。因此，也可以通过测定排汗量来衡量劳动强度。但实际测量时较困难，难以应用。

## 三、劳动强度的分级评价

劳动强度分级是以一定的指标，划分出劳动负荷量大小的等级。劳动强度分级是劳动生理研究、劳动保护工作中的一项重要内容，也是劳动管理科学化，制定先进、合理的定员定额，提高劳动生产率不可缺少的卫生学依据。对劳动强度的分级，因测定方法和分级指标的不同而有多种，现分述如下。

### (一)劳动强度指数法

以劳动者工作日的劳动时间率和能量代谢率计算劳动强度分级指标。对于体力劳动强度分级，计算公式是

$$I = 3T+7M$$

式中：$I$——劳动强度分级指数；
　　　$T$——工作日工时利用率；
　　　$M$——工作日人均能量代谢率。

这是国家标准《体力劳动强度分级》（GB 3869—83）规定使用的分级方法，也是岗位劳动评价使用的方法。

### (二) 相对能量代谢率法

分别测定劳动者的基础能量代谢率（人体在清醒而又极端安静，不受外界或自身因素影响状态下的能量代谢率）、劳动时的能量代谢率，按下式计算相对能量代谢率（RMR），作为指标分级。

相对能量代谢率＝劳动能量代谢率/基础能量代谢率

### (三) 其他分级方法

直接以耗氧量、能量消耗量、能量代谢率、心率、体温、排汗量作为分级指标，分出级别。各种分级方法基本上都把劳动强度分为很轻、轻、中等、重、很重、极重等3～6个等级。体力劳动强度的评价指标和分级标准如表6-8所示。

表6-8　体力劳动强度的评价指标和分级标准

| 评价指标 | 劳动强度等级 | | | | | |
| --- | --- | --- | --- | --- | --- | --- |
| | 很轻 | 轻 | 中等 | 重 | 很重 | 极重 |
| 分级指标 | ≤15 | ～20 | ～25 | >25 | | |
| 相对能量代谢率(RMR) | | ～1 | ～2 | ～4 | ～7 | >7 |
| 能量消耗量(kJ/工日·人) | | ～4286 | ～6428 | ～9041 | ～11786 | >11786 |
| 能量代谢率(kJ/min·m$^2$) | | ～8 | ～11 | ～14 | >14 | |
| 能量消耗(kJ/min) | ～10 | ～21 | ～31 | ～42 | ～52 | >53 |
| 耗氧量(L/min) | ～0.5 | ～1.0 | ～1.5 | ～2.0 | ～2.5 | >2.5 |
| 心率(次/min) | | ～100 | ～124 | ～150 | >150 | |
| 直肠体温(℃) | <37.5 | ～380 | ～38.5 | ～39.0 | >39.0 | |
| 八小时平均排汗率(mL/h) | <200 | ～400 | ～600 | ～800 | >800 | |

以上指标和标准主要是针对有体力活动的劳动。对于单纯的脑力劳动，还没有科学的分级方法。

## 四、体力劳动强度的测定方法

### (一) 体力劳动强度测定的内容

体力劳动是指以体力活动为主的劳动。岗位劳动评价对体力劳动强度的测定，采用国家标准《体力劳动强度分级》中规定的方法，即采用肺通气量法测定能量代谢率，用写实测定的方法测定劳动时间率，计算分级指数作为分级指标，分出体力劳动强度的级别。

体力劳动强度的测定主要包括劳动时间率的测定和能量代谢率测定两方面的内容。

1. 能量代谢率的含义

能量代谢率是单位时间中劳动者单位体表面积的能量消耗量，以工作日中平均每分钟每平方米表面积的能量消耗量表示，单位是$kJ/(min·m^2)$。虽然劳动者在劳动过程中的能量代谢率或能量消耗量与劳动活动量的大小、劳动时间的长短有关，也随劳动者的体格状况（素质、性别、年龄等)的不同有一定差异,但若与劳动者单位体表面积的能量消耗量作比较,则可以消除体格方面差异的影响,而体现劳动强度的差别。

2. 能量代谢率测定的主要内容

(1)调查生产劳动过程和组织安排情况,掌握被测评岗位的作业内容、工序、主要操作和动作、作业位置、作业人员数量等情况。

(2)制定能量代谢测定计划,确定测定对象和测定的动作。

(3)在劳动过程中,以岗位为单位测定劳动者的各类动作的能量代谢数据。测定的方法是采用肺通气量法,即用肺通气量计测定劳动者从事各类动作的肺通气量,又称为采气。

(4)测定劳动者的生理重量等:身高、体重、年龄等,计算其体表面积。

(5)测定气象条件:气温、气压、水蒸气分压。

(6)数据处理和分级:根据肺通气量、体表面积、气象条件,计算每类动作的能量代谢率。根据每类动作的时间,计算工作日平均能量代谢率。根据劳动时间和能量代谢率计算分级指数。按分组标准,确定体力劳动强度的级别。

3. 能量代谢率测定的条件与规定

1) 能量代谢测定的条件

(1)进行能量代谢测定时,生产岗位劳动者必须处于正常的生产劳动状态。

(2)能量代谢的测定一般应与岗位的时间测定同步进行。

(3)受测对象必须是合格的岗位劳动者,身体健康,无明显的心血管、呼吸系统疾病。

(4)进行能量代谢测定前,必须充分了解受测岗位情况,制订测定计划。

2) 能量代谢测定的规定

(1)能量代谢测定是以岗位为单位,以岗位劳动者为测定对象,针对岗位的各类动作测定。

(2)受测岗位符合要求的劳动者均可作为测定对象。若岗位人数多,不一定对每个人都测定,要求能测完全部采气动作即可,一般要求测定2~4人。

(3)对于每类动作,应尽可能对其包含的各种动作采气。若其中包含的动作多,可选择其中动作时间长或具有代表性的动作,作为采气动作,进行测定。

(4)每个采气动作的测定次数应不少于8次,或测定总时间达到5分钟以上。

(5)对于动作分类不同,但体力劳动强度相同或很近似的几类动作,可只对其中的一类动作测定,或对每类动作测定几次,作为这几类动作的共同数据。

(6)不同岗位之间,若作业动作完全相同,其测定数据也可共用或代用。

3) 采气计划的制订

采气计划是能量代谢测定中肺通气量测定的工作安排和依据,应在测定开始前制订,以保证测定工作的进度和质量。

采气计划的主要内容有:编码、工种岗位名称、主要采气动作的编号和名称。主要采气动作根据岗位作业动作的实际情况确定,也应符合本节中关于能量代谢测定的规定,还应根据写实测定的动作内容及时补充修订。

采气计划由能量代谢测定负责人分阶段制订,并注意与写实计划的同步配合。采气计划可以单独制订,也可与有害因素检测计划共同制订。

4) 采气的工作步骤和要求

(1)准备好肺通气量计。使用前应充足电,检查各部分是否正常。准备好记录表。

(2)熟悉测定计划,掌握需采气的动作及其出现的工序。

(3)到生产现场,向采气对象讲明采气的要求和方法,使其更好地配合采气。要求采气对象正常操作作业,正常呼吸。

(4)在需测定的动作出现之前,给采气对象戴上仪器和口罩,让其适应5~10分钟后,再开始测量。

(5)测量之前,应询问采气对象所戴的口罩是否漏气,若漏气应重戴,直至不漏气为止。

(6)按测定计划的要求,对每类动作采气。若某一类动作中包含多个动作,应尽可能对每个动作采气。每类动作的采气次数应不少于8次,或采气总时间不少于5分钟。

(7)每次采气的测量时间不少于2分钟,采气读数控制在2000~8000较好(使用FTQIJ——1型肺通气量计)。

(8)每个岗位的采气对象应在2人以上(除非只有1人的岗位),尽可能多采。对一个采气对象,一个动作连续测量次数一般不应超过4次。

(9)若采气对象作业不正常,故意加大动作量,做出不该出现的动作,故意深呼吸,或仪器工作不正常,应报废采气数据。

(10)若采气对象在实际工作中出现测定计划中没有列入的动作,应加采。

此外,在第一天的写实工作完成后,采气负责人应根据写实资料,核对或修订能量代谢测定计划。对不同的采气对象采气时,每人采后应用75%酒精擦拭采气口罩消毒。每天采气结束后,应清洗口罩、通气管并消毒。

5)身高体重的测量

对每个采气对象都要测量身高、体重。要求在采气前或采气后及时测量。测量时要脱鞋,若外衣较重也应脱去。一定要实测,不能用采气对象自报的以前的测量数据代替。

6)气象条件的测定

在采气的同时应测量工作场所的气温和气压。气温测量使用通风温湿度计,应在采气的时间内连续(每隔10~15分钟)测量,供采气计算时选用合适的温度。若室内外温差不大亦可用常温测定时测定的室外气温代替。根据气温查表求水蒸气分压。

采气数据应及时准确地填写于能量代谢测定记录表中,如表6-9所示。

表6-9 能量代谢测定记录表

编码:　　　工种:　　　岗位:　　　分厂:　　　车间:
采气对象姓名:　　　性别:　　　年龄:　　　身高:　　　体重:　　　仪器:　YA型

| 活动类别 | 采气序号 | 活动事项名称内容位置 | 采气开始时间 | | | 采气结果 | | 气象条件 | | | 备注 |
|---|---|---|---|---|---|---|---|---|---|---|---|
| | | | 月 | 日 | 时 分 | 采气量(升) | 采气时间(分) | 气温(℃) | 气压(kPa) | 水蒸气分压(kPa) | |
| | | | | | | | | | | | |
| | | | | | | | | | | | |
| | | | | | | | | | | | |
| | | | | | | | | | | | |

测定者:　　　　　审核者:　　　　　年　月　日

## 五、劳动强度其他因素的测定和分级

岗位劳动评价对劳动强度的评价因素还有工时利用率、劳动姿势、劳动紧张程度和工作班制。

### (一)工时利用率的测定和分级

工时利用率反映了劳动时间的长短,是影响劳动强度的重要因素。虽然在体力劳动强度分级中,已考虑了劳动时间因素,但计算分级指数毕竟还是以能量代谢率为主。同样级别的体力劳动强度,工时利用率仍有较大的差别。在现代工业生产中,劳动的能量消耗低,但劳动时间长的岗位也不少。这类岗位单纯以体力劳动强度评价劳动强度显然是不合理的。因此,岗位劳动评价把工时利用率也作为对劳动强度评价的因素,使评价更为合理。

工时利用率是指在工作日制度工时中,完全用于生产劳动活动的时间占制度工时总时间的百分比。工时利用率通过写实测定、时间测定得到的劳动时间率也就是工时利用率。根据岗位写实测定得到的时间数据,即可按评价标准分出级别。

### (二)劳动姿势的测定和分级

劳动姿势是在劳动中,劳动者的身体采取的位置或形态。劳动姿势对劳动者的劳动强度和疲劳程度都有一定的影响。

1. 劳动姿势的种类

在实际劳动中,劳动者采取的劳动姿势主要有坐姿、立姿、前俯(弯腰)、后仰、卧姿、蹲姿等。

(1)坐姿。坐姿是以臀部为体重的支撑部位,手足可以稍微活动的姿势。坐姿可以持续较长的时间,不易疲劳,可手足并用。但用力受限,不易改变体位。

(2)立姿。立姿是以足为体重的支撑部位,上体前屈角小于30度的姿势。立姿的活动范围广,变换体位容易。但肌肉需要消耗较多的能量以支持体重,保持姿势,较坐姿更为费力,更易疲劳。

(3)前俯(弯腰)。前俯或弯腰是采取立姿,但上体的前屈角大于30度的姿势。这种姿势较立姿更为费力,更易疲劳。

(4)后仰。后仰也是立姿的变化姿势,是身体采以立姿,但上体后屈的姿势。后仰也较立姿更为费力,更易疲劳。

(5)卧姿。卧姿是以身体的躯干部分为体重的支撑部位,身体与支撑物平行的姿势。卧姿作业一般用于特殊作业或工作范围狭小局限的作业,也较费力。

(6)蹲姿。蹲姿是以足为体重的支撑部位,下肢膝关节弯曲的姿势。蹲姿在劳动中也较常用,但较坐姿和立姿费力,易于疲劳。

以上各种姿势,除坐姿、立姿外,其他姿势都较费力,易于疲劳,成为难适应姿势。

2. 静态姿势和动态姿势

根据姿势是否发生变化,劳动姿势可分为静态姿势和动态姿势。静态姿势是指采取的劳动姿势固定不变或很少有变化;动态姿势是指采取的劳动姿势不断或经常变化。静态姿势能量消耗不高,但较动态姿势易于疲劳,难以持久。

3. 劳动姿势的测定和分级

在生产劳动实践中,劳动姿势比较复杂。有的岗位在劳动过程中变化很大,要进行精确的测定,难度很大,甚至无法做到。但大多数岗位的劳动姿势总是以某种姿势为主。可以通过现场观察或对写实测定的动作内容记录分析,确定其主要劳动姿势及姿势的变化,然后按分级标准分出劳动姿势的级别,做出评价。

(三) 劳动紧张程度的测定和分级

劳动紧张程度应该包括心理和生理两方面的紧张程度。对劳动紧张程度的直接评价是很困难的，也难以在生产实际中运用。岗位劳动评价对劳动紧张程度是采用间接评价的方法。生理紧张程度又与劳动持续时间、劳动姿势和处于紧张状态的生理器官的多少有关。劳动持续时间和劳动姿势已在其他评价指标中涉及。因此，劳动紧张程度这一评价因素，仅对处于紧张状态的生理器官的多少进行评价。

生理器官处于紧张状态，是指为了满足生产劳动的需要，劳动者的生理器官处于频繁活动或时刻准备做出反应或活动的状态。劳动中劳动者运用的生理器官主要是眼、耳、手、足。故对紧张程度的评价，是通过现场观察或对写实测定的动作内容进行统计分析，根据在劳动中劳动者这四种生理器官是否经常处于紧张状态，以及处于紧张状态生理器官的多少，按照评价标准定出级别。

(四) 工作班制的分级

工作班制对劳动者的劳动效率和疲劳程度也有一定的影响。对工作班制的评价比较简单。通过了解生产组织安排情况，根据被评价岗位的实际工作班制，即可按标准分出级别。

## 第六节　劳动环境的测评

### 一、劳动环境的概念

劳动环境 (work environment) 是指劳动者从事生产劳动的场所的外部环境条件。现代工业生产环境是复杂的，影响因素很多。对于岗位劳动评价，主要考虑劳动环境中对劳动者的劳动效率和身心健康有影响或危害的因素，如粉尘、高温、毒物、噪声、振动、电离辐射等生产性有害因素，以及井下、露天、高处作业等不良的环境条件。这些因素和条件统称为有害因素。

通过对劳动环境中各种有害因素的测定和分级，可以反映岗位劳动环境条件对劳动者的劳动效率和健康的影响程度。

### 二、劳动环境的测定方法

(一) 测定的特点

岗位劳动评价对劳动环境的测定有以下特点。

(1) 必须在正常生产状态下进行劳动环境测定，以反映岗位劳动环境条件的正常水平。

(2) 环境测定是针对岗位劳动者测定，要反映有害因素对岗位劳动者的危害程度。因此，在测定因素的选择上和接触范围、测定点的确定上都有一定的特殊要求。

(3) 测定的有害因素种类多，需要运用劳动卫生和环境监测中的多种技术和方法，对被评价岗位存在的可能危害劳动者健康 (达到评价下限) 的各种有害因素都要测定，以实现对劳动环境的综合评价。

(4) 测定的目的是评价有害因素的危害程度。因此，不但要测定有害因素的浓度 (强度)，而且要测定对有害因素的接触时间。

(5)测定技术方法要求高,必须符合有关标准的要求。

(6)测定数据必须准确可靠。为了做出准确的评价,对受测岗位要进行多个工作日多次测定。对作业工序、位置比较复杂的岗位,还要进行多点测定,以取得准确可靠的数据。

### (二)分级的基本方法

劳动环境的测定和分级,是对劳动环境各项评价因素的评价。也就是对劳动环境中各种有害因素和不良环境条件的测定和分级。

劳动环境中有害因素的危害程度,主要取决于劳动者在劳动过程中接触有害因素的时间和有害因素的强度(浓度)。因此,对劳动环境中有害因素的测定和分组的基本方法是:测定劳动者接触有害因素的时间和有害因素的强度(浓度),根据有害因素的种类,按照相应的国家标准、颁布标准或岗位劳动评价标准定量分级,做出评价。

## 三、劳动环境测定的工作步骤和要求

### (一)劳动环境测定的工作步骤

(1)调查受测岗位的基本情况,包括生产工艺流程、原料和产品、有害因素接触情况、作业位置和工序。

(2)确定对有害因素的接触范围、测定点、测定的技术方法和仪器。

(3)制定有害因素监测计划。

(4)测定对有害因素接触时间和接触时间率。可在劳动时间测定时同时进行。

(5)测定有害因素浓度(强度)。一般要求与时间测定同步进行,在3个工作日内测定,每个测定点至少测定5次。

(6)对测定数据进行计算处理,按标准分级,做出评价。

### (二)确定有害因素测定点的要求

有害因素测定点是对有害因素的强度和浓度进行实测的具体位置或时间(工序)。只有正确确定有害因素的测定点,才能科学地、真实地反映被评价岗位劳动者接触有害因素的实际情况,为有害因素的分级评价提供可靠的依据。

有害因素测定点是在被评价岗位有害因素的接触范围内,根据岗位作业的性质、工序、位置和接触情况确定,其要求如下。

(1)对作业位置单一固定,并且在整个作业过程中,有害因素的强度或浓度较稳定的岗位,可在作业位置设一个测定点。

(2)对有多个较固定的作业位置,但在整个作业过程中,所有作业位置的有害因素的浓度或强度相同或差别很小的岗位,可在有代表性的作业位置上设一个测定点。

(3)对作业位置单一固定,但各作业工序(动作)接触的有害因素的浓度或强度不同的岗位,应对多个工序设多个测定点。

(4)对多个作业位置、多个作业工序,且各作业位置或工序的有害因素的浓度或强度不同的岗位,则应根据作业位置和工序接触有害因素的不同,设多个测定点。

(5)对流动性作业岗位,应根据实际情况,选择具有代表性的位置或工序设测定点,或使用可由劳动者携带的个体采样、测定仪器进行测定。

(6)测定点放置测定仪器的具体位置,一般应尽量接近劳动者的作业位置,并处于下风侧或浓度(强度)有代表性的位置。粉尘和毒物采样器的采样头应处于呼吸带高度，高温和辐射热测定的探头处于胸部高度，噪声测定的传声器应处于耳部高度。

### (三) 有害因素监测计划的制订

有害因素监测计划，是对劳动环境中有害因素的浓度或强度测定的安排，是实施测定的依据。在制订对有害因素监测计划前，必须确定受测岗位应测定的有害因素种类，每类有害因素的接触范围和有害因素的测定点。

有害因素测定计划的主要内容是填写各有害因素测定点的编号、位置、工序，以便到现场确定具体的测定点。必要时应标明测定仪器。有害因素测定计划一般与采气计划共同制订。

### (四) 有害因素测定实施的基本要求

各种有害因素现场测定的工作要求基本相同，主要要求如下。

(1) 根据测定计划，掌握有害因素测定点的位置、工序，决定使用的仪器和测定方法。

(2) 检查仪器设备。准备好测定需要的各种仪器设备，必要时对仪器进行检定和校准。

(3) 到生产现场确定测定仪器的具体放置位置，按测定计划的要求对每个测定点进行测定。

(4) 决定每个测定点的测定次数。根据有害因素和仪器种类决定采样或测定时间。

(5) 测定中应注意观察仪器的工作状态，测定完后对测定样品或读数进行检查。如发现仪器工作不正常，或有弄虚作假的情况，应报废重测。

(6) 对需实验室分析或测定的有害因素样品，应在采样后及时分析或测定。

(7) 现场测定时，应及时做好记录，准确填写各项测定记录表。

(8) 现场测定结束后，应维护保养仪器，做好下次测定的准备工作。

### (五) 测定仪器使用要点

劳动环境测定使用的仪器很多，只有正确地使用测定仪器，才能保证测定的正常进行，取得准确的数据。使用仪器的一般原则如下。

(1) 使用前应认真阅读仪器使用说明书，掌握测定仪器的基本原理、结构和使用方法。对于较复杂的仪器，应多次实习或试测，直至能熟练使用。

(2) 仪器使用前应经计量部门检定或校准。使用过程中发现有异常，也应及时检定或校准。

(3) 每次测定前应检查仪器各部分是否能正常工作，是否带齐使用的附件。

(4) 在使用和搬运仪器时，应注意保护仪器，避免损坏。尤其是在测定过程中，要注意观察，及时处理可能影响仪器安全的情况，避免仪器的损伤。

(5) 每次使用完毕后，应对仪器进行检查、充电、擦拭或清洗等保养维护工作，保证仪器下次能正常使用。

(6) 配备仪器维修人员，处理仪器的故障，保证使用。

(7) 各种仪器都有一些具体的使用方法或特殊要求，必须在使用中遵守。

## 四、劳动环境测定数据处理的基本方法和要求

劳动环境的测定比较复杂，测定的项目多，测定方法及使用仪器各不相同，数据的种类多、数量大。因此在生产现场完成测定取得数据后，必须进行严格的审查，并按要求对数据进行分类，使之与同类岗位的时间数据相配合，这样才能进行计算，用于评价指标的分级。

### (一)测定数据的审查

劳动环境测定数据完成后,测定人员应及时进行自审,并由测定负责人进行总审。数据审查的主要内容和要求如下内容:

(1)审查测定方法、测定点和测定次数是否符合有关标准或规定的要求。不符合要求的应补测或重测。

(2)审查测定记录表的填写是否齐全、正确。

(3)审查各项测定数据是否有错误或异常。对错误数据应改正或重测;对异常数据应找出原因,予以提出并补测。

(4)审查测定数据是否低于评价下限。若某一有害因素的测定数据都低于评价下限,则不做进一步处理和评价。

(5)审查各项数据的计量单位和小数位数是否正确。劳动环境各项测定数据的计量单位和小数位数如表 6-10 所示。

表 6-10 劳动环境测定数据的计量单位及小数位数

| 数据种类 | 数据名称 | 计量单位 | 小数位数 |
|---|---|---|---|
| 粉尘测定 | $SiO_2$ 含量 | % | 0 |
| | 滤膜重量 | mg | 1 |
| | 流量 | L/min | 1 |
| | 采样时间 | min | 0 |
| 高温测定 | 气温 | ℃ | 1 |
| | 辐射热 | $J/cm^2 \cdot min$ | 2 |
| 噪目测定 | 声级测定结果 | dB(A)或 Leq[dB(A)] | 1 |
| 毒物测定 | 毒物浓度 | $mg/m^3$ | 根据需要 |
| 局部振动测定 | 振动加速度 | $m/s^2$ | 2 |
| 电离辐射测定 | 计量量当量 | mSv | 根据需要 |

### (二)测定数据的分类

劳动环境测定数据,必须以同一岗位的写实动作分类为依据,分出类别,以便数据的计算处理。分类的具体方法如下。

(1)以写实动作分类表为依据,根据有害因素测定点的位置和工序,判断测定数据应用于哪一类动作,并在测定记录的"动作类别"栏填写该类的数字。

(2)若某一类动作,需用几个测定点的数据,则这些数据均应分在这一类内。

(3)若有几类动作需用同一测定点的数据或这一测定点的数据应用于这几类动作,在"动作类别"栏中,应填写这几类动作的类别数字。

(4)同一岗位的各项测定数据,均应与本岗位的写实分类配合。

(5)数据的审查和分类必须由专人负责。

### (三)测定数据的计算方法

(1)测定数据的计算方法,必须符合有关标准和规定的要求,符合岗位劳动评价的需要。

(2)有害因素接触时间数据是劳动环境测定数据(有害因素强度数据)计算的基础,必须先计算出有害因素接触时间。

(3)各种有害因素测定数据都按动作类别计算。即对每次测定数据分类后，先计算每类动作各次测定的平均值，然后计算所有各类动作的接触时间加权平均值。

(4)测定数据的计算，是按有害因素的种类对同一岗位全部测定数据的计算。即对一种需要评价的有害因素的全部测定数据（多点、多次、多日的全部测定数据），按规定的方法计算每个工作日的平均数据，用于分级评价。

### 案例

**食堂工作研究案例**

该案例主要是进行工作研究方面的内容，涉及动作研究和作业测定。通过对食堂工作人员的动作分析和时间测定，分析其存在的问题并提出改进方案，从而提高了工作人员的工作效率。

**1. 食堂简介**

A 大学地处郊区，周边没有便利的餐饮消费场所，所以师生及其他员工的餐饮消费主要在食堂，食堂在校园文化中的地位也是极其重要的。现在研究的这个二层楼食堂最初设计的规模是提供 2000 人就餐，而该校区目前学生人数已经接近 6000 人，可见它已经超负荷运营。

**2. 快餐窗口改善的方案分析**

对一个快餐窗口打饭服务员的工序流程调查如下：
(1)买饭的人告诉服务员需要几两饭，同时服务员在窗口处的台子上拿盘子；
(2)服务员到饭箱处打饭于盘子中；
(3)服务员回到卖饭窗口处；
(4)买饭的人指明需要的菜后，服务员找到菜的位置，并打菜；
(5)服务员计算价钱，并打卡；
(6)服务员把盘子放到窗口处交给打饭者。

绘制服务员打饭窗口平面布置图，如图 6-5 所示。

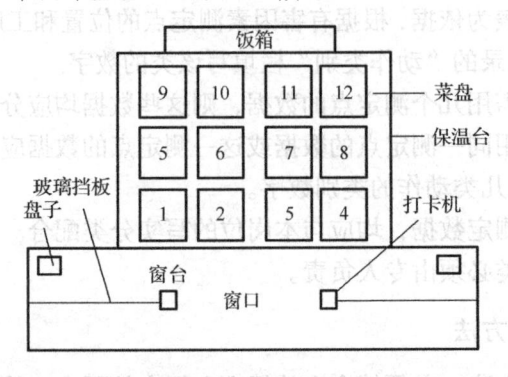

图 6-5 服务员打饭窗口平面布置图

用摄像机对服务员的作业过程进行循环拍摄，进行服务员的双手作业研究分析，结果如图 6-6 所示（研究中发现以买两个菜的人居多，故这里设定为打两个菜）。

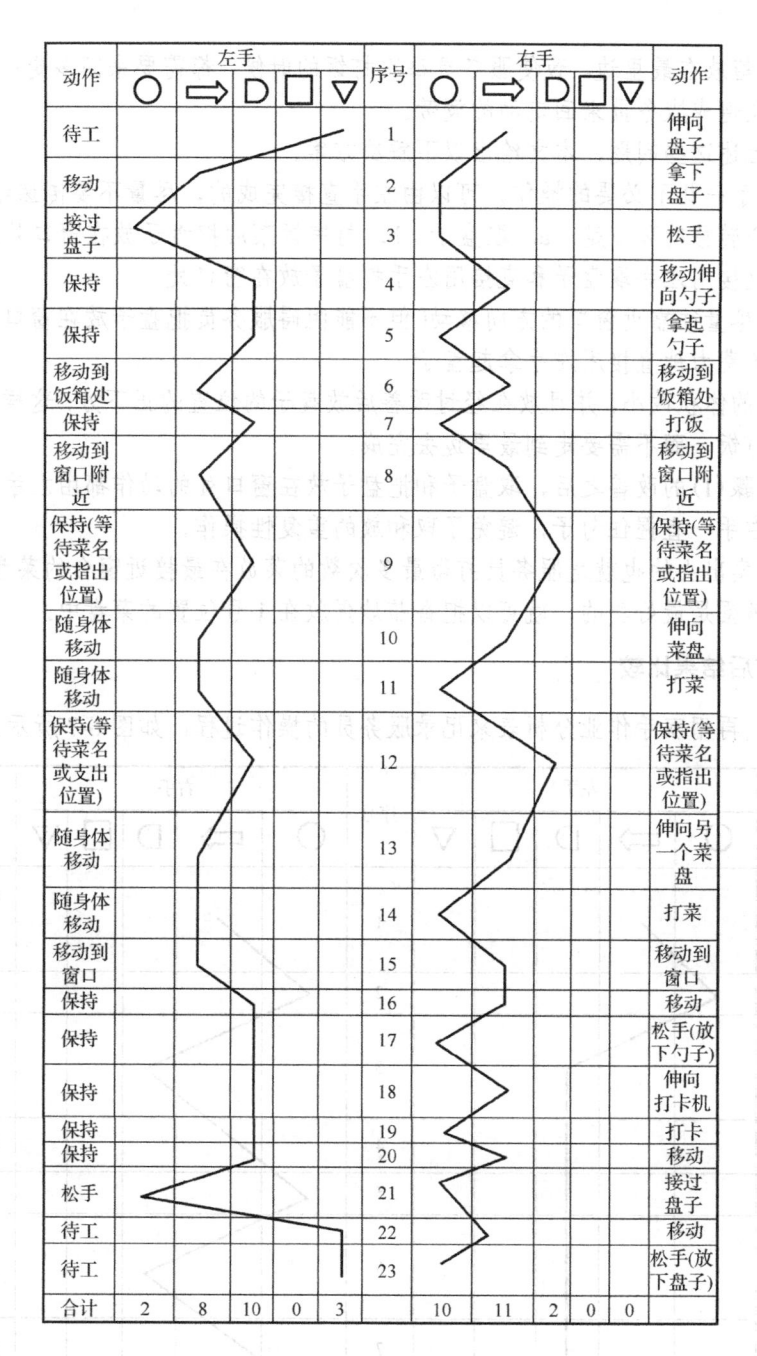

| 动作 | 左手 ○ | ⇨ | D | □ | ▽ | 序号 | 右手 ○ | ⇨ | D | □ | ▽ | 动作 |
|---|---|---|---|---|---|---|---|---|---|---|---|---|
| 待工 | | | | | | 1 | | | | | | 伸向盘子 |
| 移动 | | | | | | 2 | | | | | | 拿下盘子 |
| 接过盘子 | | | | | | 3 | | | | | | 松手 |
| 保持 | | | | | | 4 | | | | | | 移动伸向勺子 |
| 保持 | | | | | | 5 | | | | | | 拿起勺子 |
| 移动到饭箱处 | | | | | | 6 | | | | | | 移动到饭箱处 |
| 保持 | | | | | | 7 | | | | | | 打饭 |
| 移动到窗口附近 | | | | | | 8 | | | | | | 移动到窗口附近 |
| 保持(等待菜名或指出位置) | | | | | | 9 | | | | | | 保持(等待菜名或指出位置) |
| 随身体移动 | | | | | | 10 | | | | | | 伸向菜盘 |
| 随身体移动 | | | | | | 11 | | | | | | 打菜 |
| 保持(等待菜名或支出位置) | | | | | | 12 | | | | | | 保持(等待菜名或指出位置) |
| 随身体移动 | | | | | | 13 | | | | | | 伸向另一个菜盘 |
| 随身体移动 | | | | | | 14 | | | | | | 打菜 |
| 移动到窗口 | | | | | | 15 | | | | | | 移动到窗口 |
| 保持 | | | | | | 16 | | | | | | 移动 |
| 保持 | | | | | | 17 | | | | | | 松手(放下勺子) |
| 保持 | | | | | | 18 | | | | | | 伸向打卡机 |
| 保持 | | | | | | 19 | | | | | | 打卡 |
| 保持 | | | | | | 20 | | | | | | 移动 |
| 松手 | | | | | | 21 | | | | | | 接过盘子 |
| 待工 | | | | | | 22 | | | | | | 移动 |
| 待工 | | | | | | 23 | | | | | | 松手(放下盘子) |
| 合计 | 2 | 8 | 10 | 0 | 3 | | 10 | 11 | 2 | 0 | 0 | |

图 6-6　双手作业分析

### 3. 动作分析和改善

经过分析发现存在以下问题：

(1) 左手保持和移动动作过多，占据了左手总共动作 23 次中的 18 次，并且有待工 3 次；右手移动动作过多，应该想办法取消不必要的保持和移动操作。

(2) 左右手不均衡，右手有效操作明显超过左手。

(3) 盘子摆放在服务员的右手边，而且距离比较远。服务员每次拿盘子的时候都是先用右手拿起，然后再传递到左手。

(4)由于饭箱放在最里边,致使服务员每次打饭的时候,都需要来回多走一段距离,这既浪费了时间,又造成服务员来回走动的疲劳。

为了改善上述这些问题,本文给出以下解决方案。

(1)取消右手一些不必要的操作,可以由左手直接完成的,尽量不要传递给右手去完成。改善前两个转移的环节是:a. 取盘子;b. 打完饭菜后把盘子放在窗口处。

改善后:直接用左手取盘子和直接用左手把盘子放在窗口处。

(2)把盘子尽量往靠近窗口的方向移动(但不能阻碍服务员把盘子放在窗口处这个动作),使服务员可以不费力地直接用左手拿起盘子。

(3)把饭箱的体积改小,并且放在经过改善后放盘子的位置的正下方,这样服务员拿起盘子后可以直接打饭,而不需要走到最里边去完成。

(4)通过步骤(1)的改善之后,取盘子和把盘子放在窗口处的动作都由左手直接完成,这样服务员可以右手一直握住勺子,避免了取和放的重复性操作。

(5)把最能卖出去的也就是服务员打得最多次数的菜放在最接近窗台的菜盘上,经观测发现,如果番茄炒蛋是最好卖的,就可以把番茄炒蛋放在1号位置的菜盘中。

## 4. 改善前后结果比较

经过改善,再用双手作业分析表来记录服务员的操作过程,如图6-7所示。

| 动作 | 左手 | | | | | 序号 | 右手 | | | | | 动作 |
| --- | --- | --- | --- | --- | --- | --- | --- | --- | --- | --- | --- | --- |
| | ○ | ⇒ | D | □ | ▽ | | ○ | ⇒ | D | □ | ▽ | |
| 伸向盘子 | | | | | | 1 | | | | | | 伸向饭箱(手中持有勺子) |
| 拿盘子 | | | | | | 2 | | | | | | 打饭 |
| 保持(等待菜名或指出位置) | | | | | | 3 | | | | | | 保持(等待菜名或指出位置) |
| 保持 | | | | | | 4 | | | | | | 伸向菜盘 |
| 保持 | | | | | | 5 | | | | | | 打菜 |
| 保持(等待菜名或指出位置) | | | | | | 6 | | | | | | 保持(等待菜名或指出位置) |
| 保持 | | | | | | 7 | | | | | | 伸向菜盘 |
| 保持 | | | | | | 8 | | | | | | 打菜 |
| 移向窗口 | | | | | | 9 | | | | | | 保持 |
| 松手 | | | | | | 10 | | | | | | 保持 |
| 伸向打卡机 | | | | | | 11 | | | | | | 保持 |
| 打卡 | | | | | | 12 | | | | | | 保持 |
| 合计 | 3 | 3 | 6 | 0 | 0 | | 3 | 3 | 6 | 0 | 0 | |

图6-7 改善后的双手作业分析

从图 6-7 可以看出，改善后的结果与改善前的相比，左手和右手的动作都减少了 11 个。动作更加简捷、均衡，可以大大提高工作效率。

改善后的窗口平面图布置如图 6-8 所示。

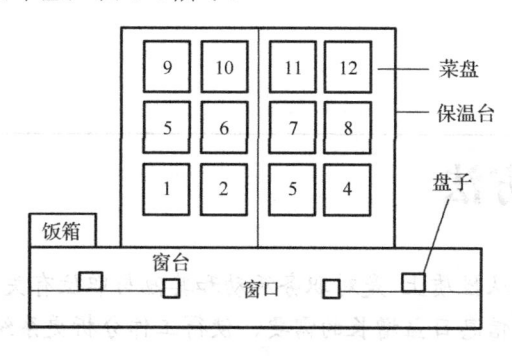

图 6-8  改善后的窗口平面布置图

**5. 标准化制定**

为了使改善效果能得到保持，根据以上的研究制定了以下标准，防止服务员又回到以前的操作流程中去。

(1) 盘子尽可能放置在靠近窗口的地方，但是前提条件是不阻碍服务员打卡和把打好饭菜的盘子放到窗口处。

(2) 饭箱的体积改小，放置在放盘子的位置的正下方。

(3) 服务员右手始终握着打饭和菜用的勺子。

(4) 服务员左手直接拿取盘子和直接把打好饭菜的盘子放在窗口处。

(5) 服务员左手打卡。

资料来源：徐克林. 工业工程基础[M], 北京：化学工业出版社. 2008.

**讨论题：**

1. 如何进行工作研究？

2. 本案例通过动作研究大大提高了工作效率，你能否为你学校的窗口打饭提出一些改善建议？

# 第七章
# 现代工作分析方法

　　传统的工作分析方法从性质上,是对职务活动和其他与职位有关信息的书面记事性描述。然而,对于有关职位定量信息日益增长的需要,使得工作分析更系统的方法得以发展,其中一些是结构化的工作分析方法(PAQ、FJA、CIT)。

——麦考密克《工业与组织心理学》科学出版社,1991:34

> **学习目标**
> 1. 掌握现代工作分析系统的基本内容、适用范围;
> 2. 掌握各种现代工作分析方法的应用技巧;
> 3. 掌握各种工作分析系统的操作流程和优点、缺点;
> 4. 了解各种现代工作分析方法的最新发展及其内容;

### 案例导入

认真投入是否就是高效率

　　在工作实践中,这样的情况很普遍:有的员工工作十分投入,十分认真,但是工作效率不高。

　　1998年时,我们公司已经成为南京规模较大的一家IT企业。当时有十几个业务人员,业务人员的素质相差不大,但业绩差异十分巨大。其中最明显的两个人,员工小王与员工小李,他们一个月的绩效有5倍之差。但在对全部员工的调查问卷中,大家一致认为小李比小王更能吃苦,更认真。于是我对两个人做了一周5个工作日的跟踪。当时我们南京公司规定是上午8:30上班,下午17:30下班,中午休息1小时。一周跟踪下来的情况如下:小王平均是8:21到公司,小李是8:05到公司。

　　1. 小王一天的工作情况

　　小王到公司后花5分钟时间做卫生工作,然后开始电话联系新客户。平均到9:40电话联系结束,这期间平均打电话为21个,找到对方负责人的电话为15个。

　　9:40~11:00,处理前一天老客户的成交单据,同时预约下午的老客户拜访。

　　上午11:00~11:40以及下午13:30~14:30,平均又有大约18个开拓新客户的电话,找到单位负责人的电话为12个。

　　14:30~17:00,外出进行客户的约定拜访,平均走访4家客户,成功拜访(指能见到分管业务的负责人)平均为3.6家。

　　17:00~17:30,回公司处理一些杂务,下班离开公司的平均时间是17:43分。

## 2. 小李一天的工作情况

小李到公司后平均花 15 分钟时间做卫生工作(其中还会帮其他同事做一些事)。

8:20 开始处理前一天老客户的业务事务,平均处理 1 小时,到 9:20 结束。

9:20～11:50,电话联系开拓新客户的工作。其间,平均打 34 个电话,成功找到单位负责人的电话为 9 个。

13:20～17:10,走访老客户,平均走访 5 家,平均成功访问为 1.2 家。

17:10～18:30,回公司处理一些杂务,平均下班时间为 18:35 分。

对小王、小李的专业业务掌握进行了综合测试,小李得 91 分,小王得 84 分。对小王、小李的沟通技巧进行了面试,5 个评委,小李得 81 分,小王得 89 分。

我对小李电话访问成功率低的原因进行了分析,发现小李电话开拓新客户的时间,正好是多数客户的负责人外出办事的时间,而小王打电话时多数客户的负责人还在公司。小李走访客户没有事先预约,所以成功率低,多数客户的负责人不在,仅有的一点成功率也多是在下午 17:00 左右的最后一两个拜访中出现的,而小王的走访多是事先预约的。我认为以上两点是小王、小李业绩差异的主要问题。

根据这一结论,我让小李先调整工作时间的分配,采用小王的工作时间分配形式。调整后,经过一周的磨合,到第二周,发现小李的成功率有了大幅度的上升,工作量反而有了一些下降。电话开拓新客户的数量为每天 36 个,成功数上升到 22 个,客户走访量仍是 5 家,成功数上升到 4 家。两个月后,小李的业绩已经达到小王的 90%。

资料来源:个体员工的工作分析——认真投入是否就是高效率?HR 大家社区,2011-04-29.

**讨论题:**

1. 通过案例说明员工的工作行为,对员工的工作业绩有何重大影响?
2. 进行员工工作行为分析时,应注意哪些问题?

# 第一节 以人为基础的系统性方法

## 一、职位分析问卷法

### (一)职位分析问卷法的概念

职位分析问卷(Position Analysis Questionnaire,PAQ)法是一种基于计算机的、以人为基础的,通过标准化、结构化的问卷形式来收集工作信息的定量化的工作分析方法。PAQ 是由美国普渡大学(Purdue University)工业心理学家麦考密克(E. J. McComick)、詹纳雷特(P. R. Jeanneret)和米查姆(R. C. Mecham)花费 10 年时间,于 1972 年提出的一种适应性很强的数量化工作分析方法,由 Purdue 研究基金会出版。PAQ 在研发之初就试图能够分析所有的工作,而在纷繁复杂的工作中,只有人的行为是"共通"的,所以 PAQ 的定位是人员倾向性的,即从普遍的工作人员行为角度来描述工作是如何被完成的。

### (二)职位分析问卷法的构成

职位分析问卷法共有 194 个问题,分为 6 个部分:①资料投入,即员工在进行工作时获取资料的来源及方法；②用脑过程，即如何去推理、决策、计划及处理资料；③工作产出，即员工该完成哪些体能活动，使用哪些工作器材；④与他人关系，即与本身工作有关人员的关系如何；⑤工作范畴，包括实体性工作与社交性工作；⑥其他工作特征，如其他有关工作的活动、条件和特征。PAQ 给出了 6 个评分标准：信息使用度、耗费时间、实用性、对工作的重要程度、发生的可能性以及特殊计分。

PAQ 是 20 世纪 50 年代末期为分析一系列广泛的职位而开发出的工作分析系统。它是为了实现当时社会上亟待实现的两个目标而产生的：其一，是开发一种通用的、可量化的方法，用以准确确定工作的任职资格(代替传统的测验评价方法)；其二，是开发一种量化的方法，用来估计每个工作岗位的价值，进而为制定薪酬提供依据(以补充传统的、以主观判断为主的工作评价方法)。

因此 PAQ 的定位是从普遍的工人行为角度来描述工作是如何被完成的，它可以用于多种工作类型。除此之外，PAQ 的问题措辞的一般性使它适用于公共部门和私营部门的很多工作岗位分析，尤其适用于对体力劳动性质的工作。

PAQ 包括 194 个项目，其中 187 项用来分析完成工作过程中员工活动的特征(工作元素)，归为 6 大类，另外 7 项涉及薪酬问题。经过对大量样本进行主成分分析，PAQ 可以聚类为 33 个维度，每个维度包含若干工作元素，每项工作元素都有与之对应的若干等级量表，通过对这些工作元素进行评价，可以反映目标职位在各个维度上的特征。

职位分析问卷可以分析商业、工业企业以及公共部门中的各种职位。

对 PAQ 感兴趣的读者可以通过以下途径获得 PAQ 的详细材料：

问卷、材料——The University Book Store, 360West State Street, West Lafayette, Indiana47906, U.S.A 索取。

电子版本——The Data Processing Division, PAQ Service,Inc.,1625North 1000 East, Logan, Utah 84321。

### (三) 职位分析问卷的组成

PAQ 的构成如图 7-1 所示。

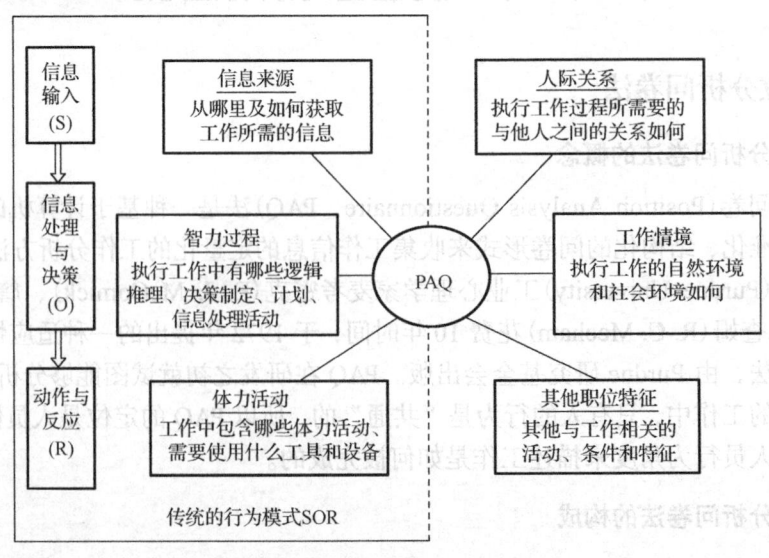

图 7-1 PAQ 的构成图

由图 7-1 可以看出，PAQ 收集了六大类信息，如表 7-1 所示。

表 7-1　PAQ 各维度及其详细说明

| 1. 信息来源：从哪里及如何获得工作所需的信息 | |
|---|---|
| 知觉解释 | 解释感觉到的事物 |
| 信息使用 | 使用各种已有的信息资源 |
| 视觉信息获取 | 通过对设备、材料的观察获取信息 |
| 知觉判断 | 对感觉到的事物做出判断 |
| 环境感知 | 了解各种环境条件 |
| 知觉运用 | 使用各种感知 |
| 2. 体力活动：工作中包含哪些体力活动、需要使用什么工具和设备 | |
| 使用工具 | 使用各种机器、工具 |
| 身体活动 | 工作过程中的身体活动（坐立除外） |
| 控制身体协调 | 操作控制机械、流程 |
| 技术性活动 | 从事技术性或技巧性活动 |
| 使用设备 | 使用大量的各种各样的装备、设备 |
| 手工活动 | 从事手工操作性相关的活动 |
| 身体协调性 | 身体一般性协调 |
| 3. 智力过程：执行工作中有哪些逻辑推理、决策制定、计划、信息处理活动 | |
| 决策 | 做出决策 |
| 信息处理 | 加工处理信息 |
| 4. 人际关系：执行工作过程所需要的与他人之间的关系如何 | |
| 信息互换 | 相互交流相关信息 |
| 一般私人接触 | 从事一般性私人联络和接触 |
| 监督/协调 | 从事监督协调等相关活动 |
| 工作交流 | 与工作相关的信息交流 |
| 公共接触 | 公共场合的相关接触 |
| 5. 工作情境：执行工作的自然环境和社会环境如何 | |
| 潜在压力环境 | 工作环境中是否存在压力和消极因素 |
| 自我要求环境 | 对自我严格要求的环境 |
| 工作潜在危险 | 工作中的危险因素 |
| 6. 其他职位特征：其他与工作相关的活动、条件和特征 | |
| 典型性 | 典型性工作时间和非典型性工作时间的比较 |
| 事务性工作 | 从事事务性工作 |
| 着装要求 | 自我选择着装与特定要求着装的比较 |
| 薪资浮动比率 | 浮动薪酬与固定薪酬的比率 |
| 规律性 | 有规律工作时间和无规律工作时间的比较 |
| 强制性 | 在环境的强制下工作 |
| 结构性 | 从事结构性和非结构性工作活动 |
| 灵活性 | 敏锐地适应工作活动、环境的变化 |

其中，前三类信息被认为是与传统的行为模式相对应的，即行为过程由刺激(S)、机体(O)和反应(R)组成，因此，PAQ 要素所描述的是包含在工作活动中的"人的行为"，诸如工作中人的感觉、知觉、智力发挥、体力消耗和人际活动等。但是工作中人的行为是相当丰富的，要想将所有的行为都以要素形式概括性地表现出来，必然会导致要素的数量众多，而这也带来了 PAQ 在应用过程中的复杂性。

在实际工作中，PAQ 法试图能够分析所有的工作，其问卷工作元素可以分为 194 个工作要素，详细分类如表 7-2 所示。

表 7-2　PAQ 问卷工作元素的分类

| 类　别 | 内　容 | 例　子 | 工作元素数目 |
| --- | --- | --- | --- |
| 信息输入 | 员工在工作中从何处得到信息，如何获得 | 使用书面材料 | 35 |
| 思考过程 | 在工作中如何推理、决策、规划，信息如何处理 | 近距离视觉辨别要求 解决问题、编码和解码的推理水平 | 14 |
| 工作产出 | 工作需要哪些体力活动，需要哪些工具与仪器设备 | 键盘装配或拆卸设备的使用 | 49 |
| 人际关系 | 工作中与哪些有关人员有关系 | 指导他人、下达命令或与公众、顾客接触 | 36 |
| 工作环境 | 在什么自然环境与社会环境中工作 | 高温环境或与内部其他人际冲突环境 | 19 |
| 其他工作特征 | 除了上面描述的活动以外，还与哪些其他活动、条件和特征相关 | 工作时间安排、特殊工作步骤、报酬方法、职务要求 | 41 |

### (四)职位分析问卷法的使用

1. 确定所需问项

对某一项工作进行分析时，工作分析人员要确定每一个问项是否适用于待分析的工作。

2. 对有效问项进行评价

根据 6 个维度对有效问项加以评价。

(1)信息使用度——工人使用该项目的程度。

(2)耗费时间——做事情所需要花费的时间比例。

(3)对工作的重要性——问题所细分出来的活动对于执行工作的重要性。

(4)发生的可能性——工作中身体遭受伤害的可能性程度。

(5)适用性——某个项目是否可应用于该工作。

(6)专用代码(特殊计分)——用于 PAQ 中特别项目的专用等级量表。而且，每个等级量表都包括 6 个级别。例如，"对工作重要性"的量表由表 7-3 所示的评价点组成。

表 7-3　PAQ 职位分析问卷(部分)

| 对工作重要性的评价点： |
| --- |
| N(0)=不试用的　(1)=极少　(2)=偶尔　(3)=平均的　(4)=高　(5)=极重要 |
| 1. 信息输入 |
| 1.1 工作信息来源：根据任职者在执行工作任务时把该项目用作信息源的范围，对下列各项评价。 |
| 1.1.1 工作信息的视觉源 |
| (1)书面资料(书、报告、备忘录、短文、工作指令、符号等) |
| (2)计量性资料(与数量或金额有关的资料，如图、科目、细目、数据表格等) |
| (3)图片资料(用作信息来源的图片或类似图片的材料，如草图、蓝图、图表、地图、线路图、照片、X 光胶片、电视画面等) |
| (4)模型及相关器具(模板、型板、模型等，在使用中作为观察的信息来源，不包括第(3)项描述的资料) |
| (5)视觉显示(拨号盘、量规、信号灯、雷达检测、计速器、钟表等) |
| (6)测量器具(尺、圆规、天平、温度计、量杯等，用来获得实体的测量信息，但不含第(5)项描述的器具) |
| (7)机械设备(工具、设备、机械及其他作业时间所用的机械设备) |
| (8)加工材料(零件、材料、加工物等，为加工、操作或其他处理的信息源) |
| (9)不在加工过程中的材料(未加工转化或处理的零件、材料、加工物等，正在接受检验、处理、包装、配售和选择的材料) |
| (10)自然特征(风景、田野、地理条件、植物、天气情况等可以通过观察或检测来获得的工作相关的信息) |
| (11)人为的环境特征(建筑物、水库、公路、桥梁、船坞、铁道及其他人工或刻意改造的室内外设施，但不包括第(7)项所述的设备和机械) |

## 3. 形成报告

把对有效项的评价结果输出到计算机中会产生一份报告，说明某项工作在各个维度上的得分情况。职位分析问卷的部分示例如图 7-2 所示。

### 1.1.1 工作信息视觉来源

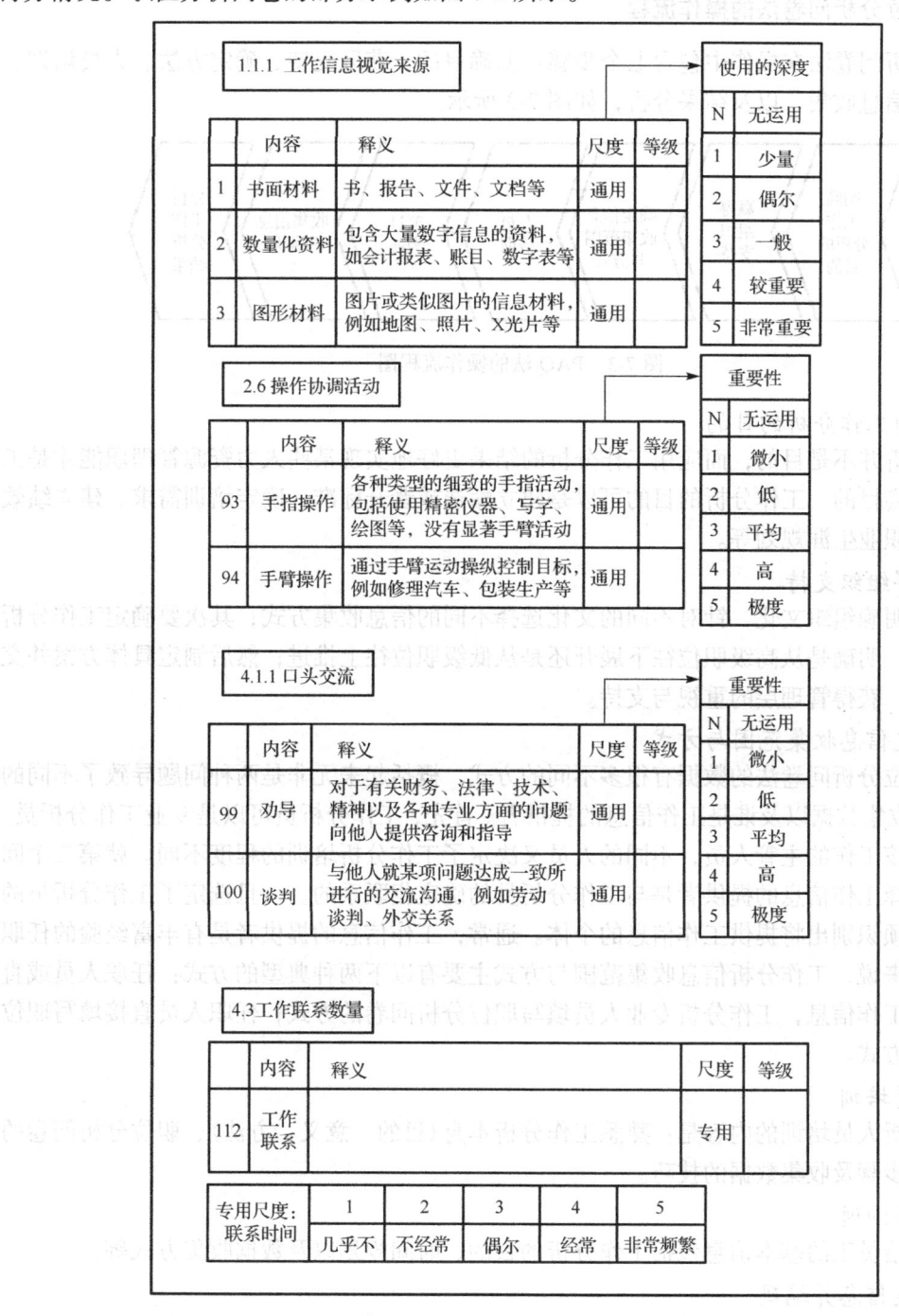

| 　 | 内容 | 释义 | 尺度 | 等级 |
|---|---|---|---|---|
| 1 | 书面材料 | 书、报告、文件、文档等 | 通用 | 　 |
| 2 | 数量化资料 | 包含大量数字信息的资料，如会计报表、账目、数字表等 | 通用 | 　 |
| 3 | 图形材料 | 图片或类似图片的信息材料，例如地图、照片、X光片等 | 通用 | 　 |

使用的深度
| N | 无运用 |
|---|---|
| 1 | 少量 |
| 2 | 偶尔 |
| 3 | 一般 |
| 4 | 较重要 |
| 5 | 非常重要 |

### 2.6 操作协调活动

| 　 | 内容 | 释义 | 尺度 | 等级 |
|---|---|---|---|---|
| 93 | 手指操作 | 各种类型的细致的手指活动，包括使用精密仪器、写字、绘图等，没有显著手臂活动 | 通用 | 　 |
| 94 | 手臂操作 | 通过手臂运动操纵控制目标，例如修理汽车、包装生产等 | 通用 | 　 |

重要性
| N | 无运用 |
|---|---|
| 1 | 微小 |
| 2 | 低 |
| 3 | 平均 |
| 4 | 高 |
| 5 | 极度 |

### 4.1.1 口头交流

| 　 | 内容 | 释义 | 尺度 | 等级 |
|---|---|---|---|---|
| 99 | 劝导 | 对于有关财务、法律、技术、精神以及各种专业方面的问题向他人提供咨询和指导 | 通用 | 　 |
| 100 | 谈判 | 与他人就某项问题达成一致所进行的交流沟通，例如劳动谈判、外交关系 | 通用 | 　 |

重要性
| N | 无运用 |
|---|---|
| 1 | 微小 |
| 2 | 低 |
| 3 | 平均 |
| 4 | 高 |
| 5 | 极度 |

### 4.3 工作联系数量

| 　 | 内容 | 释义 | 尺度 | 等级 |
|---|---|---|---|---|
| 112 | 工作联系 | 　 | 专用 | 　 |

| 专用尺度：联系时间 | 1 | 2 | 3 | 4 | 5 |
|---|---|---|---|---|---|
| 　 | 几乎不 | 不经常 | 偶尔 | 经常 | 非常频繁 |

图 7-2 职位分析问卷的部分示例

他人或组织发生工作联系的深度，仅考虑与工作相关的联系。

PAQ 法作为一项结构化的以人为基础的职位分析方法，可以为企业构建全面系统的人力资源管理体系提供强大的信息支持。这一系统包括人员甄选配置、开发培训、岗位评价、职位分类和薪酬等人力资源管理功能板块。PAQ法在统一收集信息的基础上，通过进一步的个性化分析，为各功能板块提供精确的、可信的以及简单直观的职位信息。

### (五) 职位分析问卷法的操作流程

职位分析问卷法在操作中包含七个步骤：明确目的、获取支持、确定方法、人员培训、项目沟通、信息收集，以及结果分析，如图7-3所示。

明确工作分析的目的 → 赢得组织支持 → 确定信息收集范围与方式 → 人员培训 → 项目沟通 → 收集信息并编码 → 分析工作分析结果

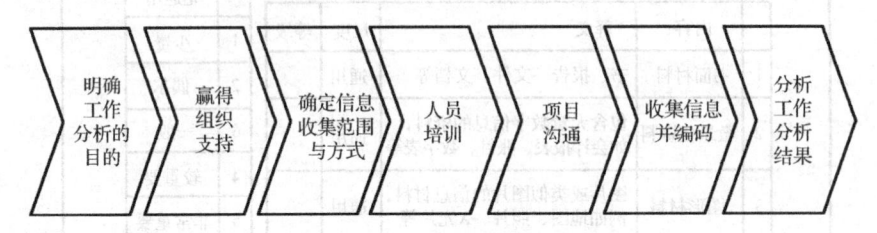

图7-3 PAQ法的操作流程图

1. 明确工作分析的目的

工作分析并不是目的，而应用工作分析的结果更好地实现某些人力资源管理职能才是工作分析的最终目的。工作分析的目的可以是建立甄选或晋升标准、确定培训需求、建立绩效评价要素或职业生涯规划等。

2. 赢得组织支持

首先要明确组织文化，针对不同的文化选择不同的信息收集方式；其次要确定工作分析的开展方式，明确是从高级职位往下展开还是从低级职位往上推进；然后制定具体方案并交管理者审阅，获得管理层的重视与支持。

3. 确定信息收集范围与方式

收集职位分析问卷法的数据有很多不同的方式，概括起来无非是两种问题导致了不同的选择：谁来收集数据以及谁是工作信息的提供者。首先，工作分析员可以是专业工作分析员、任职人员或该工作的主管人员，不同的人员又决定了工作分析培训的程度不同。就第二个问题而言，选择工作信息的提供者是与工作分析员的确定相联系的。一旦选定了工作分析员的类型，就必须识别出将提供工作信息的个体。通常，工作信息的提供者是有丰富经验的任职人员。具体来说，工作分析信息收集范围与方式主要有以下两种典型的方式：任职人员或直接主管提供工作信息，工作分析专业人员填写职位分析问卷的方式；任职人员直接填写职位分析问卷的方式。

4. 人员培训

工作分析人员培训的内容是：熟悉工作分析本身（目的、意义、方法）、职位分析问卷的内容、操作步骤及收集数据的技巧。

5. 项目沟通

要传递给员工的基本信息包括工作分析的目的、时间规划以及数据收集方式等。

6. 收集信息并编码

在确定信息策略、培训工作分析员以及与员工进行必要的沟通之后，便进入了实际的信息收集阶段。要指出的是，第3)个步骤中确定的信息收集范围与方式，特别是工作分析员的类型将在很大程度上直接决定获取职位分析问卷法信息的具体方法，诸如访谈法、观察法、直接问卷法等。

假设在第3)步骤中采取的是由专业人员填写职位分析问卷法、任职人员或直接主管人员提供信息的方式，那么信息收集的具体方法则可以是访谈法或观察法，或者两者的结合。

就访谈法而言，由于职位分析问卷法措辞的一般性和相对晦涩，通常在访谈之前，工作分析小组可以根据职位分析问卷法的结构，以及被分析工作的实际情况来设计补充工作分析表格，然后再使用这些表格实施结构化的访谈。在访谈结束之后，则使用讨论决定的标准将访谈结果直接对应到职位分析问卷法的各项目中。另外，要指出的是，与任职人员的访谈和直接主管的访谈都是有价值的。而且，实践经验表明，将主管与任职人员组织在一起访谈与对他们进行分别访谈的效果是一样的，也就是说，主管人员在场与否不会影响任职者提供信息。但有时候情况也会恰恰相反，员工会把与主管一起访谈看成是一次机会，是向主管陈述一些主管们平时没注意到的重要信息的机会。而作为观察法，工作分析员可以直接观察工作场所，以及任职人员执行一项或多项工作任务的过程。

7. 分析工作分析结果

在所有职位分析问卷法填写完毕后，不但可以明确各工作对人员的任职资格要求，而且可以根据需要进行其他分析。对此，由于职位分析问卷法所收集的是经验性资料，所以一系列广泛的分析都是可以利用的，包括从简单的制表到更复杂的分析。例如，几项研究表明，职位分析问卷法测定了32项具体的、13项总体的工作维度，通过这些维度可以对任何一项工作进行评价，而一旦经过评价以后，工作内容的概况就可以建立起来并用于描述所分析职位的特征。因此，职位分析问卷法使得通过应用工作维度评分定量化地描述某一职位成为可能。接下来，这些维度评分能够用于对职位所需雇员的任职资格进行直接评估，甚至进而开发和挑选出用于评价这些重要雇员任职资格的测试和其他甄选技术。

**(六)职位分析问卷法的运用**

职位分析问卷的填写需要在访谈的基础上由专业工作分析员填写。通过职位分析问卷法收集的数据信息，在进行完备性、信度与效度的检验后，就可进行计算机分析处理，运用于人力资源管理各个方面。有如下三种运用较多的工作分析报告形式。

1. 工作维度得分统计报告

工作维度得分统计报告即目标工作在职位分析问卷法各评价维度上得分的标准化和综合性的比较分析报告。所有的评价维度得分均采用标准分的形式，标准得分直接反映目标职位与职位分析问卷法提供的样本常模(常模是一种供比较的标准量数，由标准化样本测试结果计算而来，即某一标准化样本的平均数和标准差)。在该维度上的差异，百分比直观地说明目标职位在评价维度上的相对位置，便于不同职位之间的相互比较。

2. 能力测试估计数据

职位分析问卷法通过对职位信息的分析，确定该职位对于任职者各项能力的要求，并且通过与能力水平常模的比较，将能力测试预测分数转化为相应的百分比形式，便于实际操作。能力测试估计数据的重要用途之一为人员甄选录用。

3. 工作评价点值

PAQ应用最广泛也最有效的领域是工作评价。对于一份特定的工作，只要得出PAQ各个维度的分值，就能利用一套公式换算成工作评价的点值，进而得出该工作的薪资额。

### (七)职位分析问卷法的优点、缺点比较

#### 1. 优点

(1)职位分析问卷同时考虑了员工与职位两个变量因素,并将各种职位所需要的基础技能与基础行为以标准化的方式罗列出来,从而为人事调查、薪酬标准制定等提供了依据。

(2)大多数职位皆可由六个基本维度对工作进行等级划分,对于每一项工作可以分配到一个量化的分数,因此 PAQ 法可将职位分为不同的等级。

(3)由于 PAQ 法可得出每一个(或每一类)职位的技能数值与等级,因此它还可以用来进行岗位评价及人员甄选。PAQ 法不需修改就可用于不同组织中的不同职位,使得比较各组织间的工作更加容易,也使得职位分析更加准确与合理。

#### 2. 缺点

(1)由于问卷没有对职位的特定工作进行描述,因此,职位行为的共同性就使得任务间的差异较模糊,所以不能描述实际工作中特定的、具体的任务活动,它对管理性、技术性的工作适应性较差。一些研究认为,PAQ 法只能测量工作形式上而非实质性的差异。

(2)PAQ 法要求问卷填写者受过专门的工作分析训练,只有具备大学文化水平的人才能理解其中的项目,使用范围产生限制。

(3)花费很多时间,成本很高,程序非常烦琐。

### (八)评价

在管理心理学界,人们通常将 PAQ 法视为过去 60 年来在人力资源管理心理学研究领域的 15 个里程碑之一,这一评价充分肯定了 PAQ 法的权威性和科学性。但是,PAQ 法不可避免地受到一些批评。首先,使用该问卷进行工作分析的人员要有相当高的阅读能力,即对工作分析人员的文化程度要求高。因此,该问卷不能够让较低阅读技能的工作分析者使用,这无疑给使用者造成了一定的困难。其次,由于 PAQ 法问卷的设计目的针对所有职务,虽然项目繁多(194),但毕竟有限,而且其评价的是基本工作要素而不是具体的任务,因此,不能精确地区分不同的工作。第三,由于 PAQ 法不关注任务活动,某些工作分析的目的仅通过 PAQ 法不能圆满达成。最后,亦有研究表明,不论分析者对所分析工作熟悉与否都能产生相同的结果。这一方面说明问卷的信度很高,另一方面也令人产生对结果的怀疑。无论上述缺点是否显著,毋庸置疑,它们都使得 PAQ 法的应用受到了限制。

## 二、工作要素法

### (一)工作要素法的概念

工作要素(Job Element Analysis,JEM)法是一种典型的开放式人员导向性的工作分析系统,是由美国人事管理事务处的普里默夫(E.S.Primoff)研究开发出来的。它建立在德国心理学家冯特(Wilelm Wundt)提出的基本原则基础上,即"在没有熟悉最简单的事物之前,我们不可能进一步了解到更复杂的现象"。

对工作本身来讲,最简单的方面就是组成该工作的各种要素或成功完成该工作所需具有的人员特征。因此,JEM 法的目的在于确定对完成特定领域的工作有显著作用的行为及此行为的依据,然后由一组专家级的任职者或其上级(通常把这种小组称为主题专家组)来对这些显著要素进行确定、描述和评估。通常情况下,JEM 法的分析对象不是某一具体的工作岗位,

而是某一类具有相似特征的工作，如专业技术人员的工作就是一类具有相似特征的工作。

作为一种典型的开放式工作系统，工作要素法的开放性就在于它所研究的行为或行为的特征要素与其他工作分析系统所研究的行为或行为的特征要素有所不同。工作要素法研究的行为及其特征要素并不是作为完成该工作的工具的一部分来给出并固定的，而是由对所分析的工作非常熟悉的一组专家级任职者或其直接上级，即主题专家组来确定与这一工作相适应的若干个性化的要素，并对它们进行描述、界定以及评估。

JEM法所关注的工作要素非常广泛，包括知识、技术、能力、愿望、兴趣和个性特征等。这些工作要素通过任职者、同事、直接上级和其他主题专家来收集和确定。但是有一点需要注意，JEM法并不包括任何与具体工作任务有关的信息。普利默夫在最初的分析系统中设计了一套标准的商业工作要素和工业工作要素。后来这套系统经过修改，并将修改后的分析系统作为通用程序来确定所有类型工作的工作要素。一般情况下，工作要素法所涉及的工作要素包括如下几类：

(1) 知识——对专业知识的掌握程度、外语水平、知识面的宽窄等；
(2) 技能——对计算机的运用、驾驶技术、设备操作技术等；
(3) 能力——口头表达能力、判断能力、管理能力等；
(4) 工作习惯——爱岗敬业程度、承担超负荷工作的意愿、工作时间的不规律等；
(5) 个性特点——自信、主动性、独立性、外向、内向等。

### （二）工作要素法的操作流程

JEM法的分析步骤分别是提出工作要素、整理工作要素、划分工作分析维度并确定各类要素，如图7-4所示。

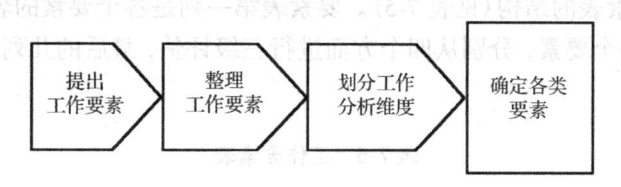

图7-4 JEM的操作流程图

**1. 提出工作要素**

通常由主题专家小组成员采用头脑风暴法列举出对目标工作的实现有显著影响作用的要素，并对这些工作要素进行反复的推敲。工作要素的提出，应该根据完成目标工作所需要的知识、技能、能力、个人特征，每个提到的要素都是与工作相联系的。同时，成员们应该确保这些工作要素能够覆盖目标工作的要求。在实际应用中，可以借鉴职务分析问卷法的维度进行思考，以达到对工作要素的全面和准确的收集。

**2. 整理工作要素**

在这一过程中，将主题专家小组成员通过头脑风暴法收集来的工作要素进行归类和筛选。在实践中可以采用类属分析的方法，将具有相同或者相近含义的工作要素归入同一类别，为每一个类别赋予相应的名称，并根据该类别所包含的工作要素的内容和特点对该类别进行明确的界定和解释。在本步骤完成时，工作人员将得到一个工作分析要素清单，如表7-4所示。

表 7-4 工作要素清单——以专业技术工人为例

专业知识、专业技术、应对困难的能力、记忆能力、变化适应能力、孤独排遣能力、平抑不满能力、激励、组织能力、理论转化能力、抽象能力、判断能力、逻辑思维能力、成就动机、信息接受能力、快速思维能力、想象力、决策能力、亲和力、创造力、敏感性、手工操作能力、体力、健康的体魄、独立性、团队合作性、毅力、自信、责任感、预先计划、内向、外向、果断、理解能力、职业道德、创新精神、好奇、承担超负荷工作、学习的能力、多方面考虑问题的能力、区分主要与次要、自律、自尊、心理控制能力、口头表达能力、书面表达能力、时间管理能力、外语运用、计算机运用、调查研究能力、沟通能力、高学历、应付高压力工作的能力、谦虚、同时处理多个问题的能力、冒险意识强、社交能力、推理能力、忍耐力、注重工作细节

**3. 划分工作分析维度，并确定各类要素**

在对工作要素进行了初步归类和筛选之后，可以采用焦点小组的方法对工作分析的维度和子维度进行最终划分。在本阶段中，工作分析专家小组成员组成焦点小组。小组中的每个成员分别根据自己的标准，运用工作要素表对上一步骤所得出的工作分析要素类属清单中的工作要素进行独立的评估，并确定维度和子维度。在这个过程中，焦点小组成员评估的工作要素是被打乱的。小组成员独立地对这些进行评估之后，成员集合在一起，运用焦点小组讨论的方法，将各个子维度分别归类到不同的工作分析维度下，从而得到目标工作的工作分析维度和子维度。

具体操作步骤如下：

第一步，组成焦点小组(成员一般为 6 人)。

第二步，使焦点小组成员明确任务的目的和相关要求，解答他们的疑问并发放工作要素表。然后对小组成员进行培训，确认每一位成员都能科学使用工作要素表来对工作要素进行评估。

培训的主要内容如下：

(1) 介绍工作要素表的结构(见表 7-5)。要素表第一列是各个要素的名称，接下来的几列要求小组成员针对每个要素，分别从四个方面进行三级评估，最后的几列是数据处理区(不要求成员填写)。

表 7-5 工作要素表

工作名称： 评估者名称和编号： 日期：

| 要素 | 勉强接受员工(B)<br>+全部具备<br>√部分具备<br>0几乎没有 | 挑战可接受的工人要素(S)<br>+非常重要<br>√有价值<br>0没有区分性 | 忽略时可能的麻烦(T)<br>+麻烦很大<br>√一些麻烦<br>0无关紧要 | 实际中可满足这种要素(P)<br>+填充所有空缺<br>√填充一些空缺<br>0几乎没有 | SS*P | TT | I | TV | P' | S×P' | TR |
|---|---|---|---|---|---|---|---|---|---|---|---|
| | | | | | | | | | | | |
| | | | | | | | | | | | |
| | | | | | | | | | | | |
| | | | | | | | | | | | |

(2) 介绍评估指标的含义。对每一个维度和子维度，将采用四个指标进行评估，这四个评估指标分别为：

① 评估最低要求：指那些可以接受最低限度的员工都具有的要素。这些最低要素是要求员工能够完全胜任工作所必须具备的简单要素。对于每一个要素，以勉强合格的员工(B)为

对象，确定他们是否具备这些要素。包括三个等级，"+"代表所有勉强合格的员工都具备该要素，"√"代表有些勉强合格的员工具备该要素，"0"代表勉强合格的员工几乎都不具备该要素。

② 评估优秀员工的要求(S)：对于每一个要素，确定它们是否可以作为区分优秀员工的重要特征，也就是该要素在区分优秀员工特征上的重要性，因为有些要素虽然是每个员工都具备的，但它却不是评价优秀员工的标准。根据要素对甄选优秀员工标准的重要程度，划分为三个等级，"+"代表该要素是区分优秀员工的非常重要的特征，"√"代表该要素是区分优秀员工的有价值的特征，"0"则代表该要素不能作为区分优秀员工的特征。

③ 评估问题出现的可能性(T)：确定对每一个要素来说，如果不考虑该要素，相应的麻烦出现的可能性有多大。划分为三个等级，"+"代表不考虑该要素会出现很大的问题，"√"代表不考虑该要素将会带来一些问题，"0"代表不考虑该要素不会出现问题。

④ 评估的实际可行性(P)：对于每一个要素，确认若出现职位空缺，并以该要素的要求作为招聘标准时，是否能够使这些空缺的职位得到填补。划分为三个等级，"+"代表若以该要素的要求作为招聘标准，将有足够的候选者来填补空缺职位，"√"代表若以该要素的要求作为招聘标准，将有部分的候选者来填补空缺职位，"0"代表若以该要素的要求作为招聘标准，将几乎没有人可以达到该职位的任职要求。

该步骤是工作要素法的核心步骤，有一些关键控制点。其过程即为将工作要素表发放给主题专家组(此时可根据需要适当选择加入新成员)，由小组成员对以上步骤分析得到的每个要素进行评估，填写到工作要素表的评估区，再由工作人员按照固定公式对评估结果进行数据处理。

工作要素表各指标代表含义汇总表如表7-6所示。

表7-6 工作要素表各指标代表含义汇总表

| 指标 | 含 义 |
| --- | --- |
| B | 最低要求要素，即勉强合格的员工应该具备要素的程度 |
| S | 优秀员工要求要素，表示在挑选优秀员工过程中的重要程度 |
| T | 评估问题或麻烦出现可能性的要素，表示忽略该要素时问题或麻烦出现的可能性 |
| P | 评估要素在实际中的可行性 |
| IT | 表示某一子维度在对求职者进行区分时的重要性 |
| TV | 表明某一要素对该类工作求职者的区分价值 |
| TR | 表示工作的培训要素，既与优秀绩效密切相关(与优秀员工密切相关)、求职者和勉强合格员工不具备的，但不具备也不会引起严重问题和麻烦的要素 |

(3)举例说明评估过程。这里以技术工人为例，对于"安全生产"这个维度，如果几乎所有勉强合格的技术工人都不能够安全生产，那么就在第一个指标上标"0"；如果仅仅有些勉强合格的技术工人能够安全生产，那么就在第一个指标上标"√"；如果所有勉强合格的技术工人都能够安全生产，那么就在第一个指标上标"+"；如果安全生产是区分优秀技术工人的非常重要的指标，那么就在第二个指标上标"+"；如果安全生产的要求被忽视会带来很大问题，那么就在第三个指标上标"+"；如果有足够多的候选人能够填补职位空缺，那么就在第四个指标上标"+"，依此类推。

第三步，对每个工作要素进行评估。在这一步中要求专家小组的成员进行独立思考，除了允许对要素的含义进行讨论之外，应该避免互相间的讨论，每个成员应该以自己的判断为基础来形成评估结果。

第四步，将各位主题专家组成员的评估结果汇总，并进行数据整理，得到相应的维度和子维度。数据处理过程，主要借用工作要素法的数据处理和分析方法，具体过程如下。

(1) 数据转换与录入。按照"+"=2、"√"=1、"0"=0 的转换规则，将获得的评估结果进行数据转换并录入计算机。

(2) 计算指标值。

① 四个指标即勉强合格的员工具备该要素的程度、该要素在区分优秀员工时的重要性、忽略该要素所引起问题的可能性、该要素的实际可能性，分别用字母"B"、"S"、"T"、"P"表示。每个指标最终得分的计算方法是：将主题专家小组 6 个成员在每个指标上评估结果的得分分别相加，得到每个指标的评估结果所得的总分，然后用单个指标可能出现的最大分值(即 2×6=12)分别去除每个指标的得分，得到的结果(用百分数表示)就是这四个指标的最终得分。

② "IT"(Item Index)：该分值表示某一个子维度在对求职者进行区分时的重要性。计算公式为 SP+T，得分高就表示该子维度在对求职者进行区分时有很重要的作用。从以上公式可以看出，即使某一个要素的 S 值(选拔显著要素)很高，但如果该要素的实际可行性很低，即 P=0，那么 SP=0，从而 IT 的分值很低(某个要素 IT 的最终分值是用该要素的 IT 得分可能出现的最大分值(即 6×6=36)去除六个成员在该要素上的 IT 得分之和所得到的分数(用百分数表示))。

③ "TV"(Total Value)：该分值用来表示某一要素对该类工作求职者的区分价值。计算包括两个部分：其中一部分强调优秀员工和其他非优秀员工之间的区分，其计算公式为 S-B-P，这个公式是工作要素法的研究者们在多重相关的效度检验的研究中得出来的。TV 分值计算的另一部分则强调该要素在实际区分求职者的测试过程中的显著性，其计算公式为 SP+T(IT)。TV 分值代表了一个对范围宽广能力的要求的衡量，其中第一个部分主要是对优秀员工的较高能力要求的衡量，而第二部分则主要侧重于对该类工作的一般能力要求的衡量。可以根据 TV 值的高低来判断该工作分析维度的存在价值。两个部分的分值相加得到 TV 的分值，再将六位成员的 TV 分值相加得到某个要素的 TV 总分，在所有要加的 TV 总分中取最大值，将其定为 150，其他要素的 TV 总分按同比例增大，从而得到每个要素的 TV 的最终得分。

④ "TR"(Training Value)：该分值代表该工作的培训要素。培训要素就是求职者所不具备、勉强合格的员工很少具有、与优秀员工有密切联系、不具备也不会出现问题，但同时也难以达到优秀绩效的那些工作要素。计算培训要素要用到 P′，是 P 值的倒算值，即如果 P=2，则 P′=0；如果 P=1，则 P′=1，如果 P=0，则 P′=2。培训要素的计算方式是：将单个分析人员的 TR 值汇总，得到 TR 值。其中单个分析人员的 TR 值的计算公式为 TR = S+T+SP′−B，如果有 6 位分析人员，则 TR = ∑TR/36×100，即各评估人的评估结果的算术和与培训要素特征的 TR 的最大值和人数的乘积(6×6 = 36)相比所得到的百分数。由于符合培训要素特征的各要素的 TR 的最大值分别是：

S=2，即对于区分优秀员工非常重要；

T=0，即在招聘过程中忽略它也不会引起问题；

P′=2，即使将要素作为甄选标准，也仍然不能填补所有的职位空缺；

B=0，即仅勉强合格的员工基本都不具备该要素特征。

因此符合培训要素特征的 TR 最大值=2+0+2×2-0=6。当 TR>75 时，操作规定的该要素就可以被评为培训要素。

(3) 维度、子维度、最低要求要素、选拔性最低要求要素标志的评估与区分。

各要素的评估标准是根据以上指标的得分值,经多年来的检验得出的,其在人员甄选方面有很高的效度和信度:

① E——维度的标志。当 TV 值大于或等于 100 时,可以将该要素确定为一个维度。若某个要素被确定为一个维度,那么将不再对其做进一步的区分与评估。

② S——求职者甄选显著性子维度的标志。当 IT 大于或等于 50 时,表示该要素可以作为一个显著性子维度。

③ SO——最低要求要素标志。当 B 值都大于或等于 75,并且 T 值大于或等于 50 时,将该要素确定为最低要求要素。一个合理的最低要求要素应该具备以下特点:勉强合格的员工具备该要素,在实际过程中将其作为甄选标准,不会导致太多职位空缺,忽略该要素时会带来较大的问题。

④ RS:选拔性最低要求要素的标志,即一个子维度既可以作为甄选求职者的子维度,同时也可以作为对任职者的最低要求。

简单地总结为以下内容:

E:代表维度,表示 TV 值≥100,表明 E 的要素则不再标其他符号;

S:代表选拔显著要素,表示 IT 值≥50;

TR:代表培训要素,表示 TR≥75;

SO:代表最低要求要素,表示 B 值≥75,P 值≥50,同时也要满足 S 值的要求;

RS:代表最低选拔要求要素,表示具有 S 值和 SO 值的特征,即 IT 值≥50,B 值≥75,P 值≥75,T 值≥50。

第五步,评估结果的反馈,向焦点小组的成员介绍评估的结果。

第六步,通过焦点小组成员之间的相互讨论,将子维度划归到相应的维度中。首先要检查维度清单。根据焦点小组的一致性意见,修改不恰当的维度名称,删除或修改明显不科学的维度。然后,检查 S 或 RS 的子维度,将其划归到相应的维度内。这种划归要尽量建立在焦点小组意见一致的基础上,如果成员之间有不同意见,可以通过投票的方式决定。当各个不同的意见获得相同的票数时,可以将该子维度同时划归到不同的维度中。如果某些子维度无法划归到任何一个维度中,那么可以适当放宽 TV 值的限制标准,选择一个 TV 值低于 100 的要素作为维度来对这些子维度进行划分。

在计算机汇总了所有工作要素表的数据之后,就得到了每个要素最终的 B,S,T,P,IT,TV 和 TR 分值,根据这些分值,对应 JEM 法的维度和要素评判标准(见表 7-7),就可以得出对某类工作进行分析的维度、子维度,以及从事该工作的员工需要具备的最低要求要素、优秀要求要素及无用要素(剔除要素)。

**表 7-7　JEM 法的维度和要素评判标准**

| TV≥100 | 判定该要素为维度,在要素名称后标注 E,不再标注其他符号 |
|---|---|
| IT≥50 | 判定该要素为选拔显著要素,在要素名称后标注 S |
| TR≥75 | 判定该要素为培训要素,在要素名称后标注 TR |
| B≥75,P≥75,T≥50 | 判定该要素为最低要求要素,在要素名称后标注 SO |
| 同时符合 S 和 SO 的要求 | 判定该要素为选拔性最低要求要素,在要素名称后标注 RS |

### (三)工作要素法的优点、缺点比较

#### 1. 优点

(1) JEM法的开放性程度较高,可以根据特定工作提取个性化的工作要素,能够比较准确、全面地提取出影响某类工作的绩效水平的工作要素。

(2) 与其他工作分析系统相比较,JEM法的操作方法和数值的标准转化过程具有一定的客观性。

(3) JEM法在人员招聘过程中的人员甄选及确定培训需求方面具有很高的应用价值。JEM法分析结果中的选拔性最低要求要素为人员甄选提供了可靠的依据,同时得出的培训要素也为企业确定员工培训需求找到了重要的来源。

#### 2. 缺点

在初步确定目标工作的工作要素时,过于依赖工作分析员对工作要素的总结。工作分析员对工作的看法不同,导致大量的工作要素出现,而其中有些工作要素对目标工作来说并不重要,或者只是一些几乎适合于所有工作的要素,在通常情况下,这些要素往往会被剔除掉,这无疑会导致许多无用工作,浪费时间和人力。评分过程比较复杂,需要强有力的指导与控制。焦点小组成员在工作要素评价时,容易偏向于肯定的回答,认为这些要素很重要,另一些要素也很重要,难以取舍。这主要是因为焦点小组成员所进行的工作要素评价只是他们的一种主观臆断,并没有客观标准作基础。这样一来,所得出的分析结果如最低要求要素、培训要素等,数量太多,难以突出重点,大大降低了工作分析结果应用在其他人力资源管理职能中的操作性和最终效果。

## 三、临界特质分析系统法

### (一)临界特质分析系统法的概念

临界特质分析系统(Threshold Traits Analysis System, TTAS)法是由费利克斯·洛佩斯等(1981)开发。因为 TTA 风格独特,所以还是要简单介绍一下。

TTA 是一个由 33 个雇员特性组成的调查问卷(例如力量、注意力、口头表达能力)。临界特质分析系统法是完全以个人特质为导向的工作分析系统。它的设计目的是为了提供标准化的信息以辨别人们为基本完成或高效完成某类工作,分别至少需要具备哪些品质、特征,TTAS法称这些品质和特征为临界特质(见表7-8)。

表 7-8 TTAS 特征表

| 工作范畴 Work Domains | 工作职能 Job Functions | 特质因素 Traits | 描述 |
| --- | --- | --- | --- |
| 1.身体特质 Physical | 1.体力 | 1.力量 | 能举、拉和推较重的物体 |
| | | 2.耐力 | 能长时间持续地耗费体力 |
| | 2.身体活动 | 3.敏捷性 | 反应迅速、灵巧、协调性好 |
| | 3.感官 | 4.视力 | 视觉和色觉 |
| | | 5.听力 | 能辨别出各种声响 |
| 2.智力特质 Mental | 4.感知能力 | 6.感觉、知觉 | 能观察、辨别细微的事物 |
| | | 7.注意力 | 在精力不集中的情况下仍能观察入微 |
| | | 8.记忆力 | 能持久记忆需要的信息 |

续表

| 工作范畴 Work Domains | 工作职能 Job Functions | 特质因素 Traits | 描述 |
|---|---|---|---|
| | 5.信息处理能力 | 9.理解力 | 能理解口头表达或书面表达的各种信息 |
| | | 10.解决问题的能力 | 能演绎和分析各种抽象的信息 |
| | | 11.创造性 | 能产生新的想法或开发新的事物 |
| 3.学识特质 Learned | 6.数学能力 | 12.计算能力 | 能解决与数学相关的问题 |
| | 7.交流 | 13.口头表达能力 | 口头表达清楚、简练 |
| | | 14.书面表达能力 | 书面表达清楚、简练 |
| | 8.行动力 | 15.计划性 | 能合理安排活动日程 |
| | | 16.决策能力 | 能果断选择行动方案 |
| | 9.信息与技能的应用 | 17.专业知识 | 能处理各种专业信息 |
| | | 18.专业技能 | 能进行一系列复杂的专业活动 |
| 4.动机特质 Motivational | 10.适应能力 | 19.适应变化的能力 | 能自我调整、适应变化 |
| | | 20.适应重复的能力 | 能忍受重复性活动 |
| | | 21.应对压力的能力 | 能承担关键性、压力大的任务 |
| | | 22.适应孤独的能力 | 能独立工作或忍受较少的人际交往 |
| | | 23.适应恶劣环境的能力 | 能在炎热、严寒或嘈杂的环境下工作 |
| | | 24.适应危险的能力 | 能在危险的环境下工作 |
| | 11.控制能力 | 25.独立性 | 能在较少的指导下完成工作 |
| | | 26.毅力 | 能坚持一项工作任务直到完成 |
| | | 27.主动性 | 主动工作并能在需要时承担责任 |
| | | 28.诚实 | 遵守常规的道德与规范 |
| | | 29.激情 | 有适当的上进心 |
| 5.社交特质 Social | 12.人际交往 | 30.仪表 | 衣着风貌达到适当的标准 |
| | | 31.忍耐力 | 在紧张的气氛下也能与人和睦相处 |
| | | 32.影响力 | 能影响别人 |
| | | 33.合作力 | 能适应团队作业 |

从表 7-8 可以看出，对于临界特质分析系统而言，人的特质可以分为两大类：能力因素和态度因素。其中身体特质、智力特质和学识特质属于能力特质；而动机特质和社交特质属于态度特质。

## (二)临界特质分析系统法的操作流程

完整的临界特质分析系统包括三种分析技术：临界特质分析、工作要求与任务分析、技术能力分析。临界特质分析是其中的主要部分，因此将对临界特质分析进行重点介绍。

临界特质分析系统比较注重对被分析工作，也就是关键工作的选择。因为对组织中所有工作进行分析是不实际的，也是没有必要的。因此，工作分析的第一步应该选择和明确需要对哪些工作进行分析。为了完成这项工作，临界特质分析系统采用职业矩阵的方法对工作进行挑选。职业矩阵通过两维指标对工作进行分类，这两维指标是：工作簇、工作复杂程度和责任大小。

利用职业矩阵可以区分哪些是关键岗位。所谓关键岗位，是指那些绝大多数初学者或者较低层次的员工都希望而且在一段时间内也有可能到达的工作岗位。表 7-9 是职业矩阵示例。

表 7-9 职业矩阵示例

| 等级 | 工作簇 |||
|---|---|---|---|
| | 操作类 | 维修类 | 技术类 |
| 熟练的 | | | |
| 半熟练的 | | | |
| 初学工 | | | |

## 1. 临界特质分析

在进行临界特质分析时,要由直接主管、其他主题专家组成成员和任职者评价 33 种特质的相关性、等级、实用性,也就是说,评价在该工作岗位上达到可接受(优秀)的绩效水平与哪些特质相关,要求达到哪种等级,这种要求是否实际等。需要注意的是后天特征,比如受教育程度和经验年限等,并不在临界特质分析的特质名单中。

进行临界特质分析一般包括如下步骤。

(1)选择和培训分析团队成员。这个分析团队包括 1 名主持人以及至少 5 名分析人员。主持人通常由组织内熟悉临界特质分析、熟悉组织的职业矩阵以及劳动力市场状况的人担当。主持人的职责主要包括主持整个临界特质分析,并负责监测分析人员评定的准确性、一致性和不同分析人员之间的一致性。通常地,他们自己并不参与对工作的评定。分析人员有多种来源,但一线主管人员通常都包括在内,因为是他们直接观察任职者的行为和特质。

人员确定后,就要对团队成员进行培训。培训的内容主要包括:工作分析的目的、方法以及临界特质分析的操作步骤及注意事项等。

(2)完成临界特质分析卡。临界特质分析开始于临界特质分析卡的填写。临界特质分析卡如表 7-10 所示。该卡分为三步填写完成。

表 7-10 临界特质分析卡(由分析人员填写)

| 工作名称 | 技工 | | | 分析人姓名 | | MIKE | | |
|---|---|---|---|---|---|---|---|---|
| 隶属部门 | 生产部门 | | | 分析日期 | | ××× | | |
| 范围 | 特质 | 第一步 ||| 第二步 || 第三步 ||
| | | A | B | C | D | E | F | G |
| 身体特质 | 力量 | 1 | 1 | 1 | 0 | 2 | 1 | 2 |
| | 耐力 | 1 | 1 | 1 | 1 | 2 | 1 | 2 |
| | 敏捷性 | 1 | 1 | 1 | 1 | 2 | 2 | 2 |
| | 视力 | 1 | 0 | 0 | | | | |
| | 听力 | 1 | 0 | 0 | | | | |
| 智力特质 | 感觉、知觉 | 1 | 1 | 1 | 1 | 2 | 2 | 2 |
| | 注意力 | 1 | 1 | 1 | 1 | 2 | 2 | 2 |
| | 记忆力 | 1 | 1 | 1 | 1 | 2 | 1 | 2 |
| | 理解力 | 1 | 1 | 1 | 1 | 1 | 2 | 1 |
| | 解决问题的能力 | 1 | 1 | 1 | 2 | 1 | 2 | 2 |
| | 创造性 | 0 | 0 | 0 | | | | |
| 学识特质 | 计算能力 | 1 | 1 | 1 | 1 | 2 | 2 | 2 |
| | 口头表达能力 | 0 | 0 | 0 | | | | |
| | 书面表达能力 | 1 | 0 | 0 | | | | |
| | 计划性 | 1 | 0 | 0 | | | | |
| 决定 | | | | | | | | |

| | | 续表 |
|---|---|---|
| 第一步<br>评定相关性 | A 重要性：该特质是否对于完成本工作的某些职能很重要<br>请选择 1(是)或 0(不是)<br>B 独特性：对该特质的要求是否达到 1 级、2 级或 3 级<br>请选择 1(是)或 0(不是) | |
| 第二步<br>可接受绩效 | C 相关性：请填写 A 与 B 的乘积<br>D 特质等级：为达到可接受绩效应具备该特质的哪个等级<br>请填写 0、1、2、3<br>E 实用性：预计多大比例的求职者能够达到该特质等级？如果高于 10%，请填写 2；在 1%~10%之间<br>请填写 1，1%以下填写 0 | |
| 第三步<br>优秀绩效 | F 特质等级：为达到优秀绩效应具备该特质的哪个等级？请填写 0、1、2、3<br>G 实用性：预计多大比例的求职者能够达到该特质等级？如果高于 10%，请填写 2；在 1%~10%之间<br>请填写 1；低于 1%，请填写 0 | |

第一步，通过评定每个特质的重要性和独特性，评定它们与工作的相关性。重要性表示的是特定特质对工作绩效的影响程度；独特性表示的是该工作的可雇佣群体中，包括该工作的任职人员和求职人员，有多大比重的人具有这种特质。临界特质分析中，每一特质的 0 等级是最普通的等级，即可雇用群体中的 90%能达到这个等级，因此"独特性"的描述就转化为"对该特质的要求是否达到特质的 1、2 或 3 等级"。当重要性与独特性的乘积，即 C 值为 0 时，该特质就被认为与目标工作无关，在接下来的分析中将不再考虑这些特质。

第二步，确定为达到可接受的绩效水平需要达到各相关特质的哪一等级。"可接受的绩效水平"指能够使任职者得到绩效工资的绩效水平。为了确保等级评定的准确性，有必要考虑组织实际提供给任职者的薪资水平以及组织面对的劳动力市场状况。举例来说，一名分析人员认为从事文书工作应该具备较强的统计知识和数学知识，但是公司只为文书提供相当于低层次一般文秘工作的薪资水平，因此公司并不能吸引来达到较高等级的求职者，这一等级评定也就失去了原来的意义。

第三步，确定任职者如果试图取得优秀的绩效，他需要达到哪一特质水平。"优秀绩效"的标准是任职者达到的绩效水平使得他有晋升的可能或工资水平的提升。

这张表格由分析人员独立完成，并交给主持人。主持人将对每个分析人员填写的临界特质分析卡进行检验，如检验是否有自相矛盾之处，程度上是否有不合要求的地方，以及分析人员的评定是否存在一致性。在分析人员填写临界特质分析卡的过程中不要给他们指导和提示，由他们独立思考并进行判断。临界特质分析系统本身有许多"防护墙"，以防止分析人员不经意的失误。如果在分析人员之间出现了非常大的差异，比如对于同一特质，有部分分析人员评定为"0"等级，而另一些分析人员给评定为等级"1"，这时主持人就需要召集所有的分析人员讨论这种差异出现的原因，进而将差异消除。在这类差异被消除后，分析人员的参与就结束了。

(3) 整理并总结临界特质分析卡。在分析人员完成临界特质分析卡的填写后，剩下的内容就由主持人来完成。主持人首先检查临界特质分析卡是否存在错误。然后需要填写表 7-11 中的 H、I 和 J 三列，这三列实际上是临界特质分析卡的一部分，由主持人填写，是对分析人员的评定结果进行处理。

H、I、J 值的来源：对每一个被分析人员评定为相关（即 C 值为 1）的特质，主持人要将 D 值和 E 值相乘，并将乘积填入 H 列；同样，要将 F 值和 G 值相乘，乘积填入 I 列；H 值和 I 值的和便是 J 值。但也有特殊情况，比如，如果 F 值大于 D 值，但是 G 值小于 E 值，则要将 G 值与 H 值相加作为 I 值，而不是将 F 值与 G 值的乘积作为 I 值。

表 7-11 临界特质分析卡(由主持人填写)

| 范围 | 特质 | 第一步 | | | 第二步 | | 第三步 | | 主持人 | | |
|---|---|---|---|---|---|---|---|---|---|---|---|
| | | A | B | C | D | E | F | G | H | I | J |
| 身体特质 | 1.力量 | 1 | 1 | 1 | 0 | 2 | 1 | 2 | 0 | 2 | 2 |
| | 2.耐力 | 1 | 1 | 1 | 1 | 2 | 1 | 2 | 2 | 2 | 4 |
| | 3.敏捷性 | 1 | 1 | 1 | 1 | 2 | 2 | 2 | 2 | 4 | 6 |
| | 4.视力 | 1 | 0 | 0 | | | | | | | |
| | 5.听力 | 1 | 0 | 0 | | | | | | | |
| 智力特质 | 6.感觉、知觉 | 1 | 1 | 1 | 1 | 2 | 2 | 2 | 2 | 4 | 6 |
| | 7.注意力 | 1 | 1 | 1 | 1 | 2 | 2 | 2 | 2 | 4 | 6 |
| | 8.记忆力 | 1 | 1 | 1 | 1 | 2 | 1 | 2 | 2 | 2 | 4 |
| | 9.理解力 | 1 | 1 | 1 | 1 | 1 | 2 | 1 | 2 | 3 | 5 |
| | 10.解决问题的能力 | 1 | 1 | 1 | 2 | 1 | 2 | 2 | 2 | 4 | 6 |
| | 11.创造性 | 0 | 0 | 0 | | | | | | | |
| 学识特质 | 12.计算能力 | 1 | 1 | 1 | 1 | 2 | 2 | 2 | 2 | 4 | 6 |
| | 13.口头表达能力 | 0 | 0 | 0 | | | | | | | |
| | 14.书面表达能力 | 1 | 0 | 0 | | | | | | | |
| | 15.计划性 | 1 | 0 | 0 | | | | | | | |
| | 16.决策能力 | 1 | 0 | | | | | | | | |
| | 17.专业知识 | 1 | 1 | 1 | 1 | 2 | 1 | 2 | 2 | 2 | 4 |
| | 18.专业技能 | 1 | 1 | 1 | 1 | 2 | 2 | 2 | 2 | 4 | 6 |
| 动机特质 | 19.适应变化的能力 | 1 | 1 | 1 | 1 | 1 | 2 | 2 | 2 | 2 | 4 |
| | 20.适应重复的能力 | 1 | 1 | 1 | 1 | 2 | 1 | 2 | 2 | 2 | 4 |
| | 21.应对压力的能力 | 1 | 1 | 2 | 2 | 1 | 2 | 2 | 2 | 4 | 6 |
| | 22.适应孤独的能力 | 0 | 0 | 0 | | | | | | | |
| | 23.适应恶劣环境的能力 | 1 | 1 | 1 | 1 | 1 | 1 | 2 | 1 | 1 | 3 |
| | 24.适应危险的能力 | 1 | 0 | | | | | | | | |
| | 25.独立性 | 1 | 1 | 1 | 1 | 2 | 1 | 2 | 2 | 2 | 4 |
| | 26.毅力 | 1 | 1 | 1 | 1 | 2 | 1 | 2 | 2 | 2 | 4 |
| | 27.主动性 | 1 | 1 | 1 | 1 | 2 | 2 | 2 | 2 | 4 | 6 |
| | 28.诚实 | 1 | 1 | 1 | 1 | 2 | 1 | 2 | 2 | 2 | 4 |
| | 29.激情 | 1 | 1 | 2 | 2 | 2 | 3 | 1 | 4 | 5 | 6 |
| 社交特质 | 30.仪表 | 0 | 0 | | | | | | | | |
| | 31.忍耐力 | 1 | 0 | | | | | | | | |
| | 32.影响力 | 1 | 0 | | | | | | | | |
| | 33.合作力 | 1 | 1 | 1 | 1 | 2 | 1 | 2 | 2 | 2 | 4 |

在对所有分析人员的临界特质分析卡进行处理后,主持人需要再将处理结果通过电脑进行汇总,得到最终的特质分析结果。

**2. 工作要求与任务分析**

临界特质分析是对任职者进行分析,而工作要求与任务分析是针对工作本身进行分析。临界特质分析系统的重点部分是临界特质分析,即侧重于对人员的分析,因此临界特质分析系统属于人员倾向性的工作分析系统。

工作要求与任务分析技术是利用工作描述问卷，如任务清单等，对目标工作包含的任务和要求进行分析和描述。问卷由有代表性的任职者进行填写，问卷要求任职者用8分法判断问卷中每项工作任务或职责的重要性及在整个工作中所占的比重。问卷结果将输入电脑进行聚类分析，从而确定哪些是目标工作的关键性工作任务职责。

一般而言，工作要求与任务分析的实施包括如下几个步骤。

(1) 收集资料。在开始阶段，受过培训的工作分析专业人员要进行资料收集。通过访谈该工作的专业人士，或者通过阅读现有的工作描述资料，以及其他书面材料收集所有关于工作职责的信息。

(2) 设计工作描述问卷。在第一阶段收集到的信息将用于工作描述问卷的建立。在发放问卷进行调查之前，应将初步建立的描述问卷交给主题专家小组讨论。讨论的项目包括：添加一些被忽略的工作任务和要求；进一步删减一些明显不对的项目，针对目标使用者的特点，理顺问卷中项目的表述和用词，以方便问卷使用者理解。

为了与临界特质分析相联系，问卷不仅包括工作任务的描述，还在每条工作任务描述的末尾处标明对应的临界特质分析中的特质名称。但是在发给问卷填写者时，不宜包括对应特质名称，它们的存在是为了分析时使用。这样做的目的是，使得问卷填写者不仅对目标工作的职责进行了重要程度的评价，同时也对完成该项任务所需要的人员特质做出了评价。比如"在最少的指导下，阅读和解释技术手册、技术图表等"这一工作任务就与"信息处理"工作中的"理解力"特质密切相关。

(3) 问卷填写。在给予了适当的指导后，由工作任职者独立地对问卷的每一项描述进行8分评定，其中"0"表示该工作任务或要求与我的工作完全无关；"4"表示该工作任务或要求对我的工作而言是一项重要的活动；"8"表示这项工作任务或要求对我的工作至关重要。虽然一份这样的工作描述问卷通常都包括有几百个题目，但任职者一般只需要一两个小时或更少的时间就能较满意地完成。

(4) 问卷分析。在问卷填写完之后，将用统计方法对问卷结果进行处理。对目标工作而言，十分重要的工作任务或要求将通过一些统计参数得以凸显，这些统计参数包括平均值、标准差和频数分布等。一般来说，如果一项工作描述的平均值达到4.0以上，而标准差小于2.0，则所描述的工作任务将被认为对整个工作而言是十分重要的。

在问卷分析的过程中，还可以进行聚类分析，以确定工作名称与它包括的工作内容是否具有一致性，以及在同一工作名称下，是否存在多种不一样类型的工作内容。如果存在后面一种情况，则需要修改职业矩阵，以使各种不同类型的工作内容得以反映。

(5) 工作描述的初步结果。在本阶段，将得到初步的工作描述结果。由于每条工作描述都与临界特质分析中的特质相对应，因此在整理工作描述时，可以根据临界特质分析中工作职能的顺序，以及工作任务的重要程度顺序对统计分析后筛选出来的重要任务进行排序，得到关于目标工作的工作描述。

(6) 比较临界特质分析和工作要求与任务分析结论。由于工作要求与任务分析是由任职人员直接填写问卷，而临界特质分析主要由一线主管完成，两种方法是从不同的角度收集信息，因此两种不同信息的结合将有利于提高工作分析结果的准确性和完整性。一般情况下，临界特质分析和工作要求与任务分析的结论有很高的一致性，有不一致的项目要通过进一步的验证而最终确定。

3. 技术能力分析

技术能力分析(TCA)应用于分析对技术知识和技能有重要要求的工作。技术能力分析的目的在于，明确完成技术性的工作职能所需要具备的各种能力。技术能力分析的前四步与临界特质分析系统相同，即收集资料、问卷设计、问卷填写和问卷分析。主要的不同之处在于问卷的内容以及问卷中的所有描述对应于一项工作职能，即"特定信息或技能的应用"。技术能力分析不同于临界特质分析系统，以下是技术能力分析的一般步骤。

(1)确定最低要求。在这一步中，需要直接主管或其他主题专家小组成员各自独立地对通过问卷分析确定的关键知识和关键技能进行评价。评价该项技术、知识或技能是否是员工刚上任就需要用到的？是否需要员工在没有指导的情况下完成？专家们的评价将被综合平均，最终确定哪些知识和技能是需要新员工具备。并使新员工能在没有指导的情况下独立完成相关的工作任务。

(2)确定培训需求要素。主题专家还可以评价某项知识和技能要求在任职者工作的什么阶段就需要具备。选择项包括：在上岗前必须具备；在上岗后6个月内必须具备；在上岗6个月后才能具备。那些"在上岗6个月内必须具备"的知识、技能要求将形成新员工培训需求的重要组成部分；"在上岗6个月后才能具备"的知识、技能要求可以成为企业将来培训的选择。

(3)形成技术能力说明书。技术能力分析的最终产品是技术能力说明书。这份说明书的内容包括：对目标工作的实现有重要意义的技术、知识、技能；新员工需具备并能在没有指导的情况下独立应用的知识和技能；需要对新员工进行培训的知识和技能等。

(三)临界特质分析系统的应用

1. 人力资源规划

临界特质分析系统通过职业矩阵的形成与发展，可以为组织宏观人力资源规划，也可以为微观的个人职业生涯规划提供基础和支持。

2. 人员甄选

在管理实践中，临界特质分析系统经常被用于招聘甄选、人员晋升和管理人员评价中心的测评过程中。有研究者比较分析了临界特质分析系统进行人员甄选的成本和收益，结果证明临界特质分析系统的分析结果应用在人员甄选上十分有效。

3. 人员培训

临界特质分析系统还被应用于评估培训需求、设计培训课程以及评价培训结果。特别是通过技术能力分析，可以确定实现工作绩效所需要的具体技术知识和技能，而且还可以区分哪些知识和技术是新员工马上就需要具备的，而哪些知识和技能是需要在新员工中实施培训的，哪些知识和技能是未来需要培训的，从而明确各类型任职人员的培训需求。

实践证明，TTAS的分析结果比较准确，为企业带来了一定的效益，但是由于其过于复杂、过于精确，也使得使用者们对其提出了一些批评。

(四)临界特质分析系统的优点、缺点比较

(1)优点：分析结果相对准确，使用范围广泛。

(2)缺点：实用性不强，需要耗费大量的人力和财力，且过于精确复杂，超出了大部分人力资源专家和一线管理者的能力范围。

# 第二节 以工作为基础的系统性方法

## 一、管理职位描述问卷法

### (一)管理职位描述问卷法的概念

对管理职位进行工作分析是一项很大的挑战,因为不同职位、不同层次的不同行业(如工业、医药、政府)间是不一致的。管理职位描述问卷(Management Position Description Questionnaire, MPDQ)法是由美国著名工作分析专家亨普希尔(Hemphill)、托诺瓦(Tornow)以及平托(Pinto)等人于1976年提出的,经过多次测试和修改逐渐趋于成熟,到1984年形成最终版本。管理职位描述问卷法是一种结构化的,以工作为基础、以管理型职位为分析对象的工作分析方法,用于评价管理工作。

MPDQ主要收集、评价与管理职位相关的活动、联系、决策、人际交往、能力要求等方面的信息数据,通过特定的计算机程序加以分析,有针对性地制作各种与工作相关的个性化信息报表,为人力资源管理职能板块提供信息支持。

### (二)管理职位描述问卷结构

MPDQ是一套系统性的工作分析方法,包括三个板块:信息输入板块、信息分析板块、信息输出板块。

#### 1. 信息输入板块

管理职位描述问卷包含15个部分,274项工作行为,由管理职位任职者填写,主要用于收集该职位的相关信息(见表7-12)。

表7-12 管理职位描述问卷的内容

| 序号 | 主要部分 | 项目释义 | 题数 |
|---|---|---|---|
| 1 | 一般信息 | 描述性信息,如工作代码、预算权限、主要职责等 | 16 |
| 2 | 结构图 | 职位在组织架构中的位置,如上司、平级、下属等 | 5 |
| 3 | 决策 | 决策活动描述和决策的复杂程度 | 22 |
| 4 | 计划组织 | 战略性规划和短期操作性计划、组织活动 | 27 |
| 5 | 行政事务 | 包括写作、归档、记录、申请等活动 | 21 |
| 6 | 控制 | 跟踪、控制和分析项目、预算、生产、服务等 | 17 |
| 7 | 监督 | 监督下属的工作 | 24 |
| 8 | 咨询创新 | 为下属或其他工作提供专业性、技术性咨询指导 | 20 |
| 9 | 工作联系 | 内、外部工作联系,包括联系对象与目的 | 16 |
| 10 | 协调 | 在内部联系中从事的协调性活动 | 18 |
| 11 | 表达 | 在推销产品、谈判、内部激励等工作中的表达行为 | 21 |
| 12 | 商业指标监控 | 对财务、市场、生产经营以及政策等指标的监控与调节 | 19 |
| 13 | KSA | 工作对任职者知识、技术和能力的要求以及所需要的培训活动 | 31 |
| 14 | 自我评价 | 对前十项管理功能的时间和相对重要性评价,其中"计划组织"共分为战略规划和短期计划两方面 | 10 |
| 15 | 反馈 | 任职者对本问卷的反馈意见以及相关补充说明 | 7 |
| 总结 | | | 274 |

2. 信息分析板块

管理职位描述问卷法针对人力资源管理各职能板块的要求，提供了三种评价要素体系，如表7-13所示。

(1)管理工作要素体系：包含以工作为基础的8个描述性要素、根据工作内容的异同性对管理职位进行描述。

(2)管理绩效要素体系：包含对管理绩效有显著影响的9个评价要素，重点强调高绩效水平和低绩效水平的外在和内在差异。

(3)管理评价要素体系：包含6项可以明显区分管理工作内在价值差异的评价要素。

表7-13 管理职位描述问卷法的三种管理要素评价体系

| 要素体系 | 要素 | 释义 | 服务HRM功能 |
|---|---|---|---|
| 管理工作要素体系 | 决策 | 评价、筛选信息；决策的合理过程；做出决策对组织产生实质性的影响 | 工作描述、人员配置、工作设计等 |
| | 计划组织 | 制定长期战略性规划；制定短期生产、销售、服务、财务等计划 | |
| | 行政事务 | 记录或存档；监控及采取行动确保政策法规的连贯一致；获取、传达信息 | |
| | 控制 | 调节控制人、财、物的配置；索取材料、装备或服务；控制财务收支 | |
| | 咨询创新 | 协助解决特殊问题；为决策者提供信息支持；开发新技术新产品新市场 | |
| | 协调 | 与其他成员协调以达到组织目标；整合指导非直接下属；处理冲突或矛盾 | |
| | 表达 | 与客户、政府、社区代表、股东等沟通交流；销售产品和服务；合同谈判 | |
| | 指标监控 | 监控商业指标，例如净利润、销售额、国际商业和经济趋势；竞争者的产品和服务 | |
| 管理绩效要素体系 | 管理工作 | 管理生产流程和资源；监控信息；确保产品/项目及时完成 | 绩效考核 |
| | 商业计划 | 制定有效的战略和短期规划，并推广执行 | |
| | 问题处理 | 分析商业性或技术性问题和需求；确认合适的解决办法和创新 | |
| | 沟通交流 | 沟通的有效性、彻底性、精确性；恰当的分享或交换信息 | |
| | 客户/公共关系 | 代表组织处理与客户、潜在客户、一般公众的关系 | |
| | 人力资源开发 | 通过有效的授权、引导、培训和绩效评价开发员工的潜能 | |
| | 人力资源管理 | 监督、管理员工；提供指导和领导 | |
| | 组织支持 | 与其他管理人员有效互动、协作以支撑个体、群体发展和组织目标实现 | |
| | 专业知识 | 拥有达到组织绩效要求的技术性和管理性知识 | |
| 管理评价要素体系 | 决策 | 决策权利等级、决策重要性、复杂性以及决策的自主性 | 岗位评价、培训开发 |
| | 解决问题 | 分析性或创造性思维水平、对问题的洞察力以及解决方法的创造性 | |
| | 组织影响 | 对组织影响的显著性程度，包括该职位对于实现组织目标、开发产品和服务、制定战略或商业规划、获取收益和利润以及其他绩效目标的贡献程度 | |
| | 人力资源职责 | 人员督导职责，包括监督指导的下属人数、级别以及复杂性程度 | |
| | 知识技能 | 该职位所需的知识和专业技术水平 | |
| | 联系 | 组织内部、外部联系的深度、广度、等级以及频率 | |

3. 信息输出板块

管理职位描述问卷法通过特殊的计算机处理程序，针对不同的人力资源管理功能板块编制8类分析报告（见表7-14）。

(三)管理职位描述问卷法的工作程序

(1)评定重要性。指出每项活动对职位的重要程度，用评价尺度计分。

(2)归类比较。把15个类别的评价进行归类比较，衡量不同职位活动的重要程度和发生次数的多少。

(3)依据比较结果进行评价。
(4)反馈。根据结果进行反馈,形成工作说明书。

表7-14 管理职位描述问卷法的各类分析报告简介

| 分析报告名称 | 主要内容 | 信息来源 | 主要用途 |
|---|---|---|---|
| 管理职位描述 | 对管理职位的细节性、描述性的总结归纳:①财务人事职责权限;②工作活动重要性排序;③工作联系;④决策情景特征;⑤知识技术能力要求 | MPDQ问卷的"一般信息部分" | ①服务求职者的工作描述;②上岗指引;③面试基础信息;④工作设计;⑤薪酬结构 |
| 管理工作描述 | 类似于管理职位描述报告,主要针对一组管理职位工作内容的综合性和平均水平的描述,用于构建管理职位描述模板 | | |
| 群体比较报告 | 六组对照群体工作内容主要异同点的对比分析表,区分共有活动和特有活动,按照出现频率进行排序,然后针对各种活动进行重要性评价 | MPDQ问卷中涉及的工作活动 | 1.工作分类 2.工作评价,同工同酬 3.工作设计 4.培训开发设计 |
| 个体职位剖析 | ①在管理工作要素的8个评价维度上将目标职位与所选同职等的职位进行比较分析;②该职位在管理评价要素上的得分以及加权得分 | 管理工作要素+管理评价要素 | 1.确定工作价值 2.确定职位等级 3.薪酬设计 4.制订培训开发计划 |
| 群体职位剖析 | 类似于个体职位剖析,主要对相同的一组管理职位在管理工作要素和管理评价要素上的平均水平的相关比较分析 | | |
| 多维度群体绩效剖析 | ①管理绩效要素各维度对于所选一组管理人员的平均重要性程度的综合报告,由此确定各评价要素的权重;②MPDQ中的KSA平均要求水平 | 管理绩效要素+MPDQ的KSA部分 | ①确定绩效评价要素权重;②KSA用于人员甄选录用;③通过与个体绩效对比,确定培训开发计划 |
| 多维度个体绩效剖析 | 类似于多维度群体绩效剖析,主要对个人对管理绩效要素的重要性评价进行分析,以及个体的KSA水平分析,通过与群体水平的对比,对绩效改进和培训开发提供指导 | | |
| 职位绩效评价表 | 适用于特定管理职位的绩效评价体系和雇员开发计划,对管理绩效要素体系的9个要素进行深度定义剖析,加以操作化,并附加若干代表性的绩效活动示例 | 管理绩效要素+多维度群体绩效剖析 | 1.绩效评价 2.人员开发 |

**(四)管理职位描述问卷法的应用**

由于MPDQ最初设计的目的是开发一套具有较高效度、能为使用者广泛接受的岗位评价系统,所以MPDQ最主要的应用之一是工作评价。除此之外,不同的人力资源管理职能使用不同的工作分析信息来满足不同的要求,如:①人员甄选:利用工作信息招聘合适的员工,使选拔程序更有效;②薪酬:是进行工作评价的基础,建立基于工作价值的等级结构,保证薪酬的公平性;③培训和开发:分析培训需求,制定合适的职业发展规划;④绩效评价与绩效管理:发展与工作相关的工作评价系统,建立绩效标准;⑤工作设计与再设计:根据工作的复杂性与相似性、工作所需的知识和技能来重新设计工作。

**(五)管理职位描述问卷法的优点、缺点比较**

1. 优点
(1)适用于不同组织内管理层级以上职位的分析,具有很强的针对性。
(2)为培养管理人才指明了培训方向,也为正确评估管理工作提供了依据。
(3)为管理工作的分类和确定管理职业发展路径提供了依据。
(4)为管理人员的薪酬设计、甄选程序以及提炼绩效考核指标奠定了基础。

(5)通过计算机程序，MPDQ 在某种程度上降低了主观因素的影响，同时其最终报告大量以图表形式出现，信息充足，简单易懂，提高了组织人力资源管理的效率。

2. 缺点

(1)由于管理工作的复杂性，难以深入分析所有类型的管理工作。

(2)成本较高，投入较大。

(3)活性不足，各种管理分析维度是在对国外管理人员进行实证研究基础上形成的，在中国必将有个"本土化"的修订过程。

## 二、关键事件技术

**案例**

### "如何赢得两千万元订单"

我曾经连续丢了几个大订单，都输给同一个系统集成商。我很奇怪，这家系统集成商既没有解决方案，又没有在电信行业的成功实例，就像在空气中冒出来一样。我们在电信行业有很强的客户群，和这家系统集成商交锋了几次，互相有输有赢。不打不相识，最后双方决定坐下来谈一谈，看看有没有合作的可能性。我听说这家系统集成商赢得这些订单的是一个女销售代表，姓刘。

我去这家系统集成公司的时候见到了她，很普通的样子，看不出来有什么特别。因为已经开始合作，她也不讳言她是怎么赢的。我首先问起了华北某省移动局的订单，因为我们代理商的销售代表在当地趴了几个月，上上下下做了很多工作，本来以为十拿九稳，最后居然输给了她。当问到她是怎么赢这个项目的时候，这个刘姓的销售代表反问我："你猜猜我在签这个合同以前去见了客户几次？"然后，她晃着指头骄傲地告诉我："两次。第一次两天，第二次三天。"

"这不可能，在五天内你可能连客户都认不全！"我惊讶地说。

"没错，这个项目牵扯到省局和移动局的很多部门，有局长、主管的副局长、计费中心的主任、科技处和计划处。五天之内全见到都不可能，别说去做工作了。而且我们的竞争对手，也就是你们的代理商已经在那里泡了一个多月了。从工程师到处长都有很好的关系。但确实我就去了两次，总共去了五天。"

"你以前就认识这些客户？"

"所有的客户都是我在这个项目中认识的。"

"你在跟我开玩笑，如果这样，我们的代理商绝不会输给你。"

"没有啊。我第一次去的时候一个人都不认识，我就一个部门挨一个部门的拜访，所有相关部门的人我都见过了，这时我就要去见局长。"

"局长一定不见你，即使见你，也会马上就把你打发走了。"

"比这还糟糕，局长根本不在，出差了。所以我那次出差就没有见到局长。"

"怎么可能？"我听我的代理商告诉我，就是这个局长坚持要用她的产品。

"听说局长不在，我就去了办公室，问局长去哪里出差了。办公室的人告诉我他今天去了北京。我要到了局长住的宾馆的名字。"

"然后呢？"当听到她要到宾馆名字的时候，我开始有些感觉了。

"我立即打电话告诉我们公司的老总,说局长在北京,请老总一定要想办法接待一下。然后我打电话到这个酒店,请酒店送一束鲜花和一个果篮到客户的房间,写上我的名字。第二天,我就乘最早的飞机回了北京。"

"到了北京之后,我立即就给老总打了一个电话。老总让我赶快来宾馆。我让出租车直接从机场开到了宾馆。我进入大堂,正要打电话,发现我们老总正和一个中年人在一起喝咖啡。原来,我打电话的当天,老总就去宾馆拜访了局长,并约局长在开会的空闲去公司参观。我到了之后,老总正来接局长。"

"然后呢?"

"局长对我们公司印象非常好,当天晚上,我们请局长去看了话剧,当时北京正在上演老舍的话剧《茶馆》。局长非常喜欢。"

"你为什么去请局长看话剧?"

"我在当地与客户谈的时候,就留意局长的兴趣,他们告诉我局长是个戏剧迷。而且一起看话剧又算不上腐败,局长就接受了。"

"话剧结束时,老总建议在当地做一个计费系统的技术交流。到时请局长露个面。局长很痛快地答应了。"

"一周以内,老总亲自带队到了当地,局长也很给面子,亲自将所有相关部门的有关人员都请来一起参加了技术交流。老总后来告诉我,当他看到这么多人来参加,他就预感到这个项目有戏。"

"你没去?"

"当时我正在做另外一个项目,客户的技术小组在北京。况且,我们老总去了,什么都能搞定,要我干什么。后来我又去了一次,第三次去就签合同了。"

"你很幸运,刚好局长来北京。"

"这有什么幸运,我的每个重要客户主要领导的行程都在这里了。"她扬起手中的记事本给我看。"我对客户的行程清清楚楚。只要和办公室的人熟悉就行了,一点儿都不难。"

我接过来一看,果然,密密麻麻地记了很多名字、时间和航班。

资料来源: http://bbs.tianya.cn/post-152-618654-1.shtml,2010-08-30.

**讨论题:**

1. 该案例中有哪些关键事件?
2. 通过这些关键事件体现了销售人员哪些关键能力和素质?

关键事件技术是通过对工作的关键行为进行分析,从而来判定哪些行为能形成较好绩效,哪些行为将带来较差绩效的方法。关键事件的编写和对关键事件维度的确定,是关键事件法的核心内容。关键事件法所获取的信息,对于人力资源管理中的培训管理、招聘管理和绩效管理等板块都有重要的作用和意义。

### (一)关键事件技术的概念

关键事件技术(Critical Incidents Technique, CIT)是由弗拉纳根和伯拉斯于1954年提出的用于记录工作责任者对工作完成具有关键性的行为以反映特殊有效(成功)的工作行为类型或特殊无效(失败)的工作行为类型。

CIT是通过对工作的任务和关键行为的分析来描述工作的一种方法,是一种由工作分析专家、管理者或工作人员在大量收集与工作相关信息的基础上，详细记录其中关键事件以及具体分析其岗位特征和要求的方法。其特殊之处在于基于特定的关键行为与任务信息来描述具体的工作活动。

关键事件法最初设计时，更多考虑只用于培训需求评估和绩效考核这两个领域。在关键事件法应用时，通过工作人员回忆并且记录下能反映出特别好或特别差（我们称之为关键）的工作绩效的特定行为或事件，以此作为人力资源管理的重要信息。但是积累起来的关于从事特定工作的一些工作责任的主要事件的数据，至少可以作为工作分析技术服务于某些目的。特别是关键事件技术可以作为了解与成功行为有关的人员的品质和特性的基础。

"关键事件"是指影响绩效的重要的、特定的行为和任务，起初只是指具有负面效果的行为，目前在应用时是指对绩效形成有着促进或阻碍作用的所有关键行为和任务。

### （二）关键事件技术的操作步骤

关键事件是指那些影响绩效的重要的、特定的行为和任务。在应用此方法时首先就是要进行"事件"的编写。

#### 1. "事件"的编写

"事件"有行为主体、行为过程、行为结果、行为条件四个要素，"事件"编写时要遵循以下四个基本原则。

1）特定而明确原则

特定而明确原则是指在描述"事件"时，要确保描述的是单一"事件"，并且描述要全面和详细。例如，在描述消防员灭火和救援这一任务时，表述为"消防员进入一幢居民楼，开始搜索上面的楼层，但是他没有发现在床边和墙壁之间蜷缩着一个失去知觉的伤者。当沿着楼梯下来时，消防员发现了另外一个被热浪袭倒的同伴，把他拖到外面后，回到受伤的同伴的位置，帮助继续灭火"。就不能满足特定而明确原则。

首先，这一表述并非单一"事件"，而是消防员一系列行为的组合。其次，在表述中，部分表达较为清楚，但部分表达并不充分，或者说不全面和不详细。例如，其中的表述为"……他没有发现在床边和墙壁之间蜷缩着一个失去知觉的伤者，……"这样的表达就不够清晰，如果描述为"……在烟雾弥漫的房间里，消防员因忽略了在床底摸索而未发现失去知觉的伤者，……"就可以更清楚"事件"的全貌。

2）行为主体与动作原则

行为主体与动作原则是指在"事件"的编写时，要以工作者为主体，同时集中描述工作者所展现出来的可观察的、外在的行为动作，而不是内在的心理活动或疏漏之处。例如，在描述消防员抽水这一任务时，表述为"消防队员停在湖边后，将水泵安置在传动装置上抽水，加快转速，在水箱中抽入2米的湖水"。就要比表述为"在湖边，水泵被安置在传动装置上，在水箱中抽入2米的湖水"更准确，也更满足第二个原则。

3）行为背景原则

行为背景原则是指在描述"事件"时，要简单描述行为发生的背景，以此来判断行为主体行为的有效性。例如，上例中"消防员进入一幢居民楼，开始搜索上面的楼层，但是他没有发现在床边和墙壁之间蜷缩着一个失去知觉的伤者。在沿着楼梯下来时，消防员发现了另外一个被热浪袭倒的同伴，把他拖到外面后，回到受伤的同伴的位置，帮助继续灭火"。这样的表述就没有很好地针对行为发生的背景进行详细的描写，因此难以判定消防员的行为有效性。如果表述为"……由于在烟雾弥漫的房间里,消防员忽略了在床底摸索而未发现失去知觉的伤者。……"就可以更清楚,之所以没有发现伤者,是因为消防员的工作疏忽。

4)行为结果原则

行为结果原则是指在描述"事件"时,能够说明行为的结果。判断工作者行为是否有效的信息主要源于动作的结果,因此完整的事件描述应当包括对结果的描述。例如,在描述消防员行为结果时可以采用以下这些表达,"火势蔓延到其他未受损的建筑","防止烟雾扩散到其他房间","使得其他消防队员快速赶到现场"。

### 2. 获取"事件"方法

在对如何编写"事件"进行原则上规定后,就可以通过对工作的分析来获取"关键事件"了。一般而言,"关键事件"的获取方法包括关键事件讨论会和非工作会议形式。关键事件讨论会是一种通过工作分析专家和工作专家,共同针对每一工作进行讨论分析,以此来获得"关键事件"的方法。

1)会议成员组成

一般地,会议成员包括工作分析专家和工作专家。工作分析专家担任主持人和技术专家角色,一般是由具有工作分析专门技术和经验的专家构成。另外,还需要5~12名工作专家,即那些对要分析的工作完全熟悉,有充分的机会观察到完成工作时的典型的、较差的和特别出色的等各种水平的行为表现的工作者。

2)会议流程

一般地,可通过以下四个环节完成"关键事件"的提取。

首先,由主持人(即工作分析专家)介绍要研究的工作活动是什么。

其次,由主持人讲解编写关键事件的原因、目的与方法。

再次,由主持人给工作专家提供关键事件编写举例。如表 7-15 中,给出了"关键事件"编写较差和较好的范例,让工作专家更为深入地把握如何编写"关键事件"。

表 7-15 关键事件编写范例

| |
|---|
| 编写得较差的关键事件:<br>——警官 A 迅速对火势采取措施,使用灭火器扑灭。虽然之后的爆炸造成了相当程度的破坏,但是警官的反应避免了更严重的伤亡和破坏。<br>——消防队员 B 被指导完成两节培训课,但是他缺乏天赋,浪费了两个星期的培训时间。<br>编写得较好的关键事件:<br>——停在油泵边的一辆汽车机器起火,警官 A 驾车巡逻路过,发现了火情,停车后迅速从其巡逻车里取出化学灭火器将火扑灭。其快速的动作避免了更大的火灾和爆炸。<br>——消防队员 B 在为期两周的培训中参加了两节培训课程。在培训结束时,他不能完成课程要求的任务,也不能回答有关课程内容的简单问题。因为他没有掌握这些技能,所以只能在出现火情时作为其他队员的辅助人员。 |

最后,编写关键事件。关键事件的编写方法有以下两种。

其一,分发关键事件记录表格,由工作专家按要求填写,如关键事件法编写范例所示。

其二,非结构化方法。由主持人给工作专家分发说明书,引导大家讨论,并记录和整理出"关键事件",如下面的关键事件法编写范例所示。

### 关键事件法编写范例——美国 PDR 研究所

指导工作会议的最终结果是一份行为导向的等级表。下面是一个为航空服务员进行开发的例子。

**以热情友好的方式为乘客提供标准的服务**

热情友好的问候顾客，撕去票根，检验护照；帮助手提行李；准备并热情为乘客提供餐饮服务；注意乘客的举动；提供杂志、毯子、枕头等，使乘客感觉更加舒服；在履行职责时，与乘客进行个人交流。

请大家注意不同的工作绩效范例对应了不同的绩效等级，每个范例用短短的三两句话描述了在某个情形下工作者如何进行工作。这样，不同的评价者进行评价的标准得到了统一，也使绩效等级同实际工作联系得更加紧密，评价者更加容易接受。为了使我们能获得清晰、同工作紧密联系的绩效范例，我们请您写下您所亲眼目睹或亲耳所闻的工作者是如何进行工作的，这些范例能够体现出不同水平的工作绩效，以此我们就能开发出绩效评价工具。

**编写工作绩效范例**

在编写工作绩效范例时，我们最容易想起的是一些极端的例子，同时也要归纳出一些代表一般工作绩效的例子。我们的要求不仅明确而且要精确。

绩效范例一般有三个主要部分：首先，对工作者所面临的状况进行简要的描述。呈现在工作者面前的是何种问题？什么情况下使工作变得尤为重要和关键？必须要记住工作的背景是一个特定工作行为是否有效的重要因素。同一工作行为可能在不同的范例中出现，但是面临的压力状况可能大不相同，工作行为的有效性也可能大不相同。

第二部分要描述工作者对面临的状况如何做出反应。记录下工作实际是如何做的，而不是记下从中推断的结果。例如，在编写某个范例时，我们可能会说：工作者表现出坚韧不拔的素质，实际上是我们推断的结果。更好的描述方式是阐述是什么让我们觉得工作者表现出这种素质。一般来说，我们尽量避免使用那些概括复杂动作的动词，应当使用能表现出工作者直接动作的词语。

例如可以这样表述：
(1) 在整个航程中，服务员一直坐着看书，对乘客毫不理睬；
(2) 服务员面无笑容地问候乘客，没有眼神交流；
(3) 服务员欢快地将乘客引导到座位上去；
(4) 在一个小时的航程中，服务员礼貌地提供软饮料，但是不给乘客点鸡尾酒的机会；
(5) 服务员在完成服务收拾好之后，在剩下的时间与乘客交流。

最后，描述工作者行为的结果。这里再次强调，描述工作结果时注意要直接且明确。

概括起来，一个好的绩效范例应该：
(1) 描述在特定的情形下，工作者采取何种行为来完成工作。
(2) 精确阐述工作者究竟做了什么，使你觉得在此情形下他(她)是有效(无效)的。
(3) 精确、简短、切中要害，用不长的篇幅描述工作结果。

另外，还可以采取非工作会议形式，即个人访谈和调查问卷的方法。采用访谈法的时候和会议法中非结构化相似，但只是针对一名工作专家开展调查。如果采用问卷法，则需要准备一份非常全面的填写指南，包括"事件"编写的目的、原则、方法、范例和需要注意的事项等。

**3．确定绩效维度**

如前所述，不同的"关键事件"(即工作行为)将会带来不同的绩效，有些表现为典型的绩效，有些表现为较差的绩效，而有些则表现为较好的绩效。因此，对关键事件进一步的处理,则是确定其绩效维度。所谓绩效维度,就是指通过哪些维度来测量工作者的绩效,亦即"关键事件"的绩效维度。

确定"关键事件"的绩效维度有两种方法:一是在"关键事件"编写完成后,通过对"关键事件"的归类来获得;二是在未编写"关键事件"之前,先确定其维度。

1)从"关键事件"来定义绩效维度

从"关键事件"来定义绩效维度主要是通过对"关键事件"进行内容分析,并进行"关键事件"的归类得以实现。获得绩效维度时需要注意以下几点。

第一,仔细阅读所有的"关键事件",找出人们在完成工作的过程中,反复出现的一些共同的特征。

第二,凭直觉将明显可以归类的"关键事件"进行归类。然后对剩下的未分类的"关键事件"进行归类,尝试找出新的维度。继续这个过程直到找出足够多的维度。

第三,对上面的分类进行调整和修改。不同的"关键事件"可以重新组合成新的维度。对于分类太宽泛的,可以将其再分为更加明确的维度;对于分类过于相似而使得有些"关键事件"无法被归类的,可以将它们合并为一类。

第四,让至少2组(4~5个人最好)独立进行第三类的工作,然后大家再一起对各自结果中不同之处进行讨论,决定哪种维度结构是最好的。如果大家的维度相似,则相信其真实地反映了绩效结构。

第五,力求将工作专家也吸收到确定维度的工作中来。

第六,把内容分析的结果让工作专家做最后的检查。检查内容包括:是否容易理解,术语使用是否得当,是否能覆盖工作等方面。

2)在编写关键事件前确定绩效维度

若在编写关键事件前确定绩效维度,就需要通过工作专家会议来确定。维度的确定可以从工作者行为方向,所需要的知识、技能及素质导向等方面考虑。这里需要注意的是"关键事件"描述是行为导向的,维度的确定既可以是行为导向的,也可以是素质导向的。

另外,还可以利用已知的工作信息来确定工作绩效维度,如工作描述中的工作职责、培训课程等。表7-16是关键事件记录的一个示例。

表7-16 关键事件记录示例

| 请以您多年的工作经验,回忆工作者在工作中有哪些显著、典型的行为,能够反映出不同的工作绩效:非常有效、非常无效、适中? |
|---|
| 1. 引起这个行为范例的环境是什么?——————— |
| 2. 请详细描述那些能够反映出不同绩效水平的显著行为:——————— |
| 3. 这些行为的后果是什么?——————— |
| 4. 请填写以下信息<br>　a. 工作名称———————<br>　b. 工作绩效范围———————<br>　c. 绩效等级划分:　1　2　3　4　5　6　7　8　9<br>　　　　　　　　　　差　　　适中　　　好 |

### 4. 编辑关键事件

在关键事件收集好之后,必须对其进行编辑加工,为下一步应用关键事件做好准备。除了纠正一些拼写和语法错误之外,首先按照上文所述的要求,检查每个范例是否内容完整,前后格式是否统一。其次要考虑范例的长度，范例必须要有合适的长度才能保证提供必需的信息，太长则会给阅读者带来困难，要在这两者之间找到平衡点。最后要考虑读者的认同感，技术语言、职业行话、俗语应该被保留。

### （三）关键事件技术的应用

关键事件法在对工作任务进行分析时，是通过"关键事件"这一工作行为来表现的，所以关键事件法在人力资源管理涉及行为评价和素质评价的时候，就会发挥其作用。目前可以应用的领域主要包括绩效评估、培训管理、工作任务设计等职能领域。

1. 在绩效评估中的应用

1）行为锚定等级评定法（BARS）

行为锚定等级评定法是一种以工作行为典型情况为依据进行考评的方法。其基本思路是：描述职位工作可能发生的各种典型行为，对行为的不同情况进行度量评分，在此基础上建立锚定评分表，作为员工绩效考评的依据，对员工的实际工作行为进行测评给分。

2）行为观察等级评估法（BOS）

行为观察等级评估法是以个别的和随机的方式应用"关键事件"，而不是按照维度和有效性水平进行分组。表7-17的例子就是行为观察等级评估法的具体应用。

表7-17　行为观察等级评估法（BOS）节选

| 指导：对管理者绩效面谈行为进行评价。请按以下等级进行评价： |
|---|
| 总是 —1　经常 —2　有时 —3　很少 —4　从不 —5 |
| 1. 在讨论中有效使用下述的信息 |
| 2. 熟练地将面谈引导到问题领域 |
| 3. 能有效对面谈进行控制 |
| 4. 对面谈事先做好准备 |
| 5. 让下属控制面谈 |
| 6. 坚持对下属的问题尽心讨论 |
| 7. 关注下属对问题的见解 |
| 8. 深入到敏感的领域与获得足够多的信息 |
| 9. 在讨论敏感的问题时让下属感觉轻松 |
| 10. 在面谈的过程中表现诚挚 |
| 11. 为绩效面谈营造并保持恰当的气氛 |
| 12. 对下属的问题无动于衷 |
| 13. 对下属的发展提供一般的建议 |
| 14. 在下属情绪激动时保持平静 |
| 15. 只询问一些表面性的问题，妨碍问题的深入讨论 |

2. 在培训管理中的应用

培训管理是一个组织提升其组织核心竞争力的最主要的途径，主要是通过提升员工现实的工作能力和未来的工作能力来实现，因此就需要获得员工工作行为要求和能力要求的信息。而关键事件技术法则能够提供非常细致的、可测量的员工工作行为要求的信息，因此在培训管理中有着重要的作用，主要表现在培训需求评估和培训设计两个环节。

1）培训需求评估

培训需求评估主要是确定培训的对象和内容，包括组织层面的和个人层面的。基于组织层面的就是要明确基于组织未来发展对组织员工的能力需求；基于员工层面的就是要明确员工基于自身发展的能力需求。

不论是基于组织的还是基于个人的，都需要明确员工需要具备什么样的工作能力，以实施相应的工作行为，最终实现相应的绩效。因此，通过关键事件法可以获得员工行为需求，进而通过行为与能力的相关性分析来确定能力需求。

2) 培训设计

在明确了培训的人员和内容的基础上，紧接着一个重要的环节就是进行培训设计，包括培训方式方法。在培训设计时，采用什么样的方式方法取决于这些方式方法是否能够满足对培训内容的有效支持。通过关键事件法，可以获得员工什么样的行为将会带来怎样的工作绩效。因此，通过培训的设计，可以实现培训目标和内容到工作行为的转换，工作行为到工作绩效的转换，这样就可以判定培训方式方法的有效性。

3. 工作任务设计中的应用

按照工作设计原理，要想确保工作顺利开展，就要确保完成工作时工作行为的相关性和连接性。而以工作任务行为分析为核心的关键事件法，通过相应的分析就可以更清晰地表达工作目标定位的准确性和工作行为的合理性与有效性，这就为工作任务设计提供了重要的信息。另外，关键事件技术法对于工作背景的描述也是工作任务设计的重要信息。

### (四) 关键事件技术的优点、缺点比较

1. 优点

(1) 关键事件技术法被广泛应用于人力资源管理的许多方面，例如甄选标准与培训需求的确定，尤其应用于绩效评估的行为锚定与行为观察中。

(2) 由于其对行为进行观察和衡量，故而描述工作行为、建立行为标准更加准确，能更好地确定每一行为的作用。

2. 缺点

(1) 使用关键事件技术法耗时，需要花费大量的时间去收集那些关键事件，并对其进行概括分类。

(2) 关键事件技术法着重分析工作好、坏两极的情况，所以难以确定平均工作水平。但是对于工作来说，最重要的就是要描述"平均"的职务绩效。利用关键事件技术法，对中等绩效的员工就难以涉及，因而不能完成全面的职务工作分析。

(3) 由于一般工作分析人员对行业的熟悉程度不够，加上专业知识和技术方面的局限，给关键事件技术法的实际应用带来困难。

## 三、功能性工作分析法

### (一) 功能性工作分析法的概念

功能性工作分析 (Functional Job Analysis, FJA) 法是美国培训与职业服务中心 (USES) 的研究成果，是一类以全面完整的描述目标职位的功能性要素为立足点的工作分析方法的总称。它最初出现于 20 世纪 40 年代末，并成为改进《职业名称词典》中工作分类的机制。

从 FJA 问世以来，大量职位分析专家在其理论基础上开发出若干具体的职位分析方法，

主要有美国劳工部的职位定向分析系统和范纳（Sidney Fine）开发的功能性工作分析方法等。本节主要以范纳的 FJA 为例简要介绍功能性工作分析方法。范纳和威利（Wiley）把 FJA 概括为既是一种定义工人活动范围的概念系统，又是一种测量工人活动水平的方法。

FJA 主要分析方向集中于工作本身，是一种以任务分析为导向的、系统的工作分析方法。它是以工作者需要完成的任务为基础，分析完整意义上的工作者在完成这一任务的过程中应当承担的职能（工作者实际所做的工作），以获取通用技能、特定工作技能和适应环境技能的相关信息的工作分析系统。FJA 对工作内容的分析非常全面和具体，一般能够覆盖工作内容的 95%以上。

在 FJA 中，对任务进行了界定，并且提出了任务应该具备的基本特征。

所谓任务，就是工作的子系统和基本描述单元，也是具有特定目标的行为组合。任务应该具备以下五个基本特征。

(1)任务要有特定的结果和目标。也就是说，任务必须具有特定的结果和目标，才能作为一项任务去分析。例如，汽车司机发动汽车这样一项活动，由于具有特定的结果和目标，即汽车被发动着，在空挡位持续轻踩油门踏板，发动机可以持续转动，因此可以作为一项任务去分析。

(2)任务要有明确的开端和终端。也就是说，任务必须有明确始终，什么时候开始、什么时候结束是明确的。例如，汽车司机发动汽车这一任务，从司机插入钥匙开始到发动机平稳持续转动结束。

(3)任务可能会被划分为若干子任务。也就是说，任务本身又包含了一系列活动，而这些活动又可以作为子任务。例如，汽车司机发动汽车这一任务，包含若干活动，包括将钥匙插入锁孔、踩下离合踏板到底、顺时针转动钥匙、轻踩油门踏板等，而每一项活动又都有自己的明确结果，可以作为一项任务看待。

(4)任务可以是连续的或非连续的。也就是说，作为一项任务，在完成时既可以是连续进行的，也可以是被中断后接着进行的。例如，汽车司机发动汽车这一任务的完成可以是连续进行而完成，也可以是间断的，比如司机将钥匙插入锁孔，此时有人问路，待回答完问路人的询问，接着再踩下离合踏板到底、顺时针转动钥匙、轻踩油门踏板，直至汽车发动机空档位平稳持续地转动为止。

(5)任务可能需要多人协作完成。也就是说，任务是单一的，但任务的完成者可以不是单一的，可以是由多人共同完成。例如，在车间"给料"工序中，由于设备内处于高温状态，给料过程需要有人配合快速打开和关闭进料门，因此"给料"任务的完成需要两个工人。

FJA 的理论基础是人与工作关系的理论，即所有的工作都涉及工作执行者与数据（信息和想法）、人（客户、顾客和同事）、事（机器、工具和设备）的关系。在事务方面，工人运用物质资料；在数据方面，运用智力资源；在人员方面，运用人力资源。通过工作执行者与信息、人、事发生关系时的工作行为，可以反映工作特征、工作任务和人员职能。

数据，即与人、事相关的信息、知识、概念，可以通过观察、调查、想象、思考分析获得，具体包括数字、符号、思想、概念、口语等。其中，人是指人或者有独立意义的动作，这些动作在工作中的作用相当于人。事是指人控制无生命物质特征的活动特征，这些活动的性质以物本身的特征反映出来。

表 7-18 为 FJA 的功能等级表。

表 7-18  FJA 功能等级表

| 数据(Data) | | 人(People) | | 事(Things) | |
|---|---|---|---|---|---|
| 号码 | 描述 | 号码 | 描述 | 号码 | 描述 |
| 0 | 综合 | 0 | 指导 | 0 | 建立装配 |
| 1 | 整理 | 1 | 磋商 | 1 | 精密加工 |
| 2 | 分析 | 2 | 通知 | 2 | 操作控制 |
| 3 | 汇编 | 3 | 监督 | 3 | 驾驶操作 |
| 4 | 计算 | 4 | 取悦 | 4 | 机器操作 |
| 5 | 复制 | 5 | 劝导 | 5 | 维护保养 |
| 6 | 比较 | 6 | 交谈/示意 | 6 | 进料退料 |
|  |  | 7 | 服务 | 7 | 手工操作 |
|  |  | 89 | 接受指令/协助 |  |  |

在表中，数字越大表示任务越简单，而数字越小表示任务越复杂。

(二)**操作流程**

为了建立功能性工作分析的任务库，需要按照一些基本的步骤操作才能覆盖任职者必须完成的工作内容。这主要包括九个步骤，依次是回顾现有工作信息、安排同主题专家小组会谈、分发欢迎信、确定任务描述的方向、列出工作的产出表、列出任务、推敲任务库、产生绩效标准、编辑任务库。

1. 回顾现有的工作信息

工作分析员必须首先熟悉主题专家会议的语言。每一份工作都有其独特的语言，因为其处在特定的组织文化和技术环境中，必然带有特殊的烙印。现有的工作信息，包括工作描述、培训材料、组织目标陈述等，应该都能使工作分析员深入了解工作语言、工作层次、固定的操作程序及组织的产出。这个步骤通常会花费 1~3 天的时间，这主要取决于可得的信息量以及时间的压力。在此的花费会减少小组会谈的时间和精力。

2. 安排同主题专家小组会谈

同主题专家进行的小组会谈通常要持续 1~2 天时间，选择的主题专家从范围上要尽可能广泛地代表工作任职者。会议室要配备必要的设备：投影仪、活动挂图、涂改带等。会议室的选址要远离工作地点，把对工作的影响减到最少。

3. 分发欢迎信

自我介绍之后，工作分析员应当向与会者分发一封欢迎信，来说明小组会谈的目的，尤其要点明参与者是会议的主体，要完成大部分工作，而工作分析员只是作为获取信息的向导或是促进者的角色存在。

4. 确定任务描述的方向

给主题专家提供任务陈述的格式和标准。这个过程大概会花费 20~30 分钟。

在 FJA 中，对于每一项任务的陈述格式进行了界定。首先，说明的是任务的"行为/活动"是什么；其次，说明在任务执行中需要使用的"工具/设备"、"指导/帮助"、"工作信息"和"其他资源"；最后，说明任务执行的结果，即"任务结果"。工作任务的陈述格式可用图 7-5 直观地表现出来。

在这里的"指导/帮助"是指工作开展或执行时需要哪些指导和帮助，亦即工作执行的操作规范。也就是说,需要按照什么样的操作工艺流程进行。表 7-19 所示为 FJA 任务陈述表示(打印任务)。

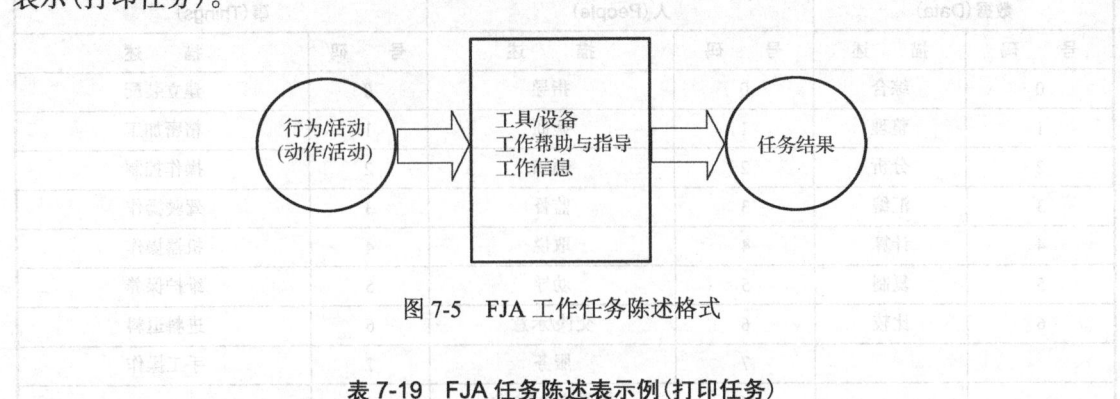

图 7-5  FJA 工作任务陈述格式

表 7-19  FJA 任务陈述表示例(打印任务)

| 行为(动作/活动) | 打 印 |
|---|---|
| 行为(动作/活动)的目的 | 形成信件 |
| 工具设备 | 打字机、计算机和相关的办公工具 |
| 工作帮助与指导 | 标准的信件形式;特定的信息;按照现有的操作规范操作,但为了文字的清楚和语句通顺可以调整标准格式 |
| 工作信息 | 通过记录提供 |
| 任务结果 | 待寄的信件 |

5. 列出工作的产出表(产品或服务)

我们首先希望主题专家小组能将工作的产出列出来。我们通常会问专家们这样一些问题:"你认为被雇用的工作任职者应该要提供什么产品或服务、工作的主要结果是什么?"一般情况下,主题专家小组列出 5~6 条工作结果,工作结果的形式有:各种实物、报告、建议书、统计报表、决议、服务等。我们将这些工作结果整理好列在活动挂图上,挂在墙上。

6. 列出任务

由主题专家对每一个工作结果进行描述:为了得到这个工作结果,需要完成的任务有哪些。通常,开始时描述的技能不熟练,会存在一个逐渐适应的过程。工作分析员应该不断进行鼓励,给大家创造一个好的开始。工作分析员可以通过提出这样的问题来激发大家的思维:工作是以工作说明或是指示开始的吗?工作是日常例行的不需要特殊的指导吗?工作者个人需要主动干些什么,首先干什么,你是怎么知道该这样干的?很快,在完成了几个任务之后,大家就掌握了工作的精髓和诀窍,接下来工作进程会大大加快。

这项工作一直要持续到小组达成一致意见,所列出的任务应能覆盖工作所包括的 95% 以上的工作任务,并要确信没有遗漏重要的任务项。当然,中间可以灵活安排几次休息的时间,保持工作的良好节奏。

每项任务列出后工作分析员将其写在活动挂图上。因为这个过程有多人参与,很可能还要进行字句上的斟酌和替换。在开始时大家常常有一个趋势,就是直接给出工作最终的结果,将其作为过程。这就需要工作分析员进行指导,帮助小组将过程行为从最终结果中挑选出来。举例说明,主题专家通常会以"决定"或是"推荐"这样的词汇来开始描述任务。实际上,"决定"一般是分析和协调行为的最终结果。同样,"推荐"也是数据处理和咨询这一行为的结果。工作分析员应该强调"目的",应该询问:是什么导致"决定"和"推荐"行为的?

7. 推敲任务库

每一个工作产出对应的任务都被写出来之后，我们会发现一些任务会在几个工作产出中反复出现，比如说"沟通"。在某些情形下，同样的任务会在信息来源或是最终结果上有细微的差别。另外，主题专家会议应该说明有多少任务会以相同的行为开始。这些工作使小组对他们的工作有一个全面深刻的认识，不仅让他们认识到不同工作之间的相似之处，而且可以使他们看到哪些任务是琐碎的，应该作为其他任务的一部分而存在，而哪些却是可以拆分为多个部分的。

8. 产生绩效标准

主题专家满意地完成了任务库之后，下一个任务就是要让他们列出为了满意地完成任务、任职者需要具备的素质。工作分析员一般使用下面的问题来引导小组进行分析："大家可能注意到我们只是整理和分析了工作行为、工作信息、指导以及工作设备、任务结果，而没有涉及需要具备什么素质才能做好工作。我们可以设想我们是某个工作的管理者，我们需要为这个工作找一个合适的雇员，你将以什么标准来进行甄选？请大家考虑素质和特点的时候，尽量同任务，尤其是与任务对应的行为联系起来考虑。"

我们可能会得到很多一般性的东西，有必要进一步进行分析，最好能让大家举出例子：这些素质特征以什么方式在何处体现出来？通常，很多任务都需要相同的素质特征，我们应该请主题专家进一步说明其中哪些素质特征是比较重要的，而哪些是最为关键的。同样，在分析这些素质特征赖以成长的经验时亦是如此。完成这些工作后，小组会议就可以结束了。

9. 编辑任务库

工作分析员将活动挂图上的信息收集起来，在此基础上用前文所述的格式进行任务库的编辑。我们要对这些信息进行整理，疏通语句，斟酌用词，特别是动词的使用。数据库即将完成之时，应该抄录一份给主题专家小组做最后的修改纠正。

(三) **功能性工作分析法的用途**

FJA 能广泛运用于公共部门和私人企业，其具体应用如下。
(1) 工作分类：运用于美国雇员服务系统的工作分类。
(2) 测试：针对体力工作开展的 FJA 可用于任职资格评价。
(3) 绩效标准：任务绩效的加权组合即构成职位的绩效标准。
(4) 培训材料：针对功能性能力、专业性能力和适应性能力开发培训项目。
(5) 工作设计：根据战略、组织要求将某几项任务合成新职位。
(6) 岗位评价：通过功能等级的差异确定职位之间的相对价值。

(四) **功能性工作分析法的评价**

FJA 非常清楚地阐述了组织内部关于工作与人的一些理论：对工作者"做了什么"和"需要做什么"做了基本的区分。工作者在工作范围内所做的主要是处理与信息、人和物之间的关系。对应这三种基本关系，工作者的职能体现在不同方面。处理与信息的关系，工作者主要运用智力因素；处理与人的关系，工作者主要依赖自己的人际资源；处理与物的关系，工作者主要利用体力资源。所有的工作都在一定程度上要求工作者处理这些基本的关系，尽管工作者的行为或任务可以用各种方法来描述，但在本质上每个职能对工作者特征和资格的要求种类和程度都落在一些相对比较狭窄和具体的范围内。与处理各种关系相适应的职能都遵从由易到难的等级和顺序，三个等级序列提供两个衡量指标：复杂性水平和参与比率。职能等级反映了工作者处理各种关系时的自主决策空间的大小。

FJA 的不足之处在于操作起来比较复杂，而且难以把握。FJA 的结果被美国联邦政府收录在《职业名称词典》。

## 四、任务清单法

### (一) 任务清单法的概念

任务清单法(Task Inventory Analysis，TIA) 是一种典型的工作倾向性工作分析系统，实际上是集合了各种方法，以用来决定成功地完成一项工作所需的知识、技能和能力。TIA 是由美国空军(USAF)人力资源研究室的雷蒙德(Raymond E. Christal) 及其助手开发成功的。它的研究始于 20 世纪 50 年代，通过从 10 万名以上雇员那里收集实验数据进行验证，前后经历了 20 年时间才趋于成熟完善。与 PAQ 不同，PAQ 使用标准化的表格对不同组织的职位进行分析，TIA 则是为具体组织量身定做的。

任务清单法强调工作活动。使用这种方法，需要开发与一组工作有关的任务清单列表。然后，由工作任职者及其上级以此为据对工作的各项任务进行评价，最后，这些评价信息用计算机进行统计处理，形成量化的工作分析结果。实际上，所有的工作分析方法，既包括描述性的工作说明书，也能用任务清单的方法表示。

如图 7-6 所示，任务清单系统包括两个子系统：一是用于收集工作信息的一套系统的方法、技术；二是与信息收集方法相匹配的用于分析、综合和报告工作信息的计算机应用程序软件。其中，任务清单系统中收集工作信息的工具，实际上是一种高度结构化的调查问卷，一般包括两大部分：一是背景信息，二是任务清单。

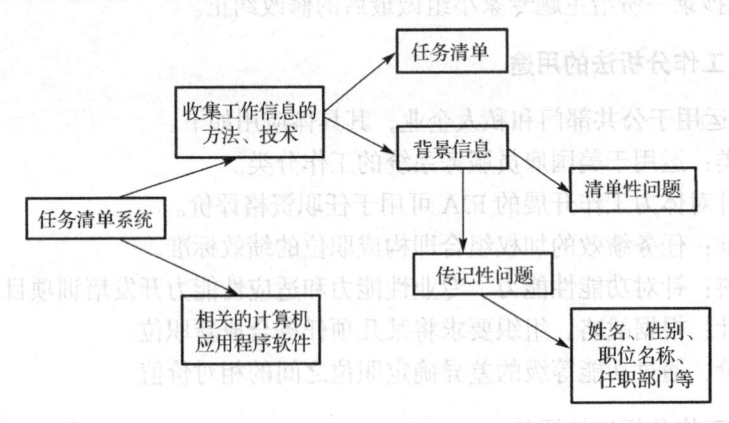

图 7-6 任务清单系统

背景信息部分包括两类问题：传记性问题与清单性问题。传记性问题，是指那些可以帮助分析者对调查对象进行分类的信息，如姓名、性别、职位序列号、职位名称、任职部门、服务期限、教育水平、工作轮换愿望、职业生涯意向等。清单性问题是为了更加广泛深入地了解有关工作方面的背景信息而设计的问题。它为调查对象提供了一套包括问题与答案选项的清单，清单的内容可能包括：所用的工具、设备，所要培训的课程，对工作各方面的态度等。背景信息部分的问题有各种格式：填空，选择能最恰当地描述你的选项，或者选择所有符合你的选项等。

任务清单部分其实就是把工作按照职责或其他标准以一定的顺序排列起来，然后由任职者根据自己工作的实际情况对这些工作任务进行选择、评价等，最终理顺并形成该工作的工作内容。如果任务清单构建成功，那么在该职业范围内，每个调查对象都可以选择清单中的某些任务选项，将它们按一定标准组合在一起，从而准确地描述他的工作。在任务清单系统中，任务被定义为工作任职者能够清晰辨别的一项有意义的工作单元。任务清单可以来自于对工作的观察，也可以来自于另外的任务清单，如某部门的任务清单或某工作族的任务清单，也可以借助于主题专家法进行任务描述。关于任务的描述方法也相当简单，通常是描述一项行动，行动的目标以及其他必要的限定。第一人称代词"我"一般是隐含的任务执行者。根据任务清单的使用目的的不同，可以选择和设计相应任务评价维度及其尺度。最常用的维度有相对时间花费、执行频率、重要程度、困难程度等，尺度可以是5级、7级或9级等。

工作任务清单的调查对象一般是某一职业领域的任职者及其直接管理者。任职者填写背景信息部分，并在任务清单中选择符合他所做工作项目并给予评价。任职者的管理者通常提供有关工作任务特征的信息，如任务的难度、对工作绩效的影响等。然后运用一定的计算机应用程序软件对收集的信息进行处理、分析、综合，并向管理者提供工作分析报告。

在任务清单系统中，除了一套结构化的问卷用于收集信息外，还有一套计算机程序用于对信息进行汇总和统计分析，常用的是 CODAP（Comprehensive Occupational Data Analysis Programs）系统。当然也可以根据自己需要选择统计分析软件，例如 Excel、SPSS、SAS 等。

**（二）任务清单法的操作流程**

1. 构建任务清单

构建任务清单的目的是使该职业范围内的每个调查对象都可以选择清单中的某些任务项目，将任务项目按一定的标准组合，从而准确地描绘调查对象的工作。任务清单的构建有多种方式，可以来自对工作的观察，也可以来自其他任务清单，还可以借助于主题专家会议进行任务描述。表7-20所示是某企业人力资源部的任务清单的节选部分。

表7-20 某企业人力资源部的任务清单（节选）

| 填写说明（略） | | |
|---|---|---|
| 背景信息（略） | | |
| 评价维度：重要程度（1=非常不重要；2=比较不重要；3=一般；4=比较重要；5=非常重要） | | |
| 任务清单 | 是否符合你的工作 | 如果符合，请评价 |
| 001 研究企业现有战略规划 | □符合　□不符合 | □1　□2　□3　□4　□5 |
| 002 盘查现有人力资源的数量 | □符合　□不符合 | □1　□2　□3　□4　□5 |
| 003 盘查现有人力资源的质量 | □符合　□不符合 | □1　□2　□3　□4　□5 |
| 004 盘查现有人力资源的结构 | □符合　□不符合 | □1　□2　□3　□4　□5 |
| 005 分析经济发展对人力需求的影响 | □符合　□不符合 | □1　□2　□3　□4　□5 |
| 006 分析技术进步对人力需求的影响 | □符合　□不符合 | □1　□2　□3　□4　□5 |

2. 利用任务清单收集信息

任务清单实质上是一个高度结构化的调查问卷，选择适当的调查对象填写任务清单，就是收集信息的过程。任务清单分析系统的调查对象一般是某一职业领域的任职者及其直接管理者。

任职者填写背景信息部分，并在任务清单中选择符合他所做工作的任务项目并给予评价（如相对时间花费、重要程度等）。任职者的管理者通常提供有关工作任务特征的信息，如任务的难度、对工作绩效的影响等。

在利用编写好的任务清单收集信息阶段，主要需要明确调查的范围、调查的对象、调查的方式等。

(1) 调查范围选择。选择调查范围就是要确定在哪些企业展开调查。一般有三种可选方案，即单一企业、单一行业的多个企业和多个行业的多个企业。

① 单一企业。此方案意味着确定调查范围时，只选择某一企业作为调查对象，此企业一定是标杆企业，或者说是行业标准的领跑者。这里的标杆可以考虑选择产品标杆、服务标杆或者管理标杆。通过对标杆企业的调查，可以获知本企业在此环节上与标杆企业的差距有多大，这就为企业的提升找到了方向。

② 单一行业多企业。此方案意味着在确定调查范围时，只选择本企业所在行业的多个企业。因此，针对这些企业最终形成的调查结果具有一定的行业特点，反映了行业的标准。这也为企业找到与行业标准的差距，提升企业的综合实力提供了重要信息。

③ 多行业多企业。此方案意味着确定调查范围时，选择多个行业的多个企业。因任务清单系统收集的信息，绝大部分是量化的，可以应用计算机程序进行统计分析。TIA 通常运用 CODAP 系统进行分析。如果无法获取专门的分析软件，则可以借助一些普遍的统计软件，如 SPSS、Excel 等。

(2) 调查对象选择。在确定了所要调查的企业后，就要确定信息来源，即调查企业中的哪些人员，一般会选择工作任职者和直线管理者。工作任职者可以提供与工作执行相关的信息，比如时间耗费信息、工作姿势、工作环境、困难程度等，直线管理者则可以提供与工作价值性相关的信息，比如工作任务重要性、工作失误影响等。

(3) 调查方式选择。调查方式包括集体调查和单独调查。前者效率更高，速度更快，但信息的真实性可能会差一些；后者能够进行直接的填答指导，也能保证回收率，但增加费用。

为了确保信息的真实性和准确性，任务清单填写时必须遵循如下步骤。

第一步，被调查者以填空或选择的方式回答"背景信息"部分问题。

第二步，被调查者阅读任务清单上的"任务描述"，并在属于其正常工作范围内的任务单元上作标记"√"。注意，这里的"正常工作"是指某任务应该属于该职位，而不管它现在被做或者没有被做。可能的两种情况：一是任务正在被做，但不属于该工作范围，那么该任务不属于正常工作；二是任务现在没有被做，但是属于该工作范围而且在将来一定会被做，那么该任务属于正常工作。

第三步，被调查者再次阅读任务清单，并对其重要性、时间花费等维度进行评价，确定任务在评价维度上的等级，并在对应的等级上标记"√"。被调查者要求两次阅读任务清单是出于以下考虑：被调查者可以总揽工作任务全局，一是有利于更好的评价；二是有利于补充被遗漏的任务单元；三是防止未很好理解填写说明的被调查者对所有任务进行评价。

第四步，被调查者在另外的空白纸上写出未被包含的正常工作任务，并进行评价。

当然，在回收问卷时一定要对遗漏信息进行补填，对错误信息进行更正，对不准确的信息进行修正。

这样，通过以上四步，信息获取阶段的工作就结束了，接下来就是要进行信息的分析。

3. 分析任务清单所收集的信息

任务清单法收集的信息绝大部分是可量化的，从而可以借助计算机程序进行统计分析，如综合职业数据分析程序 CODAP、社会科学统计程序 SPSS 和 Excel 等。

4. 利用任务清单编制工作说明书

由于在任务清单法中，对每一任务进行了各种维度的评价，所以利用任务清单编制的工作说明书，可以展示这些分析的结果。例如，重要的任务、执行频率较高的任务、执行困难的任务等。这些信息提升了职位说明的信息价值。利用任务清单法编写的工作说明书主要包括以下内容：一是职位基本信息，这和一般性的职位说明是一致的；二是重要的和非重要的任务；三是基于重要任务所提炼出的工作者的任职资格。

在利用任务清单法编制的工作说明书中，重要的任务表述是核心内容。在进行任务表述时，可以按照某种逻辑关系进行排列，或者说从某些维度去表述职位的任务构成，例如"信息工作"、"阅读性工作"、"思考性工作"、"沟通性工作"等。一般来讲，"重要任务"会较多，所以为了便于更直接地表现职位的重要性和重要性任务，可以列举"非常重要的任务"。

根据重要任务，就可以得到工作者的任职资格。一般地，从任务到任职资格的分析会采用任务—能力矩阵，将任务与一些可能需要的 KSA 组成矩阵。表 7-21 所示为 KSA 矩阵的任务样本。

评估方式：成功完成任务所需特征的重要性程度：1—非常低；2—低；3—中等；4—高；5—非常高。

表 7-21　KSA 矩阵的任务样本

| 工作任务 | 员工的特征 | | | | | | | | | |
|---|---|---|---|---|---|---|---|---|---|---|
| | 数学推理 | 分析能力 | 服从指示的能力 | 记忆力 | 口头理解力 | 书面理解力 | 口头表达能力 | 书面表达力 | 解决问题的能力 | 文字记录的准确性 |
| 1.检查生产流程，判断正确的作业程序 | | | | | | | | | | |
| 2.找出有问题的工作，并采取措施进行改正 | | | | | | | | | | |
| 3.确定特殊工作订单的需求，并满足需求 | | | | | | | | | | |
| 4.记录工作日志，并进行任务分派 | | | | | | | | | | |
| 5.和领班进行协商，确定紧急情况的关键日期 | | | | | | | | | | |
| 6.分析物料的供应情况，并坚持执行订单 | | | | | | | | | | |
| 7.准备工作组合 | | | | | | | | | | |
| 8.维护客户订单的档案 | | | | | | | | | | |
| 9.和采购部门协商，以确保物料的供应 | | | | | | | | | | |
| 10.确定产品的供应便于日后客户的订货 | | | | | | | | | | |
| 11.确定交货日期，并告知客户 | | | | | | | | | | |
| 12.根据预测，判断物料是否充足 | | | | | | | | | | |

表 7-22 列举了人员配置专员基于任务清单法的工作说明书。

### (三)任务清单法的用途

任务清单法能够更好地归纳和总结一个职位所应该承担的任务，同时还可以更好地将任务进行不同维度的分类，在此基础上分析出工作者的任职资格。因此，任务清单法有着广泛的应用，包括工作描述、工作分类、工作设计、人员培训、人员流动、人力资源规划等。

表 7-22　人员配置专员基于任务清单法的工作说明书

| 职务名称：人员配置专员 | 职务编码：rl-02-02 |
|---|---|
| 隶属部门：人力资源部 | 直接上级：人力资源经理 |
| 职级：10 | 薪资幅度：50000~80000元 |
| 批准人：××× | 批准日期：2015年10月 |
| 工作概要 ||
| 设计招募广告和招募策略以吸引应聘者，审查简历，确定薪资给付标准，实施离职并进行面谈，保存所有雇佣和拒绝记录，与雇员就工作空缺体系进行沟通，与顾问公司和代理机构工作往来，为雇主提供咨询、建议，处理人员重新配置有关的文书，编辑公平就业机会报告。 ||
| 重要工作维度 ||
| 01 信息传播：包括向雇员传播、解释复杂信息的活动 ||
| 02 应用具体的政策和程序：包括有关利用明确规定的组织政策和程序的活动 ||
| 03 政策说服：包括有关说服无指导关系的雇员执行政策和指导方针的活动 ||
| 04 协商：包括有关与雇员和雇员组织进行协商的活动 ||
| 05 抽象思考：包括有关构思和整合那些可能涉及几个部门或专门领域的非常规性问题的活动 ||
| 06 电话沟通：包括有关通过电话解决抱怨问题和处理复杂信息的活动 ||
| 重要任务 ||
| 01 明确将要雇用的人员和专业的数量 ||
| 02 准备年度工作空缺体系的报告 ||
| 03 确认与招聘有关的重点院校 ||
| 04 确定面试考官 ||
| 05 权衡候选人的资格与报酬 ||
| 06 新雇员报酬给付标准的确定 ||
| 07 工作空缺情况的调查 ||
| 08 设计吸引合格应聘者的计划 ||
| 09 设计招募广告和广告策略 ||
| 10 实施测试 ||
| 11 审查简历 ||
| 12 向代理机构发布工作空缺信息 ||
| 13 实施离职面谈 ||

### (四) 任务清单法优点、缺点的比较

1. 优点

(1) 分析过程标准化程度、信度高，分析结果的质量高。由于任务清单法采用了广泛的样本调查获取了量化的信息，同时通过统计分析方法的应用，信息挖掘程度较高，因此可以为人力资源管理各个职能领域提供更为标准化的、高质量的信息。

(2) 职业适应性强。任务清单法基本上适用于所有的职业和工种，可应用的职业或者工种非常广泛。因此任务清单法成为一种重要的方法，并且在企业工作分析事件中得到了广泛的应用。所需费用较少。

(3) 可操作性强，所需费用较少，易于被任职者接受。由于任务清单法中采用了高结构化的模式，所以具有很强的操作性。同时，对于被调查者来讲，问卷的填答相对容易，易于被任职者接受，从而获得准确、真实的信息，也保证了这种方法的有效性。

2. 缺点

(1) 对"任务"的定义难以把握，即难以明确什么样的活动或内容能被称为"任务"，结果导致"任务"的描述详细程度不一，有些任务描述只代表一件非常简单的活动，有的任务描述却包含丰富的活动。

(2) 使用范围较小，只适用于工作循环周期较短，工作内容比较稳定，变化较小的工作。
(3) 整理信息的工作量大，归纳工作比较烦琐。
(4) 任职者在填写时，容易受到当时工作的影响，通常会遗漏其他时间进行而且比较重要的工作任务。

## 五、其他人员分析方法

基于工作者的分析方法除了前面所介绍的功能性工作分析方法、关键事件法、管理人员职务描述问卷和临界特质分析系统、任务清单法外，还有几种典型的分析方法，分别是美国劳工部分析系统、能力分析量表和能力要求法等。

### (一)美国劳工部分析系统

美国劳工部分析系统(DOL 系统)是美国劳工部开发的一种职位分析系统，在对工作基本特征进行描述后，重点提出了工作者个人的 6 项特征：教育与培训、才能、气质、兴趣、身体条件和环境条件。

1. 教育与培训

按照 DOL 系统，某一特定职位对任职者应具备的一般学历教育(GED)与职业培训(SVP)有相应的要求。

一般学历教育被定义为"那种普通的、没有特定职业定向的一般教育"。GED 量表包括三个变量：推理、数学和语言。每一变量又分成 6 个水平等级。例如，在表 7-23 中，揉面师工作的 GED 得分为 2。职业培训被定义为"在特定的工作情境下作业的资格的平均数"。SVP 包括职业教育、学徒培训、厂内培训、在职培训和从事其他相关工作的经验(其中不包括环境适应的学习)。SVP 将测量结果分为 9 个水平等级，水平 1 级是最短的，为 1~30 个小时；水平 9 级是最长的，为 10 年以上。揉面师工作的 SVP 量值为 4，是 3~6 个月的培训时间。

表 7-23 揉面师的工作描述

| 工作名称 | 揉面师 | | 产业类别 | | 面包制作 | | DOT 码 | | 520~782 | |
|---|---|---|---|---|---|---|---|---|---|---|
| 工作概要 | 根据设定程序操纵机器搅拌纯面粉和酵母粉，指导其他工人进行面粉发酵和手工切块 | | | | | | | | | |
| 任职条件 | 水平级别 | | | | | | | | | |
| 1.GED | 1 | ② | 3 | 4 | 5 | 6 | | | | |
| 2.SVP | 1 | 2 | 3 | ④ | 5 | 6 | 7 | 8 | 9 | |
| 3.才能 | G3 | V3 | N3 | S3 | P3 | Q4 | K3 | F3 | M3 | E4 | C4 |
| 4.气质 | D | F | I | J | (M) | P | R | S | (T) | V | |
| 5.兴趣 | (1a) | 1b | 2a | 2b | 3a | 3b | 4a | (4b) | 5a | (5b) | |
| 6.身体要求 | S | L | Ⓜ | Ⓗ | V | 2 | ③ | ④ | 5 | ⑥ | |

2. 才能

按照 DOL 系统，才能被定义为"工作者具有一定的从事或学习从事某项任务的能力"。其中包括 11 种能力，每种能力又分为 5 个等级水平，水平 1 级是指全部人员中前 10%所具有的水平，水平 5 级是全部人员中最低的 10% 所具备的水平。从表 7-23 可以得出揉面师工作的才能量化要求。字母表示各种才能的代号，例如 C 表示辨别颜色的能力，数字表示才能的水平。一般来讲，揉面师工作所需要的才能水平为 3，属于中等。

3. 气质

DOL 系统将气质定义为"与不同工作环境和要求相适应的个体特征",总共包括 10 种气质。例如,揉面师的气质有两种:M 和 T。M 是指"与概括、评价和数量决策相适应的个性特征";T 是指"与限制、容忍和标准等严格要求相适应的个性特征"。

4. 兴趣

在 DOL 系统中,兴趣被定义为"个体对某种类型工作活动或经验选择的内在倾向,同时排斥与之相反的活动或经验的倾向性",总共包括 5 对兴趣因素,每对因素中选择某一方面的同时也意味着排斥另一方面。揉面师的工作相关兴趣分别为 1a、4b 和 5b,分别倾向于与事物打交道的活动、与过程、机械和技术有关的活动、能预测结果和成效的工作。

5. 身体要求

按照 DOL 系统的定义,身体要求是指"工作对工作者的身体要求及工作者必备的身体能力要求",总共包括 6 种身体要求。其中强度是指工作对身体要求的繁重程度,分为轻、较轻、中等、重和较重 5 个等级。揉面师工作的身体要求强度为 H,是指最多能举起 100 磅的东西,并且经常举起或携带 50 磅的东西。

6. 环境条件

在 DOL 系统中,环境条件是与身体要求联系在一起的。

DOL 系统对人员分析起到了很大的作用,主要表现在以下三个方面:一是作为工作分析的基础系统,DOL 系统被美国劳工部应用于指导美国地方各级政府的工作分析实践,产生了很大的影响;二是 DOL 系统是易于理解和使用的可扩展系统,系统的开发者率先提出了绝大多数的与工作相关的信息结构要求,并证实了这些内容的有效性;三是 DOL 系统所提供的工作分析思路、方法与细节,对其他工作分析系统的理解和开发,具有重大帮助。

同时,DOL 系统也存在局限性,主要表现在两个方面:一是 DOL 系统的量表相对比较粗糙,在具体评价时,容易造成术语的混淆;二是 DOL 系统在量化方面的开发不足,使得该方法所得到的信息的客观性和真实性受到较大的影响,也影响了该方法的普及和推广应用。

(二)能力分析量表系统

能力分析量表(ARS)系统是开发者在长期观察任务活动对人们知觉能力要求的基础上,进行研究后提出的。其研究目的是寻找出尽可能少的能力模型,但能够对一定范围内较多的工作活动进行分析。

1. ARS 系统的基本概念

ARS 系统的研究对象是比工作技能更为复杂的能力。

在这里,ARS 系统将能力定义为"与人们完成各式各样的任务所进行的活动直接相关的综合素质,它是根据个体在一定的持续反应中所推断出的个体综合素质",能力的发展受学习和遗传因素的影响。个体在某一任务上的技能或专业水平的发展,在某种程度上可以根据其所具备的相关基本能力的高低进行预测。

2. ARS 系统的分析量表和分析方法

ARS 系统提出了一份人员能力表和一系列确定人员能力水平的方法。ARS 系统提出的能力包括 37 项,分为四类:智能、体能、心理动能和对感知的处理能力。

ARS 系统提出的分析方法有两种：一是使用量表；二是使用流程图。表 7-24 所示为 ARS 的两种能力量表。

表 7-24 ARS 的两种能力量表

| 能力—任务项目 | 平均值 | 标准差 |
| --- | --- | --- |
| 1.言语理解 | | |
| 理解导航图 | 6.28 | 0.75 |
| 理解某种游戏的说明 | 3.48 | 1.09 |
| 理解麦当劳汉堡广告 | 1.17 | 0.60 |
| 2.身体力量 | | |
| 举起货箱盖 | 6.15 | 1.26 |
| 推开一扇柴门 | 3.30 | 1.10 |
| 举起饭厅的一把椅子 | 1.48 | 0.70 |

使用流程图的方法，需要职位分析者通过回答一系列是非问题，从而来确定某种能力是否存在，然后再使用评定量表来测定所需能力的等级或程度。流程图和量表的组合运用可以提高分析结果的效度，减少由于偏见造成的错误。

3. ARS 评价

ARS 系统通过对能力的界定以及量表与流程图两种方法的应用，很好地为进行工作分析的开展提供了思路和技术。其优点表现在：覆盖面大，设计先进，它对任务能力的分析研究已经得到了验证，从而成为比较流行的量化方法。同时，量表法和流程图大大简化了人员分析工作。然而，能力分析量表在人员分析上的局限性也很明显，其能力量表虽然说内涵丰富但是并不完备，特别是忽略了管理者在复杂决策中的能力要素。

### （三）能力要求法

1. 概念

能力要求法（Ability Requirements Approach，ARA）是指完成任何一项工作的技能都可由更基本的能力来加以描述。例如，打乒乓球的技能可以用诸如反应、腕力、眼手协调 3 类基本能力加以描述。

2. 维度与内容

能力要求法向工作分析员介绍了一份包括任何工作都需要的所有可能的能力清单，分为四个维度，共包含 52 种能力（见表 7-25）。

3. 优点、缺点比较

1) 优点

（1）能力要求法常用于招聘与选拔人员，尤其是当求职者并不被期望在进入工作门槛时便拥有特定技能的情况下。

（2）能力要求法也被用来进行身体素质标准的确定。

（3）由于能力要求法提供了全面的人的能力清单，故工作分析员不需要在进行每一次工作分析时都重新从零开始。

2) 缺点

所收集的信息在范围上有限。比如关于工作任务与工作背景，它无法提供信息。所以，能力要求法一般要与其他工作分析法结合起来使用。

### (四) 人格相关的职位要求表

人格相关的职位要求表（Personality-related Position Requirement Form，PPRF）是由 Patrick Raymark、Schmit 和 Guion（2007）开发的，用于确定完成与工作有关任务的人格类型。大多数传统的职位分析法中没有识别人格特征变量的方法，这些人格特征与工作绩效的不同相关。因此，在五大"人格维度"（经验开放性、责任心、外向性、宜人性和情绪稳定性）下的 12 个维度，有 107 个题目。这是唯一一个专门用于确定职位所要求的人格特征的职位分析法。

### (五) 工作适应性问卷

工作适应性问卷（Job Adaptability Inventory，JAI）由 Pulakos、Arad、Donovan、Plamondon（2000）开发，该问卷包含 132 个题目，用于考察在职者需要对各种工作情景适应到什么程度。有以下 8 个维度。

(1) 适应紧急情况或者危机事件；
(2) 应对工作压力；
(3) 创造性地解决问题；
(4) 应对不确定的、不可预测的工作情景；
(5) 学习技术、流程和工作任务；
(6) 展示人际适应性；
(7) 展示文化适应性；
(8) 展示身体适应性。

JAI 尽管相对较新，但是信度很高，对不同的工作也有很高的区分度。

### (六) 技术和特征问卷

技术和特征问卷（Skills and Attributes Inventory，SAI）是梅拉尼·贝尔（Melany Baebr）制定的一个 96 个问项的结构化问卷，问卷不是由主题问题专家来给出知识、技术和能力，而是由他们来对已有的一系列的技术和能力进行评估，评估它们对工作绩效而言的重要性。这个问卷被称为技

表 7-25 能力维度与内容

| | | |
|---|---|---|
| 认知能力 | 口头能力 | 1. 口头理解能力<br>2. 书面理解能力<br>3. 口头表达能力<br>4. 书面表达能力 |
| | 创意的产生和推理能力 | 5. 思维流畅性<br>6. 创新性<br>7. 问题敏感度<br>8. 演绎推理能力<br>9. 归纳推理能力<br>10. 信息获取能力<br>11. 范畴的灵活性 |
| | 定量能力 | 12. 数学推理能力<br>13. 数字熟练性 |
| | 记忆 | 14. 记忆力 |
| | 知觉 | 15. 关闭速度<br>16. 关闭灵活性<br>17. 知觉速度 |
| | 空间能力 | 18. 空间定位能力<br>19. 目测能力 |
| | 注意力 | 20. 选择性注意力<br>21. 时间分配 |
| 精神能力 | 良好的控制能力 | 22. 手臂的稳定性<br>23. 手的灵巧性<br>24. 手指灵活性 |
| | 运动控制能力 | 25. 控制精度<br>26. 四肢的协调能力<br>27. 速度控制<br>28. 方向定位 |
| | 反应的时间和速度 | 29. 反应时间<br>30. 手腕-手指速度<br>31. 肢体的运动速度 |
| 身体能力 | 身体体力 | 32. 静态力量<br>33. 爆发力<br>34. 动态力量<br>35. 躯干力量 |
| | 耐力 | 36. 耐力 |
| | 灵活性、平衡能力和协调能力 | 37. 总体身体协调性<br>38. 总体身体均衡性<br>39. 视觉色彩识别<br>40. 总体身体均衡性 |
| 感知能力 | 视觉能力 | 41. 视觉色彩辨别<br>42. 近距视觉<br>43. 远距视觉<br>44. 夜间视觉<br>45. 外围视觉<br>46. 景探视觉<br>47. 闪光敏感性 |
| | 听觉和语言能力 | 48. 听觉敏感性<br>49. 听觉注意力<br>50. 声音定位能力<br>51. 语音识别能力<br>52. 语音清晰性 |

术和特征问卷(SAI)。它用于自我管理性职位,这些职位直接监督比较少。

虽然在使用技术和特征问卷的时候仍然涉及推论(即估计知识、技术和能力的重要性)。但是,通过使用一系列固定的知识、技术和能力,主题专家所需要的推论就比较少了(例如,明确说明某职位需要说明知识、技术和能力),人们认为使用一系列标准化的特征,有助于减少对职位而言重要的特性被遗漏的可能性。

## 六、各工作分析方法的比较

表 7-26 所示为对各种工作分析方法的比较。

表 7-26　对各种工作分析方法的比较

| 技术 | 针对的员工群体 | 收集资料的方式 | 分析的结果 | 说　　明 |
|---|---|---|---|---|
| 任务清单分析 | 任意员工或需要大量的员工 | 问卷 | 任务评估 | 由在任员工、直线主管或工作分析专家对任务进行评估。评估包括任务重要性和完成任务所需时间之类的工作特征 |
| 关键事件技术分析 | 任意员工 | 面谈 | 行为描述 | 为工作各个维度建立代表从低到高不同水平的行为事件 |
| 职位分析问卷 | 任意员工 | 问卷 | 194 个工作要素的评级 | 将这些工作要素分为六大项(例如运用的范围、对工作的重要性等)进行评级。然后通过电脑对这些评级进行分析 |
| 功能性工作分析 | 任意员工 | 集体面谈/问卷 | 评估在任员工与其他人、资料和事务的关系 | 起初的设计是为当地政府职业介绍办公室的人,改善其咨询和安置状况。这种方法首先对任务进行详细说明,然后由在任员工就各项任务的频率和重要性等维度进行评级 |
| 传统工作分析(动作研究) | 制造部门员工 | 观察 | 单位工作所需时间 | 是判断各种工作所需标准时间的系统方法。以观察和对工作任务时间的测量为基础 |
| 管理职位描述问卷(MPDQ) | 管理层 | 问卷 | 197 项清单 | 经理对描述其职责的清单进行评级 |

### 案例讨论

**城管执法人员的工作分析**

各地方城市管理行政执法局或城市管理综合行政执法局,简称"城管局",是中国各地方城市管理中负责综合行政执法的部门。其执法依据是 1996 年颁布的《中华人民共和国行政处罚法》以及各城市颁布的地方性法规。城市管理综合行政执法,或城管执法因经常被称为"城管"而被等同于城市管理工作而与"城市管理"的概念混淆。请阅读以下三个材料,并查阅相关资料,回答后面的讨论题。

**1. 外国人眼中的"中国城管"**

《泰晤士报》曾以"中国手册传授如何打人不见伤"为题报道说,在中国,这一手册的"服务对象"明显是被称为"chengguan"的地方执法者,"他们在执行任务过程中常常会卷入一些公众冲突事件"。《每日电讯报》说,所谓"chengguan"是指"驱赶中国城市的非法摊贩、清除黑车以及查验营业执照的警察"。《卫报》解释说,"chengguan"是指"一些处理轻微犯罪和无序状态的雇员"。在英国一些视频网上,甚至还有人制作出把"中国城管"和"维京海盗"拼凑在一起的动漫短片,并调侃说"这些都是让民间闻风丧胆的称呼"。

第七章　现代工作分析方法　▶　187

英国广播公司一篇评论曾分析说,"城管"是中国城市化快速发展、"权力外包"的产物,他们接管了从政府行政部门中剥离出来的行政处罚权。随着城市化发展,城管的职能也越来越多,权力范围越来越广,从市容环境、工商管理、城市节水到公安交通,涉及城市公共生活的方方面面,但城管的法律地位不清,可以说是"中国社会转型中理论和实践差距的产物"。

### 2. 湖南临武县城管被曝打死瓜农 瓜农曾是县种植劳模

2013年07月18日 06:57:04 来源: 京华时报

2013年7月17日上午,湖南临武县城管局工作人员在执法过程中,与南强莲塘村村民邓正加发生争执冲突,邓正加死亡。

事发地位于湖南郴州临武县文昌路桥头,多名目击者称,昨天上午,邓正加夫妇在临武大道摆摊卖西瓜,被城管以无着装、无证经营的理由罚款100元,并从邓三轮车上搬走一些西瓜。邓正加的妻子上前阻拦,与城管发生推搡。随后,邓氏夫妇将西瓜摊转移到舜峰镇政府门口。

目击者何先生称,上午10点左右,邓氏夫妇准备将小车上的西瓜卸下时,10多名城管赶到,双方再次发生争执,"邓先生夫妻俩遭到七八个城管殴打,随后邓先生躺地上一动不动。"

死者小姨子黄女士向《京华时报》记者透露,昨天上午9点,姐姐和姐夫在解放南路卖西瓜,突然来了十几个城管,一句话也没说,把三轮车上的西瓜搬到城管车上,"当时姐姐在一边求情让把西瓜和秤还给他们,但城管不愿意。"之后姐姐和城管起了争执,10点半左右,他俩推着剩余的西瓜转移到文昌路桥头去卖,随后城管也跟了过来,"他们一下车就抢姐夫的大秤,同时,五六名城管用秤砣和铁棍朝姐夫两人身上打去,并拳脚相加……"

另一位在现场目击了整个事情经过的死者家属补充说,五六名城管队员都过来殴打她姨夫,他们不但拳打脚踢,其中一人还拿出了钢管殴打她的姨夫,最后,一个城管拿起了秤砣砸向姨夫头部,姨夫当即倒在了地上。倒下时,并没有当场死亡。救护车大概过了一个多小时之后才来。但那个时候邓正加已经死掉了。

邓正加死亡后,遗体一直摆在事发现场,一些群众自发围了起来。其间,城管欲来搬运尸体,被现场群众阻止。据邓一名家属黄素君介绍,邓正加是临武县南强乡莲塘村人,今年56岁,卖的瓜也是自己家种的,平时为人很老实,还曾经被临武县农业局评为种植劳模。

2013年7月18日下午,临武县政府宣传部门发布通报称,昨天上午,临武县城市管理行政执法局工作人员在执法过程中,与南强镇莲塘村民邓正加(该村民个人信息待查)发生争执,邓正加突然倒地死亡。

事件发生后,县委、县政府立即召开会议研究部署,全力做好善后处置和慰问工作,全力查清事件原因。同时,他们已成立了事件调查组、群众工作组、维护稳定组、善后工作组等,立即开展工作。

### 3. 31岁城管队员被小贩刺死

2010-08-31 20:07:35 来源: 扬子晚报

2010年8月30日早晨,南通市蔬菜副食品批发市场附近的一马路市场发生命案,当地几名城管队员在依法进行马路市场管理时,一名31岁的队员在毫无防备的情况下,遭一名摊贩持刀袭击,胸腹部被连捅两刀后倒地。该城管队员因伤势过重,经医院抢救无效死亡。事发后，行凶摊贩潜逃，3小时后即被擒获。昨天，当地有关部门认定死亡城管队员因公殉职。

2010年8月30日早上9点，每天早晨摊贩聚集、秩序混乱的场景已经不再，道路也被清扫得干干净净，丝毫看不出"马路市场"的迹象。但在南通蔬菜副食品批发市场南侧围墙外的巷口处，一大摊血迹仍依稀可见。据附近一报亭的摊主介绍，她早上7点来开门时，这里已经围了一大群人，大家都在议论城管人员被捅的事，那摊血好像就是城管被捅倒地后留下的。

原来，当日早上5时，早起的南通市崇川区城管局和平桥中队城管队员刘小兵、马斌、薛峰以及协管员严明4人，像往常一样对阻碍交通、妨碍市容的"马路市场"进行管理。该"马路早市"位于南通蔬菜副食品批发市场南侧围墙外，华东轻纺城对面。大约5点10分，城管队员刘小兵等人在对一名占了快车道卖冬瓜的流动摊贩进行管理。在管理中，刘小兵暂扣了山东籍菜贩侯钦志的电子秤，并告知次日到城管局接受处理。其后，侯钦志跟随继续在现场进行管理的城管队员刘小兵讨要电子秤未果，遂拔出随身携带的水果刀威胁刘小兵，要求其归还电子秤。刘小兵见状上前抓住侯钦志双手欲将其制服。相持中，侯钦志持水果刀刺中刘小兵右中腹部，后挣脱后又持刀朝刘小兵左胸部刺去，致刘小兵当场倒地。行凶后，侯钦志逃脱，但3小时后被抓获。

事发后，刘小兵被紧急送往南通市第一人民医院，但经医院全力抢救，终因伤势过重，不幸身亡。据了解，刘小兵，今年31岁，部队转业，去年刚被崇川区城管局和平桥中队录用为城管队员。

**讨论题：**

1. 城管人员需要具备哪些任职条件？你认为是否有必要为城市管理执法人员匹配更好的防护设备？
2. 城市管理执法人员的工作任务与职责如何确定？试为其编制工作说明书。
3. 为防止案例中类似事件的发生，你还有哪些好的建议？

# 第八章

# 定编定员管理

企业通过定编定员才能达到各个部门事事有人做，人人有事做，岗位无重复，工作无遗漏的目的。

——佚名

### 学习目标

1. 定编定员的概念；
2. 定编定员的特点与操作流程；
3. 定编定员的方法；
4. 职位分类的原则与方法。

### 案例导入

#### 我们到底需要多少人

M集团公司是一家近年来发展迅速的国有企业。在企业的产值、利润和市场占有率迅猛发展的同时，企业的人员数量也急剧增加，由几年前的100多人发展到了上万人，有了30多个分公司。

总经理赵某看到公司发展的景象，心中充满喜悦，同时也有几分担忧。因为他深知，随着企业规模的扩大，组织机构变得复杂，若不能对企业的人员进行有效控制，就很容易造成企业的机构臃肿、人浮于事、效率低下。最近，他和其他管理层成员正在讨论进行一次全局性的组织机构调整。伴随着组织机构的调整，要做的一件事情就是进行人员预算。企业到底需要多少人呢？

赵某知道此事事关重大，因此特意约来自己的好友——在一家著名管理顾问公司工作的张某，商量此事。赵总对张某说："你那里有没有其他企业，特别是国外同行业企业的人员数量的资料，我想看看别的企业是怎样定编定员的？"张某说："参考别的企业的数据固然是必要的，我这里也有一些比较新的数据。但是，毕竟每个企业的业务模式和市场情况不同，所以我建议你还是系统地做一下工作分析，这样可以理清企业内的职位情况，较为科学客观地分析出到底应该如何设置职位、不同的职位上需要多少人员。这样才比较符合企业的实际情况。"于是，赵总决定请管理顾问公司帮助进行一次系统的工作分析，进而进行定编定员。

资料来源：郑晓明，吴志明. 工作分析实务手册[M]. 北京：机械工业出版社，2006.

讨论题：

1. 该公司为什么需要进行定编定员？
2. 该公司应该怎样进行定编定员？

# 第一节　定编定员概述

定编定员是根据企业既定的发展战略，通过组织结构的设置及职能的分解，并对已定岗位的人员数量及素质进行配备的一个过程。

定编定员为企业制定生产经营计划和人事调配提供了依据，有利于促进企业不断优化组织结构，提高劳动效率。企业通过定编定员才能达到事事有人做，人人有事做，岗位无重复，工作无遗漏的目的。

## 一、企业岗位的分类

按照工作性质的不同，一般将岗位分为不同的类型。常见的有以下七类。

### （一）生产岗位

生产岗位主要是指直接从事制造、安装、维护以及为制造提供辅助工作的岗位。

### （二）执行岗位

执行岗位主要是指行政或者服务性工作岗位。执行岗位的工作是根据领导安排执行任务。

### （三）专业技术岗位

专业技术岗位是指负责各类专有技术并具有一定技术职称的岗位，例如工程师、设计师等。

### （四）监督岗位

监督岗位是指各督察部门、审计部门等的岗位，主要执行监督工作，例如审计部门、监察部门等。

### （五）管理岗位

管理岗位主要是指从事行政管理、业务协调的部门。管理岗位的主管、部门经理或者负责人的职责是管理一个小的单位，负责协调各种关系。

### （六）决策岗位

决策岗位主要是指公司的高级管理层，例如企业的总裁、总经理、副总经理或分公司总经理。

### （七）工勤岗位

工勤岗位是指从事后勤保障服务工作的岗位。

企业可根据自己的实际情况，对岗位进行分类。表 8-1 所示为某生产制造企业的分类一览表。

表 8-1　某生产制造企业岗位分类一览表

| 岗位类别 | | 工作内容简介 | 职位示例 |
| --- | --- | --- | --- |
| 管理类 | 决策管理 | 决定企业发展战略方针/规划 | 总裁、总经理 |
| | 经营管理 | 执行企业战略 | 各部门经理 |
| | 行政管理 | 负责企业人事、行政工作 | 人力资源部经理<br>行政部经理 |
| | 生产管理 | 生产计划的安排、产品的质量管理 | 生产部经理<br>质量管理部经理 |
| | 供销管理 | 企业销售、采购工作 | 采购经理、销售经理 |
| | 财务管理 | 成本费用核算、财务报表的编制、税费缴纳、资产的管理 | 财务经理<br>会计 |
| 专业技术类 | 技术开发 | 提高企业生产技术水平 | 技术人员 |
| | 产品设计 | 产品外观设计、模型制作及产品包装设计 | 设计人员 |
| | 质量检测 | 企业质量体系的建立，提升企业产品质量 | 质检工程师 |
| | 设备维修 | 生产设备的维护与检修 | 高级技工 |
| 工勤类 | 餐饮部 | 负责企业员工的饮食 | 厨师 |
| | 保安部 | 负责企业的治安保卫和消防安全工作 | 保安 |

## 二、定编定员的特点

定编定员有四个特点：必须在企业的战略方向确定的情况下进行；必须在企业具备一定的业务规模的基础上进行；具有一定的时效性；不仅要在数量上解决好人力资源的配置，而且还要从质量上确定录用人员的标准，从素质结构上实现人力资源规划的合理配备。

## 三、定编定员的操作流程

定编定员操作流程示意图如图 8-1 所示。

明确公司战略、盈利模式和年度业务目标 → 确定公司业务人员的财务指标，收集公司相关历史数据及行业相关财务指标 → 根据上一步的相关数据确定公司业务人员的人数 → 依据本行业业务人员与职能人员的比例，参考公司历史数据，确定本公司职能人员的人数 → 依据本行业标准，参考公司历史数据，为公司选择相应比例的管理人员 → 将业务、职能和管理人员的人数相加，得出员工总数 → 对照其他因素，如员工流动性、人工成本等，对预测员工人数和结构进行再调整 → 根据前述同样的原则，将员工总数在各部门之间进行分配 → 在企业内进行试运行，根据运行结果进行调整

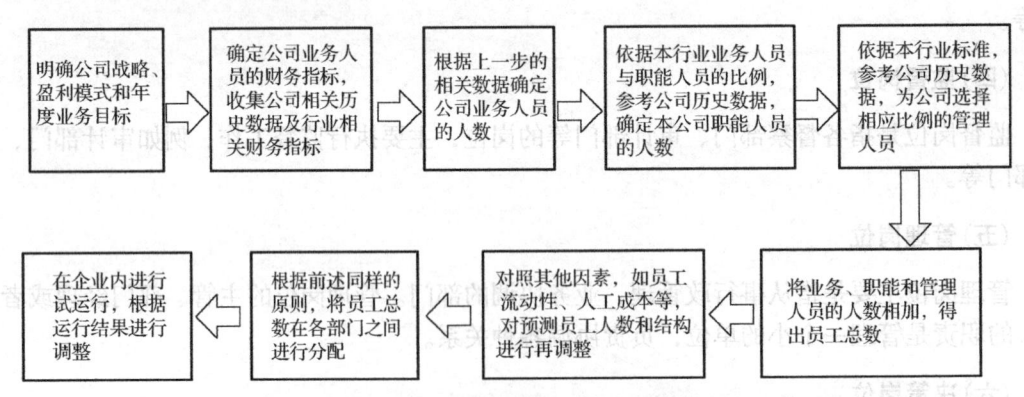

图 8-1　定编定员的操作流程示意图

资料来源：葛玉辉. 工作分析与设计[M]. 北京：清华大学出版社，2014.

1. 确定公司业务人员人数

明确公司战略、盈利模式和年度业务目标，从而确定公司业务人员的财务指标，收集公司相关历史数据及行业相关财务指标，从而确定成本控制下实际需求的公司业务员工数。

2. 确定本公司职能人员人数

参考公司历史数据，并依据本行业业务人员与职能人员的比例，为公司配备相应的职能人员。

3．确定本公司管理人员人数

依据本行业标准，并参考公司历史数据，为公司选择相应比例的管理人员。

4．确定本公司人员总数

将业务、职能和管理人员的人数相加，得出员工总数。

5．确定本公司人员实际情况

对照其他因素，如员工流动性、人工成本等，对预测员工人数和结构进行再调整。

6．确定本公司人员分配情况

根据前述同样的原则，将员工总数在各部门之间进行分配。

## 第二节　定编定员的方法

### 一、定编定员方法介绍

#### （一）按劳动效率定编定员

按劳动效率定编定员，是根据生产任务和员工的劳动效率及其出勤率等因素来计算定员人数的一种方法。这种方法适用于实行劳动定额的人员。

$$定员人数 = \frac{计划期生产任务总量}{工人劳动效率 \times 出勤率}$$

例如，已知某企业每年生产某产品 400 000 件，每个工人产量定额为 10 件，年平均出勤率为 90%，计算该车间工人定员人数。

$$定员人数 = \frac{400\ 000}{10 \times (364 - 2 \times 52 - 11) \times 0.9} \approx 178(人)$$

#### （二）按设备定员法

按设备定员，即按工作地开动设备台数和工人看管定额来确定定员人数。这种方法适合于看管和操纵设备运转的工人。如石化企业生产运行部内操岗位、供电企业的调度值守岗位等。

在确定定员人数时，不论大型设备，还是小型设备，均应考虑是集中操纵还是多台看管。这种定员方法属于按效率定员的一种特殊表现形式。它主要适用于以机械操作为主，使用同类型设备，采用多机床看管的工种。设备的开动台数和班次应根据劳动定额和设备利用率来核算单台设备的生产能力，再根据生产任务来计算开动台数和班次。

在这个方法中，除了考虑了一线操作员工的劳动定量情况，还加入了现代工厂劳动设备的使用情况。根据实际的工作工程需要，确定员工数量。而在实际操作中，设备定编法又可以分为单台设备定编与多台设备定编，其具体公式如下。

1) 单机台设备定编

$$基本定编人数 = (台班数 \times 设备开动台数 \times 班制数) / 出勤率$$

主要适用于：机器制造企业的各类机床，冶金企业的高炉、平炉、转炉、炼焦炉、轧钢机，发电企业的发电机组，以及化工企业的管道化生产设备等。

2) 多机台设备定编

$$基本定编人数 = 设备开动台数 \times 每台设备开动班次 / 工人看管定额 \times 出勤率$$

主要适用于：纺织企业的织布机、石油化工企业的各类泵等。

设备定编法主要的适用范围如下所示：以机器设备操作为主的工种，特别是有大量同类型设备的岗位，使用设备定员法有很好的效果。针对少量使用大型设备的企业，需要与劳动定额进行结合，根据产量与设备使用情况进行定编。

### (三) 岗位定员法

岗位定员法是根据工作岗位的多少、各岗位的工作量大小和工作班次等因素来确定定员人数的方法。在计算时还要考虑生产班次、倒班及替班方法，对于采用连续生产、实行轮休制的单位，还要根据轮班形式考虑轮休人数。

按照定编岗位的特性，还可以将岗位定员法分为设备岗位定员与工作岗位定员，具体公式计算如下。

(1) 设备岗位定员：在设备开动的时间内，必须由单人看管或多岗位多人共同看管的场合。即设备开机必须有人看管的一线岗位设置。计算公式：

$$定员人数 = 共同操作时间总和 / (每班工作时间 - 个人休息时间)$$

(2) 工作岗位定员：有岗位没设备又不能实行劳动定额的人员，如检修工、检验工、值班电工、茶炉工、警卫人员、清洁工、文件收发员等。主要根据岗位工作任务、岗位区域、工作量，倒班情况来确定定额。

计算公式：

$$岗位定员人数 = (同类岗位数 \times 岗位定员标准 \times 班次 \times 轮休系数) / 出勤率$$

岗位定员法主要适用于看管大型联动设备的岗位、自动流水线生产的岗位；也能适用于不参与设备生产工作但有岗位需求的岗位，如检修工、质检工、电工、水泵和空压机的运行工、门卫等。前者使用设备岗位定员效果较好，后者使用工作岗位定员较好。

### (四) 按比例定员

按比例定员是按照与企业员工总数或某一类人员总数的比例，来计算某类人员的定员人数。其公式为：

$$某类人员的定员人数 = 员工总数或某类人员总数 \times 定员标准(百分比)$$

这种方法主要适用于企业食堂工作人员，幼托工作人员、卫生保健人员等服务人员的定员。对于企业中非直接生产人员，辅助生产工人，政治思想工作人员，工会、妇联、共青团脱产人员，以及某些从事特殊工作的人员，也可参照此种方法确定定员人数。

由于专业分工与协作的要求，企业中有某一类人员会与另一类人员之间存在一定的比例关系，并且前者会随着后者人员数量的变化而变化，例如教师与学生、炊事员与企业员工总数等。在生产型的企业中，一些辅助性生产的员工数量与生产工人的比例的确定也适用于此方法，如人力资源管理类人员与业务类人员之间的比例在服务业为1:100。

例：食堂工作人员的比例定员标准如表8-2所示。

表8-2 食堂工作人员比例定员标准表

| 食堂就餐人数 | 食堂工作人员与就餐人数的比例 | |
|---|---|---|
| | 每日开饭3次 | 每日开饭4次 |
| 200人以下 | 1:(25~30) | 1:(20~25) |
| 200~500人 | 1:(30~35) | 1:(25~30) |
| 500人以上 | 1:(35~40) | 1:(30~35) |

假设某企业职工食堂的就餐人数为190人,每日开饭4次,比例定员标准写为1:20,则该食堂工作人员的定员数为10人(190÷20=9.5≈10)。

### (五)职责定员法

职责定员法即根据组织内部的组织机构及其职责范围,并结合机构内部的业务分工和岗位职责来确定定员的方法。该方法适用于管理人员和工程技术人员的定员。由于管理和工程技术等工作定额难以量化,所以通常是参照效率定员和岗位定员方法进行估算,并结合对实际工作的调查情况,加以合理确定。在进行职责定员时,应该考虑的影响因素有:①管理层次;②机构设置与分工;③工作效率。显然,管理层次与所需管理人员之间成正相关关系;机构设置与分工越细,需要的有关人员就越多,反之则越少;工作效率越高,表明人员精干,所需工作人员就越少,反之则越多。但事实上,组织对于管理人员的定员并没有一个定数,都是根据本组织当时的实际情况确定出来的。

以上五种方法可同时在组织中根据具体工作岗位情况加以使用,是进行定编定员工作的主要手段和依据。

## 二、工作分析和评价结果对定编定员的影响

### (一)工作分析和评价对企业定编定员的意义重大

通过工作分析和工作评价可以建立起排列有序的职位体系,使每一个具体职位都能在该体系中找到相应的位置,从而确定职位的数量和任职者的人数及构成,为定编定员提供依据,准确解释每个职位的工作性质、特征、责任大小和技术难度及任职者所需的资格等职位特点和任职条件,为人力资源管理提供标准。因此可以说,定编定员工作是工作分析的应用之一,或者说是工作分析的延续。

### (二)工作分类便于企业定编定员工作的展开

企业中的各种工作职位的数量可能会很多,而具体的职位随时间变化的可能性也很大,有新的产生,有旧的消失。所以定编时没有必要对所有的工作上的人员配备都进行确定,而只需要对那些关键的工作或某几类关键的工作进行确定即可,所以企业需要通过工作分析对不同的工作进行分类,如表8-3所示。

表8-3 工作分类示意表

| 类别 | | 工作族 | 描述 |
| --- | --- | --- | --- |
| 管理类 | 行政管理 | 信息管理 | 包括对企业数据库管理、系统维护、网络维护、硬件/软件管理等工作 |
| | | 财务管理 | 包括从事成本分析、成本费用核算、预算编制、收支账务管理、税费缴纳、固定资产管理等工作 |
| | | 行政总务 | 包括从事行政、后勤、文秘、档案、保卫等工作 |
| | | 人力资源 | 包括从事薪酬、绩效、培训、招聘、福利等工作 |

资料来源:葛玉辉,荣鹏飞.工作分析与设计[M].北京:清华大学出版社,2014.

## 三、举例:某酒店人员定编定员执行方案

某酒店人员定编定员执行方案的具体内容如下介绍。

## (一)总则

### 1. 定编定员目的
优化人力资源配置,最大限度地提高劳动效率,达到精简高效的目的。

### 2. 原则
(1)按需定编、按编定员。
(2)人员缩编以不影响酒店正常运行为前提。
(3)缩编的依据:实行末位淘汰制,对绩效考核年度、季度考核平均成绩排名在后5%的人员,公司予以淘汰。

## (二)定编方法

### 1. 公司总部人员定编定员参照指标
(1)酒店日均营业额。
(2)酒店人均销售额。
(3)管理部门与营运部门之间的比例。

### 2. 门店人员数量确定考虑因素
(1)酒店营业面积。
(2)酒店盈利状况。
(3)酒店客流量。
(4)酒店管理能力。

## (三)门店人员定编定员

### 1. 各门店原有人员状况

各门店因营业面积大小的不同,又盈利能力不同,因此,员工数量的多少也不同。酒店各门店实行定编定员之前的人员分布状况及营业额,即2004年3月门店营业面积与人均销售额比较如表8-4所示。

表8-4 2004年3月门店营业面积与人均销售额比较

| 门店 | 面积(单位:平方米) | 人数 | 营业额(元)/日 | 人均销售额(元) |
| --- | --- | --- | --- | --- |
| A | 200 | 20 | 3 000 | 150.00 |
| B | 300 | 25 | 3 500 | 140.00 |
| C | 400 | 30 | 5 500 | 183.30 |
| D | 600 | 45 | 7 000 | 155.60 |
| E | 650 | 50 | 6 800 | 136.00 |
| F | 800 | 60 | 8 500 | 141.70 |
| G | 450 | 45 | 5 000 | 111.11 |
| H | 680 | 45 | 7 258 | 161.30 |
| I | 750 | 60 | 7 556 | 125.93 |
| J | 350 | 35 | 4 200 | 120.00 |
| K | 300 | 20 | 4 115 | 205.75 |
| L | 660 | 55 | 7 080 | 128.72 |
| M | 720 | 60 | 6 900 | 115.00 |
| N | 400 | 28 | 5 220 | 186.42 |

### 2. 人员缩编

根据酒店发展需要,对各门店实行减员计划,各门店人员缩编情况如表8-5所示。

表 8-5  各门店人员缩编情况一览表

| 门店 | 面积（单位：平方米） | 原有编制 | 减员 | 计划编制 |
|---|---|---|---|---|
| A | 200 | 20 | 2 | 18 |
| B | 300 | 25 | 3 | 22 |
| C | 400 | 30 | 5 | 25 |
| D | 600 | 45 | 5 | 40 |
| E | 650 | 50 | 6 | 44 |
| F | 800 | 60 | 4 | 56 |
| G | 450 | 45 | 5 | 40 |
| H | 680 | 45 | 3 | 42 |
| I | 750 | 60 | 7 | 53 |
| J | 350 | 35 | 7 | 28 |
| K | 300 | 20 | 0 | 20 |
| L | 660 | 55 | 3 | 52 |
| M | 720 | 60 | 10 | 50 |
| N | 400 | 28 | 2 | 26 |

**（四）减员后人效比较（日均销售额不变）**

减员后人效比较（日均销售额不变）如表 8-6 所示。

表 8-6  减员后人效比较

| 门店 | 面积 | 原有编制 | 减员前人效 | 计划编制 | 减员后人效 |
|---|---|---|---|---|---|
| A | 200 | 20 | 150.00 | 18 | 166.70 |
| B | 300 | 25 | 140.00 | 22 | 159.10 |
| C | 400 | 30 | 183.30 | 25 | 220.00 |
| D | 600 | 45 | 155.60 | 40 | 175.00 |
| E | 650 | 50 | 136.00 | 44 | 154.55 |
| F | 800 | 60 | 141.70 | 56 | 151.79 |
| G | 450 | 45 | 111.10 | 40 | 125.00 |
| H | 680 | 45 | 161.30 | 42 | 172.81 |
| I | 750 | 60 | 125.93 | 53 | 142.57 |
| J | 350 | 35 | 120.00 | 28 | 150.00 |
| K | 300 | 20 | 205.75 | 20 | 205.75 |
| L | 660 | 55 | 128.72 | 52 | 136.15 |
| M | 720 | 60 | 115.00 | 50 | 138.00 |
| N | 400 | 28 | 186.42 | 26 | 200.77 |

**（五）其他事项**

原则上此次酒店各门店人员定编定员后，人员数量不再变动，遇营业淡旺季人员数量可按此编制上下浮动。

若遇营业旺季需增加工作人员，以临时工、兼职的形式进行招聘。

短期聘用工聘用期满，若工作表现优秀且愿意继续受聘，经公司同意后，在编制许可的情况下可与本公司续签聘用合同。

某酒店人力资源部

××××年××月××日

## 第三节 岗位设置表的编制

### 一、岗位设置表

岗位设置表是岗位设置工作的最后成果,是企业规范化管理的一个正式的、重要的文件。岗位设置表通常有部门职位设置表和公司岗位设置总表两种形式。

### 二、部门岗位设置表

按照各个部门岗位、各个单位的岗位分别做出的表格称为部门岗位设置表。这种表主要是介绍部门内有几个岗位以及工作职责等,每个部门一张。表 8-7、表 8-8 分别是某企业人力资源管理部和销售部的岗位设置表。

表 8-7 人力资源管理部岗位设置表

年 月 日

| 部门名称 | | | 销售部 | | |
|---|---|---|---|---|---|
| 本部门岗位设置总数 | 4人 | | 本部门总人数 | 4人 | |
| 岗位名称 | 等级 | 岗位人数 | 主要职责 | 任职资格条件 | 备注 |
| 人力资源部经理 | 四 | 1人 | 1. 负责企业的人力资源规划工作<br>2. 制定人力资源管理规范<br>3. 为各部门提供人力资源管理服务和支持 | 1. 本科以上学历,人力资源管理、行政管理等相关专业<br>2. 3年以上人力资源管理经验<br>3. 较强的计划组织能力、沟通能力和领导能力<br>4. 熟练使用办公软件<br>5. 熟悉国家相关法律、法规 | |
| 招聘专员 | 二 | 1人 | 1. 制订并执行招聘计划<br>2. 发布招聘信息并实施人员招募、甄选、录用工作 | 1. 本科以上学历,人力资源管理相关专业<br>2. 1年以上人力资源管理经验<br>3. 良好的语言表达能力、分析能力<br>4. 熟练使用办公软件 | |
| 培训专员 | 二 | 1人 | 根据组织的发展战略,分析培训需求,拟订和实施培训计划 | 1. 本科以上学历,人力资源管理相关专业<br>2. 2年以上人力资源管理经验<br>3. 较强的表达能力、组织能力<br>4. 熟练使用办公软件 | |
| 薪酬福利专员 | 二 | 1人 | 1. 制定薪酬福利体系<br>2. 办理员工社会保险,负责绩效考核工作 | 1. 本科以上学历,人力资源管理相关专业<br>2. 2年以上人力资源管理经验<br>3. 熟悉国家相关法律法规<br>4. 熟练使用办公软件 | |

### 三、公司岗位设置总表

公司岗位设置总表,即把整个组织的岗位全部编制成一张表。总表主要包括岗位编号、岗位部门和岗位名称 3 个栏目。

表8-8 销售部岗位设置表

年 月 日

| 部门名称 | | | 销售部 | | |
|---|---|---|---|---|---|
| 本部门岗位设置总数 | | 3人 | 本部门总人数 | 20人 | |
| 岗位名称 | 等级 | 岗位人数 | 主要职责 | 任职资格条件 | 备注 |
| 销售部经理 | 六 | 1人 | 1. 制订企业销售计划并监督实施<br>2. 控制销售成本<br>3. 客户管理<br>4. 品牌规划和品牌形象建设<br>5. 部门员工的管理 | 1. 本科以上学历，市场营销、企业管理等相关专业<br>2. 3年以上本职工作经验<br>3. 较强的计划组织能力、人际沟通能力和领导决策能力、执行能力<br>4. 熟练使用办公软件<br>5. 熟悉、了解国家相关法律和法规、掌握企业产品销售的需求特点 | |
| 销售主管 | 四 | 2人 | 1. 制订销售计划并实施<br>2. 控制销售成本<br>3. 销售培训 | 1. 专科以上学历，市场营销相关专业<br>2. 1年以上相关工作经验<br>3. 有良好的沟通能力、表达能力<br>4. 工作积极、主动、热情，勇于承担责任，能承担工作压力，具有强烈的责任心 | |
| 销售人员 | 二 | 17人 | 1. 完成销售目标和回款任务<br>2. 维护良好的客户关系并进行定期反馈<br>3. 市场调研 | 1. 高中以上学历<br>2. 1年以上相关工作经验<br>3. 较强的语言表达能力、人际沟通能力<br>4. 较强的团队合作精神 | |

## （一）岗位编号

在实行规范化管理的文件中，岗位编号一般以英文字母开头。例如：岗位编号以字母G开头，紧跟着字母G的数字代表部门编号，如G—1、G—2，部门编号数字后面接着岗位的编号（如G—1002）。对岗位进行编号，便于岗位管理的规范化、信息化。

## （二）岗位部门

企业组织结构中根据岗位工作性质、工作内容及工作特征等因素的不同，会设有不同的部门和岗位，不同的岗位分别隶属于不同的部门。在编制职务说明书、岗位设置表等文件时，应注意岗位标明的所属部门。

## （三）岗位名称

岗位名称是指一组在职责上相同或相近的岗位的总称。表8-9是生产制造型企业的岗位设置总表。

表8-9 生产制造型企业岗位设置总表

| 岗位部门 | 岗位编号 | 岗位名称 | 岗位人数（单位：人） |
|---|---|---|---|
| 企业总部 | HT—G-I | 董事长 | 1 |
| | HT—G-II | 总裁 | 1 |
| | HT—G-III | 财务总监 | 1 |
| | HT—G-IV | 市场总监 | 1 |
| | HT—G-V | 技术总监 | 1 |
| | HT—G-VI | 人力资源总监 | 1 |
| | HT—G-VII | 总经理 | 1 |
| | HT—G-VIII | 副总经理 | 1 |
| | | | 合计 8 |

续表

| 岗位部门 | 岗位编号 | 岗位名称 | 岗位人数（单位：人） |
|---|---|---|---|
| 行政部 | HT—G1001 | 经理 | 1 |
| | HT—G1002 | 秘书 | 2 |
| | HT—G1003 | 办事员 | 1 |
| | | | 合计 4 |
| 财务部 | HT—G—2001 | 经理 | 1 |
| | HT—G—2002 | 总会计师 | 1 |
| | HT—G—2003 | 会计员 | 2 |
| | HT—G—2004 | 出纳 | 1 |
| | | | 合计 5 |
| 市场部 | HT—G—3001 | 经理 | 1 |
| | HT—G—3002 | 主管 | 1 |
| | HT—G—3003 | 企划专员 | 2 |
| | HT—G—3004 | 销售人员 | 30 |
| | | | 合计 34 |
| 生产部 | HT—G—4001 | 经理 | 1 |
| | HT—G—4002 | 车间主任 | 1 |
| | HT—G—4003 | 生产调度专员 | 1 |
| | HT—G—4004 | 设备管理专员 | 1 |
| | HT—G—4005 | 车间组长 | 5 |
| | HT—G—4006 | 生产加工人员 | 100 |
| | | | 合计 109 |
| 人力资源部 | HT—G—5001 | 经理 | 1 |
| | HT—G—5002 | 招聘专员 | 3 |
| | HT—G—5003 | 培训专员 | 6 |
| | HT—G—5004 | 薪酬福利专员 | 4 |
| | | | 合计：14 |
| 采购部 | HT—G—6001 | 经理 | 1 |
| | HT—G—6002 | 采购主管 | 1 |
| | HT—G—6003 | 统计员 | 2 |
| | HT—G—6004 | 资产保管员 | 4 |
| | | | 合计：8 |
| 技术部 | HT—G—7001 | 经理 | 1 |
| | HT—G—7002 | 工程师 | 2 |
| | HT—G—7003 | 技术开发员 | 5 |
| | | | 合计：8 |

# 第四节　某公司岗位设置管理办法

## 一、总则

### （一）目的

为建立科学、统一、规范的岗位管理体系，明确各个岗位的职责和权限，有效地进行人力资源管理，特制定本办法。

(二)适用对象

本办法的适用对象为企业的全体员工。

## 二、岗位设置与编制

### (一)岗位设置的原则

1. 从企业发展战略出发,遵循工作的需要,因事设岗。
2. 最低岗位数量的原则。
3. 各岗位有效配合原则。
4. 有效管理幅度原则。

### (二)岗位的调整

根据公司的需要,可以调整公司现有的岗位编制。岗位的调整主要包括岗位的新增和撤销两部分。

1. 岗位的新增。各职能部经理根据部门实际工作情况,有权向人力资源部门提出岗位新增申请。部门经理填写《岗位调整申请表》,报人力资源部审核后,人力资源部交由总经理审批,审批合格后,人力资源部编写新增岗位的工作说明书。
2. 岗位的撤销。各职能部经理根据部门实际工作情况,有权向人力资源部门提出岗位撤销的申请,部门经理填写《岗位调整申请表》,并附上该岗位的工作说明书,交到人力资源部门审核,经总经理审批后撤销其编制。

### (三)定员定编

人力资源部每年定期根据公司年度经营目标和现有编制确定全公司人员编制,各部门根据本部门的具体目标和部门职责拟订岗位人数,报人力资源部审核,人力资源部门核定通过后,提请公司总经理办公会议审议通过后实施。

## 三、职务说明书的编制与管理

### (一)职务说明书编制的主体

人力资源部负责公司全部职务说明书的编写,各职能部门负责协助人力资源部完成。

### (二)职务说明书编制的程序

1. 申请。部门经理根据岗位的需要,向人力资源部提出职务说明书编写申请。
2. 审核。人力资源部接到编写职务说明书的申请后,进行审核。
3. 调研。审核批准后,人力资源部展开岗位分析的调研工作。
4. 拟定。根据调研的结果,人力资源部拟定职务说明书的编写草案。
5. 反馈与完善。人力资源部门将编写好的职务说明书草案交于该岗位所在部门的部门经理审议,根据该部门经理提出的意见,再行修改,直至完善后定稿。
6. 存档。经过多方意见的征集与探讨,将修改好的职务说明书存档并正式投入使用。

### (三)职务说明书编制的内容

1. 岗位基本信息。岗位基本信息,主要包括岗位名称、所属部门、岗位编号、直接上级、直接下级等。

2．职务概述。职务概述是对岗位总体职责、性质的简单描述。

3．岗位职责与任务。岗位职责与任务是指岗位任职者所在岗位的主要职责以及为完成这些职责而需完成的工作内容。

4．工作关系。它是指岗位任职者因工作关系与企业内外人员/部门发生的联系。

5．工作环境。工作环境是指任职者所在岗位的工作环境状况。

6．岗位任职资格。岗位任职责格是指胜任岗位所需具备的学历、专业要求经验、技术职称、能力特长、身体、年龄和其他要求。

### (四) 职务说明书的修改与完善

职务说明书的内容并不是一成不变的，它会随着企业的发展或企业经营环境的变化而变化。其修改应遵循以下的程序。

1．申请：部门经理向人力资源部提出职务说明书修改意见。

2．协商：人力资源部门就修改意见与该部门经理协商并修改相关内容。

3．存档：将修改好的职务说明书编号并到人力资源部存档。

### (五) 职务说明书的管理

职务说明书由人力资源部统一管理，人力资源部定期或不定期地根据各岗位的变化对其职务说明书的内容加以修改和完善。

## 四、岗位管理

### (一) 岗位管理的原则

1．分类分级管理原则。公司岗位分为管理类、营销类、事务类和技能类四类。职级划分为4级10等，分别指总经理级(等级：一、二、三)、经理级(等级：四、五、六)、主管级(等级：七、八)和员工级(等级：九、十)。

2．人岗匹配原则。根据职务说明书的岗位职责和任职资格进行任职管理。

3．竞争原则。引进竞争机制，优者上、劣者下。

### (二) 试用期员工的管理

1．适用对象。适用于与公司签订劳动合同的、未转为正式员工的新聘人员。

2．试用期限。试用期期限为1～3个月不等。

3．试用期人员的培训。培训内容包括公司发展状况、企业文化、经营业务、公司规章制度、劳动纪律和岗位技能等。

4．试用人员的考核。考核的内容包括工作表现、工作业绩、工作态度等；考核主体为用人部门的部门经理、人力资源部。

5．试用期员工转正。试用期期满，经考核合格者，可转入公司正式员工的编制。

### (三) 管理类人员的任职管理

管理类人员是指主管级及以上的人员。

1．主管级人员的任职管理。主管级人员的任命，由部门经理和人力资源部共同审核合格后，即可上岗。

2. 部门经理级人员的任职管理。由人力资源部对岗位候选人进行筛选后，经总经理考核合格，方可录用。

### (四)营销类人员的任职管理

营销类人员分为管理人员和基层营销人员。中高层管理人员的任命，总经理有最终的决定权；一般营销人员由人力资源部负责人员的招聘、甄选及录用工作。

### (五)事务类人员的任职管理

事务类人员包括技术人员和一般员工。

1. 一般员工的任职管理。公司普通人员的招聘、资格审查、甄选和录用由人力资源部负责。
2. 技能类人员的任职管理。技能类人员的招募、甄选和录用由拟聘部门负责。

## 五、工作轮换

### (一)目的

丰富岗位内容，提升员工多方面的能力。

### (二)方式

1. 平级流动。将员工调换到与原来岗位工作相近或类似的新的岗位中去。
2. 纵向流动。将员工提升或降低到更高或更低的岗位。

## 六、岗位晋升

### (一)晋升的条件

1. 在公司任职两年及以上。
2. 连续三年绩效考评成绩为优秀。
3. 具备待晋升岗位的任职资格条件。

### (二)程序

部门经理级及以上人员的岗位晋升由总经理决定；主管级及以下人员的岗位晋升由部门经理决定。

1. 提出晋升申请。由各职能部门经理负责，根据本部门发展计划与现有人员状况对比分析，确定本部门岗位空缺情况并提交人力资源部。
2. 审核。人力资源部接到各职能部门的岗位编制空缺的资料后，展开信息的核实工作。信息的核实主要包括以下3个方面的内容。

(1)部门发展计划的可行性。
(2)该部门人员流动状况。
(3)要求晋升补充的岗位是否符合晋升政策。

3. 人力资源部发布岗位空缺公告。
4. 人员筛选。一般按6方面进行：①工作态度；②工作绩效；③工作能力；④发展潜力；⑤人员选拔；⑥人员上岗。

## 七、岗位竞聘

面试考核小组人员包括总经理、用人部门经理、人力资源部经理。面试对象为公司中高层管理类岗位员工。考核的方式以面试、评价中心为主，笔试为辅。根据员工竞聘考核的结果，并结合员工平常的工作表现，考核小组人员最后做出录用决策。

## 八、离职管理

部门经理辞职需填写《辞职申请表》，报总经理审批后，报人力资源部备案。其他员工辞职应向人力资源部递交《辞职申请表》，经部门经理签字批准后，报人力资源部备案。涉密人员于合同到期前辞职，需在递交《辞职申请表》之日起两个月后，方可办理离职手续。

## 九、辞退

员工有以下行为者，公司有权予以辞退：试用期间被证明不能胜任工作者；试用期满，不能胜任本职工作，经培训或调换其他岗位仍不能胜任工作者；多次违反公司规章制度、工作纪律且屡教不改者；工作失误给公司造成重大经济损失者；外泄公司商业机密者。

## 十、劳动合同的管理

被公司录用的员工，需与公司签订劳动合同。合同的期限一般为一年，部分特殊岗位为半年。合同期满，经公司与员工协商，若协商一致愿意续签劳动合同，公司再次与员工签订新的劳动合同；若双方均无续签愿望，人力资源部给该员工办理离职手续。

## 十一、竞业禁止协议

竞业禁止协议主要是针对掌握公司机密的人员。公司与离职的涉密人员签订竞业禁止协议，约定双方权利义务，离职人员需承诺2年内不得从事与本公司经营业务有竞争关系的工作，公司给予员工一定的补偿。

## 十二、附则

本办法自公司公布之日起实施。本办法未尽事宜由人力资源部另行规定。人力资源部在法律规定的范围内，对本办法具有最终解释权。

## 第五节 职位分类

### 一、职位分类的基本概念

职位分类，是将组织内各工作人员所担任的工作，根据其任务、责任与所需资格，归纳为类。分类的主体是所执行的或需执行的工作，程序是经过分析与评价，其成果是将各种工作归纳为类。

在第一次世界大战期间，同工同酬的观念极为浓厚。各大企业均通过工作分析来激励员工，工作评价逐渐地为大众所接受，并认为是决定薪资及评比工作时最坚实的基础，因为职位分类不仅为合理供给奠定基础，对其他各种人事管理工作也提供了很大的帮助。

## 二、职位分类的作用

职位分类的作用，主要分为三个方面。

首先，有助于其他人事目标的达成。将各类同等程度的职责列为同一供给水准，对供给可作合理的管制；将各种不同的职业与职位归纳为为数甚少的类，凡属同一类的各职位人员的征募、资格要求、考试及甄选等，可用同一标准处理；确定职位以便与现职人员所进行的工作相比较；举办新进人员辅导及其他在职培训时，可提供可靠的职位内容资料；表明各职位间的上下级关系，以利于任用及晋升制度的建立，使主管与职员对工作与待遇有共同的了解，以增进职员与管理者之间的关系，并有助于对工作的激励。

其次，对组织的帮助。运用标准的职位分类的称谓，可建立统一的工作术语；根据任务的叙述，可明确每个职位的责任；将统一的分类名词应用于财务行政，使编制预算更为顺利；根据职位内容资料，有利于组织问题的分析。

最后，对政府管理的特有价值，如国民及纳税者了解政府薪金经费支出与公务员所提供服务间的关系。

## 三、职位分类的意义

职位分类是人事管理法制化的基本前提，是制定人事法规的基本依据之一。通过职位分类，制定"工作说明书"，使得工资管理、考试录用、人员考核、人员升降、人员调动、人员培训、人事预算等工作可纳入制度化轨道，并成为制定人事制度的基本依据之一。

职位分类是人力资源管理科学化的重要基础（一项基础性工作）。工作分析和职位分类是科学管理在人事工作上的应用。泰勒指出："在现代科学管理中，最突出的一项要素，也许该算是'任务'的概念。所谓的任务，不仅以'应该做些什么'为限，尚应包括'应该怎么做'，以及'需要多少时间'等项。"这就是职位分类思想的渊源。

职位分类是制定就业和招生计划的重要依据。有利于国家、地方和企业、学校进行人才需求预测，有计划地安排招生、招工。

职位分类是各级组织科学化、系统化的主要手段。通过职位分类，便于发现组织中存在的各种问题（机构重叠、层次过多、职能交叉、授权不当、人浮于事、责任不清等），并明确了改进方向。

职位分类是我国劳动人事制度改革的重要途径。创造条件逐步开展和完善职位分类，才能加强人力资源开发与管理的基础工作，有效地推动其科学化、现代化。1983年，有人提出职位分类是我国人事制度改革的突破口，但由于条件不具备，至今未形成国家立法。

## 四、职位分类的原则

### （一）系统原则

职位设置和划分，不能孤立地、局部地去看，而应该从各职位的相互联系上、从总体上去把握。一般而言，任何系统都具有五个特征。

(1)集合性。由两个或两个以上相互区别的要素组成。

(2)相关性。各要素间相互联系，相互作用。

(3)目的性。任何系统都为一定的目的而存在。

(4)整体性。一个系统是由两个或两个以上要素构成的有机整体。尽管每个要素都可以独立成为一个子要素，但是各个子要素间又是紧密联系不可分割的统一体。

(5)环境适应性。任何系统都必须适应外部环境条件及其变化，和其他有关的系统相互联系，构成一个更大的系统。

任何一个完善的组织机构都是相对独立的系统。因此，在考虑该组织机构的职位设置时，应从系统论出发，把每一个职位放在该组织系统中，从总体上和相互联系上分析其独立存在的必要。凡是促进组织具备系统五个特征的职位就该设立，反之就不该设立。

### (二)整分合原则

整分合原则是指一个组织必须在整体规划下明确分工，在分工的基础上进行有效的合作，以增强整个组织的效应。在进行职位分类时，应以组织的总目标和总任务为核心，从上至下层层分解，分解为一个个具体的分目标、分任务和子目标、子任务，直至分解落实到每一个职位上；然后，再对这些职位从下至上进行综合，层层保证，确定各职位上下间的隶属关系和左右间的协调合作关系，以确保组织系统的整体功能。

### (三)最低职位数量原则

最低职位数是指一个组织机构为了实现其独立承担的任务而必须设置的职位数。职位设置超过了这个数量就会造成职位虚设，形成机构膨胀，人浮于事；职位设置低于这个数量，则会造成职位短缺，人手不足，影响组织目标的实现。最低职位数量原则确保组织机构的高效率和高效益。

### (四)能级原则

"能级"是借用原子物理中的概念，指原子中的电子处在各个定态时的能量等级。在职位分级中的"能级"概念，是指一个组织系统中各个职位的功能等级。功能大的职位，在组织中所处的等级就高，其能级就高；反之，功能小的职位，在组织中的级别就低，其能级亦低。职位分类时，应依据能级差别来分析评估不同职位的各自能级，使其各就其位，各得其所。

## 五、职位分类的程序

办理职位分类的程序，大致有下列四个方面。

### (一)分析及记录职位的任务与有别于其他职位的特征

欲了解职位的内容，不能只凭个别职位，需同时了解职位所在单位之权责系统及各职位间的关系；而理清各职位职责内容之方法，通常为先用书面调查方式，如遇有职位之职责内容不够时，则以实地调查。

### (二)将性质及职员程度相似的职位归纳为类(职级)

做归纳时需先做职位的分析与评价。大致而言，同性质的职位，其职责程度是否相当，在政府机关多用判断，在工厂则多用评分，分类幅度相近者则归纳为一类。

### (三)制定类说明书(职级规范)

在进行分类前,均应制定类说明书,或称分类标准。类说明书内容通常分为类之称谓、类之特征、职位工作举例、所需资格及专门知识等项;当类说明书制定之后,即可作为其他职位办理归类的根据。

### (四)实施职位分类

在此程序中最重要的工作就是进行职位归类(归级),亦即将一个机关内的各职位,根据其职责内容分别归入适当的类。这样,各职位人员的人事管理基础即已建立,对职位人员的甄选,依据该职位所属类别所需资格及专门职能为准;职位人员的供给,依据该职位所属类别的等级为准;职位人员的考绩训练等,亦可依据该职位所同类别职责内容、制定工作标准及训练课程,以此作为实施考绩及训练的依据。

当职位的归类决定后,如遇及职位职责内容有变动时,应再调整归类,以保持职位职责内容与所归类别相一致。

## 六、职位调查与品评方法

### (一)职位调查的方法

职位调查方法一般有五种。

1. 访问法

访问法指工作人员对有关人员进行访谈,了解职位分类所需的材料。访谈前应做好充分准备——确定访谈主题、了解背景材料。在访谈过程中应讲究方式方法,用平等、亲切、轻松的态度,不致使对方感到拘谨和造成心理压力,交谈时应语言清晰,做好记录。

2. 观察法

观察法指工作人员到工作地点观察实际情况,将标准时间内分类职位上发生的所有事情如实记录下来。标准时间指的是一个职务完成一个流程所需要的时间。观察法需要较多的调查人员和较充裕的时间。时间过短,则观察易失真,甚至得出相反的结论。

3. 填表法

填表法省事、省人、省钱、省时间,应用最广泛。但要求调查人员具备社会学知识,熟悉有关机构运转的情况,要求调查表设计质量较高。

调查表应包括职位名称、职员姓名、所在地、主管姓名、职务内容、责任等。该方法缺点是不易填写详细、准确,同一职位的不同人员往往填写内容不一样。

4. 会议法

会议法实际上是扩大的访谈,同时与多人座谈。

5. 综合法

将上述方法结合起来使用称为综合法。

### (二)职位品评方法

1. 积点评分法

积点评分法也叫"评分法"或"积点评价法"。该方法先确定基本分类因素及其各水平,并对每个因素的各水平进行评分;再看某个职位所包含的因素及其所处水平,折合多少分,然后将该职位总分与既定的等级分类表进行比较,确定其职位等级。

### 2. 因素比较法

先选择一些有代表性的"标准职位",并给定分定级(一般标准职位选 15~25 个);再确定每个基本分类因素包括的基本水平,将标准职位的分数分配给这些因素水平,求得每个水平的分数;然后考察其他职位,根据每个职位所包含的因素及其水平,确定该职位的总分;最后将每个职位的总分与标准职位进行比较,确定出各职位的等级。

### 3. 定等法(也叫"分类法")

定等法是最简单易行的方法。这种方法是将职位品评工作交给部门主管去办理,由他根据本部门各个职位的难易程度、责任大小、职务内容、资格高低等对其拆定等,从最低排列到最高,然后实行职位归类。这种办法的缺点是受部门主管个人素质影响较大。

## 案例讨论 1

### 移动通信公司定岗定编的实践

#### 一、移动通信公司定岗定编方法的选择

移动通信公司的业务具有自身的独特性质,故移动公司的定岗定编一定要结合移动通信业务的特点选择适当的方法。影响移动公司员工总数的因素较多,既有规模方面的因素,比如通话用户数、营业厅台席数、代销点数等,又有效益方面的因素,比如收支差、人均利润等,所以可利用多元回归模型进行员工总量的测算。移动公司的市场和客服部门实质上是向用户提供一种服务,有关岗位的定员可采用比例定员法;根据技术支撑部门的特点,其员工人数的确定可采取职责定员和设备定员等方法。

#### 二、某省移动公司定岗定编的主要内容

为了更为有效地开发公司人才资源,进一步精干队伍、优化结构,使员工各尽所长、各得其所,某省移动通信公司开展定岗定编。其总体原则是:依事设岗、按岗定员;定性推算和定量测算相结合;宏观控制、微观调节相结合。依照以上原则,在前期访谈和资料收集的基础上,对各市分公司、省公司的员工总量及一线生产岗位进行定量测算,相应部门的管理岗位按比例推算,综合职能部门岗位职数按职责进行适当配备。

#### 1. 市分公司员工数量的测算

鉴于移动公司的组织架构,公司定岗定编的一项重要内容就是各市分公司员工编制数的确定。对各市分公司的定岗定编主要包括总量预测和岗位预测两大部分,各市分公司员工总数和岗位配置框架如图 8-2 所示。

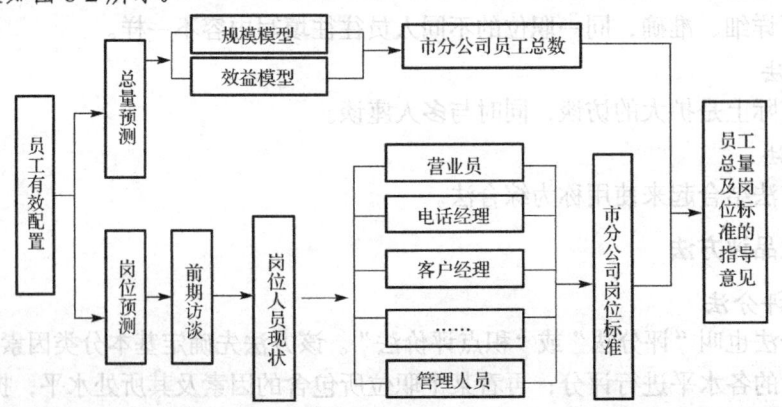

图 8-2 各市分公司员工总数和岗位配置框架

(1)员工总量测算。测算各市分公司人力资源总量采用回归模型法,即找到影响员工总数的规模变量和效益变量,利用某省各市分公司的横截面数据(2004年)建立多元回归方程,再代入2005年相应指标的计划数,得到2005年的员工总量的预测值。

对影响员工数量的因素进行综合分析,发现"用户数、乡镇数、代销点数(含合作营业厅)、自办营业厅台席数"等是影响市分公司员工总量的关键因素。采用多元回归法建立规模:

$$\text{Ln}(Y) = -2.00 + 0.569 \times \text{Ln}(X_1) + 0.12 \times \text{Ln}(X_2) - 0.21 \times \text{Ln}(X_3) + 0.26 \times \text{Ln}(X_4) \tag{1}$$

式中,$Y$为员工数,$X_1$为用户数,$X_2$为乡镇数,$X_3$为代销点数,$X_4$为自营厅台席数。模型总体上通过F统计量的显著性检验,自变量对因变量的解释程度较高,可以用于预测。

为反映效益状况对员工数的影响,以员工人数为因变量,收支差为自变量,建立起效益-人员测算模型:

$$\text{Ln}(Y) = -3.43 + 0.499 \times \text{Ln}(X)$$

式中,$Y$为员工数,$X$为收支差。模型通过F统计量的显著性检验,自变量对因变量的解释程度较高,可以用于预测。

通过规模模型和效益模型得到相应的员工预测数后,再对规模参数(用户数)和效益参数(收支差)分别与员工人数进行相关性分析,利用相关系数取得各自所占权重,结果是规模参数的权重为51%,效益参数的权重为49%。对两者进行加权综合,得到员工总量的预测数,即:市分公司员工定编数=0.51×基于规模的编制数+0.49×基于效益的编制数。

结合各市分公司目前人员配备的实际情况、自办营业厅渠道建设的进度和同类公司人员配置规模现状,省公司人力资源部和市场部及各市分公司在充分沟通的基础上,对模型测算数再做微调,将得到的数值作为各市分公司年底编制控制指标。

(2)员工配比标准和岗位配置。在分析各市分公司历年三类员工职数比例的基础上,依照居中性原理,以各类市分公司三类部门人员比的平均数,分别作为该类分公司市场类、运营类和综合类员工职数比例的标准。

各市分公司具体的岗位设置和职数确定方法是:根据各类市分公司机构设置建议框架,先按工作量标准配备一线员工职数,然后按照管理幅度标准配备管理岗位职数。在不突破规模总数和各类人员配比的前提下,各市分公司可以对岗位职数安排做出适当调整,以便符合本分公司实际和市场状况。

2. 省公司员工人数测算

由于省公司员工人数的历史数据点较少,无法使用趋势外推法和因素分析法建立数学模型进行测算,故采用对比类推法测算省公司的员工总量,并将此方法得出的数值与基于有效管理幅度的经验推算法和职能界定法所得的数据相对照,确定省公司的员工人数总量。

(1)对比类推法。为体现规模与效益并重的思想,选取规模和效益方面与该省移动公司相近的移动公司作为类比对象,综合考虑"运营收入"、"净利润"和"运营支出"三项主要指标与员工总数的关系。将"运营收入"、"净利润"和"运营支出"除以全省员工总数,得到"人均收入"、"人均利润"和"人均支出"三项指标,利用2004年三项指标的数值,结合该省移动2005年"运营收入"、"净利润"和"运营支出"的计划数,回推得到全省的员工总量后,再考察近几年省公司员工数占全省员工总数的比重及变化趋势,结合理论分析,拟合出省公司员工数占全省员工总数比重的指数曲线,进而得到2005年省公司员工数占全省员工总数的比重。据此比例,结合上面得到的全省员工总量,得到省公司员工数。

(2)基于有效管理幅度的经验推算。经验推算法是按照对市分公司相应部门垂直管理有效幅度的经验数值来确定员工数。由于省公司的市场、网络和综合三类部门在对市分公司相关部门的指导和业务性质方面客观上存在着差别,因此三类职能部门岗位定编在综合考虑对各市分公司员工总量测算、一线岗位职数测算和市分公司现有员工人数及结构的基础上来进行。

(3)省公司员工总量的职能界定法测算,按照部门职能划分和为完成相应工作量所必需的职工人数(通过访谈和调查得出的数据),得出省公司各部门人数配备及总量。

(4)省公司各部门实际人员数的确定。由于各省移动公司的部门设置和职责划分不尽相同,公司往往根据市场变化和集团公司的要求对有关部门的设置进行适当调整,所以,在确定省公司员工总量的基础上,可以把按照职能界定法确定的各部门人数作为部门配备人员的参考依据。

通过以上几种方法,既可得到省公司、市分公司员工总数的预测值,又可确定各部门的岗位配备比例,这些预测值配备比例将作为移动公司进行定岗定编的参考依据和标准。

资料来源:程开明. 移动通信公司定岗定编的方法及应用[J]. 市场研究,2006(7).

讨论题:

1. 该公司实施定岗定员给我们的借鉴意义是什么?
2. 实施定岗定员需要注意的问题是什么?

### 案例讨论2

米粉店需要多少人?

老李接手了一个在大学校门对面的门店,他想开一家米粉店。门店已经装修好了,也找到了一位会做米粉的师傅,张罗着最近开业。但是,他不知道他那个70平方米、有58个座位的米粉店需要多少店员。根据米粉师傅的介绍,他了解了顾客吃米粉涉及的基本流程如图8-3所示。

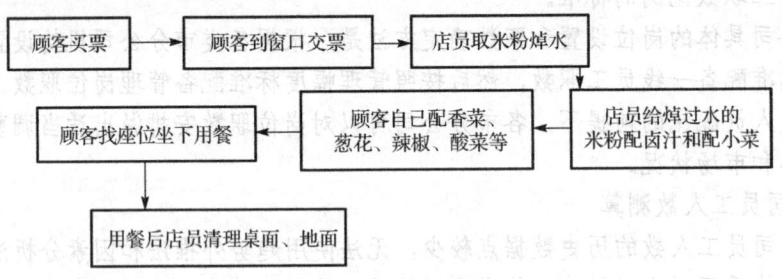

图8-3 顾客吃米粉涉及的基本流程

他自己盘算了一下,自己可以兼任负责买票的收银员,别人做他也不放心。另外,因为主要是做大学生的生意,大学生吃饭时间都比较集中,供餐速度要快,所以分工需要细一些,需要米粉焯水工(将米粉在开水里面焯水)一名,配菜工(给焯过水的米粉配卤汁和配小菜)一名。另外,还需要一个人收拾桌子。他心里没底,又专门到其他米粉店去偷偷看了看,觉得可行,就开始招工了。

讨论题:

1. 老李的定员方法对吗?
2. 有哪些定员方法?本案例的定员方法属于哪种?

# 第九章

# 工作设计

> 一个人能做的,其他人可能做不了:适合我的未必一定适合你。
>
> ——佚名

**学习目标**

1. 掌握工作设计的概念及含义;
2. 了解工作设计所包含的内容;
3. 熟悉工作设计的实施方法;
4. 了解工作设计的程序;
5. 掌握新组织的工作设计;
6. 掌握既定组织的工作再设计方法。

### 案例导入

### 在谷歌工作是什么样的

数年来,大多数的公众或多或少都窥探到了一些在谷歌生活工作的样子:办公室里到处是旗帜、沙发、宽敞的厨房、按摩椅,甚至吊床。毫无疑问,工作在谷歌充满了自豪;谷歌不仅仅提供传统的健康保险和极其有竞争力的待遇,而且谷歌人还享有免费的早餐、午餐、晚餐、零食、办公区里免费按摩、车接车送、办公区健身中心免费健身,甚至还提供休憩间。

一个在谷歌总部的软件工程师,他有一个18个月大的孩子,他说优越的环境会促使你在工作—生活之间做出取舍。例如,他早上9点左右来到办公室,到下午2点会离开办公室和一些人去上 Salsa 拉丁舞课。回来后,做几个小时的编程,然后和一些同事去园区里的一个酒吧喝些东西,再回来工作,大概到7点钟左右回家。他说基本上回到家后,在晚上10点左右还要工作。对他来说,这就是谷歌工作、生活状况的缩影,假设其余的时间是用来睡觉的,那他每天所有的和家人一起相处的个人生活时间总共不到3小时。

其他谷歌人则是充分地利用了园区里的各种条件设施,生活在谷歌,呼吸着谷歌。谷歌利用它独特的餐饮机构、园区健身房、医疗条件,确保生活在这里的员工生活健康和舒适,同时还表现出一种诚恳的工作伦理道德。谷歌里一个最大的吸引之处是它的食物,这不是什么秘密。事实上,由于食品的种类繁多,尤其是在总部,有人甚至拿"Google 15"(体重控制指导)警告新员工。谷歌特别提供了全功能的淋浴设施和有锁的房间,使得谷歌人能尽可能地努力工作,基本上可以在那连续工作数天。一个前谷歌的承包商提示说,很多的工程师和销售团队"都不停地督促自己和相互督促"。"我在那看到了很多真正有毅力、有能力的人"。很重要的一点是,他们会在园区里一次待上好几天不回家。

谷歌精心设计了所有的办公室,让员工能通宵达旦地待在办公室里,不用为任何事情担忧——诸如他们的饥饿、健康，或者卫生保健。除非你有了家庭。跟我交谈的这个工程师通常会选择回家，而不是留在团队里。他说，在他的团队里有很多人都有了家庭。然而，他又解释说，在谷歌，"你的收入是直接和你投入的精力相关的"。他说没有直接的压力要求你"加班加点"，但他的以谷歌为中心的生活暗示：他的收入直接跟他在谷歌花的时间相关。对于那些招架不住这种工作量的人，除了离开，没有其他选择，就像之前的一个谷歌员工（年纪很大）做的，要么组织一个家庭，要么给你加薪，二者选其一。（据我个人所知，至少有一位前谷歌西雅图园区的员工因为相似的原因而辞职，他被迫要么选择少去看看他刚出生的孩子，要么不能经常出差而降职。）

但是，谷歌真的如此险恶吗？对于那些追求把工作—生活合为一体，而不是追求工作—生活平衡的人来说，谷歌的生活方式堪称完美。跟我聊天的这个软件工程师强调，"没有任何妨碍你走出工作区的障碍，谷歌所做的是让你完成工作，减少你不在工作状态的情况"。员工可以调整自己的时间（比如他去上拉丁舞课），去挑选食物吃、去游泳，或困的时候小睡一下。他说："程序员很容易进入状态，但一旦你累了出了状态，你就很难回到状态了，你已经筋疲力尽了。"他说，在谷歌，园区的设计和公司的福利都是为了"让你毫无保留地献出所有精力"，让谷歌人意识到他们要做到最大的工作效率。

谷歌还让它的员工知道，不要整天的工作，不要不去玩。事实上，这可能是谷歌员工最费解的地方。谷歌的办公室不仅仅是看上去很有趣，它是确实很有趣。这位工程师告诉我，酒在园区里非常普遍，在波利尼西亚式的酒吧里都能找到。他说，在这些酒吧里，你可以看到"一瓶瓶的酒、威士忌，如果你努力找，园区里哪都能找到酒"。饮酒？在工作的时候？在周五下午4点钟的时候，你可以在桌上放一罐打开的啤酒。饮酒是在谷歌工作的一部分。这个软件工程师甚至透露说，有些经理甚至强迫团队去饮酒。谷歌人每周五都会庆祝"TGIF"（感谢上帝周五了），此时你更可以随意地豪饮。在此期间，如果有《纽约时报》最畅销作者的演讲或 Lady Gaga 的表演，谷歌人会聚集到多个自助餐厅里听演讲或看表演。有些时候，这种快乐时光通常会持续到深夜——没有人愿意离开他们的座位，让家就留在家里吧。这些谷歌人很幸运，谷歌总部现在在周末也提供食物了。

谷歌关闭的大门里培养的是一个开放的能使其员工充分发光发热的内部环境——至少对那些有能力在这个搜索巨人公司生活和呼吸的人是这样的。可问题是，谷歌增长的不仅仅是他的强大，还有体积和年龄。年轻的、未婚的谷歌人相对于那些年老的、有孩子的，可以轻松地选择做更多的工作，相应得到更多的回报——这会迫使那些有更多经验、被证实了能力的人转向其他的企业。随着成长，谷歌也慢慢丧失了它的敏捷——越来越官僚，管理层更难做出决策。谷歌已经不是一个有趣的、有着一群带着大理想的年轻人的异想天开的创业公司了。事实上，一些市政厅会议上的有争议的决定，例如 Google+的实名制问题，已经引起了一些谷歌人的激烈争论，几乎引起了暴力冲突（这显然是不可容忍的）。

工作在谷歌是一种吃着谷歌、睡着谷歌、呼吸着谷歌的选择。对每个员工来说，这是一种有意识的决定，也是一种感性的选择。我们作为用户、理想工作的求职者、博客人，每个人都用自己的方式看谷歌，我们或者只是感兴趣谷歌涂鸦或担心算法的改变。然而，对那些在城堡内的人，他们感觉到的只有谷歌，也只因谷歌而存在。而对于这位工程师，一个同时从内部和外部看这样一个办公区的人，这是一个有机的、自由流动的地方，你不会感觉你像一台机器里的一个齿轮。这精确地描绘了谷歌培养出的这种文化的另一面。

资料来源：What It's Really Like to Work at Google，外刊 IT 评论。

讨论题：
1. 你认为工作丰富化为什么多数会取得比较好的效果？
2. 为什么进行工作设计很重要？工作再设计是如何对工作效果产生影响的？

## 第一节 工作设计概述

在工作分析的基础上才可以实现工作设计，而在这两者的基础上，结合使用经典的管理理论和方法，才能够生成千变万化而各自独立和完整的企业人力资源管理方式，从而达到不同的管理目的。

在现代社会，工作已经成为人们生活的一个重要组成部分，对于从业者来说，每天有三分之一的时间在从事岗位工作。因此，人们会希望他们所从事的工作能够满足个人多方面的需要。随着经济社会的发展及员工自我意识的觉醒，人们越来越关注员工对工作的满意程度。他们是否喜欢工作的内容？在工作中他们是否得到快乐？工作安排是否是最有效率的、能让员工发挥出最大潜力的工作方式？企业的效益来源于员工工作的有效性，而员工工作的有效性往往取决于他们是否有比较强的动机来做这样的工作，他们是否能愉快地工作。如果大多数员工从工作中不能获得满足，则表明组织的人力资源部门在工作设计中出现了问题，或许应该考虑对工作进行重新设计。

任何组织，包括企业，都是一个有机的整体。要使企业高效运转就必须搭建一个合理、顺畅、实用的组织结构，工作设计既是人力资源管理的一项基础性工作，也是组织不断发展壮大的核心工作之一。因为一个组织的工作是由成千上万的任务组成的，而这些任务如何有效组合起来就是工作设计需要解决的主要问题。

随着组织职能的拓宽与深化，工作中所涉及技术的变化，以及员工职业发展方面不断提出新的要求，组织往往需要对工作进行设计或再设计。一个好的工作设计思路要兼顾效率、组织弹性、工作效率、员工激励与职业发展多方面的需求。

组织设计是将企业的经营做整体上的划分，决定公司要区分为多少部门？要设立什么样的部门？如何分工？组织设计同时也进行其他的思考：每一部门要有多少个小单位？而每一个小单位又要有多少个职位，才能实现公司的目标？在组织设计之后的考虑，就是每个部门、每个小单位，以及每一个职位要担任何种工作，这就是进入工作设计与工作说明的领域。

从管理的观点，或者生产力观点，工作设计是不容忽略的。不断通过工作分析可以促成工作提升更趋合理，进而演化出"工作再设计"。周而复始地改善工作的内容，将使工作要求更符合个人与工作的要求。

如今，在具有变化的弹性组织中，工作设计应该更加予以重视。主要原因是：管理上与工作上不断产生的问题需要解决；创新与生产力需要不断地提升；全球化与国际化的互动经济体系下，工作生活品质水准需要提升。

工作设计所应用的科学是基于工业工程领域与人体工学领域，而这两个领域在工作设计上的运用，主要取决于工作的性质及对工作内容的了解。但工作设计的结果，是工作的任务与职责，这就必须牵涉到工作分析，通过工作分析，以理清工作任务与职责的合理性、科学性与实务性。因此，工作设计、工作分析与工作说明书应该视为一体，且应以工作说明书为核心。工作设计、工作分析与工作说明书三者关系如图9-1所示。

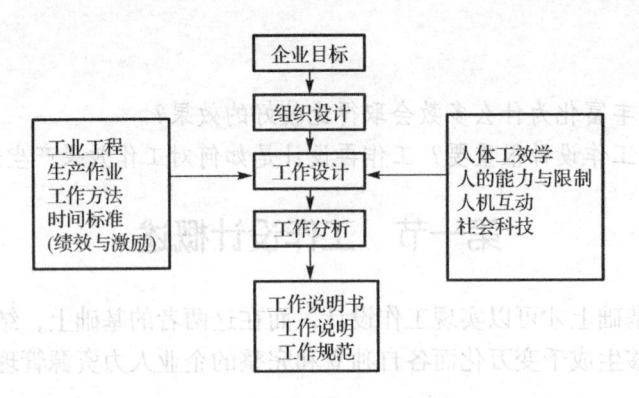

```
                    ┌──────────┐
                    │ 企业目标 │
                    └────┬─────┘
                         ↓
                    ┌──────────┐
                    │ 组织设计 │
                    └────┬─────┘
  ┌──────────┐           ↓           ┌──────────────┐
  │ 工业工程 │      ┌──────────┐     │  人体工效学  │
  │ 生产作业 │      │ 工作设计 │     │ 人的能力与限制│
  │ 工作方法 │ ───→ └────┬─────┘ ←── │  人机互动    │
  │ 时间标准 │           ↓           │  社会科技    │
  │(绩效与激励)│    ┌──────────┐     └──────────────┘
  └──────────┘      │ 工作分析 │
                    └────┬─────┘
                         ↓
                    ┌──────────┐
                    │ 工作说明书│
                    │ 工作说明 │
                    │ 工作规范 │
                    └──────────┘
```

图 9-1　工作设计、工作分析与工作说明书三者关系

工作设计是企业组织为改善员工工作生活品质及提高生产力所提出的一套最适当的工作内容、方法与形态的活动过程，以作为工作说明书的依据。通过组织设计、工作设计，则可清楚定义出组织内部的沟通运作模式与流程，也可定义出各组织内部的职务及其任务如何，进而通过事先的工作设计，以达成整合的效果，组织必须从事工作设计使工作能符合组织的要求，并据以达成组织的工作目标。

如何使工作者所从事的工作得以合理化且具体化，则是工作设计最重要的精神所在。我们需事先思考哪些因素会影响工作内容，它们应包括：科技的演化阶段、生产所使用的设备、工具的设计、工作流程的处理，以及工作需求的时间性等。

岗位是企业组织结构中最基本的功能单位，一个合理、顺畅、高效的组织结构是企业快速、有序运行的基础。

为完成有效的工作设计，必须集中在三方面考虑。

**1. 工作构成的目的**

工作构成的目的是要细分任务和责任，用以实现企业的运作，且从运作的过程中获取利益。

**2. 工业工程的工作有效性**

工业工程即是考虑工作中的作业方式、作业所需的设备和工作方法。工作设计专注于分析工作方法及标准时间的设定，更必须分析工作周期中每个工作要素，以及完成每个工作要素所需花费的时间，来提供经营管理者作为评估绩效的标准，以有效达成组织目标。

**3. 人体工效学的考虑**

人体工效学通常包括了两个方面：其一，人的能力与限制的考虑，即由设计自动化、机械化、电子化的作业工具，协助人类克服能力的不足及能力的限制。其二，则是所谓的人机互动，即是人员在工作中所使用的机器、工具、设备及其他装备的设计，其相容性、人性化及效能的考量。

在工作分析的过程中，相关人员除了对每个具体的岗位进行系统的研究外，还需要从组织整体上对岗位进行设置，最终确定组织应设立多少个岗位以及每个岗位所需要的人员数量等。

工作设计是为了有效地实现组织目标，提高组织运营效率，对工作内容、工作职责、工作关系等有关方面进行变革和设计，如图 9-2 所示。

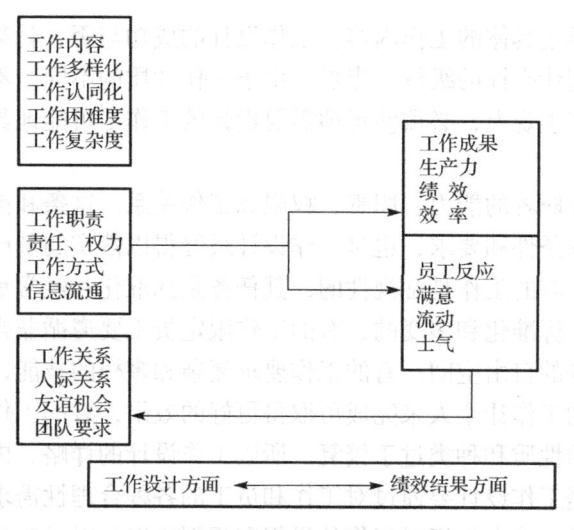

图 9-2 有效的工作设计

## 一、工作设计的概念

有人把工作设计看作一种艺术，因为它让人与工作相匹配，从而使人们的终生目标得以实现。所谓工作设计（Job Design），是指为了有效地达到组织目标，通过对工作内容、工作职责、工作关系等有关方面进行变革和设计，满足员工与工作有关的要求，最终提高工作绩效的一种管理方法。

工作设计是将组织的任务组合起来构成一项完整工作的方式。它确定了关于一项工作的具体内容和职责，并对该项工作的任职者所必备的工作能力、所从事的日常工作活动以及该项工作与其他工作之间的关系进行设计。为了有效实现组织目标并满足个人需要，不断提高工作绩效，需要对工作内容、职责、权限和工作关系等各方面进行分析和整合，这个过程就是工作设计。工作设计所要解决的主要问题是组织向其成员分配任务和职责的方式。从激励理论的角度来看，工作设计是对组织内在奖酬的设计。激励理论认为，在员工需求达到马斯洛需求的较高层次时，他们的工作积极性主要来自与工作本身相关的因素。因此，工作设计是否得当对激发员工的工作动机，增强员工的工作满意度以及提高生产率都有重大影响。

工作设计与工作分析的关系。工作分析主要对员工当前的工作进行研究，并界定成功完成工作所必须履行的职责和达到的要求，而工作设计则是从工作分析中派生而来的，它关注对工作的精心安排，为提高组织绩效和员工对工作满意度而对工作进行重新构造。工作设计的各种方法都体现着工作分析的基础作用。时间—动作分析，作为一种工作分析方法，本身就是一种工作设计的方法。

工作设计一般可以分为两类：一是对企业中新设置的工作或者是新企业建立所需要进行的工作设计；二是对已经存在的但缺乏激励效应或者工作任务发生变化的工作进行重新设计。例如，一个现存的企业可能由于员工价值在工作中得不到体现，影响士气而需要工作再设计，或者由于工作负担增加了，而工作小组中的人员规模却减少了而需要重新对工作进行设计。

从上述概念中，我们可以看出，工作设计至少应该包含以下三个要点。

其一，工作是多项任务的组合。组合形式的不同决定了工作性质的不同，以及难度和强度的不同。

其二，必须清晰界定具体的工作内容。工作设计的成功与否，就某种意义而言，就是它的明确度和清晰度达到什么样的级数。当然，由于工作性质的不同，不是每一种工作都可以落实得相当具体，但在主观上，必须使每项需要设计的工作尽可能地具体化，以使设计结果达到最佳状态。

其三，必须明确任职者的能力、职责、权限和工作关系。这条和前一条构成相对应的关系，是人岗适配的基本条件和要求，也是工作设计最终得以落实的基础。

具体到实际工作，有的工作是常规性的，其任务是标准化和经常重复的；有的工作是非常规性的，其任务是非标准化和多变的；有的工作限定员工要遵循非常严格的程序和流程，有的工作给予员工充分的自由空间；有的工作要求复杂和多样的技能，有的工作只需要基本的或特殊的技能；有的工作让个人来完成可取得更好的效果，有的工作只有团队合作才能做得更好。正因为工作的性质和种类过于繁复，所以工作设计的详略、内容等有所差异。但有一点是不变的，那就是工作设计要通过对工作和员工的各种合理性需求进行分析，对工作进行有意识的设计和安排，综合组织对工作的设想和规划，以及对员工技能、偏好和水平等的要求和期待，从而达到开发员工潜力、提高工作绩效、落实组织目标的目的。

## 二、工作设计的基本目的

工作设计的基本目的有以下五个。

### （一）改变了员工和工作之间的基本关系

传统的管理理论往往把重点放在工作的人身上，而把工作仅仅看作是一个不可改变的固定物。工作设计则打破了这样一个传统观念，假设工作本身对员工的激励、满意度和生产率都有强烈的影响，也就是说，从某种意义而言，工作是可以改变的。

### （二）改变员工的工作态度

一个人对其所从事工作的态度如何，对这项工作的结果有着关键的、根本性的影响。换而言之，也就是如果任职者对其从事的工作是喜欢的、乐意的，那他就会全身心地投入，而且其思维往往是开放的、多维的，在工作中自然会形成许多创造性思维的诱发因子，从而使工作者进入一种现实和创造互为作用的理想的工作状态。

### （三）使员工明确工作内容

工作内容是任何工作设计都首先必须回答的问题。做什么？怎么做？工作内容交代得越具体、越精确，就越便于操作和执行。

### （四）规范员工工作行为

工作行为则是一种特殊的行为，无论哪种工作，或多或少总有一定的要求和规范，工作性质越复杂，规范的程度通常也就越高。工作设计的一个十分重要的目的，就是针对不同类型的工作要求，制定出相应的、可遵守的工作行为规范。

### （五）提高员工工作绩效

对于组织来说，工作设计并不是实际目的，而只是一种手段，其最终目的就是通过工作设计，尽可能地使企业的各项工作规范化、程序化、科学化，从而提高员工工作效率，改善产品质量，以获得最佳的成果和绩效。

### 三、工作设计的内容

组织的工作如何安排、由谁来做、做什么、怎么做等，都要进行明确和界定，构成了工作设计的内容。具体来讲，工作设计的内容就是工作中涉及的各个方面，包括工作内容、工作职责、工作关系、工作的产出、对工作结果的反馈以及任职者的反应。

#### （一）工作内容

确定工作的一般性质，这是关于工作范畴的问题，包括工作的种类、自主性、复杂性、难度、强度和工作完整性。

#### （二）工作职责

完成每项工作的基本方法和要求，包括工作责任、权限、信息沟通、工作方法和协作关系等，是关于工作本身的描述。

#### （三）工作关系

员工在工作中所发生的人与人之间的关系，包括同事之间的关系、上下级之间的关系、不同部门之间的关系以及组织外人员与工作相关联的关系等。

#### （四）工作的产出

工作的业绩和成果的产出情况，包括工作任务完成所达到的数量、质量和效率等指标。

#### （五）工作结果的反馈

工作本身的直接反馈和来自别人对自己工作表现的间接反馈，即同级、上级、下属人员、客户等各方面的反馈信息。

#### （六）任职者的反应

任职者的反应是指岗位任职者对工作内容、职责关系、产出和反馈的意见。一个好的工作设计可以减少单调重复性工作所带来的负面效应，而且还有利于建立整体性的工作系统；同时，它还可以充分发挥任职者的主动性和创造性，为他们提供更多的机会和条件。

### 四、工作设计的形式

工作设计的形式有多种多样，最常见的可以归纳为基于任务、能力、团队的三种工作设计。

#### （一）基于任务的工作设计

基于任务的工作设计，是将明确的任务目标按照工作流程的特点层层分解，并用一定形式的岗位进行落实。这种工作设计形式在工业化早期显得十分突出。这种做法的好处是岗位的工作目标和职责简单明了，易于操作，员工经过简单培训即可以上岗，同时，它也便于管理者实施监督管理，在一定时期内会有很高的效率。在这种形式下，企业内部的岗位管理主要是采用等级多而细的职位等级结构，员工只要在本岗位上干一定年限，考核合格就能被提级加薪。但是，这种工作设计也存在一定的不足，即该设计方式只考虑任务的要求而往往忽视员工个人的特点和需求，员工往往成为岗位的附庸。操作工在流水线旁日复一日不停地重复同一种动作，时间一长，员工的积极性就会受到影响，不利于发挥员工的主动性和创造性。这种工作设计的具体编制数可以根据人均劳动生产率等指标计算出来。

### (二) 基于能力的工作设计

基于能力的工作设计，也是将明确的工作目标按照工作流程的特点分解到具体岗位，但与基于任务的工作设计的区别在于岗位的任务种类是复合型的，职责也比较宽泛，相应的对员工的工作能力也要求更多一些。这种设计形式的好处是岗位的工作目标和职责边界比较模糊，使员工不会拘泥于某个岗位设定的职责范围，从而有更大的发挥个人能动性的空间。在这种工作设计形式下，企业内部的岗位管理常常采用的是"宽带"管理，即各岗位之间的等级越来越宽泛。目前国际上很多企业内部只有6个等级，各等级内的各岗位的职责分工没有明确的界限，可以根据市场的变化来灵活调整企业内部各岗位所承担的具体任务。由于员工个人工作内容不像基于任务的工作设计那样简单明了，所以这种工作设计形式会要求直接管理者承担更大的责任，由直接管理者对下属进行指导、监督和考评。这种设计形式的缺点是会因为员工的灵活性加大而带来工作成果的不确定性上升。同时，由于对员工的能力要求高，劳动力工资成本和培训费用也会相应增加。这种工作设计形式广泛存在于第三产业比较发达的国家，因为服务业中的许多行业高度依赖于人的能力，在这些行业中，员工的能力和工作积极性对工作任务的完成有着很大的影响力，如金融、保险、证券、咨询服务等。在这些行业中，具体岗位所承担的任务在许多情况下是不确定的，所以这种工作设计形式往往不规定一个具体的编制数，而是用一定的人力成本预算来进行控制。

### (三) 基于团队的工作设计

基于团队的工作设计，则是一种更加市场化、客户化的设计形式。它采用以为客户提供服务为中心，把企业内部相关的各个岗位组合起来，形成团队进行工作。它的最大特点是能迅速回应客户、满足客户多方面的要求，同时又能克服企业内部各部门、各岗位自我封闭、各自为政的毛病。对员工来说，在一个由各种技能、各个层次的人组合起来的团队中工作，不仅可以利用集体的力量比较容易地完成任务，而且可以从中相互学到许多新的知识和技能，也能在企业内形成良好的团队协作氛围。显然，基于团队的工作设计是一种比较理想的工作设计形式。但是，这种形式对企业内部的管理、协调能力要求很高，否则容易出现管理混乱的局面。目前它的应用在国内还不够普及，更多的是在那些"项目型"公司中应用，如软件设计、咨询服务、中介服务、工程施工等。这种工作设计形式的人员确定往往是根据客户要求特点采取组合的方式，在人力成本方面也往往采用预算控制法。

## 五、工作再设计需要考虑的因素

进行工作再设计，必须考虑组织内外部的各种条件及员工个人的因素。如果忽略这些因素，再好的工作再设计方法也不可能提高组织绩效，组织目标的实现也就无从谈及了。通常情况下，工作再设计主要应该考虑以下三个方面的因素。

## (一) 组织因素

组织因素包括专业化、工作流程及工作习惯等。

### 1. 专业化

专业化就是按照所需工作时间最短、所需努力最少的原则分解工作，结果是形成很小的工作循环。专业化的工作方式能够简化工作内容，提高工作效率。

### 2. 工作流程

工作流程主要是指在相互协作的工作团体中，要考虑每个岗位负荷的均衡性问题，以便保证工作的连续性和通畅性，避免"窝工"等现象的发生，以减少工作效率损失。

### 3. 工作习惯

工作习惯是组织在长期工作实践中形成的传统工作方式，反映了工作集体的愿望，这种习惯一旦形成，短期内很难改变，它会在较长时间内对具体工作产生影响，从某种角度上说这也是企业文化的重要组成部分。因此，这一因素在工作再设计过程中不可忽视。例如：美国一个汽车公司的一家下属工厂，为了提高生产效率，决定给一些员工增加工作量，用以减少某些岗位，结果因为改变了原有的工作习惯而导致了长达几周的工人罢工。

## (二) 环境因素

### 1. 人力资源供需状况

工作再设计必须要充分考虑到人力资源的供给问题和企业自身的需求问题，即市场上是否有足够数量的、与企业需求相匹配的合格人员。美国亨利·福特公司在设计汽车装配线时，考虑到当时大多数潜在劳动力缺乏汽车生产经验，因而把工作再设计得比较简单，取得了不错的效果，而很多发展中国家往往在引进生产设备时缺乏对人力资源供给的充分考虑，在花钱购买技术时没有考虑国内的某些关键工作缺乏合格人才，所以事后又不得不从国外高薪聘请相应专家担任所需工作。

### 2. 社会期望

工作再设计同样要考虑人们的社会期望，即人们希望通过工作得到什么，满足什么。工业化初期，由于城市人寻找工作很不容易，许多人可以接受长时间、工作条件差、环境恶劣、体力消耗大的工作。但是，随着社会经济的发展，生活水平的提高，人们对工作、生活质量有了更高的期望，单纯从工作效率、工作流程来考虑组织效率往往欲速则不达。在物质极大丰富的时期，越来越多的人不仅仅把工作看作是一种挣钱的途径和谋生的手段，而是看作一种个人价值的实现、人生理想的寄托等。所以在工作设计时，也必须充分考虑"人性"方面的诸多要求和人类精神的需求。

## (三) 行为因素

行为科学研究要求人们进行工作设计不能只考虑效率因素，还应当考虑满足员工的个人需要。行为因素要求工作设计中充分考虑技能多样性、任务同一性、任务重要性、工作自主性、工作反馈，即工作特征模型的要求。

上述三个因素之间并不总是统一的，而往往是有矛盾的。比如，行为因素要求工作再设计增加决策自主权、工作多样性、工作的完整性，从而提高员工的满意度。但这些做法经常会导致组织效率降低、人工成本上升。出于效率的考虑要求提高专业化程度、指挥统一性、分工的细化，但过分对效率的追求又可能引起员工不满而导致怠工、缺勤、离职，因此，在实际工作中，必须在两者之间权衡好，才能确保工作再设计的有效性。

## 第二节 工作设计的方法及程序

### 一、工作设计的基本原则

工作设计的好坏直接影响工作质量的优劣及工作本身的成败。从长远看，工作设计还会影响整个组织的生存状态和发展远景。要建立一个完善的管理组织系统，在工作设计时应该尽可能遵循六项原则，如表9-1所示。

表9-1 工作设计的基本原则

| 原则 | 内容描述 |
| --- | --- |
| 因事设岗 | 岗位的设置要根据组织的发展、工作的内容来进行设置，要按照组织各部门职责范围来划定岗位，而不能因人设岗。岗位和人应是设置和配置的关系，而不能颠倒过来。在设计工作岗位时，应尽可能使工作量达到饱和，使有效的劳动时间得到充分利用 |
| 岗位数最少 | 在设置岗位时，要尽可能少。一方面要最大限度地节约人力成本，另一方面要尽可能降低岗位层级之间信息传播的耗损 |
| 规范化 | 工作设计的用语要尽可能做到规范化；同时，岗位设置的数量和名称要符合科学的规范，要让人一看就明白岗位的含义 |
| 系统化 | 岗位的设计要遵循系统化的原则，使得岗位与岗位之间的关系不是孤立的，而是相互联系、不可分割的。在设计时要注意岗位之间的承接关系和协作关系，明确岗位的监督状况，明确其晋升通道 |
| 动静结合 | 企业一方面要获得稳健的发展，另一方面也要不断顺应社会的变化。所以对于基础性的、变化不大的岗位可以使用静态为主的方法。对于与市场接触较多，容易变化的岗位或部门要使用动态的设计方法，在适当的时候进行变化 |
| 优化工作环境 | 工作设计要充分考虑工作环境的优化，使之适合员工的心理、建立起人与环境相适应的最优系统 |

在协调配合上，组织要注意两点：第一，要明确各部门之间的相互关系，找出容易发生矛盾之处，加以协调，协调搞不好，分工再合理也不会获得整体的最佳效益；第二，对于协调中的各项关系，应逐步规范化、程序化，应有具体可行的协调配合方法以及违反规范后的惩罚措施作保障。下面仅介绍因事设岗、规范化和系统化三项原则。

#### (一) 因事设岗原则

一般来说，某一组织设置什么岗位、设置多少岗位是由该组织具体的工作职能划分形式和总的工作任务量决定的，即因事设岗。组织在设计某一工作岗位时，应尽可能使工作量达到饱和，使有限的劳动时间得到充分利用。如果岗位的工作量是低负荷的，那么必然会导致成本的升高，导致人力、物力和财力等方面的损失和浪费；但超负荷也不行，因为超负荷虽然能暂时带来高效率，但这种效率不可能长久得到维持。长此以往，不仅会影响员工的身心健康，还会给设备等带来不必要的损坏。

组织中任何岗位都是依赖于具体的工作职能和工作量而存在的，没有具体工作内容的岗位是空洞的岗位，也是没有意义的岗位。因此，在设置工作岗位时，应以"事"（工作职能和工作任务量）为基础进行设计，因人设岗、不考虑工作负荷量的设岗是工作设计的最大误区。

## （二）规范化原则

岗位名称的表述应遵循规范化的原则。虽然岗位名称只是岗位的一个代码，似乎给岗位定义什么样的名称都无所谓，其实不然。一个好的岗位名称势必给人一种理念上的认识，同时它还能增加人们对本岗位感性上的认识。比如"人力资源部经理"这个职务名称，我们一看就可以获得这些信息：该岗位人员在人力资源部工作；这个岗位是主管人力资源方面工作的；具体的职务是经理；这个岗位是部门负责人，是企业的中层管理人员。

尽管由于企业经营性质多种多样、企业规模大小不一，不同企业岗位名称自然也就千差万别，但根本不变的一条便是名称与岗位的任务、职责、职能等相匹配，名称能够基本反映一个岗位的性质。

## （三）系统化原则

岗位是组织系统的基本单元，虽然每个岗位都有独特的功能，但组织中任何一个岗位都不是孤立的，每一个岗位间都存在着密不可分的联系。它们之间相互的配合度、支持度和协作关系直接影响着组织系统功能的发挥。进行岗位设计时，要满足系统化的原则，必须回答清楚以下问题。

（1）一个岗位与其他哪些岗位有承接关系？怎样进行相互衔接和配合？
（2）一个岗位受谁领导、监督、指挥？对谁负责？它又去监督谁？
（3）一个岗位的横向、纵向工作联系岗位情况？
（4）一个岗位的晋升通道、职业发展路径如何？

# 二、工作设计的方法

工作设计是确定企业员工工作活动的范畴、责任以及工作关系的管理活动。目的在于更好地提高员工的工作效率和生活质量。经过多年的实践，形成了激励型、机械型、生物型和知觉运动型四种不同的工作设计方法。

## （一）激励型工作设计法

激励型工作设计法主要的理论来源是美国心理学家弗雷德里克·赫茨伯格（Frederick Herzherg）的双因素理论。该理论指出，相对于工资报酬这些工作的外部特征而言，个人在更大程度上受到像工作内容的有意义性这类内部工作特征的激励。赫茨伯格指出，对于大多数员工来说，激励的关键并不在于物质方面的刺激，而是在于工作内容的多样性、复杂性和有意义性。

工作设计的激励型工作设计法强调的是可能会对工作承担者的心理价值以及激励潜力产生影响的那些工作特征，旨在改善内在激励、提高工作参与度及出勤率、增强员工满意度等。激励型的工作设计方法所提出的设计方案往往通过工作扩大化、工作丰富化等方式来使员工的工作变得复杂，从而减少单调重复性。该方法也存在一些缺点，那就是由于员工承担的任务量增加，精神负担和工作压力增大，出错率也会随之增加，企业需要花费更多的培训时间和培训支出来使员工胜任更多的工作。

强调激励的工作设计方法注重提高工作的激励潜力，增加所需完成的工作的类型和工作的决策权。尽管针对这些工作设计方法所进行大多数研究表明它们提高了员工的满意度和绩效质量，但是它们却并非总是能够带来绩效数量的增加。

## （二）机械型工作设计法

机械型工作设计法源于古典工业工程学，与激励型工作设计法最大的不同在于它强调要找到一种能够使得效率达到最大化的最简单方式来构建工作。在大多数情况下，这通常包括降低工作的复杂程度，从而提高人的效率。也就是说，让工作变得尽量简单，从而使任何人只要经过快速培训就能够很容易地完成。任务专门化、技能简单化以及重复性是这种方法进行工作设计的基本思路。

这种方法比较关注工作本身，很少关心从事这项工作的人。它试图使一项工作更加便捷、容易操作，以获得更高的效率和稳定性，更容易找到从事这项工作的人，使上岗前的培训更加简单。该方法对提高工作效率做出了巨大贡献，科学管理的思想即是一种出现最早同时也最为有名的应用机械型工作设计方法的典型。科学管理首先要做的是找出完成工作的"一种最好方法"。这要进行时间-动作研究，从而找到工人在工作时可以采用的最有效的运动方式。一旦找到了完成工作的最有效方式，就根据潜在工人完成工作的能力来对他们进行甄选，同时按照完成工作的这种"最优方式"的标准来对工人进行培训。科学管理思想在随后的若干年在西方国家得到了广泛认可，这导致机械型的工作设计方法一度盛行。

## （三）生物型工作设计法

生物型工作设计法主要来源于人类工程学。人类工程学所关注的是个体心理特征与物理工作环境之间的交互界面。这种方法尽量使设施、生产工具、环境等与人的工作相协调，以减少员工的生理压力和紧张感，提高员工的工作舒适度。其关注的重点是人身体的舒服和健康程度以及工作环境的物理特性。

生物型工作设计法已经被运用到了对体力要求比较高的工作当中，其目的是降低某些工作的体力要求，从而使得每个正常的人都能够去完成它们。此外，许多生物型工作设计法还注重对机器和技术的设计，比如通过调整计算机键盘的高度来最大限度地减少像腕部血管综合征这样的职业病。对于许多办公室工作来说，座椅和桌子的设计符合人体工作姿势也是生物型工作设计法运用工作设计所考虑的问题。一项研究表明，让员工参与一项人类工程学工作设计计划的结果，使得累积性精神紊乱发生的次数和严重程度、损失的生产时间以及受到限制的工作日数量都出现了下降。尽管该类方法体现了人本主义的管理思想，提高了员工工作的舒适度、积极性和满意度，但是有时候不可避免地降低了生产标准，从而影响了产量的增加。

## （四）知觉运动型工作设计法

生物型工作设计法所注重的是人的身体健康、环境等因素，而知觉运动型工作设计法所关注的则是人类的心理承受能力和心理局限。这种工作设计法的目标是确保工作的要求不会超过人的心理能力和心理界限之外。

这种方法通常通过降低工作对信息加工的要求来改善工作的可靠性、安全性。在进行工作设计的时候，工作设计者首先要看能力最差的员工所能够达到的能力水平，然后再按照使具有这种能力水平的人也能够完成的方式来确定工作的要求。这种方法一般也能起到降低工作的认知要求这样一种效果。该类工作设计方法的优点是使出现差错、发生事故、出现精神负担与压力的可能性降低，使员工在一种愉悦的心态下工作，但是容易导致较低的工作满意度和较低的激励性。

## 三、不同工作设计方法的对比

已有的研究表明，以上四种工作设计方法无一是完美无缺的，即各有利弊（见表 9-2）。许多学者都认为其中的激励法更优，因为该设计法能使员工的满意度提高、厌烦情绪降低、发现错误的能力提高以及向客户提供的服务水平更好。但是，应该注意到该方法中被扩大了的工作内容同时也带来了成本的增加，比如更高的培训要求、更高的基本技能要求以及建立在工作评价报酬要素基础之上的更高的薪酬要求等。与激励型方法差异最大的是机械型方法，机械型方法虽然工作效率明显较高，但其激励效应却很弱。从此也可以看出工作的激励价值和完成工作的效率之间存在一定的替代关系。

表 9-2 设计方法比较

| 工作设计方法 | 激励型工作设计法 | 机械型工作设计法 | 生物型工作设计法 | 知觉型工作设计法 |
| --- | --- | --- | --- | --- |
| 积极的影响 | 高工作满意度，高激励性，高工作参与度，高工作绩效，低缺勤率 | 更少的培训时间，更高的利用率，更低的差错率，更小的精神压力 | 更少的体力付出，更低的身体疲劳度；更少的健康抱怨，低缺勤率，较高的工作满意度 | 低差错率，低事故率，较小的精神压力，较少的培训时间，较高的利用率 |
| 消极的影响 | 更多的培训成本，更低的利用率，高出错率，高精神压力 | 较低的工作满意度，低激励性，高缺勤率 | 高投入成本，较低的标准 | 低工作满意度，低激励性 |

许多文献还考察了不同的工作设计方法与薪酬之间的关系，基于工作评价能够将工作设计与市场因素联系在一起这样一个认识，研究者们考察了各种工作设计方法与工作评价结果以及薪酬之间的关系。他们发现，那些在激励型工作设计法中得分较高的工作通常也有着较高的工作评价得分——它表明这些工作有着较高的技能要求，从而有更高的薪酬水平。而在机械型工作设计法和知觉运动型工作设计法中得分很高的工作往往只有很低的技能要求，因而也只能获得相应的较低工资率。最后，在生物型工作设计法中得分较高的工作对于体力的要求比较低，但是它同工资率之间的相关关系比较弱。因此，不难发现以提高激励潜力为目的而进行的工作设计，会导致企业的培训以及薪酬等方面承担更高的成本。

总之，管理者如果希望按照某种能够使得任职者和组织的各种利益都达到最大化的方式来进行工作设计，他们就要对这些不同的工作设计方法都有充分的认识，理解与每一种方法相联系的成本和收益，在它们之间进行适当的平衡，从而提高组织在市场中的竞争优势。

## 四、工作设计的程序

企业所进行的工作设计无非就是两种情况：一种是针对组织中存在问题进行的工作设计；另一种是针对新设组织所进行的工作设计。任何组织在运行的过程中，总会出现这样或那样的问题，这些问题可能是由于组织结构设计不合理造成的，也可能是由于部门或岗位设置不完善，或是因为部门之间的关系不合理所导致的。为了解决组织运行中的这些问题，企业管理人员需要对组织的结构、部门、岗位及相互关系进行调整或重新设置。对于一个新的组织而言，也要通过工作设计来设置服务于组织的部门和岗位。无论是哪种类型的工作设计，都要从组织的角度和工作本身的角度两方面去考虑。这里的工作设计是从广义上讲的，包括组织设计（分析）部分和具体的工作设计部分。

## (一)工作设计的基本程序

工作设计的基本程序主要分为三个步骤进行：组织任务的确定阶段、部门任务的确定阶段以及岗位工作任务的确定阶段。

1. 组织任务的确定阶段

(1) 内外环境分析。企业总是存在于一定的环境之中的，它的外部环境和内部环境分别是怎样的，工作设计人员要有一个清楚的认识。

(2) 组织定位分析。确定分析组织的目标和宗旨，组织的所处行业，企业的战略定位，企业的业务领域、范畴、核心竞争力分别是什么。组织的建立或存在，总是为了实现一定的目标和宗旨。对于新设组织，需要确立其目标和宗旨；对于既定的组织，则要分析其组织的目标和宗旨是什么。组织总是需要存在于一定的行业之中，有其从事的业务领域和范畴。核心竞争力是企业用来战胜竞争对手的独特优势，其他的企业是学不来的。新建组织需要确定这些内容，原有组织需要对这些内容进行分析。

(3) 组织任务分析。弄清了企业的外部环境、内部优势和企业的目标宗旨、战略定位等问题之后，就可以确定组织的工作任务了。明确这个新设的组织或既定的组织的总体工作任务是什么，进而开展更加详细的工作任务的确定和分析工作。

2. 部门任务的确定阶段

(1) 分析并改进业务流程。确立或分析组织的业务流程，确定关键业务流程，对不合理的部分进行改进是工作设计的重要内容。

(2) 组织结构设计。根据业务流程设计组织结构框架、任务，确定部门以及部门职责。组织结构的设计其实是确立了更大范围上的工作内容。

(3) 部门工作任务的确定。根据组织结构确定的部门进一步确定部门的职责和工作任务。部门工作任务是岗位工作任务的集合。

3. 岗位工作任务的确定阶段

(1) 设计部门内的岗位。部门都有一定的工作任务，而工作任务是靠岗位上的员工来完成的，所以这一阶段的工作就是根据任务设计岗位，具体包括：需要什么岗位、多少岗位、岗位上的工作量。

(2) 界定岗位工作。工作任务可具体分解为工作。在这个阶段，要确定工作的性质，设计岗位的具体职责、职权、上下级关系、任职资格。

上述三个步骤中都要贯穿形成设计文件，也就是说组织任务的确定、部门任务的确定和岗位工作任务的确定分别产生各自的设计文件。

## (二)新组织的工作设计

新组织的工作设计是一个从无到有、从组织设计到具体的工作设计的过程。首先要确定企业的战略定位、企业文化等基本问题，确定组织的结构，然后对组织的工作进行细分，从而确定岗位；接着就是真正意义上的工作设计：确定工作的性质、职责、职权、任职资格等。新组织的工作设计要经过三个阶段：分析阶段、设计阶段和文件编制阶段。

1. 分析阶段

组织结构建立前的基础分析必不可少，包括分析组织所处的内外环境，确立组织目标、进行组织任务分析和业务流程分析等。

1) 环境

环境是织组生存的土壤，对企业的内外环境的分析也是必不可少的。经济全球化促使市场竞争日益激烈，竞争方式更加多种多样，组织要想适应竞争的要求，就必须调整竞争观念，先发制人，这样才能在竞争中立于不败之地。设计之初，需要对企业所处的社会、经济、政治、技术、法律等各个方面的外部环境以及企业根据现有资源所具备的优势进行详细的分析。外部环境的任何一个因素的变化都会强烈地影响组织内部深层次的调整和变革，如政治政策的调整，经济体制的变化，市场需求的变化，科技进步的影响，新产品、新工艺、新方法的出现，这些都会对组织的原有运行机制形成有力的挑战。企业所依赖的资源变化，对于企业的竞争优势的构建也是至关重要的。

2) 组织目标

即将设立的这个企业将达到一个什么样的目标？组织的目标是组织将来所要达到的状态或结果，是组织存在的前提。确定组织的目标是什么也就确定了组织的努力方向。分析组织所处的行业和领域可以从更加宏观的角度去理解企业。另外，对企业的发展战略、文化等的分析也是组织设计和工作设计的必要基础。工作设计者还要认真分析的是人员素质、人际关系、权力机制系统、技术水平、经营范围和经营方式等各个因素。

3) 组织任务分析

即将设立的这个组织的任务是什么？只有确立了组织的整体工作任务才能确立更加详细的工作任务。而组织任务是根据组织目标确定的。

4) 业务流程分析

实用而高效的业务流程体系是企业的核心竞争力之一，也是企业将战略转化为行动的最重要的手段。根据以上的基础分析和确定的组织任务，工作设计人员需要对业务流程进行分析和设计，确立组织到底需要一个什么样的业务流程才能高效地完成任务。科学的业务流程应该符合工作的逻辑性和活动的配合性。

2. 设计阶段

1) 设计组织系统结构

在对组织的目标、定位等问题分析确立之后，组织的设计人员应该确定组织是应该采取扁平式的结构还是采取锥形结构。这两种结构形态各有优劣，企业在选用的时候要多方考虑。

扁平结构适合于注重研究与开发、灵活型的组织。这种结构的组织层次较少，管理幅度较大，有利于缩短上下级距离，密切的上下级关系对管理者而言有较大的自主性、积极性和满足感，也有利于信息纵向流通，管理费用降低。但这种结构不能严密有效地监督下级，上下级协调较差，同时管理幅度的加大，容易造成同级间相互沟通的困难。

锥形结构适合于传统行业的组织。锥形结构组织层次较多，管理幅度小。这种结构可以实现有效的监督，加强上下级之间的协调性，但是员工的自主权比较小，不利于主观能动性的发挥。

当然，对于组织系统结构的确定没有严格的标准，适用的就是最好的，任何企业在设计组织系统结构的时候都要根据企业的实际情况灵活选用，建立符合企业自身发展的结构。

(1) 设计基本职能。凡是实现企业目标和战略任务所需要的职能就是企业的基本职能，均不能遗漏，这是进一步确定承担各项职能的部门的基础。同时，基本职能之间不能重复，避免在以后的设计中出现部门职能的重叠情况，导致部门之间职责不清、相互推诿、扯皮，影响组织的效率。

(2)确定关键职能。在对各项职能进行分析的过程中,一定要在各项基本职能中找出关键的一项或几项职能,明确其关键地位;否则,如果各项职能地位平等、不分主次,即使各项职能齐全,但出于平均使用力量或各自强调彼此的重要性,造成内耗和摩擦,企业的组织管理仍然是低效的,不能切实保证企业目标的有效实现。

(3)明确各职能之间的关系。弄清各个职能之间的关系,就为部门的划分和设置奠定了科学的基础。对于那些紧密联系的职能应该放在同一个管理的子系统内,最好不要把它们分开,而相互制约的职能则应该分开,不能由同一部门或子系统承担。否则,会影响组织的横向协调沟通与监督控制,导致组织管理工作的混乱。

2) 设计部门组织结构

部门是指组织中的一个明确职能区分的部分或分支机构,如生产部、市场部、人力资源部、财务管理部、研发部等。部门的设立是为了组织能够更好地完成组织的任务,因而部门的设置必须具备必要的职能。每个部门都有相对独立的职能,完成企业的部分任务。

对组织的部门划分需要遵循量少而精简的原则,在保证组织目标可以高效完成的前提下,尽量设置最少的部门。各个部门工作的指标分配应该均衡,避免出现一个部门忙得不可开交而另一个部门却无所事事的局面。部门设置并非千篇一律、一成不变的。随着组织业务的变化,也要对部门进行适当的增减,实现部门与组织业务之间的对等关系。当企业的业务较多时,可以多设置一些部门。

管理层次的设计受到组织规模和管理幅度的影响和限制,通常情况下,层次与组织规模成正比,与管理幅度成反比。规模越大的组织层次越多,管理幅度越大的组织层次越少。

3) 确定组织结构框架

在组织的总体结构框架确立、部门设置及层次设计好之后,就可以确定组织的详细的组织结构图。组织结构图是用图示的方法显示组织的层次、职能单位、职务间关系、沟通关系以及控制范围等,因其简明、清晰、标准和易懂而被企事业单位广泛采用。一个完整的组织结构图应该包括以下几个方面的内容:组织正式结构、管理层次和管理幅度;主要的上下级关系、工作流程和职责范围;不同部门间的基本关系;能够成为工作分析系统和管理交流系统的工具和基础。

组织结构图在绘制形式上也有一些具体的要求:组织结构图应写明企业名称、制图日期、制图部门;长方形框表示组织的一个单位或员工;直线表示隶属关系和权力;将各部门和组织名称列在框内,不同层次的组织用不同的颜色标示;组织结构图应尽可能简单,如需要可对所用的专门标志加注说明。

4) 确定部门工作任务

把组织的工作任务按照具体的业务流程进行分解产生部门的工作任务。

工作任务的确立是在部门职责的基础上进行的,但部门的划分与工作任务的确立并非严格的先后次序,部门的设置也是依据组织的活动和工作任务性质的,在某些情况下,甚至是先分析工作任务,再根据工作任务组合为一个部门的。企业在具体的设计过程中,也不必拘泥于严格的程序,可以从企业的目标出发多方面进行分析,最终形成一个密切相连的有机组成部分。

5) 任务的分解和设计

确立了组织和部门的工作任务,就需将工作任务继续分解为具体的工作。工作任务分解就是将企业的基本职能细化为独立的、可操作的具体业务活动的过程。在分解的过程中，要考虑到工作的相似性和丰富化。企业的各项职能，如生产、营销、战略等，都与许多具体的工作内容相联系，需要多个员工甚至几个部门共同来承担才能完成。因此，需要通过工作任务进行分解，列出各项基本职能的具体工作内容，作为分派工作的依据，指定专人或某个团队或部门负责执行，以保证组织工作任务的完成和组织目标的实现。

工作任务的分解可采取逐级分解的方法。在企业中，"逐级分解"一般可分为四个层级。工作任务确立所列出的具体职能为一级职能；为完成一级职能而必须开展的几个方面的工作为二级职能；将二级职能继续分解，可具体化为业务活动；业务活动可分为具体的工作，由具体人员来完成。企业设计人员既可利用专门的逐级分解表格来进行工作任务的分解，也可将该表格作为工作任务分解的成果之一。

6) 确定岗位及工作职责

部门总是要配备相应的岗位才能完成工作任务。部门需要什么样的岗位、岗位的数量、岗位的体系结构都是需要工作设计人员确定的。对工作，企业要从性质、职责、职权和任职资格等各个方面进行设计。有工作就有相应的岗位，岗位上应有相应的工作。

3. 文件编制阶段

工作设计文件的生成是贯穿在整个工作设计过程中的。工作设计文件的编制包括组织任务书、整体组织结构图和岗位关系图、部门组织结构图和部门职责、岗位的工作描述书、工作说明书和任职说明书。

工作分析产生的文件是在对现实的岗位进行分析的基础上编制出来的，工作设计形成的文件是从组织目标出发，综合考虑企业的任务、战略、文化、流程、环境等因素，采用科学的方法设计出来的，因而没有现实的参照物，往往也就更加理想化。工作设计形成的文件在实际的运用过程中，必然要根据变化做出相应调整。

（三）工作再设计的程序

对已经存在的但缺乏激励效应的工作进行重新设计，叫做工作再设计。既定组织的工作设计主要有以下几个步骤：组织分析、工作分析、问题诊断、针对问题的工作再设计。

1. 组织分析

组织分析是为了明确企业的组织发展战略与目标、组织结构与层次、组织文化、岗位体系和岗位的确定状况。无论是企业自己开展此项工作还是通过外包的形式由企业之外的人来做，都应该考虑到这些因素，因为这些因素对于深入地了解企业的结构、工作和岗位体系是必不可少的。组织结构是一个大的框架，企业所有的活动都在这样一个框架下进行。企业选择什么样的结构对于企业的正常运作是至关重要的。

对既定组织的工作设计是一个针对原有组织进行的改进过程，从组织的分析开始确定业务流程。设计之前要分析企业的战略定位、目标宗旨、业务领域、行业范畴，接着是业务流程的设计、工作任务的分解、工作的界定。

2. 工作分析

在组织分析的基础上，企业需要进行工作分析，进一步地分析各个部门和岗位的地位和问题。在实际的操作过程中，组织分析与工作分析是同时进行、相互补充的，在组织分析中能够发现工作和岗位存在的问题，在工作分析中会透视出问题的组织根源。

### 3. 问题诊断

针对问题的再设计必须要准确地诊断出工作中存在的是何种问题，然后才能对症下药，进行再设计。

工作问题诊断就是对工作中存在的问题进行调查分析，判断其存在的问题，并找出解决的办法，排除工作中存在的问题，使企业运行正常，实现预期的发展目标。就像医生为病人诊断一样，通过望、闻、问、切，知晓人体的生理疾病，然后对症下药，消除病情。同理，工作问题诊断也是通过望、闻、问、切，给组织、岗位以及业务流程把把脉，看看整个企业有没有什么不适的地方，通过仔细的诊断，发现企业生了什么病，然后找出解决的办法，让企业能成为一个健康的个体，发挥其职责，实现其目标。工作问题诊断包括对工作所在的组织诊断、岗位体系诊断、业务流程诊断。

### 4. 针对问题的工作再设计

问题确定了之后，下面的工作就是对症下药。企业存在什么样的问题，就需要采取相对应的措施对企业的工作进行重新设计，从而解决问题。

## 第三节　工作设计方法

工作设计的方法有很多种，无论是工作轮换、工作扩大化，还是工作丰富化，都不应看作是解决员工不满的灵丹妙药，必须在职务设计、人员安排、劳动报酬及其他管理策略方面进行系统考虑，以便使组织需求与员工个人需求获得最佳组合，从而最大限度地激发员工的积极性，有效地达到企业目标。

### 一、工作轮换

#### （一）工作轮换的定义

工作轮换（job rotation）就是将员工轮换到另一个同样水平、技能要求相近的工作岗位，以减少员工对工作的枯燥和厌倦感，扩大员工掌握技能的范围（见图 9-3）。当然，工作轮换的前提应该是有序和非强制性的。员工长期从事同一岗位的工作，特别是那些从事常规性工作的员工，时间长了会觉得工作很枯燥，缺乏变化和挑战性。员工也不希望自己只掌握一种工作技能，希望能够掌握更多的不同的工作技能以提高对环境的适应能力。因此工作轮换也常常是与培养员工多样化的工作技能结合在一起的。

#### （二）工作轮换的优点、缺点

##### 1. 优点

工作轮换的优点有三个方面。

（1）丰富员工的工作内容，减少工作中的枯燥感，使员工的积极性得到提高。

（2）扩大员工所掌握的技能范围，使员工能够很好适应环境变化，也为员工在内部的提升打下基础。不少大的公司内部提升的管理人员都要求有在不同部门或职位工作的经验。

（3）减少员工的离职率。很多员工离职都是由于对目前的工作感到厌倦，希望尝试新的有挑战性的工作。如果能够在公司内部提供给员工流动的机会，使他们能有机会从事自己喜欢的有挑战性的工作，他们也许就不到公司外部寻找机会了。

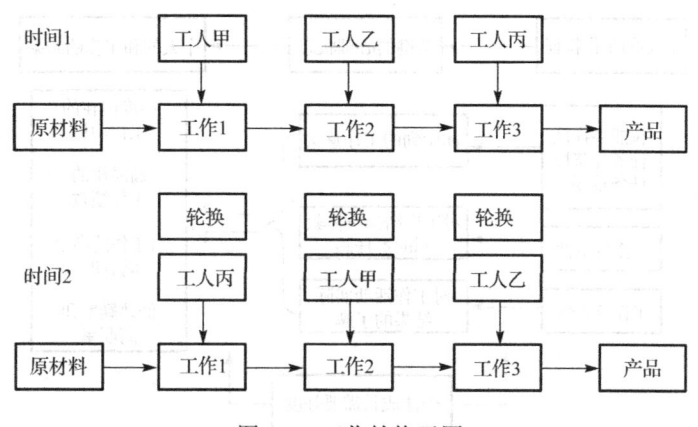

图 9-3 工作轮换示意图

2. 缺点

工作轮换的缺点有三个方面。

(1)员工到了一个新岗位,需要时间去重新熟悉工作,因此在轮换到新岗位的最初一段时间,生产力水平会有所下降。

(2)提高了员工的培训成本。需要给员工提供各种培训以使他们掌握多种技能,适应不同的工作,因此所需要的培训费用较高。

(3)增加管理人员的工作量和工作难度。工作岗位的轮换是牵一发动全局的,这增加了管理人员的工作量和工作难度。

## 二、工作扩大化

工作扩大化(Job Enlargement)即对工作进行扩展,增加工作内容,使工作本身变得更加多样化,以提高员工的工作热情。工作扩大化设计有两种途径。一是纵向工作扩大化。扩大一个岗位的工作内容,增加其工作职责、权利和自主性。二是横向工作扩大化。把职务体系中同层的职责纳入一个岗位工作中,扩展工作范围和自主性。例如,对一个成衣生产线上原先只负责装订商标的员工,现在则要其增加负责检查服装尺寸和接缝处引脚,然后再为服装钉上纽扣和商标的工作,这就是对工作进行的"纵向加强"设计;而如果要其在装订商标的同时,增加向客户提供服装加工信息与培训新员工的职责,则是对该员工的工作进行的"横向加载设计"。

工作扩大化增加了员工工作的多样性和挑战性,使得员工感到工作更有意义,员工的工作积极性在一定程度上提高了,他们对工作的满意度也会得到提高。

## 三、工作丰富化设计

工作丰富化(Job Enrichment)是对一项职位的工作内容和责任层次进行的基本改变,旨在向员工提供更具挑战性的工作。工作丰富化是对工作责任的垂直深化。它使员工有机会在完成工作的过程中,获得成就感、认同感、责任感及个人成长。尽管工作丰富化并不总是产生积极效果,但在许多公司中,这些项目确实能提高工作绩效和员工满意度水平。图 9-4 所示为理查德·赫格曼(J.Richard.Hackman)和欧汉(G.Oldham)所开发出来的工作丰富化模式(job enrichment model)。

这一模式为人性化工作设计提供了具体的指导,详细讨论了能够对工人产生激励作用的五种工作特征。

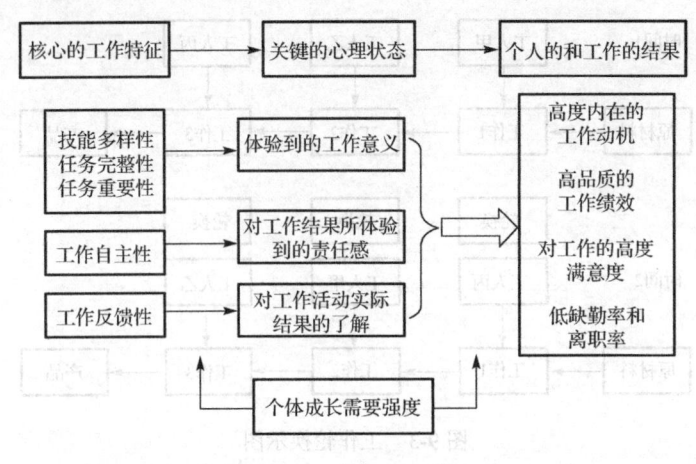

图 9-4 工作丰富化模式

**1. 技能多样性**

技能多样性是指完成一项工作任务需要员工具备的各种技能和能力的范围。

技能多样性高,如小型汽车修理厂的所有者和经营者,他的工作内容主要包括进行电子维修、装配发动机、做一些体力劳动、与顾客接触、收款并记账、采购零配件等。

技能多样性低,如汽车制造公司装配线上的工人,他只负责装配汽车中的座椅,所需要的技能只是搬运物体和拧紧螺丝。

**2. 任务完整性**

任务完整性是指在多大程度上工作需要作为一个整体来完成并能明确看到工作结果。

任务完整性高,如个体裁缝店的裁缝,他需要完成设计图样、裁剪、缝纫、熨烫、添加饰品等制作一件衣服的全部工作。

任务完整性低,如服装厂流水线工人,他只负责为每件衣服钉上商标。

**3. 任务重要性**

任务重要性主要指对其他人的工作或生活有多大的影响。

任务重要性高,如医院里危重病房的护理人员。

任务重要性低,如医院里的擦地板工人。

**4. 工作自主性**

工作自主性指工作在多大程度上允许自由、独立,以及在具体工作中个人制订计划和执行计划时的自主范围,即工作使员工具有多大程度的自由权、独立性、裁决权、支配权。

工作自主性高,如推销员,他可以自己决定会见客户的日程安排,以及会见客户的方式,独立自主地完成销售活动。

工作自主性低,如超市的收银员,他必须在规定的时间内在指定的岗位上将顾客选购商品的价钱输入收款机,收钱并找回多余的钱,对工作的程序和时间安排不得进行改动。

**5. 工作反馈性**

工作反馈性指工作是否能使员工直接、明确地了解工作的绩效,即员工能及时明确地知道他所从事的工作的绩效及其效率。

工作反馈性高,如电子产品工厂中进行电子元器件安装,然后进行检测了解其性能的工人。

工作反馈性低,如电子产品工厂中进行电子元器件安装,然后将产品交给检验员进行检测的工人。

在实践中，提高反馈性的方式有：建立信息系统，并通过该系统向员工发布工作表现的即时信息。

在以上五种工作特征的基础上，赫格曼和欧汉提出了激励潜力指数模型。

激励潜力指数=(技能多样性+任务完整性+任务重要性)÷3×工作自主性×反馈度

表9-3所示为工作的五种核心工作特征激励度。

表9-3 工作的五种核心工作特征激励度

| | 具有低度激励性的工作特征 | 工作五特征 | 具有高度激励性的工作特征 | |
|---|---|---|---|---|
| 低度激励 | 几乎不需要什么技能 | 技能多样性 | 需要许多技能 | 高度激励 |
| | 完成工作的小部分任务 | 任务完整性 | 完成整个工作任务 | |
| | 很少影响他人 | 任务重要性 | 经常影响他人 | |
| | 由他人作决策 | 工作自主性 | 更多的决策自由 | |
| | 难以看见效果 | 工作反馈性 | 效果明显 | |

资料来源：雷蒙德·A·诺伊，约翰·R·霍伦贝克，巴里·格哈特，帕特里克·M·赖特著，雷丽华译.人力资源管理基础[M].北京：中国人民大学出版社，2005.

下面通过对比一个小餐馆的经理与快餐店的汉堡烤师的核心工作特征激励度，可以更好地理解五个核心工作特征，如表9-4所示。

表9-4 小餐馆的经理与快餐店的汉堡烤师的核心工作特征激励度对比

| 五个核心工作特征 | 激励程度及原因解释 | |
|---|---|---|
| | 小餐馆经理 | 快餐店的汉堡烤师 |
| 技能多样性 | 高：需要了解烹饪技术、企业管理知识、会计、人力资源管理等知识 | 低：只需要掌握烤汉堡的技术 |
| 任务完整性 | 高：从各种原料的采购到菜肴制作，完成全过程的监控管理 | 低：几乎很少准备汉堡以外的食物 |
| 任务重要性 | 高：能够感受到自己提供的餐饮服务为顾客带来的享受 | 低：不同工人烤出来的汉堡几乎没有什么差异 |
| 工作自主性 | 高：自己决定供应的食物品种 | 低：按照严格的、固定的程序烤汉堡 |
| 工作反馈性 | 高：可以向顾客搜集就餐评价信息 | 低：很少从其他工人或顾客处得到评价 |

工作丰富化有以下几种实施方法。

(1)让员工在决定工作方法、工作手续或工作步骤方面能拥有更多的自主权。

(2)鼓励员工参与决策，以及扩充员工之间相互的关系，并加强员工对工作的责任感，如工作团队、提案制度与组织学习等。

(3)让员工了解他们的能力确实对产品及公司有所贡献。

(4)让员工及时获得有关其工作绩效的反馈，如合理的薪资及晋升等。

(5)让员工自己分析工作环境的优劣，然后来改善办公室或工厂的现状。

工作丰富化实施上的限制有如下几个方面。

(1)技术问题：如果公司内部原先就已采用分工很细的专门技术及生产线技术，那么是绝对不可能施以工作丰富化的。

(2)成本问题：成本太高或者所获得效果的价值不高也是工作丰富化的一大限制。例如，通用汽车公司曾经以6人或3人为一工作小组来实施工作丰富化，但效果太慢，实施困难且成本太高。

## 四、工作内容充实

工作内容充实是对工作内容和责任层次基本的改变,旨在向员工提供更具挑战性的工作。它是对工作责任的垂直深化。它通过动作和时间研究,将工作分解为若干很小的单一化、标准化及专业化的操作内容与操作程序,并对员工进行培训和适当的激励,以达到提高生产效率的目的。

工作专业化设计方法的核心是充分体现效率的要求。它的特点有三个。

第一,由于将工作分解为许多简单的高度专业化的操作单元,以最大限度地提高员工的操作效率。

第二,由于对员工的技术要求低。既可以利用廉价的劳动力,也可以节省培训费用和有利于员工在不同岗位之间的轮换。

第三,由于具有标准化的工序和操作规程,便于管理部门对员工生产数量和质量方面控制,保证生产均衡和工作任务的完成,而不考虑员工对这种方法的反应。因此,工作专业化所带来的高效率有可能被员工的不满和厌烦情绪所造成的旷工或辞职所抵消。

## 五、人性化的岗位再设计方法

### (一)自主性工作团队

1. 自主性工作团队的定义

自主性工作团队对工作有很高的自主管理权,包括集体控制工作速度、任务分派、休息时间、工作效果的检查方式等,甚至可以有人事挑选权,团队中成员之间互相评价绩效,这种工作设计方法特别适合于扁平化和网络化的组织结构。

2. 自主性工作团队的三大特性

(1)团队成员间的工作相互关联,整个团队最终对产品负责。
(2)团队成员拥有多种技能,能执行团队中绝大部分甚至所有的工作任务。
(3)绩效的反馈与评价是以整个团队为对象。

### (二)工作生活质量

工作生活质量(Quality of Work Life,QWL)理论是20世纪70年代中期以后在西方发达工业国家兴起的一种关于组织变革与发展的学说。组织行为学专家西舍尔(S.E.Seashore)将提高员工工作生活质量定义为"管理者与员工联合决策,合作和培植相互尊重的过程"。主要内容包括如下4个方面。

(1)满足员工参与管理的要求,企业领导者应当鼓励员工积极地参与企业的管理和决策活动。
(2)满足员工对工作内容更具挑战性、更富有意义的需求。
(3)满足员工轮流进行工作和学习的要求,帮助员工学习新知识、掌握新技能。
(4)满足员工个人享有更多非物质激励的需求,给员工提供更多的发展空间。

整个工作生活质量的核心是关于组织与为其工作的人之间关系的一种方针或哲学。改善工作生活质量的具体形式有:新增工作的多样性和自主权,允许参与决策,改善工作团队之间的劳动关系,减少监督程度,扩大劳资双方合作等。

### (三) 灵活的工作时间制度

20世纪90年代以后，一些工业发达国家为了缓和劳资关系，适应科学技术、经济环境以及社会生产力发展的要求，实行了一系列灵活的工作时间制度。从国际劳工组织（International Labour Organization，ILO）历年的统计报告资料可以看出，当今世界各国工作时间模式日趋多样化、灵活化。灵活的工作时间制度，归纳起来有如下几种。

1. 压缩工作周

压缩工作周，是指把正常的周工作时间安排在更短的工作日内进行的方案。压缩工作周的其中一个类型是每周工作4天，每天工作10小时；另外一种则是连续4天每天工作12小时，然后休息4天。这种安排在每16天里给员工两个4天工作日的时间段。在采用批量生产方式的企业（如壳牌石油公司）中，经常采用更短的工作周以配合生产日程。

对于提供24小时服务的机构（例如医院和公安部门）而言，这种时间安排可以减少业务中断的可能性。另外，压缩工作周也降低了那些工作场所偏远、上下班时间很长的公司中的旷工率和磨洋工现象。

压缩工作周有很多优点。第一，有利于提高机器设备的利用率，可能有助于日程安排。第二，工厂如果不是每天进行生产，可以节省整体开支。由于机器不是那么经常开关，减少了维修费用，也减少了照明、取暖、降温等方面的开支。第三，使员工有合适的闲暇时间处理个人事务（比如看病、去银行等），可以给员工三天到四天的时间来与他的家人共度或者做他个人感兴趣的事情，还可减少上下班往返的时间消耗。但是，对于经理人员来说，压缩工作周也有明显的不利之处。第一，对有些工作而言，压缩工作周可能降低生产率。如建筑工人，每周工作5天，每天工作8小时的工作效率一般要比每周工作3天，每天工作12个小时高得多。因为工作时间的延长会导致体力下降和疲劳的增加。第二，很多国家的法律都有加班工作时间应给员工增加工资的规定，这对企业来说意味着成本的增加。

2. 弹性工作时间

弹性工作时间（Flexible Work Hours）或灵活工作时间是指在完成固定的工作时间长度的前提下，在工作日内有一部分时间由员工自行安排并自主选择上下班时间，以代替同一固定的上下班时间。它一般分为共同工作时间（核心时间段）和弹性工作时间两部分，在核心工作时间内要求所有员工都在岗，而在弹性工作时间内员工被允许做灵活的安排，只要达到法律规定的总时数即可，通常是每周40个小时。弹性工作制是20世纪60年代由德国的经济学家提出的，当时主要是为了解决职工上下班交通拥挤的问题。核心时间（core hours）是指要求所有雇员都在工作场所工作的时间。例如，某餐厅把核心时间确定为上午11点至下午1点之间，这正好是午餐时间。而银行的核心时间则是在中午12点至下午1点以及下午5点至下午6点之间，这时客户流量最大。

早在20世纪70年代初期，一些美国公司就开始实施弹性工作时间制。到20世纪90年代初期，大约有40%的美国公司采用了这种时间安排方案。弹性工时让员工有更加灵活的工作日程，可以使员工更好地根据个人需要安排他们的工作时间，并使他们在工作时间安排上能行使一定的自主权，可以减少一些拖沓和缺勤的现象发生，将他们的工作活动调整到最具生产效率的时间进行，同时更好地将工作时间同他们工作以外的活动安排协调起来。

惠普公司的政策是让员工从早上六点半到八点半之间开始上班，并在工作八个小时之后下班。惠普的核心工作时间是从早上八点半到下午两点半之间。会议和小组活动都在这段时间进行。

弹性工作时间的优点在于：降低缺勤率，提高生产率，减少加班费，减轻工人对管理层的敌对，减轻交通阻塞，减少迟到，提高员工的自主性和责任感，增加员工的满意感。

当然，弹性工作时间也有不利的方面。首先，它对某些工作并不适用。例如，某些需要持续有人值守的特殊工作站点。其次，弹性工作时间使得经理在与员工沟通及组织员工方面面临许多问题。弹性工作时间还迫使经理延长他们自己的工作时间，以便对其下属的工作加强控制。

### 3. 工作分享

工作分享(Job Sharing)是最近工作时间安排上的一大创新。它允许两个或更多的员工分担原来的一个全日制工作，并分享该工作的报酬和福利。因为工作分享是比弹性工作时间制更新出现的一种想法，其应用还比较少，目前主要集中在法律业、广告业以及金融服务业。优点在于增加了灵活性；提高了工作积极性和满意度。缺点在于难以找出最合适的员工组合。

工作分享比较适合于配偶中一方或双方都想兼职的家庭，也满足了老年员工减少工作时间、顺利退休过渡的需要。对雇主来说，可以把非全日制雇员安排在每天工作高峰时段上班。在经济萧条时期，工作分享还能减少一部分失业。最后一个好处是，雇员有时间去处理个人事务，可以降低缺勤率。

现在有这样的趋势，从事相似职业的夫妻分担同一工作，近年这种情况出现于高中教学工作中：上午妻子上课，丈夫照看孩子；下午丈夫上课，妻子照看孩子。

不过，工作分享确实也存在一些问题。因为要为一项工作招聘和培训另一名雇员，这会增加雇主额外的负担。此外，管理者发现工作分享中更难的问题是监督两个员工，特别是当其中的一个工作分享者不可靠，工作分享者不能有效地协同工作，或者他们根本彼此就不信任对方的时候。让工作分享发挥作用的关键是合作伙伴之间的沟通，要充分利用各种手段保持彼此的联系，如电话、书面情况更新、电子邮件、语音邮件等。

### 4. 远程工作

全球化和技术彻底改变了"未来的工作"，那就是，我们如何完成我们的工作和我们如何在办公室内完成它们。远程工作是利用个人电脑、互联网、电子邮件、微信、微博等在家中从事那些传统意义上在工作地完成的工作。远程工作的一种变化形式是虚拟办公室，一般用于员工在现场帮助客户解决问题，或在其他较远的地方工作，就如同在家办公一样。积极鼓励远程办公的知名公司包括 AT&T、IBM、太阳微系统以及大量的美国政府部门。远程在家办公让员工在全日工作的同时，保留个人自己独特的生活方式。

远程工作的优势有：办公空间成本削减；更多的挑选员工机会；增加员工的灵活性——更好地调整工作和生活；减少缺勤率；留住可能辞职的有价值的员工；节省花费在工作途中的时间和金钱；增加产量，即减少工作时间的浪费；降低管理成本和减少工作时间；拥有更高的员工士气。

远程工作在为雇主提供诸多好处的同时，也有一些潜在的缺点，包括由于雇员不能与其他员工通常那样相互沟通和交流而失去创造性，给开发合适的绩效指标和评价系统带来困难，难以直接监督员工，难以协调团队工作，容易忽略员工的贡献。

## 六、基于激励的工作设计的意义

### (一)对构建战略性人力资源管理体系有积极作用

岗位职务分析与设计是建立评价和激励体系的基础，而实践中这种基础性作用却往往被忽视，人们将更多的关注投向了那些"直接"和"高层"的管理领域，希望"立竿见影"获得激励效力的改善。其实不然，完善科学的工作设计体系会对激励制度产生长效作用，会使工作激励体系建立在一种牢固的基础之上。

### (二)人性化工作设计与组织结构的改革相吻合

强调员工技能多样性、工作自主性和系统操作，支持组织的扁平化和团队工作方式，与当前企业正在探索进行的组织结构改革和精干主业、精简人员工作相吻合。组织结构扁平化和减员分流的实施，使作业层人员日趋精简，作业技能的要求越来越高，系统操作成为趋势。因此，企业主动推进工作设计的人性化改革，会更好地满足组织变革的需要，并能不断提高员工的工作自主性和责任意识，最大限度地实现人岗匹配和精干高效。

### (三)培育企业核心竞争能力的需要

企业发展目标是建设具有竞争力的组织。为实现这一宏伟目标，必须努力培育和提升企业的核心竞争力。核心竞争力的本质是一种集合能力，是在一个组织内部经过整合了的知识和技能，尤其是关于怎样协调多种生产技能和整合不同技术的知识和技能。而进行人性工作设计恰恰可以有效提升知识和技能的整合能力，激发人才资源的知识技能潜力，形成卓越价值体系，从而体现出对核心竞争力培育的显著贡献。

## 七、工作设计的新趋势

进入20世纪90年代以来，由于强调团队的作用，以团队为分析单元的工作设计成为主要潮流。如何在团队内分派工作，如何在保持一定灵活性的同时使团队成员通过工作本身的联系形成一定的凝聚力，这都是工作设计需要回答的问题。

有学者在工作特征模型的基础上，提出了自我管理、参与、群体构成、任务意义、相互依赖关系、组织气氛、工作流程等因素会影响工作绩效，在工作设计中通过对这些因素的控制，可以控制工作绩效。

人在工作环境中最重要的作用是处理技术的不确定性。随着现代高科技的日新月异和广泛应用，工作中的不确定性程度会大大增加，这是工作设计必须解决的问题。总之工作设计的一个发展趋势是从物的设计到人的设计，从硬件的设计到软件的设计，从个人特征的设计到团队特征和组织气氛的设计。

**案例讨论**

**沃尔沃汽车公司的工作设计**

汽车制造业是瑞典工业11个重要领域。而沃尔沃(Volvo)汽车公司又是其中的佼佼者。该公司的管理本来也是一直沿用传统方法，重技术、重效率、重监控。直到1969年，工人的劳动态度问题已变得十分尖锐，该公司不得不考虑改革管理方法了。

沃尔沃汽车公司领导分析了传统汽车制造工作设计。认为它最大的问题是将人变成机器的附属物。所谓装配线不过是一条传送带穿过一座充满零部件和材料的大仓库罢了。这套生产系统的着眼点是那些零部件，而不是人。人分别站在各自的装配点上，被动地跟在工作件后面，疲于奔命。这套制度的另一个问题，是形成了一种反社交接触的气氛。工人们被分别隔置在分离的岗位上，每个岗位的作业周期又那样短(一般为30~60秒)，不容他们偷闲片刻去谈话！

沃尔沃汽车公司先是设法用自动机器来取代工人从事较繁重艰苦的工作，在不能自动化的岗位则使那里的工作丰富化一些，又下大本钱将厂房环境装饰得整洁美观，目的是向工人表明，公司是尊重人的。但随即发现这些办法治标未治本。公司意识到这方面要治本，必须进行彻底的重新设计，他们在当时正在兴建的卡尔玛新轿车厂，进行了一次著名的试验。

卡尔玛轿车厂总的设计原则，是体现以人为本的精神，因而取消了传统的装配传送带。以人为中心设计工作，就是要使人能在行动中互相合作和讨论，自己确定如何来组织。管理要从激励着眼，而不是从限制入手。只有对孩子才需要限制，对成熟而自主的成人则宜用勉励而不是监控。所以，该厂工人都自愿组成15~25人的作业组，每组分管一定的工作，如车门安装、电器接线、车内装潢等。组内可以彼此换工，也允许自行在组间轮换工作。小组可自行决定工作节奏，只要跟上总的生产进程，何时暂歇、何时加快可以自定。每组各设有进、出车体缓冲存放区。

这个厂的建筑也颇独特，由三栋两层及一栋单层的六边形厂房拼凑成十字形。建筑的窗户特别大，分隔成明亮、安静而有相对独立性的小车间。

没有了传送带，底盘和车身是由专门的电动车传送来的。这种车沿地面铺设的导电铜带运动，由计算机按既定程序控制。不过当发现问题时，工人可以手工操作，使它离开主传送流程。例如，见油漆上有一道划痕，工人便可把它转回喷漆作业组，修复后再重返主流程，仍归计算机控制。车身在电动车上可作90°滚动，以消除传统作业中因姿势长期固定而引起的疲劳。

各作业组自己检验质量并承担责任。每辆车要经过三个作业组，才有一检验站由专职检验员检查，将结果输向中央计算机。当发现某质量问题一再出现时，这个情况立即在相应作业组终端屏幕上显示出来，并附有以前对同类问题如何排除的资料。这个屏幕不仅报忧，也同时报喜，质量优秀稳定的信息也及时得到反馈，产量、生产率、进度数据则定期显示。

据1976年的调查，该厂几乎全体职工都表示喜欢新方法。沃尔沃公司便又陆续按这种非传统方式，建造了另外四家新厂，每厂规模都是不到600名职工。这一改革当然冒了颇大的风险，因为一旦失败，不仅经济上代价高昂，公司信誉也会遭受巨大损失。卡尔玛轿车厂的成功鼓励他们并进一步改革。

卡尔玛轿车厂改革的核心是群体协作，工人以作业组为单元活动。但这是一个另起炉灶的新建小厂，它是否也能用于按传统观点设计并运转多年的大型老厂呢？这是一种颇为不同而风险更大的改革尝试。沃尔沃汽车公司在西海岸哥德堡市建有一家8000人的托斯兰达汽车厂，是1964年完全按传统装配线设计建造的。它生产的汽车构成该公司产品的主体，改造稍有不慎就会影响生产，所造成的损失将是极为巨大的。

这个厂工作再设计的试验不是沃尔沃汽车公司总部指导的，是由该厂管理人员在工会和全体职工配合下自己搞起来的。这个厂设有吸收工人参加并有较大发言权的各级工作委员会及咨询小组55个，没有工人同意，改革寸步难行。因为任何改革总要引起短期的不习惯与不方便，工资制度上也要适应由个人奖到小组集体奖的转变。其实，这个工厂早就酝酿并在逐步试行工作设计，所以，与其说托斯兰达汽车厂是紧跟卡尔玛轿车厂，不如说前者是后者的摇篮。因为后者的许多办法是先在前者试行的。例如，那种电动装载车以及将车身侧翻使工人不必蹲在地坑里仰头向上操作的装置，都是从托斯兰达汽车厂学来的。

这个厂改革的第一步是放权，尽量使它的冲压、车身、喷漆和装配四大车间成为自主的实体，因为每个车间各有其独特问题，不能一刀切。例如1973年，车身车间组成一个专题工作组来解决降低噪声与粉尘问题。车间主动请来应用美术学院的专家，几经摸索，把这车间变成了全公司最明亮整洁的场所之一，改革自己的工作条件，变成了一种有吸引力的挑战。

各级工作委员会和咨询组都有一定经费解决自己的问题,于是形成了浓郁的改革气氛。

又如车内装潢车间,流水线上设有 15 个装配点。早在该厂刚投产的 1964 年,工人中就有人主张经常换换岗位,因为总在同一岗位上干,不但乏味,而且身体某些部位易疲劳。可是另一些工人不愿意,直到 1966 年这些工人才自己定了一套轮换制度,每人都学会了这 15 个岗位上的操作技术而成为多面手,每天轮换一次或数次,并自己负责检验自己的工作质量和负责纠正缺陷。这时,他们不但体会到换岗能减轻劳累,而且培育出一种群体意识。后来他们把全组工作的计划与检查工作都接收过来,使工作更加丰富化了,全组缺勤与离职率大幅度下降,工作质量也提高了。

这种现象在托斯兰达汽车厂里颇为典型:一开始有相当一些人抵制改革,随着同事间接触的增加,一个自发的以友谊和共同认识为基础的真正的群体(不是行政上硬性编成的班组)形成了。这种从人际接触发展到培育出友谊的形成是不容易的,在装配线上更费时日。但一旦形成这种真正的群体,就能做出许多超出原来狭隘目的的事。工作从轮换到扩大化直至丰富化,人们对工作的满意感逐步增加。托斯兰达汽车厂在 1970 年,仅 3% 的装配工人搞工作轮换,1971 年达到 10%,1972 年达到 18%,然后开始加速,1973 年达到 30%,1977 年已达 60%。改革自己的工作内容成了多数工人的自然要求。但总有少数人,特别是年纪偏大的,是始终不喜欢任何改变的。

到 1976 年期末,该厂的装配车间才开始有人跟传统的装配线告别,组成了两个各有 9 人参加的作业组,每组承包一定辆数的汽车进行装配。作业改到装配工作台上去进行。9 名组员什么都干,从底盘装配到车身与车门安装,直至最后内部装修与检验。每组每周会开一至数次生产组务会,研究生产情况及解决问题的办法。渐渐地,装配工作台完全取代了装配线。

诚然,这种工厂的基建与设备投资要比常规厂高一至三成,占地面积也要大些,但沃尔沃汽车公司声称其所得远大于所失。装配台平均约每小时装配成一辆车,生产率至少不低于装配线,而工人满意感大增,离职率从 40%~50% 降到 25%,质量有所上升。尽管瑞典的劳动力成本一直是全世界最高的,但沃尔沃汽车公司却能一直保持赚钱,利润占销售额中的百分比仍属汽车业中三家最高者之一。

**讨论题:**

1. 沃尔沃汽车公司改变原有工作设计的原因和目标是什么?
2. 沃尔沃汽车公司新的工作设计取得了什么样的效果?

# 第十章

# 岗位评价

> 工作分析纯粹是一个说明性的过程，岗位评价反映的是一种价值判断。
> ——约瑟夫·J·马尔托奇奥（Joseph J.Martoechio）

> 岗位评价是研究岗位的自然属性，确定岗位的相对价值。
> ——佚名

### 学习目标

1. 了解岗位评价的含义及意义；
2. 熟悉工作评价五要素的含义；
3. 掌握工作评价指标的确定方法有哪些；
4. 了解排序法的类型及其操作方法；
5. 明确岗位分类法的具体操作步骤；
6. 了解要素计点法的操作步骤及其优点、缺点；
7. 了解要素比较法的操作步骤及其优点、缺点。

### 案例导入

#### 哪个职位更重要

RB公司是一家专门生产袜子的企业，发展相当迅速，经过10年的发展，已经由一个家族式小企业成长为年销售额为15亿元的集团公司。

为了适应外部瞬息万变的竞争环境，公司已经认识到管理逐渐要向规范化、精细化方向发展。近几年公司连续导入 ISO9001:2000 质量管理体系、SA8000（社会道德责任标准）、规范化管理体系和基于战略的人力资源管理体系，公司发展呈现出了良好的态势。

为了让员工能在公司内部合理流动，公司决定对一些岗位进行内部招聘。其中有一个岗位是销售管理部的销售管理员岗位，很多部门的人都来应聘。经过了若干轮的竞争，采购部的一名采购员小王脱颖而出，最终获得了胜利。这样一来采购部又缺员了，人力资源部决定再进行招聘，结果一名技术部的技术员去了采购部。

但是，麻烦也随之而来，采购部门的经理找到公司的人事经理诉苦。

"我们部门培养一个人很不容易，因为我们公司使用的原材料很多，熟悉各种原材料需要很长的时间，而且有很多种混合材料。为了技术保密，混合材料是在外协厂家完成的，一个新手要熟悉整个过程，一般需要花半年到一年的时间。另外，采购员这个岗位对任职者的职业素质要求非常高，所以，我不希望小王去销售部。但是，销售部的工资比我们这里高，我又不好阻拦她。其实大家都知道，销售部的工资高，工作又轻松，是公司最好的岗位之一；而采购部门的工作量很大，责任又重，工资要比销售员低很多。我觉得这是因为公司的工资政策不合理，才导致这样的问题产生。这已经是第三个人离开我们部门了，从你们搞内部流动开始，我就预料到这样的问题迟早会发生。现在倒好，到我们部门来的技术员，什么都不懂，害得我现在工作都很难开展！"

技术部经理也找到人事经理："我们也是，培养一名技术员比培养一名采购员和销售员困难多了，需要熟悉生产流程、设备性能、研发知识，但不知道你们怎么搞的，采购员、销售员的薪水我们技术员还高，我也没有办法留住人，看来只有自己再慢慢培养了。"

销售部经理听到传闻后也去找人事经理："听说有人认为我们部门不重要，其实工作是不能光拿工作环境来比的，我们是不用出去跑，但是你是知道的，我们部门负责客户联络和客户的信用管理，如果我们部门出了问题，公司的销售就会受到很大影响，所以我们的责任也不轻。我们部门的工资水平高是应该的，我们需要一流的人才。既然搞了内部招聘，就该让小王到我们部门来工作。"

人事经理被这件事情弄得非常烦恼，因为这个问题已经不是一个简单的内部人才流动的问题，而是公司的政策导向、薪酬政策的问题。为此，公司专门召开了几次会议来解决这个问题。在会上，大家各执一词，都认为本部门的工作量最大，对公司最重要。

究竟哪个职位更重要呢？人事经理也不知道该如何解决这个问题。

资料来源：张培德、胡志民. 工作分析与应用[M], 上海：华东理工大学出版社，2008.

**讨论题：**

1. 你认为是什么导致了 RB 公司问题的产生？
2. 你认为该如何做，才能给大家一个满意的答复？
3. 就 RB 公司而言，应该如何建立一个科学合理、具有内部竞争性的薪酬体系？

# 第一节 岗位评价概述

## 一、什么是岗位评价

岗位评价，也称职务评价，指通过系统比较的方法对企业中各种工作岗位的价值做出评定，确定工作的相对价值，并以此作为员工工资分配的依据，这一过程是用于设计薪酬结构，而不是用于评价任职员工绩效的。岗位评价是一个系统及客观的度量岗位的相对价值的级别评价方法，以平衡岗位在企业内部及外部市场的竞争力，能够帮助规划员工的事业发展及晋升阶梯的方向。

系统性地理解把握岗位评价概念的内涵与外延，我们首先应讨论各种关于岗位评价定义的假设前提。岗位评价的理论假设是对于不同性质的工作岗位，不论岗位的工作内容是否相同，都可以通过对比岗位背后所隐含的付酬要素，确定它们的相对价值，并据此确定岗位薪酬。岗位评价评的是岗位背后所隐含的付酬要素，是否不同性质的工作岗位的付酬要素一定一样呢？付酬要素间的权重一样吗？目前，业界存在着付酬要素统一论与付酬要素独立论之争。众多学者根据其研究成果，对此提出了各种不同的理解和观点（见表10-1）。

表 10-1　岗位评价的假设前提

| 岗位评价 | 假设前提 |
| --- | --- |
| 岗位内容的度量 | 岗位内容有固定的价值，可以通过客观标准确立岗位价值 |
| 相对价值的度量 | 岗位不具有客观的价值标准，只能通过比较确立岗位之间的相对价值差异 |
| 与外部市场的联系 | 没有外部市场信息，岗位价值就不能具体化 |
| 雇主与雇员的谈判 | 在社会性、政治性过程中注入理智因素，确立一定的游戏规则，通过博弈确定岗位价值 |

在理论界，对于岗位评价的基础概念存在如下几种分歧。

### (一)以职位内容为基础还是以职位贡献为基础

基于职位内容的岗位评价是指通过对该职位所要求的技能、赋予的职责责任等方面来确定职位的价值，而基于职位贡献的岗位评价是通过衡量职位在组织运行中的作用、意义来确定职位的价值。前者更多地强调职位的内在构成要素（职责、技能、能力等）在外部市场体现的价值，后者更多地着眼于职位的内在要素对企业内部的价值贡献。

### (二)注重相对价值还是绝对价值

职位作为岗位评价的度量客体，是否具有稳定的绝对价值，将决定评价职位价值的比较范围，即在什么范围内衡量职位的价值。从本质上讲，对事物的绝对价值无法进行准确的表述，我们往往借助具有普遍意义的标杆作为衡量相对价值的客观标准。在岗位评价中，绝对价值通常是指通过组织之外的客观标准对职位进行的衡量，即外部市场对于职位或者职位某一特征的定价；相对价值是指组织内部职位之间的价值比较。部分学者认为可以建立起一套独立于组织之外的岗位评价体系，作为衡量所有类似职位价值的标准，以此确定职位的价值；批评者则认为各种不同的组织内部职位差异过大，采用统一的评价体系难以区分职位内涵的差异，另外，由于相同职位对于组织的贡献存在较大的差异，因此统一的岗位评价体系缺乏现实的基础和土壤，岗位评价应关注组织内部的职位之间价值差异的比较，即相对价值。

### (三)客观评价还是主观博弈

部分学者从岗位评价参与者的角度出发，认为岗位评价是一个有助于认可职位间所存在的报酬差别的过程，即一个行政性程序，通过这一程序，各方都能参与，雇主与雇员之间在职位相对价值上进行讨论、博弈。从这个角度出发，岗位评价更应该是一种"游戏规则"。

在上述讨论的基础上，著名薪酬管理专家米尔科维奇（Milkovich）提出了较为系统完整的岗位评价的定义：岗位评价是一个为组织制定职位结构而系统地确定各职位相对价值的过程。这个评价是以工作内容、所需技能、对组织的价值、组织文化以及外部市场为基础的。

米尔科维奇的定义肯定了职位价值的相对性，将职位内容、职位贡献、组织文化以及外部市场特征统一起来，共同确定职位的相对价值。

岗位评价通常具有以下特点。

(1)岗位评价是用来衡量岗位的相对价值，而不是衡量该岗位在职人员的价值。岗位评价的中心是"事"而不是"人"。岗位评价的对象——岗位，与具体的劳动者相比较具有一定的稳定性，同时，它能与企业的专业分工、劳动组织和劳动定员定额相统一，能促进企业合理地制定劳动定员和劳动定额，从而改善企业管理。由于岗位的工作是由劳动者承担的，虽然岗位评价是以"事"为中心，但在研究中又离不开对劳动者的总体考察和分析。

(2)岗位评价是对企业各类具体劳动的抽象化、定量化过程。在岗位评价过程中，根据事先规定的比较系统全面地反映岗位本质的岗位评价指标体系，对工作的主要影响因素逐一进行测定、评比和估价，由此得出各个工作的量值。这样，各个工作之间也就有了对比的基础，最后按评定结果对工作划分出不同的等级。

(3)岗位评价需要运用多种技术和方法。岗位评价主要运用劳动组织、劳动心理、劳动卫生、环境监测、数学统计知识和计算机技术，采用岗位分类法、要素计点法、要素比较法、海氏评价系统、美世岗位评价系统等方法，才能对多个评价要素进行准确的评定或测定，最终做出科学评价。

## 二、岗位评价发展历史回顾

作为一项基础性的人力资源管理工具，岗位评价伴随着工业革命的兴起得到快速的发展，经过百余年的理论和实践探索，形成了较为成熟的理论体系和方法体系，随着知识经济的到来，岗位评价也面临着较大的挑战和质疑。系统地回顾岗位评价的发展历史，有助于我们加深对其的理解认识。

岗位评价起源于美国，最初的尝试是美国政府试图建立起一套公正合理的方法去评价政府雇员的工作价值，以确定其报酬水平。1838年，美国国会通过一项在政府雇员中进行岗位评价工作的法案，基于不同职责和任职条件来确定其报酬，使得具有相似工作特点的职位能够拥有相同的报酬水平。

1909年至1910年间，E.O.格里芬哈根创立了一套较为完整的职位分类程序，运用于对芝加哥公共部门的岗位评价。1912年，美国一家私营公司建立起对其5000名雇员适用的岗位评价方法，岗位评价扩展到私营部门领域。在1909年到1926年间，岗位评价专家陆续开发出四种岗位评价方案(见表10-2)。

表10-2 岗位评价方法的发展历程

| | | 评价基础 | |
|---|---|---|---|
| | | 基于工作本身(全部岗位) | 基于工作要素(评价要素) |
| 评价技巧 | 按照评价标准 | 岗位分类法<br>E.O.Grifenhagen(1909) | 要素计点法<br>MeriR.Lot(1924) |
| | 与其他岗位对比 | 排序法/等级法<br>ArthurH.Young, GeorgeKelday(1920早期) | 要素比较法<br>本奇(EugeneJ.Benge)、伯克(Burk)、海(Hey)(1926) |

岗位评价所使用的分析方法可分为定量方法和定性方法。其中，定性方法包括职位分级法和职位分类法，主要是针对工作之间的比较，不考虑具体的职位特征；定量方法包括要素计点法和要素比较法，主要侧重于对职位特征的分析，详尽阐明岗位评价要素及其等级定义，可以确定每个职位的评价分值，以此进行比较。

所使用的比较方法也可以分为两类：将工作与工作进行比较的方法以及将工作与某些标准尺度进行比较的方法。其中，在要素比较法和职位分级法中，通过直接进行工作之间的比较来确定职位序列，属于直接工作比较法；在要素计点法和岗位分类法中，将工作与某些尺度（如等级尺度和工资尺度）进行比较，以形成职位序列，属于工作尺度比较法。

第二次世界大战前，采用岗位评价或相关人力资源管理技术的企业数量相对较少，随着公平报酬立法的出现，大量企业、工会组织采用了各种岗位评价方法，以适应公平立法对企业内部经营管理行为的规范约束，岗位评价在理论和实践方面获得了迅速的发展，成为企业人力资源管理的一项基础性工具，同时也产生了大量成熟的岗位评价系统方案，如因素评价系统（Factor Evaluation System, FES）、国际职位评价（International Position Evaluation, IPE）系统。

## 三、岗位评价的原则

岗位评价是一项技术性强、涉及面广、工作量大的活动。需要大量的人力、物力和财力，而且还要用到许多学科的专业技术知识，牵涉到很多的部门和单位。为了保证各项实施工作的顺利开展，提高岗位评价的科学性、合理性和可靠性，在组织实施的过程中应该注意遵守以下原则。

### （一）系统原则

岗位评价是由评价指标、评价标准、评价技术方法和数据处理等若干个子系统组成。岗位评价从方案的设计、评价、加工整理到分析，是一个完整的工作体系。岗位评价数据资料的整理，是为分析论证提供系统和条理化的综合资料的工作过程，是整个评价分析实施阶段的主要工作。数据的加工整理过程可以使各岗位之间的差异性表现出来，明确地反映不同工作性质、不同工作责任、不同工作环境和不同工作场所的岗位劳动之间的区别与联系，以达到数据资料配套、规范的目的。而对这些加工整理以后的资料进行分析研究则是整个岗位评价工作的重要环节。评价结果的分析研究工作是对整个评价工作的综合和分析，分析质量的好坏直接影响着评价结果的合理性。

### （二）实用性原则

岗位评价应该从组织生产和管理的实际需要出发，选择能促进企业生产和管理工作发展的评价因素，使评价结果能直接应用于员工工资、福利、劳动保护等基础管理工作，以提高岗位评价的应用价值。

### （三）标准化原则

岗位评价的标准化就是对衡量劳动者所耗费的劳动量大小的依据以及岗位评价的技术方法以特定的程序或形式做出统一规定，在规定范围内，作为评价工作中共同遵守的准则和依据。岗位评价的标准化具体表现在评价指标的一致性、评价指标标准的统一性、评价技术方法的统一规定和数据处理的统一程序等方面。

### （四）就事原则

评价的是工作岗位而不是目前在这个岗位上工作的人。讨论的是该岗位的等级分数，而不是该岗位的最终工资数，从岗位评价结果到工资还有很长的路要走。

### （五）一致性原则

所有岗位必须通过同一套评价要素进行评价。

### （六）完备性原则

选定的评价要素，必须是一致的，彼此间是相互独立的，各项要素都有其各自的评价范围，而这些范围彼此间是没有重叠的。

### (七) 针对性原则

评价要素应尽可能结合实际，这需要根据公司的实际情况，对岗位评价要素定义与分档表的各类要素的权重和各个要素的定义进行协商讨论，尽可能切合实际。

### (八) 独立性原则

参加专家小组的成员必须独立地对各个岗位进行评价，禁止专家小组的成员之间互相讨论、协商打分。

## 四、岗位评价的意义和作用

### (一) 岗位评价的意义

1. 可以为人力资源管理工作提供依据

岗位评价中所收集的信息和结果可以为人力资源管理提供依据，如确定薪酬等级、确定招聘条件、培训技术标准等。

2. 容易得到员工的理解

为员工发展指引方向。岗位评价可以使员工与员工之间、管理者与员工之间对报酬的看法趋于一致和满意，从而使员工明确自己的职业发展和晋升途径，便于员工理解企业的价值标准，引导员工朝更高的效率发展。

3. 有利于改善劳动关系

岗位评价的过程需要员工参与，使得员工对岗位的相对价值有一个大概的判断，岗位评价也为工资结构的确定提供了一个十分准确和值得信赖的基础，这样就能够使组织避免一些由于职位工资而产生的不必要的劳资纠纷。

4. 有利于实现同工同酬

根据各个岗位在整体工作中的相对重要性来确定其工资等级，能够保证同工同酬原则的实现，有利于消除工资结构中的不公正因素，维护企业工资等级间的逻辑和公正关系。

### (二) 岗位评价的作用

1. 以量值表现工作的重要性

对岗位的责任大小、繁简难易程度、工作环境、所需的资格等要素，在定性分析的基础上进行定量测评，从而以量值表现工作相对价值，通过比较量值的大小，能够直接判断工作的重要程度。

2. 确定岗位等级的手段

岗位等级常常被组织作为确定工资级别、福利标准、出差待遇等各项权利的依据。而岗位评价则是确定工作等级的有效工具，它通过科学、系统、全面的比较来区分不同类别岗位的差异，通过岗位价值的大小划分出岗位等级。而不是通过职位头衔确保了组织内部的公平。举例来说，在组织内部，尽管技术部经理和售后服务经理都是经理，但他们在组织中的价值并不相同，所以工作等级也不相同。同理，在不同企业之间，尽管都有总经理这个职位，但由于企业规模不同，该职位的具体工作职责和要求不尽相同，所以工作级别也不相同。

3. 促进工作之间的公平

使性质相同或相近的岗位有统一的评判和估价标准，便于比较岗位间价值的高低，使工作间的联系公平、有序。

4. 薪酬分配的基础

在工资结构中，很多公司都有岗位工资这个项目，在通过岗位评价得出岗位等级之后，就便于确定岗位工资的差异了。以岗位评价作为薪酬发放的基础，有利于减少薪酬发放的误差，能够提供解决薪酬争端的依据。在确定薪酬等级和标准的过程中还需要薪酬调查数据和企业的薪酬战略做参考。

5. 激励员工，使其为更高级职位而努力

有了岗位评价，员工就知道自己的岗位在组织中所处的位置，清楚高于自己岗位价值的职位有哪些，这样有利于员工设计自己的发展规划，为了获得更高的职位而努力工作。

6. 提供薪酬谈判的信息

岗位评价提供的岗位等级表是组织薪酬发放的直接依据，能够保证岗位价值高的工作得到的收入高。这样，如果组织或者员工个人发现实际工资与岗位价值不符就可以适当的调节，这种方法比较客观、公平，保护了组织和员工的共同利益不受侵犯。

7. 提供职位关系的一些基本资料

岗位评价能够提供职位相对价值大小的表格，可以作为组织管理工作的基础资料，通过对照岗位价值表，组织和员工就能明确不同职位之间的关系，这里的关系更强调级别的大小。

8. 提供一个对组织内新的或已变化了的岗位进行分类的统一手段

有了岗位评价的结果，组织就能够将新的或者职责发生变化的岗位通过各评价要素与标杆职位的比较，确定该岗位的相对价值，将其归入评价系统中。

9. 提供一个可以与其他组织内的薪资标准进行比较的工具

作为薪资发放的重要依据，岗位评价使每个岗位的薪资更为客观、准确。它可以帮助组织选择与其他组织具有相同价值的岗位，通过比较这些岗位的薪酬来判断本组织的薪酬水平。

## 五、何时需要岗位评价

岗位评价对组织来说比较重要，是组织必需的一项基础工作。通常在组织发生以下情况之时，应该进行岗位评价。

### （一）当觉察到组织内部失衡时

组织内部的失衡主要是由于组织结构的不合理以及各职位职责的不明确造成的，此时，组织需要通过岗位评价获得与价值相关的各种信息，进而调整组织结构，明确各岗位要素，为员工提供参照的依据。

### （二）当企业进行急速增长之后

由于组织规模的扩大，以前的评价结果也需要进一步的完善，原来的评价等级可能比较少，由于职位的增加也应当适当增加职位的等级，避免不同职位之间的级差过大。

### (三) 当组织合并和重整之后

此时组织中的岗位处于比较混乱的状态，可能受到两个甚至多个体系的控制，为了统一标准，组织需要重新进行岗位评价，营造出公平、科学的组织氛围。

### (四) 当员工成本过高的时候

为了控制成本，组织需要弄清楚人力成本到底用到了哪些要素上，此时只有通过岗位评价才能够清晰的判断，按照职位的价值付酬，对员工来说公平合理，对组织来说也避免了某些职位工资高于职位价值的现象，在一定程度上节约了组织的开支。

### (五) 当员工士气低落、流动率过高的时候

员工的不满和流动通常与收入不合理、工作没有动力、工作内容混乱、组织氛围差等因素有关，而岗位评价可以解决上述问题，给员工一个公平合理的收入分配、清晰的工作内容和明确的发展方向。

## 第二节 工作分析在岗位评价中的应用

### 一、工作分析在岗位评价中的位置与贡献

岗位评价是一种通过系统性的方法来科学判断职位价值的工具。而对职位价值的判断依赖于两方面的因素：一是岗位评价的工具；二是关于职位内涵的信息。岗位评价的工具来自于岗位评价系统的设计，而职位的相关信息则来自于工作分析所形成的成果。工作分析对岗位评价的具体贡献如图 10-1 所示。

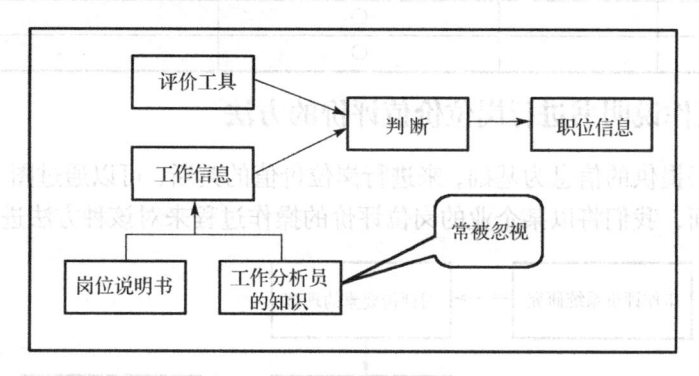

图 10-1 工作分析对岗位评价的具体贡献

从图中，我们可以看出，工作分析对岗位评价的贡献来自于两个方面：一是工作分析所形成的工作说明书，它为岗位评价提供了关于各职位的书面信息材料；另一个重要的贡献则来自于工作分析人员，他们在工作分析的过程所获得的关于该职位的认识与理解，将有助于对职位价值形成科学的判断。因此，工作分析与岗位评价的衔接不仅仅在于工作说明书的提供，同时，还在于它为岗位评价提供了一批能够深入了解各岗位状况的专家。这些专家在岗位评价过程中的深度参与，将极大地提高岗位评价的科学性和准确性，尤其是在对一些软指标的评价方面，工作分析专家的意见往往具有非常重要的价值。

## 二、工作说明书中的信息与岗位评价要素之间的关系

要实现岗位评价与工作分析的有效衔接，首先需要理顺工作说明书的信息与岗位评价的相关关系。即在进行岗位评价的时候，到底需要工作说明书提供哪些方面的信息，每一个岗位评价要素能够基于哪些职位信息来做出判断。表 10-3 所示为在岗位评价中的要素与工作说明书内容的关系。

表 10-3 岗位评价中的要素与工作说明书的内容的关系

| 岗位评价的要素 | 工作职责 | 所需的知识与技能 | 所需的努力程度 | 工作环境 |
|---|---|---|---|---|
| 工作标识 | | | | |
| 工作概要 | ○ | | | |
| 工作职责描述 | ○ | | ○ | |
| 组织图 | ○ | | ○ | |
| 工作联系 | | | ○ | |
| 工作权限 | ○ | | | |
| 责任细分 | | | | |
| 工作范围 | ○ | | | |
| 职责的量化信息 | ○ | | ○ | |
| 工作环境条件 | | | | ○ |
| 工作压力要素 | | | ○ | ○ |
| 工作特点与领域 | | | ○ | |
| 学历要求 | | ○ | | |
| 工作经验要求 | | ○ | | |
| 工作技能要求 | | ○ | | |
| 工作培训要求 | | ○ | | |
| 素质要求 | | ○ | | |

## 三、基于工作说明书进行岗位价值评价的方法

以工作说明书提供的信息为基础，来进行岗位价值的判断，可以通过图 10-2 所示的四个步骤来完成。下面，我们将以某企业的岗位评价的操作过程来对该种方法进行演示。

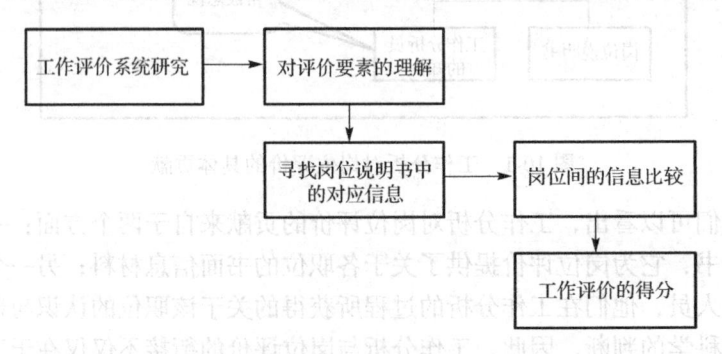

工作评价系统研究 → 对评价要素的理解 → 寻找岗位说明书中的对应信息 → 岗位间的信息比较 → 工作评价的得分

图 10-2 基于工作说明书进行岗位评价的基本程序

### （一）对岗位评价系统进行深入的研究，以获得对评价要素的深刻理解与认识

某企业借鉴国际上通行的 IPE（International Position Evaluation）工作评价方法，通过对

IPE 要素以及要素等级定义的修改，形成了适用于该企业的岗位评价方案。该岗位评价方案包括6个评价维度，每个维度又分解为两个要素，因此，形成12个评价要素。其运用方法为先根据每个维度下的两个要素形成的二维结构得到各维度的得分，然后再将各维度的得分进行加总，即可得到整个岗位的总体分值。IPE岗位评价体系如表10-4所示。

表 10-4 IPE 的岗位评价体系

| 维度 | 要素 | 要素定义 |
|---|---|---|
| 对企业的影响 | 岗位贡献 | 衡量一个岗位对企业的重要性以及对企业效果贡献的大小 |
| | 过失损害 | 指本职工出现失误对企业的损害程度 |
| 监督管理 | 人数 | 所要监督和管理的下属人员的数量(包括直接和间接的) |
| | 类别 | 所要监督和管理的下属人员的类别 |
| 责任范围 | 独立性 | 工作决定的自由度和主动性，或工作受控制的程度 |
| | 广度 | 工作管辖的范围，是狭窄还是宽泛 |
| 沟通技巧 | 频率与接口 | 对内、对外的接口与频率 |
| | 技巧 | 对任职者沟通技巧的要求以及沟通对整个公司所创造的价值 |
| 任职资格 | 学历 | 胜任岗位工作所需要的最低学历与工作经验要求 |
| | 经验 | 两个要素需同时考虑，可以相互弥补 |
| 解决问题的难度 | 创造性 | 需要解决的问题是否需要创造性的方法和技术 |
| | 复杂性 | 日常所面临的问题的复杂程度 |

## （二）寻找评价要素与工作说明书内容之间的对应关系，并形成要素评分

1. 直接评价的要素

直接评价要素，大多是一些"硬指标"，包括学历与工作经验，沟通的频率、接口与技巧，监督管理的下级的人数与类别。对这些要素的评价，可以直接依据工作说明书提供的信息做出。直接评价要素与工作说明书信息之间的对应关系如图10-3所示。

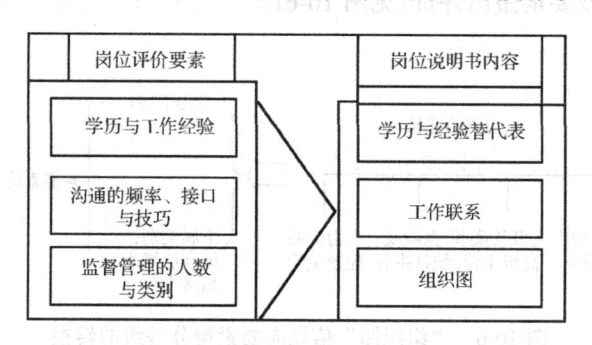

图 10-3 直接评价要素与工作说明书内容之间的对应关系

1) 学历与工作经验

通过查阅工作说明书中的"学历与工作经验的替代表"，可以直接找到该岗位的最低学历要求与工作经验要求，直接可以转换为这一岗位在该要素上的得分(见图10-4)。

2) 沟通的接口、技巧与频率

通过查阅工作说明书中的"工作联系"部分，可以根据沟通的对象与频率，直接得到该岗位所需要的沟通，是内部沟通还是外部沟通，沟通频率有多高。根据沟通的内容和对象，可以直接判断该岗位沟通的技巧要求有多高(见图10-5)。

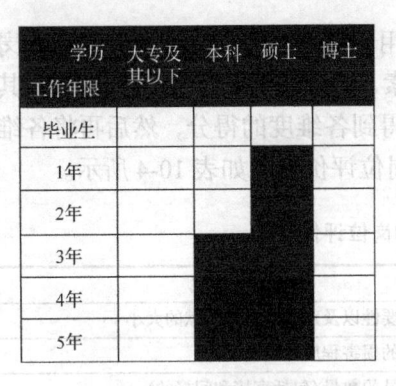

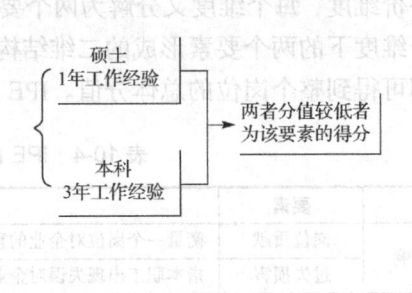

图 10-4 "学历与工作经验"信息向要素得分等级的转换

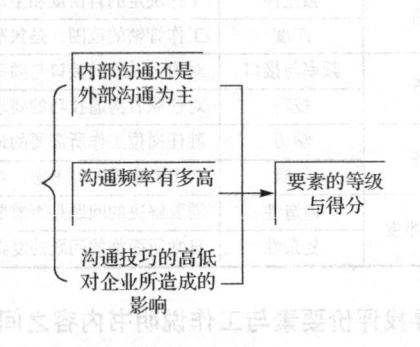

图 10-5 "工作联系"信息向要素得分等级的转换

3) 监督管理的人数与类别

通过查阅工作说明书中的"组织图",可以直接得到该岗位的直接下级人数、直接下级的层级或类别,从而对该要素做出评价(见图 10-6)。

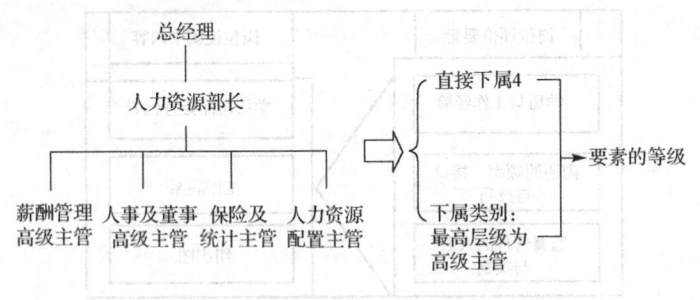

图 10-6 "组织图"信息向要素得分等级的转换

2. 间接判断的要素

间接判断的要素主要是一些"软指标",包括职位贡献、过失损害、责任范围中的独立性与广度、解决问题的创造性与复杂性。这些要素的评价,不能直接根据工作说明书的某部分信息做出,而只能综合工作说明书中的多个相关部分的信息来做出判断。在判断的过程中,除了要依据工作说明书所提供的书面材料之外,同时,还需要该岗位的工作分析员的深度参与,依赖他们在工作分析的过程之中,所形成的对岗位内容的认识与理解。间接判断要素与工作说明书内容之间的关系如图 10-7 所示。

对间接判断要素的评价,我们常常需要进行横向和纵向的比较与平衡。比如:两个岗位,一个是财务部的现金出纳主管,一个是人力资源部的招聘主管。通过工作说明书,我们可以了解到两个岗位的工作目标与职责,在此基础之上,我们可以判断出,现金出纳岗位的正面的"岗位贡献"要小于招聘主管,但其"过失损害"却要大于招聘主管。因此,我们做出推断,招聘主管在"岗位贡献"上的得分位于倒数第二个等级,在"过失损害"上的得分位于倒数第一个等级;而出纳主管在"岗位贡献"上的得分位于倒数第一个等级,在"过失损害"上的得分位于倒数第二个等级。通过与此类似的比较,我们得到整个公司各岗位在各项要素上的得分。

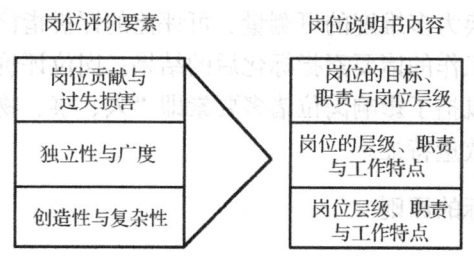

| 岗位评价要素 | 岗位说明书内容 |
| --- | --- |
| 岗位贡献与过失损害 | 岗位的目标、职责与岗位层级 |
| 独立性与广度 | 岗位的层级、职责与工作特点 |
| 创造性与复杂性 | 岗位层级、职责与工作特点 |

图 10-7 间接判断要素与工作说明书内容之间的关系

## 四、岗位评价所需要的信息

岗位评价所需要的信息可通过两个渠道获得,一是直接的信息来源。指直接在现场组织工作调查,收集有关资料。这种方法获得的信息真实可靠、详细全面,但需要投入大量的人力、物力和时间。二是间接的信息来源。指通过工作说明书,对工作进行评价。采用间接的信息能够节省时间、节约费用,但所获取的信息过于笼统、简单,可能会影响评价的质量。

岗位评价的大部分信息是由工作分析提供的,这些信息包括以下内容:岗位名称、编码;所在部门的职能;同一岗位的总人数;过去本岗位的情况(人数、出勤率、加班加点、辞职、升迁和调动等);岗位的主要职责;本岗位的上下级关系;执行本岗位的任职资格条件(能力、经验等的比较依据);劳动时间;劳动强度;劳动定额情况;工作环境;专业技术(岗位的可替代性比较)。

## 五、岗位评价的注意事项

岗位评价"对事不对人"。此方法只根据被评岗位本身的性质与工作内容,以其岗位描述为基础,不考虑担任该职务特定人物的特点与情况,也不需考虑外界人才市场的价格与条件。

岗位评价衡量的是岗位的相对价值,而不是绝对价值。岗位评价是根据预先规定的衡量标准,对岗位的主要影响要素逐一进行测定、评比和估价,由此得出各个岗位的量值,使岗位之间有对比的基础。

评分时仅考虑该职务相对于本组织的贡献,而不必考虑其他组织或行业中该岗位的情况。

有些组织岗位不稳定,经常增设岗位或调整岗位,面对这种情况,对于一般岗位可以由人力资源部门负责对该岗位进行评价,然后报上级主管批准即可编入系统。

岗位评价有些过于偏重岗位而忽略了人性,对人的因素的考虑,组织可以通过合理的工资结构设计、有效的公司文化建设、公司对特殊技能人员的奖金和鼓励等其他因素来协调,避免优秀人才的流失。

### 六、岗位评价的指标体系

#### (一)岗位评价指标的概念

岗位评价具体测量、评比的对象是一些影响岗位工作任务的主要要素，岗位评价要素以及构成这些要素的各类指标的合理确定，是保证岗位评价工作质量的重要前提。

为了对工作岗位进行系统的评价，应当根据岗位评价的要求，对影响岗位工作任务的诸多要素进行分解，将其转换为多维度的可测量、可评比的评价指标。岗位评价指标就是根据岗位评价的要求，将影响工作的诸要素指标化后的结果。岗位评价指标是指标名称和指标数值的统一。评价指标名称概括了影响岗位诸多要素即"人、事、物"的性质，指标数值反映了"人、事、物"存在的数量特征。

#### (二)确定岗位评价指标的原则

1. 少而精的原则

岗位评价要素及其指标的设计和选择应当尽量简化。结构精简的评价指标体系，便于测定人员掌握和运用；可以缩短测量、比较、汇总、整理等项工作的周期；减少数据采集、处理、存储、传输的费用；节省人力、物力和时间，提高岗位评价的效率。

2. 普遍性的原则

所选择的评价指标应该是对不同岗位劳动具有普遍的适用性和代表性，而不是仅仅适用或反映个别的特殊劳动。因此，要结合企业的生产实际情况，确定与企业生产劳动密切相关的、具有代表性或共性的、反映劳动量及差别的指标。

3. 界限清晰便于测量的原则

对每个要素以及所包含的具体评价指标都要给出明确的定义，使其内涵明确、外延清晰、范围合理。各个要素及其具体指标的名称，要简洁、概括、名副其实，防止含糊不清、界限不明，避免产生错觉，影响测评的质量。

4. 综合性原则

要素及其所属评价指标的设计，一定要达到"用尽可能少的指标反映尽可能多的内容"的要求，将若干相近、相似的项目归结为同一个具有代表性的项目指标。有时，为了便于测量，对一个综合性很强的要素，也可以分解成2~3个子要素，并分别做出界定。

5. 可比性原则

在岗位评价指标体系的总体设计上，一定要坚持可比性原则，所谓"可比性"应当体现在：各个不同岗位之间可以在时间上或空间上进行对比；各个不同岗位的任务可以在数量或质量上进行对比；各个不同岗位的评价指标可以从绝对数或相对数上进行对比等。

#### (三)岗位评价的因素构成

在确定岗位评价要素时，首先应当明确各个要素的重要程度，然后再决定要素的取舍。一般来说，次要因素或无相关的要素不应当列入评价要素所属的指标体系之中。岗位评价的主要因素有五个，包括劳动责任、劳动强度、劳动技能、劳动环境和劳动心理。从这五个方面进行岗位评价，能较全面、较科学地反映岗位的劳动消耗和不同岗位之间的劳动差别。这5个因素的具体含义如下。

劳动责任是指岗位在生产过程中的责任大小，主要反映岗位劳动者智力的付出和心理状态。

劳动强度是指岗位在生产过程中对劳动者身体的影响。主要反映岗位劳动者的体力消耗和生理、心理紧张程度。

劳动技能是指岗位在生产过程中对劳动者技术素质方面的要求。主要反映岗位对劳动者智能要求的程度。

劳动环境是指岗位的劳动卫生状况。主要反映岗位劳动环境中的有害因素对劳动者健康的影响程度。

劳动心理是指劳动者在参与劳动的过程中所处的地位和与其他人之间的关系，对劳动者在心理上的影响程度。

岗位评价的科学性在于按照这几个主要影响要素的内涵，通过对岗位工作任务的岗位分析，将主要影响要素分解成若干个评价指标，使岗位的具体生产活动抽象化、定量化，从而具有可比性。

有关岗位评价的课题小组将岗位评价的5个要素分解为22个具体的岗位评价指标，具体如下所述。

1. 劳动责任要素

(1)质量责任。评价岗位生产活动对质量指标的责任大小。

(2)产量责任。评价岗位生产活动对产量责任的大小。

(3)看管责任。评价岗位所看管的设备仪器对整个生产过程的影响程度。

(4)安全责任。评价岗位对整个生产过程安全的影响程度。

(5)消耗责任。评价岗位物资消耗对成本的影响程度。

(6)管理责任。评价岗位在指导、协调、分配、考核等管理工作上责任的大小。

2. 劳动强度要素

(1)体力劳动强度。评价岗位劳动者体力消耗的程度。

(2)工时利用率。评价岗位净劳动时间的长短。工时利用率等于净劳动时间与工作日总时间之比。

(3)劳动姿势。评价岗位劳动者主要劳动姿势对身体疲劳的影响程度。

(4)劳动紧张程度。评价岗位劳动者生理器官的紧张程度。

(5)工作班制。评价岗位劳动组织安排对劳动者身体的影响。

3. 劳动技能要素

(1)技术知识要求。评价岗位知识文化水平和技术等级的要求。

(2)操作复杂程度。评价岗位作业复杂程度和掌握操作所需时间的长短。

(3)看管设备复杂程度。评价岗位操作使用设备的难易程度及看管设备所需的经验和水平。

(4)品种质量难易程度。评价岗位生产的产品品种规格的多少和质量要求水平。

(5)处理预防事故复杂程度。评价岗位能迅速处理或预防其易出事故所应具备的能力水平。

4. 劳动环境要素

(1)粉尘危害程度。评价岗位生产场所粉尘对劳动者健康所产生的影响。

(2)高温危害程度。评价岗位劳动者接触生产场所高温对其健康的影响程度。

(3)辐射危害程度。评价岗位劳动者接触生产场所辐射对其健康的影响程度。

(4)噪声危害程度。评价岗位劳动者接触生产场所噪声对其健康的影响程度。

(5)其他有害因素危害程度。评价岗位劳动者接触化学性、物理性等有害因素对其健康的影响程度。

5. 劳动心理要素

劳动心理要素主要采用人员流向指标。人员流向属于心理因素，它是由于岗位的工作性质和地位对员工在社会心理方面产生的影响而形成人员流动的趋势。

在22个岗位评价指标中，按指标的性质和评价方法的不同，可分为两类。一类为评定指标，即劳动技能、劳动责任及劳动心理要素，包括12个岗位评价指标。这些指标主要由专家和有关技术、管理人员组成的评定小组，直接对岗位进行评比、评价。另一类为测评指标，即涉及劳动强度和劳动环境要素的10个岗位评价指标，这些指标需要使用专门的仪器仪表在现场进行测量，并采用相应的方法进行技术测定(参见第1章)。评价岗位的5个要素、22个指标能较全面地体现各行业生产岗位劳动者的劳动状况，但具体对每个行业或企业而言，由于生产经营情况各不相同，劳动环境和条件各有差异，因此在进行岗位评价时，应具体结合各自的实际情况，从中选择合适的评价指标。

### (四)岗位评价五要素的确定

岗位评价五要素的确定是进行岗位评价的一个重要步骤。原则上讲，影响岗位评价的要素一项都不能缺少，否则对岗位评价结果的准确性就会产生影响。遗漏的要素越多，产生的影响就越大；遗漏的要素越重要，产生的影响也就越严重。

1. 劳动强度要素

人们在生产劳动过程中，消耗一定的体力和脑力。由于人们所处的客观生产条件和主观状态的不同，劳动消耗也不同。劳动强度是用来计量单位时间内劳动消耗的一个指标。单位时间内劳动力消耗得多，表明劳动强度大；单位时间内劳动力消耗得少，表明劳动强度小。研究劳动强度的目的，是为了确定一个合理的劳动强度，以制定合理的劳动定额，保护劳动者的安全健康和提高劳动者的积极性，提高劳动生产率。在选择劳动强度要素之前，首先要明确劳动强度的性质、种类以及影响劳动强度的诸要素，然后应用要素分析方法，选择所需的各项指标，确定劳动强度的原则有以下5个。

(1)确定劳动性质。
(2)确定劳动强度的种类。
(3)选择相应劳动的评价指标。
(4)优选客观、简单易行的劳动强度指标测定方法。
(5)选择评价标准。评价标准的择优排序为国家标准、部省标准、市和公司标准、参照标准等。

2. 劳动环境要素

确定劳动环境要素时，首先要熟悉整个生产过程、生产工艺及生产过程中产生的有害要素，然后按有害要素对人体危害的严重程度将各要素排序，再根据国家卫生标准，综合有害要素的超标情况和暴露时间，做最终排序。在选择生产性有害要素时，做到全面、准确，排序后应对选择出的所有要素进行测试。测试结果以是否超过卫生标准为界限，凡超过卫生标准为可选要素，筛选环境有害要素的原则如下。

(1)从性质上确认有害要素的性质与数量。
(2)确定测定方法和测定准则。

(3) 对调查的全部有害要素进行定量化测定。

(4) 将测定的结果与国家标准、国外标准、调查资料和文献报道资料进行参照对比，以国家标准为优选标准。

(5) 确定生产过程是否存在有害要素。

(6) 判断有害要素是否达到评价的下限。

3. 劳动责任、劳动技能和劳动心理要素

对劳动责任、劳动技能和劳动心理的评价属于定性评价，要靠专家系统评分。这类要素的评定结果易产生偏差，因为通过单个人的判断做出的岗位评价缺乏一致性和准确性。因此，在进行岗位评价时经常需要设立一个专家小组，同时，在选择指标时，要进行反复比较筛选后再确定劳动责任、劳动技能和劳动心理的评价要素。

### （五）岗位评价标准的结构与内容

岗位评价标准是根据岗位调查、分析与设计以及初步试点的结果，在系统总结经验的基础上，由专家组对评价指标体系的构成、各类评价指标的衡量尺度以及岗位测量、评价的方法等所做出的统一规定。岗位评价标准包括岗位评价指标的分级标准、岗位评价指标的量化标准、岗位评价的技术方法标准具体标准。

1. 岗位评价指标的分级标准

岗位评价指标的选择与界定是制定岗位评价指标分级标准的前提，在岗位评价指标及其定义明确的条件下，需要根据岗位评价的对象及其任务的特点，制定岗位评价指标的分级标准。岗位评价指标的分级标准是根据各类指标的质或量的规定，将每个评价指标细化，使其按照一定阶梯进行排列，或者由高到低、由大到小；或者由优到劣、由难到易；或者由复杂到简单，从而有利于对岗位的某类影响要素做出更加客观的衡量评比标准。

通常，岗位评价分级标准一般由标准定义、标准分级和注释说明三部分构成。其中，标准定义是以简洁明了的字句，扼要地给指标标准下定义。标准定义的用词要恰当，能概括反映标准的内涵与外延。标准分级是指标标准的分级依据及所规定的实质性内容，一般用表格形式表示。它包括几个方面内容：①标准名称，一般在表格上注明某分级标准；②级别或级别值，一般用阿拉伯数字由小到大或由大到小按顺序排列；③分级依据，分级依据是对应于每个级别或级别值的根据，即满足于该级别或级别值的条件，可用文字表述，也可用数字区间表述，应尽可能数量化，它与级别或级别值是一一对应的关系。而注释说明是对指标标准所做的必要的补充说明和提供使用参考的资料。主要包括几个方面的内容：① 标准依据的进一步说明；② 引用标准说明，写明直接引用国家或部颁标准的编号和名称等；③ 标准适用范围说明；④ 评价该指标时应注意的问题，分别为产量责任的分级标准和技术知识要求分级标准。

2. 岗位评价指标的量化标准

在岗位评价指标的分级标准确定之后，需要从组织的实际情况出发，制定出岗位评价指标的量化标准。评价指标的计量标准通常由计分、权重和误差调整三项基础标准组成。通常，可以采用单一计分和多种要素综合计分两类标准。

单一指标计分标准又可以采用自然数法和系数法两种方法。自然数法计分可以是每个等级只设定一个自然数，也可以是每个评定等级由多个自然数供选择。多个自然数的选择可以是百分制法也可以采用分组法。系数法计分可分为函数法和常数法两种。函数法是借用模糊数学中隶属度函数的概念，按评价指标分级标准进行计分。如等级 $H(1.0\text{-}0.9)$，$G(0.7\text{-}0.7)$，

F(0.5-0.5)、E(0.3-0.3)、D(0.2-0.1)。系数法与自然数法的根本区别在于：自然数法是一次性获得测评的绝对数值，而系数法获得的只是相对数值，还需要与指派给该要素指标的分值相乘，才能得到绝对数值。因此，也可以称为相乘法。

多种要素综合计分标准的制定。这类标准的制定方法的前提是其测评尺度建立在等距水平或假设具有等距水平。具体包括简单相加法、系数相乘法、连乘积法和百分比系数法。简单相加法是将单一要素指标的自然数分值相加计分的方法，公式为：$E=\sum E_i$，其中 $E$ 为各要素评定总分，$E_i$ 为各个要素所属指标得分；系数相乘法是将单一要素指标的系数与指派的分值相乘，然后计算出总分的方法，公式为 $E=\sum P_i X_i$，其中 $P_i$ 为第 $i$ 个要素指标的系数，$X_i$ 为第 $i$ 个要素指标的分值；连乘积法是在单一要素指标计分的基础上，将各个要素指标分值相乘之后得到总分，公式为：$E=X_1 X_2 X \cdots X_i$；百分比系数法是从系数法中派生出来的一种计分方法，它是以百分数分别表示评价要素的总体结构以及每个指标的分值。在计分时，先将构成各个要素的指标得分，与对应的百分比系数相乘，合计出本要素项目的得分，再将各个要素的得分与总体的结构百分比系数相乘，累计得出评价总分数。公式为：$E=\sum P_i X_i$，$\sum X_i = 100\%$，其中，$P_i$ 为各要素指标测评得分，$X_i$ 为各要素指标百分比系数，$P_i X_i$ 为各要素得分。

3. 岗位评价的技术方法标准

所谓岗位评价的技术方法是指岗位评价方法要符合统一的规定和要求，只有实现技术方法的科学化、规范化，才能保证评价结果的科学和准确。因此，岗位评价的各种指标均应采用统一规定的方法进行测定和评定，按规定的方法分级，并做出评价。岗位评价的方法通常要遵循下列要求。

(1)根据组织实际，确定评价的基础岗位。

(2)给岗位编码，便于评价过程中的统计和测量。

(3)确定岗位评价的计量单位。

(4)劳动强度的测定和分级方法，体力劳动强度的测定和分级方法必须符合国家标准《体力劳动强度分级》(GB 3869—1997)的规定；劳动强度的其他指标的测定和分级，必须符合岗位劳动评价的规定。

(5)劳动责任、劳动技能和劳动心理的评价方法，对这三项指标均采用岗位劳动评价规定的功能评定方法评价。

(6)劳动环境的测定方法，必须符合国家标准的相关规定。

(7)综合评价的方法，对各项评价要素的综合评价，应按岗位劳动评价规定的方法，选取统一的权重系数进行综合评价。

(8)数据处理的方法，必须采用统一的方法和程序，可以通过相关的计算机软件进行统计分析。

(六)岗位评价指标权重标准的制定

在岗位评价中，计分权重是要素指标量化标准的重要组成部分，它是保证岗位评价结果具有可比性和客观性的有效手段。权重系数的设计具有以下作用。

(1)反映工作岗位的性质和特点，突出不同类别岗位的主要特征。

(2)便于评价结果的汇总。

(3)使同类岗位的不同要素的得分可以进行比较；使不同类岗位的同一要素的得分可以进行比较；使不同类岗位的不同要素的得分可以进行比较。

(4)权重系数的设计能够通过指派大小不同的有意义的数值,显示各类岗位实际存在的各种差别,从而便于对岗位进行客观的比较、评定和估价。

### 七、岗位评价的程序

#### (一)岗位评价的程序

岗位评价的一般程序如图 10-8 所示。

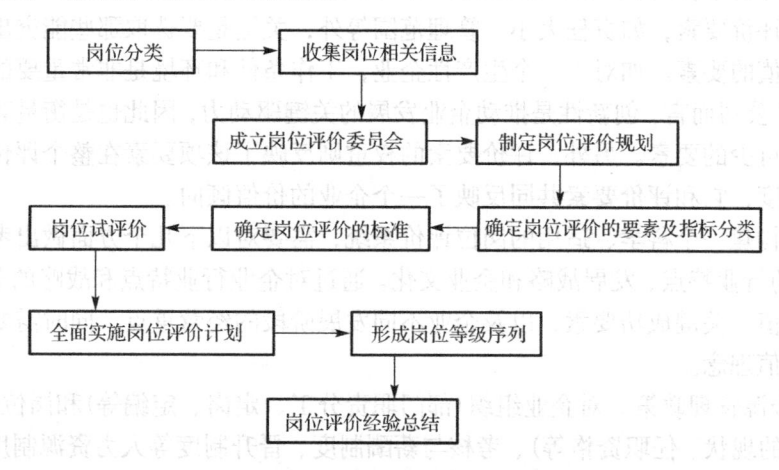

图 10-8 岗位评价的一般程序

(1)按岗位的性质,先将组织的全部岗位划分为若干个大类。例如,某公司将本企业的岗位分为技术岗、管理岗、营销岗和生产岗四类岗位。岗位类别的多少,应根据组织的生产规模或工作范围、产品或服务繁杂程度等具体情况和条件来决定。

(2)收集有关岗位的各种信息,既包括岗位过去的,也要包括现今的各种相关数据资料;既应当有各种文字性资料,也应当有其他种类的信息,如通过现场调查获得的第一手"活"的访谈记录、音像资料等。

(3)建立由工作分析评价专家组成的岗位评价委员会,培训有关的评价人员,使他们系统地掌握岗位评价的基本理论和基本方法,能够独立地完成对各个层级工作岗位的综合评价。评价委员会的作用有:确定 9~15 个标杆工作,选择评价要素,分析评价工作的相对价值。

(4)制定出工作岗位评价的总体规划,并提出具体的行动方案或实施细则。

(5)在广泛收集资料的基础上,找出与岗位有直接联系、密切相关的各种主要要素及其指标,列出细目清单,并对有关指标做出说明。

(6)通过评价专家小组的集体讨论,构建岗位评价的指标体系,规定统一的衡量评价标准,设计有关调查问卷和测量评价的量表。

(7)先在几个重要岗位进行试点,以便总结经验、发现问题、采取对策、及时纠正。

(8)全面落实岗位评价计划,按照预定方案逐步组织实施,包括岗位测量评定、资料整理汇总、数据处理储存、信息集成分析等具体工作的开展。

(9)最后形成岗位等级序列,并撰写出组织各个层级岗位的评价报告书,提供给各有关部门。

(10)对岗位评价工作进行全面总结,以便汲取岗位评价工作的经验和教训,为以后岗位分类分级等工作的顺利开展奠定基础。

## (二)岗位评价过程中应注意的问题

### 1. 评价标准要统一

对于岗位评价,如果采用不同的价值衡量标准,结果就会有所不同。因此,制定一个适用的"个性化"价值标尺,是实现企业内部岗位公平的首要前提和最为关键的环节。

### 2. 评价要素的选择要突出组织的特色

构建岗位评价系统时,评价要素的选择及权重的确定是最为重要的。在确定评价要素时,除一些常用的评价要素,如责任大小、管理范围等外,关键是要选取那些能突出企业特色、反映其核心价值的要素。如对于一个生产性企业,工作条件和环境是非常重要的要素;对于一个高科技 IT 公司而言,创新性是推动企业发展的关键驱动力,因此也是衡量其岗位价值重要性大小必不可少的要素。另外,评价要素的权重则反映了该项要素在整个评价系统中价值贡献大小的程度,它和评价要素共同反映了一个企业的价值倾向。

一般地,构建一个科学、适用的岗位评价系统,需要对以下几个方面做出考察。

(1)企业的行业特点、发展战略和企业文化。通过对企业行业特点和战略的分析,明确了企业的核心价值、关键成功要素,以及企业不同发展阶段的经营重点,同时需要了解企业所倡导的文化价值理念。

(2)人力资源管理政策。对企业组织(部门职责分工、定岗、定编等)和岗位管理信息(岗位分类、分级的现状、任职资格等)、考核与薪酬制度、晋升制度等人力资源制度的了解。特别要明晰的是,哪一部分岗位群体是企业现在和未来价值链创造中发挥作用最大的,比如说负责销售业务指标的一线人员、接近企业战略层面的职位、高级技术人员等。

(3)价值标准的共同认知。通过调查分析,确认中高层经理人员和企业员工,尤其是核心员工,普遍认可的岗位价值标准(即付酬因素)及重要性排序情况。

### 3. 确保岗位评价的公平

对岗位的评价打分是岗位评价的实质性工作阶段,在这一实施活动中,如何保证活动的过程公平对于实现评价结果的公平有着直接的影响作用。因此,需要做好三个方面的工作:开展评价训练、评价流程控制和评价常见问题处理。

(1)尺度一致和职位信息准确是岗位评价成功与否的基本条件,评价训练的目的就是让评委能够"尺度一致"地实施评价。评价训练不仅要使评委了解岗位评价的目的,熟悉岗位评价系统、程序、掌握评价技能,而且还要通过对企业战略与价值观的研讨使评委对价值创造要素形成基本一致的理解,明确岗位评价的价值判断标准。

(2)为保证职位信息的准确理解,可在评价实施流程中安排对岗位信息的介绍、相关资料(组织架构、工作说明书等)的参考等环节外,评价的组织方式也很重要。大量的实践经验表明,岗位评价过程的组织一般分为四种方式,可针对企业的实际情况选择使用。这四种组织方式的优点、缺点比较如表 10-5 所示。

表 10-5 岗位评价组织方式的优点、缺点比较

| 组织方式 | 优点 | 缺点 | 适用对象 |
| --- | --- | --- | --- |
| 1. 集体讨论,形成一致的评分 | 讨论充分,信息充分 | 很难形成一致的意见成为较常见的现象;几乎每一个评委都有保留意见,这种保留意见可能会转化为对评分客观公正性的怀疑 | 小企业,单一业务,价值观差异不大 |
| 2. 集体讨论,掌握相对充分信息后分别打分 | 讨论充分,信息充分;尊重评委的价值观念和评估权力 | 有一定的评分合理性的检验成本 | 限于 1、3 之间 |

续表

| 组织方式 | 优点 | 缺点 | 适用对象 |
|---|---|---|---|
| 3. 自由讨论，分别打分 | 效率高 | 可能遗漏重要信息，造成评分错误；评分合理性的检验成本高；评委多，一般评委在13人以上选择本方法（即样本足够多） | 大企业，单一业务，价值观差异不大 |
| 4. 设评估组、检验组分别独立打分，组内评分可应用前三种方式的任意一种 | 可信度高；评分合理性的检验成本低；容易做思想政治工作；岗位定级、岗位调整较容易 | 岗位评估培训工作量大 | 小企业，单一业务，价值观差异不大的企业，基于效率的考虑，一般不必采用本办法 |

（3）除了在程序上保证评价工作的公正性外，还需要对评委特别强调评价的原则和需要注意的问题，要求他们在评分的过程中，代表企业整体利益，从全局出发，进行客观的判断，避免对人而不对岗、尺度不一、个人印象、一言堂、平均主义、等级观念、无休止的争论等问题的出现。

4. 岗位评价对评价人员的要求

岗位评价是一项专业性很强的工作，需要由专门人员来做。岗位评价人员应该熟悉现代人力资源管理的基本理论，学习工作分析和工作研究的理论和操作方法。工作评价班子通常是四五个人左右，不要太多。岗位评价开始之前要进行一周左右的培训，同时要制定评价指标和标准，评价人员要学习怎么打分、怎么掌握标准。

## 第三节 岗位评价的基本方法

岗位评价的基本方法总体上可分为四大类，即排序法、岗位分类法、要素计点法和要素比较法。其中排序法和岗位分类法属于定性评价，要素比较法和要素计点法属于定量评价。除此以外，国际上比较著名的岗位评价方法主要有海氏（Hay Group）三要素评价法和美世（Mercer）国际岗位评价法（IPE），这两类方法将在附录中给出示例。

### 一、排序法

排序法又称序列法或简单排序法，就是根据一些特定的标准如工作的复杂程度、对企业的贡献大小等对各个岗位的相对价值进行整体比较，进而将岗位按照相对价值的高低排列出一个次序。排序法适用于生产单一、工作性质类似、岗位较少、结构稳定的中小企业，以及缺乏时间和财力做规划工作的企业。

排序时基本采用两种做法：①直接排序，即按照岗位的说明根据排序标准从高到低或从低到高进行排序，如表10-6所示；②交替排序法，即先从所需排序的岗位中选出相对价值最高的排在第一位，再选出相对价值最低的排在倒数第一位，然后再从剩下的岗位中选出相对价值最高的排在第二位，接下去再选出剩下的岗位中相对价值最低的排在倒数第二位，以此类推。

表10-6是某公司的岗位排序，其中有各个评价者的排序，也有最终的结果。

该表中，五位评价者分别对项目经理、市场经理、市场专员、项目助理、会计、行政人事助理、出纳、前台八个岗位排序，从表示岗位的重要性逐步递减，通过总分和平均值来判断每个岗位的最终排序，表10-6中按岗位重要程度由高到低排列的结果是项目经理、市场经理、市场专员、项目助理、会计、行政人事助理、出纳、前台。

表 10-6  某公司的岗位排序

| 职位 | 评价者1 | 评价者2 | 评价者3 | 评价者4 | 评价者5 | 综合 | 名次 |
|---|---|---|---|---|---|---|---|
| 项目经理 | 1 | 1 | 1 | 2 | 1 | 1.2 | 1 |
| 市场经理 | 2 | 2 | 2 | 1 | 2 | 1.8 | 2 |
| 市场专员 | 3 | 4 | 3 | 3 | 3 | 3.2 | 3 |
| 项目助理 | 4 | 3 | 4 | 3 | 5 | 3.8 | 4 |
| 会计 | 5 | 5 | 6 | 5 | 4 | 5.2 | 5 |
| 行政人事助理 | 7 | 6 | 5 | 7 | 6 | 6.2 | 6 |
| 出纳 | 6 | 7 | 7 | 6 | 8 | 6.8 | 7 |
| 前台 | 8 | 8 | 8 | 8 | 7 | 7.8 | 8 |

**(一) 排序法的优点**

(1) 费时较少，成本较低。

(2) 简单，容易理解和应用。

**(二) 排序法的缺点**

(1) 主观性强，特别当某一岗位受特殊要素的影响(如在高空、高温、高寒或在有害、有毒的环境下工作时)，常会将岗位的相对价值估计过高。

(2) 只能确定岗位的序列，不能确定所排序的岗位的相对价值，无法显示岗位之间价值差距的大小。

(3) 只有定性的说明与解释，不能提供量化的比较依据。

(4) 对评价者的要求较高，只有评价者对所有的工作都非常熟悉的情况才可以使用此方法。

(5) 评价结果的准确程度不高且不稳定。

**(三) 排序法的实施步骤**

岗位排序法实施步骤如图 10-9 所示。

(1) 获取岗位有关的信息。主要通过岗位调查的资料和工作说明书获取与该岗位相关的信息。

(2) 成立岗位评价委员会。主要由人力资源管理部门的负责人和各基础岗位的直接上级组成。

(3) 选定参与排序的岗位。如果企业较小可以选取全部岗位进行排序。

(4) 对排序的标准达成共识。虽然排序法是对岗位的整体价值进行评价而排序，但也需要参与评价的人员对什么样的"整体价值"更高达成共识，如责任更大、知识技能更高、工作更加复杂、环境因素恶劣等。

(5) 进行比较和排序。排序的方法有三类，分别是：①简单排序法：简单高低排序；②交错排序法：先挑出价值最高的工作，再挑出价值最低的工作，然后在选次高、次低的工作等；③成对比较法：把工作对象两两比较，然后将对比的结果综合比较，得出全部工作的排序结果。

(6) 进行检查。对以上流程进行认真检查。

(7) 确定排序结果。通过对各岗位的整体比较，得到岗位的排序结果。

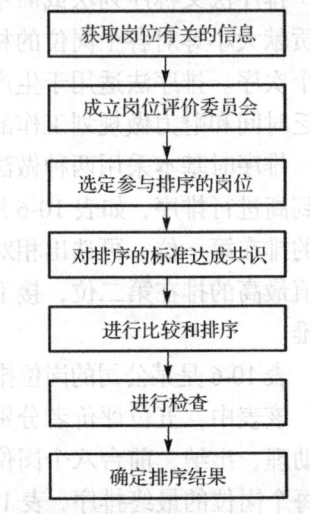

图 10-9  岗位排序法实施步骤

## 二、岗位分类法

岗位分类法也称为岗位归类法或岗位归级法，是排序法的改进，它是将企业的所有岗位根据工作内容、工作职责、任职资格等方面的不同要求，分为不同的类别，一般可分为管理工作类、事务工作类、技术工作类及营销工作类等。然后给每一类确定一个岗位价值的范围，确定等级结构，然后再根据工作内容对工作岗位进行归类、归级，从而确定每个岗位不同的岗位价值。分类法适用于多种不同性质的组织中薪酬比率的确定，它和排序法一样，属于定性的岗位评价方法。在工作内容不太复杂的部门，这种方法能在较短的时间内取得满意的结果。

美国政府的分类系统是职员级别总表（General Schedule，GS），根据一些要素，如技术、受教育程度和经验水平，将联邦政府的工作分为15类，来确定成千上万的不同工作的工资水平。当然这种确定工资水平的方法能使工资管理简化，其最大的缺点是缺乏奖励完成额外工作的正规程序，也打击了员工提高生产力的积极性。

这种方法最关键的一项工作是确定等级标准。各等级标准应明确反映出实际上各种工作在技能、责任上存在的不同水平。在确定不同等级标准之前，要选择出构成工作基本内容的基础要素，但如何选择要素或选取多少则依据工作性质来决定。在实际测评时，应注意不能把岗位分解成各构成要素，而是要作为整体进行评定。另外，组织在进行岗位分类时还可以参考本行业现有的一些职业分类标准，确保岗位分类科学、合理。

### （一）岗位分类法的优点

（1）比较简单，所需经费、时间也相对较少。

（2）对评价者的培训要求少。

（3）由于等级标准都参照了制定要素，使其结果比排序法更准确、更客观。当出现新的工作或工作发生变动时，按照等级标准很容易确定其等级。

（4）由于等级的数量以及等级与组织结构之间的相应关系在各个工作列等级之前已经确定下来，因此采用分类法分出的等级结构能如实反映组织结构的情况。

（5）应用起来比较灵活，适应性强，为劳资双方谈判解决争端留有余地。

### （二）岗位分类法的缺点

（1）由于确定等级标准上的困难，对不同系统的岗位评比存在着相当大的主观性，从而导致许多难以定论的争议。职位或职级的等级描述编写起来非常困难，而且在运用这些职位等级描述的时候往往需要做出大量的判断。在岗位多样化的复杂组织中，很难建立起通用的岗位等级定义。

（2）由于等级标准常常是知道分类结果之后才能被确定，从而影响了评定结果，使其准确度较差。

（3）很难说明不同等级的岗位之间的价值差距到底有多大，此方法不适合作为薪酬发放的唯一依据。

（4）岗位分类法的适用性有一定的局限，即适合于岗位性质大致类似可进行明确分组且改变工作内容的可能性不大的岗位。

### (三) 岗位分类法的操作步骤

岗位分类法的实施步骤如图 10-10 所示。

**1. 收集资料，进行岗位分析**

和其他方法一样，岗位分析是基础的准备工作。由企业内的专门人员组成评定小组，收集有关岗位的各种资料、数据，写出调查报告。

**2. 进行岗位分类**

按照生产经营过程中各类岗位的作用和特征，首先将全部岗位划分为若干个大类。然后在划分大类的基础上，再进一步按每一大类中各种岗位的性质和特征划分为若干种类。最后，再根据每一种类反映岗位性质的显著特征，将岗位划分为若干小类。

**3. 建立等级结构和等级标准**

由于等级数量、结构与组织结构有明显的关系，因此这一步骤比较重要和复杂。它包括以下三个方面。

(1) 确定等级数量。等级的数量取决于工作性质、组织规模、功能的不同和有关人事政策。不同企业根据各自的实际情况，选择一定的等级数量，并没有统一的规定和要求。但无论是对单个的职务还是对企业组织整体都要确定等级数量。

(2) 确定基本要素。通过这些基本要素测评每一职位或工作岗位的重要程度。当然，不同的机构选择的要素也不同，应根据实际情况灵活处理。

(3) 确定等级标准。因为等级标准为恰当地区分工作重要性的不同水平及确定工作评价的结果提供了依据，所以它是这一阶段的核心。在实际操作中，一般是从确定最低和最高的等级标准开始的。

**4. 岗位测评和岗位列等**

等级标准确定后，对岗位的测评和列等就根据这些标准，将工作说明书与等级标准逐个进行比较，并将工作岗位列入相应等级，从而评定出不同系统、不同岗位之间的相对价值和关系。对小企业来说，分类法的实施相当简单，若应用到有大量工作人员的大企业，则会变得很复杂。表 10-7 所示为销售类岗位分级标准。

图 10-10　岗位分类法实施步骤

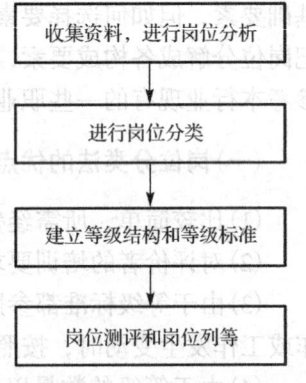

表 10-7　销售类岗位分级标准

| 岗位等级 | 岗位等级描述 |
| --- | --- |
| 实习行销员(1) | 不独立开展业务，协助资深经理处理订单、交货、回款等业务；根据资深经理的安排与客户进行联系；在资深经理的指导下洽谈业务、签订销售合同 |
| 行销员(2) | 在行销员岗位上实习满一年；独立开展销售业务，但业务范围仅限于企业划定的某市或县范围内进行；定期向资深行销员汇报业务开展情况 |
| 资深行销员(3) | 担任行销员职务满 3 年以上；负责某省范围内的业务工作，指导、监督行销员开展业务；负责策划所在省范围内的营销活动并组织实施 |
| 片区经理(4) | 担任资深行销员 3 年以上；负责辖区(辖数省)范围内的业务工作；负责在本辖区内落实企业的营销策略 |
| 销售中心经理(5) | 担任片区经理 3 年以上；主持企业的产品销售和市场开拓工作；在营销副总的指导下制定企业的营销策略，确保完成企业的营销计划 |

**5. 岗位分类法实施举例**

我们来看一个小型的研发类企业是如何应用岗位分类法对其岗位进行评价的。该企业对其岗位级别的描述如表 10-8 所示。

表 10-8　某企业岗位级别描述

| 级别 | 岗位级别描述 |
|---|---|
| 1 | 例行的事务：按照既定的程序和规章工作；处在主管人员的直接监控之下；不带有技术色彩 |
| 2 | 需要一定独立判断能力的职位：具有初级的技术水平，需要一定的训练和经验，需要主管人员监督 |
| 3 | 中等复杂程度的工作：根据既定的政策、程序和技术能独立思考，需要接受专业训练并具备一定的经验，无须他人监督 |
| 4 | 复杂工作：独立做出决策，监督他人工作，需要接受高级的专业训练和具有较丰富的经验 |

根据上面的级别体系标准，该企业的岗位级别分类如表 10-9 所示。

表 10-9　某公司岗位级别分类（部分岗位）

| 岗位等级 | 岗位名称 |
|---|---|
| 1 | 门卫、前台 |
| 2 | 助理软件工程师、会计 |
| 3 | 软件工程师、人力资源部经理 |
| 4 | 总经理、高级软件工程师 |

表 10-10 所示为某工程企业职位分类系统。

表 10-10　某工程企业职位分类系统

| 工作等级 | 各工作等级中的工作类型 | 等级分类定义举例 |
|---|---|---|
| 10 级 | 首席执行官 | 1 级：办公室的一般支持性职位<br>一般情况下，办公室的一般支持性岗位向一线主管人员或部门管理者汇报工作。这些岗位通过完成以下任务为其他岗位提供综合性支持服务：操作办公室中的一些常规设备（如传真机、复印机、装订机等）；进行文件存档以及邮件的归类和传递。这些岗位通常要遵守标准的办事程序，同时处理一些日常事务。一些非常规性的事件以及问题往往交给主管人员或者相关人员来处理。要求从事这些工作的人员具备基本的办公设备知识，并且了解一般性的办事程序。这些岗位包括邮件处理员以及传真操作员。 |
| 9 级 | 副总裁 | |
| 8 级 | 高级经理 | |
| 7 级 | 中层经理 | |
| 6 级 | 专业 3 级 | |
| 5 级 | 专业 2 级<br>主管级职位 | |
| 4 级 | 专业 1 级<br>技术 3 级<br>职员/行政事务 3 级 | |
| 3 级 | 技术 2 级<br>职员 2 级 | |
| 2 级 | 技术 1 级<br>职员 1 级 | |
| 1 级 | 办公室的一般支持性职位 | |

## 三、要素计点法

要素计点法又称为评分法、点值法和点数法，是一种比较复杂的量化岗位评价技术，自 20 世纪 40 年代开始使用至今，一直是组织中最常用的一种岗位评价方法。它要求首先确定某一组织的付酬要素，将各付酬要素分成不同等级，将每一等级赋分，然后将需要评价的工作与各项付酬要素进行对比，确定岗位在各项付酬要素上的得分，将各岗位的总分进行比较，最后形成需要评价的岗位的相对价值体系。

要素计点法中通常包括三大要素：一是付酬要素，二是反映每一种付酬要素的相对重要程度的权重；三是数量化的付酬要素衡量尺度。开发要素计点法是一个相对复杂的过程，而一旦开发成功，这一评价方法较容易被理解和应用，而且具有一定的稳定性。同时，这种评价方法在使用上具有一定的精确性和连续性。而且，要素计点法是基于组织所认可的各种付酬要素进行评定，具有较好的被认可性。该方法适用于生产经营过程复杂，岗位类别、数目多的组织。

### (一) 要素计点法的优点

(1) 是一种量化的评价技术，容易对员工进行解释和使用。
(2) 能够反映岗位间差距的大小。
(3) 评价流程科学、规范。
(4) 容易被人理解和接受，评定准确性高。

### (二) 要素计点法的缺点

(1) 工作量大，设计时较困难、费时。
(2) 对评价要素的界定、等级定义及权重的确定方面存在一定的主观性。
(3) 评价者较多时可能出现意见不一致。

### (三) 要素计点法的操作步骤

#### 1. 确定岗位评价的主要要素——付酬要素

在实际操作中，最为常见的付酬要素主要包括四个方面：责任要素、知识技能要素、努力要素、环境要素。首先，责任所表达的是企业对员工按照预期要求完成工作的依赖程度，强调岗位上的人所承担的职责的重要性，主要的责任子要素包括决策权、控制的企业范围、影响的企业范围、与其他工作的一体化程度、工作的风险性等。其次，知识技能是指完成某种岗位的工作所需具备的经验、培训、能力以及教育水平等，这里值得注意的是它并不是指某位员工实际掌握的知识和技能。相关的知识技能子要素包括技术能力、专业知识、教育水平、工作资历、人际关系技能以及监督技能等。在此，努力是对完成某种岗位上的工作所需要发挥的体力或者脑力所进行的衡量，其子要素包括任务的多样性、复杂性、思考的创造性、体力要求、工作压力等。环境是指岗位上的人所从事工作的伤害性质以及工作的物理环境。其子要素包括工作过程中的不舒服感、工作时间的长度等。表 10-11 所示为岗位评价中的付酬要素。

表 10-11　岗位评价中的付酬要素

| 责任要素 | 知识技能要素 | 努力要素 | 环境要素 |
| --- | --- | --- | --- |
| 风险控制的责任 | 最低学历要求 | 工作压力 | 办公环境的舒适性 |
| 经营损失的责任 | 知识多样性 | 精力集中程度 | 工作时间特征 |
| 监督指导责任 | 熟练期 | 体力要求 | |
| 内部协调责任 | 工作复杂性 | 创新与开拓 | |
| 外部协调责任 | 工作经验 | 工作紧张程度 | |
| 工作结果责任 | 管理知识技能 | 工作均衡性 | |
| 企业人事的责任 | 专业技术知识技能 | | |
| 法律上的责任 | 工作灵活性 | | |
| 决策的责任 | 文字运作能力 | | |
| | 数字知识 | | |
| | 综合能力 | | |

付酬要素的定义目的是确保评价小组成员在应用这些报酬要素时保持一致性。

(1) 责任要素

风险控制的责任指在不确定的条件下，为保证投资、开发及其他项目顺利进行，并维持已方合法权益所担负的责任，该岗位责任的大小以失败后损失影响的大小作为判断标准。

经营损失的责任指在正常工作状态下，因工作疏忽而可能造成的成本、费用、利息等额外损失方面所承担的责任，其责任的大小由可能造成损失的多少作为判断基准，并以月平均值为计量单位。

指导监督责任指在正常权力范围内所拥有的正式指导监督权。其责任的大小根据所监督指导人员的层次进行判断。

内部协调责任指在正常工作中，需要与之合作共同顺利开展业务的协调活动。其责任的大小以所协调对象的所在层次、人员数量及频繁程度和失调后果大小作为判断基准。

外部协调责任指在正常工作中需维持密切工作关系，以便顺利开展工作方面所负有的责任，其责任大小以工作重要性作为判断标准。

工作结果责任指在个人可控的范围内对工作结果承担多大的直接责任。以工作结果对企业影响的大小作为判断责任大小的基准。

企业人事的责任指在正常工作中，对人员的选拔、任用、考核、工作分配、激励等具有的权力，并承担相应的责任。其责任的大小视所负责人员的层次而定。

法律上的责任指在正常工作中需要拟定和签署具有法律效力的合同，并对合同的结果负有相应的责任。其责任的大小视签约、拟定合同的重要性及后果的严重性作为判断基准。

决策责任指在正常的工作中需要参与决策，其责任的大小根据所参与决策的层次高低作为判断基准。

2) 知识技能要素

最低学历要求指顺利履行工作职责所要求的最低学历要求，其判断基准按正规教育水平判断。

知识多样性指在顺利履行工作职能时需要使用多种学科、专业领域的知识。判断基准在于广博不在精深。

熟练期指达到最低任职资格条件但没有该岗位工作经验的一般劳动力需多长时间才能基本胜任本职工作。

工作复杂性指在工作中履行职责的复杂程度。其判断基准根据所需的判断、分析、计划等水平而定。

工作经验指工作在达到基本要求后，还必须运用某种必须随经验不断积累才能掌握的技巧。判断基准是掌握这种必需的技巧所花费的实际工作时间。

管理知识技能指为了顺利完成工作目标，组织协调相关人员进行工作所需要的素质和能力。判断基准是工作中进行组织协调的程度和组织协调工作的影响。

专业技术知识技能指为顺利履行工作职责具备的专业技术知识素质和能力的要求。

工作的灵活性指工作需要处理正常程序化之外事情的灵活性。判断基准取决于工作职责要求。

文字运用能力指正常工作中所要求实际运用的文字能力。

数字知识指工作所要求的实际数字运算知识的水平。判断以常规工作中使用的最高程度为基准。

综合能力指为顺利履行工作职责所应达到的多种知识素质、经验和能力的总体效能要求。

3) 努力要素

工作压力指工作本身给任职人员带来的压力。根据决策迅速性、工作常规性、任务多样性、工作流动性及工作是否被时常打断进行判断。

精力集中程度指在工作时所需注意力集中程度的要求。根据集中精力的时间、频率等进行判断。

体力要求指作业时必须运用体力，其消耗的多少根据工作姿势、持续时间长度和用力大小进行判断。

创新与开拓指顺利进行工作所必需的创新与开拓的精神和能力的要求。

工作紧张程度指工作的节奏、时限、工作量、注意力转移程度和工作所需对细节的重视所引起的工作紧迫感。

工作均衡性指每天工作忙闲不均的程度。

4) 环境要素

办公环境的舒适性指任职者对工作环境的心理或生理感受。

工作时间特征指工作要求的特定起止时间。

企业在选择付酬要素时，需要注意以下几个方面的选择标准。

(1) 付酬要素应当与总体上的岗位价值具有某种逻辑上的关系，即这些要素在某种岗位中出现得越多，则此种岗位的价值也就越高（环境因素除外）。

(2) 付酬要素必须是能够得到清晰界定和衡量的，并且那些运用付酬要素对岗位进行评价的人应当能够一致性地得到类似的结果。

(3) 付酬要素必须对准备在某一既定岗位评价系统之中进行评价的所有岗位来说具有共通性。只适用于小部分岗位的付酬要素可能会造成歧视。

(4) 付酬要素必须能够涵盖组织愿意为之支付薪酬的与岗位要求有关的所有主要内容。例如，仅仅以岗位所要求的"理论与技术知识"作为对岗位进行评价的要素就不能全面反映岗位对于组织的贡献。

(5) 付酬要素必须是与被评价岗位相关的。

(6) 付酬要素之间不能出现交叉和重叠。交叉和重叠可能会导致某些付酬要素被重复计算，出现歧视问题。但是完全消除付酬要素之间的交叉和重叠现象也是不可能的，因此我们只能尽可能通过付酬要素权重的设计来使这种情况的发生控制在最低限度。

(7) 付酬要素的数量应当便于管理。过多的付酬要素数量会加大岗位评价者的负担，而且未必对评价结果的有效性有太多的帮助，因此选择适当数量的付酬要素是很重要的。

2. 对每一付酬要素的各种程度或水平加以界定

选择了付酬要素之后，就应该对每一个要素的各种不同等级水平进行界定。每一种付酬要素的等级数量取决于组织内部所有被评价岗位在该付酬要素上的差异程度。差异程度越高，则付酬要素的等级数量就需要越多，反之，则会相对少一些。等级数量一般不超过5个或6个。实际的数量多少主要还是取决于判断。例如，如果一家企业的所有岗位在环境因素上的差异都不是很大，则环境这一因素也许划分为三个等级就足够了，但是如果是在一个不同岗位的环境要素相差很远的组织中，环境要素也许被划分为七个等级甚至更多才能反映不同岗位在这个要素上的差异。如表10-12所示为一个企业对监督指导责任这一报酬要素的不同等级的界定。

表 10-12　监督指导责任等级界定

| 等级 | 等级界定 |
| --- | --- |
| 5级 | 为公司确定战略定位，并且为下属实现战略而制定范围广泛的目标。确定管理战线，并且对职能单位的总体结果负责 |
| 4级 | 在公司战略导向范围内制定总体公司政策。就下属所提出的例外问题解决建议进行决策。所负责的公司总体目标达成情况每年接受检查 |
| 3级 | 在公司总体政策和程序范围内履行职责。协助制定公司政策和程序。在出现例外时，频繁的解释公司政策并且对行动方案提出建议。工作需要阶段性的接受检查。所做出的大多数决策不需要接受检查 |
| 2级 | 根据公司的具体政策和程序执行任务。可能需要根据例外情况做出适应性调整。工作需要接受定期的检查，可随时向管理人员求助 |
| 1级 | 运用非常具体的公司政策和程序在有限的监督下执行任务和安排工作。工作经常接受某位管理人员的检查，这位管理人员会随时应其要求而为其提供服务 |

如果组织的所有员工要么是在安静的有空调的办公室里工作，要么是在嘈杂、闷热的车间里工作，那么把"工作标准"划分为两个等级可能就足够了。每一种报酬要素的等级界定不一定相同，等级界定足以区别不同的职位即可。

3. 确定不同付酬要素的相对价值

付酬要素在总体付酬要素体系中所占的权重是以百分比的形式表示的，它代表了不同的付酬要素对于总体岗位评价结果的贡献程度或者是所扮演角色的重要程度。确定不同要素在总体岗位评价体系中所占有的权重的方法通常有经验法和统计法两种。

经验法实际上是运用管理人员的经验或者一致性共识来进行决策，这种方法要求评价小组通过讨论共同确定不同付酬要素的比重。例如，假设评价小组确定了七个付酬要素，他们也许会按照表10-13所示的状态来分配不同要素的权重。

表 10-13　付酬要素及其权重分配

| 付酬要素 | 要素权重 |
| --- | --- |
| 决策 | 15 |
| 知识 | 20 |
| 技能 | 25 |
| 沟通能力 | 15 |
| 监督责任 | 10 |
| 工作时间 | 5 |
| 预算影响 | 10 |
| 合计 | 100 |

统计法是运用统计技术或者数学知识来进行决策的一种比较复杂的方法。这种方法要求运用非加权付酬要素来对基准岗位进行评价。所谓基准岗位是指那些可以作为统一标准的岗位，基准岗位需要具有以下几方面的重要特征：首先，基准岗位必须是存在于大多数岗位之中的，因而可以在企业内部以及企业之间进行比较；其次，其内容应该是广为人知的、相对稳定的，而且与岗位有关的员工能够在对岗位的理解方面达成一致；再次，这些岗位的供给与需求要相对稳定，不会经常发生变化；最后，基准岗位需要代表所要研究的岗位结构的全貌。

统计法的操作要点是对于每一种基准岗位都要确定一个总价值公式，总价值可以用市场价值、当前薪酬、总点数或者通过排序获得的序数价值（如所在等级）等来表示，然后就可以运用多元回归等统计技术来确定每一种付酬要素在所有岗位中所应占的权重或者是相对价值。

4. 确定每一种要素在内部不同等级或水平上的点值

在各种付酬要素所占的权重确定下来以后，企业还需要为即将使用的岗位评价体系确定一个总点数或者总分，如1000点、800点、600点或者500点。在通常情况下，如果被评价的岗位数量比较多，而且价值差别比较大，则需要使用的总点数就应该比较高一些。总点数的确立要遵守能够准确、清晰地反映出不同岗位之间的价值差异。表10-14所示为付酬要素和总数配置，它将付酬要素分为 5 个等级，将 500 个点配置于各等级因素中。在运用点数法时，要力求对评价因素的定义清晰、简明，每一等级的分级界限也要划分清楚。

表 10-14  付酬要素分级和点数配置

| 付酬要素 | | 5级 | 4级 | 3级 | 2级 | 1级 |
|---|---|---|---|---|---|---|
| 知识和技能 | 知识多样性(10%) | 50 | 40 | 30 | 20 | 10 |
| | 工作经验(10%) | 50 | 40 | 30 | 20 | 10 |
| | 专业技术和技能(10%) | 50 | 40 | 30 | 20 | 10 |
| | 工作灵活性(10%) | 50 | 40 | 30 | 20 | 10 |
| 岗位性质 | 工作压力(5%) | 25 | 20 | 15 | 10 | 5 |
| | 体力要求(10%) | 50 | 40 | 30 | 20 | 10 |
| 环境因素 | 工作场所(10%) | 50 | 40 | 30 | 20 | 10 |
| | 工作时间(10%) | 50 | 40 | 25 | 10 | 5 |
| 工作责任 | 工作结果责任(10%) | 50 | 40 | 30 | 20 | 10 |
| | 风险控制责任(10%) | 50 | 40 | 30 | 20 | 10 |
| | 内部协调责任(5%) | 25 | 20 | 15 | 10 | 5 |
| | 决策责任(5%) | 25 | 20 | 15 | 10 | 5 |

5. 运用这些付酬要素来评价岗位

评价者需要考虑被评价岗位在每一个既定的要素上实际处于哪一个等级，然后根据这种等级所代表的点数确定被评价岗位在该要素上的点数，当被评价岗位在所有付酬要素上的点数都得到之后，将此岗位在所有要素上的得分进行汇总即可得到该岗位的最终评价点数。表 10-15 所示为某岗位总点数的评价过程和结果举例。

表 10-15  某岗位总点数的评价过程和结果举例

| 付酬要素 | 要素权重(%) | 要素等级 | 点值 |
|---|---|---|---|
| 知识多样性(10%) | 10 | 2 | 20 |
| 工作经验(10%) | 10 | 4 | 40 |
| 专业技术和技能(10%) | 10 | 3 | 30 |
| 工作灵活性(10%) | 10 | 5 | 50 |
| 工作压力(5%) | 5 | 4 | 20 |
| 体力要求(10%) | 10 | 1 | 10 |
| 工作场所(10%) | 10 | 5 | 50 |
| 工作时间(5%) | 5 | 2 | 10 |
| 工作结果责任(10%) | 10 | 3 | 30 |
| 风险控制责任(10%) | 10 | 4 | 40 |
| 内部协调责任(5%) | 5 | 4 | 20 |
| 决策责任(5%) | 5 | 3 | 15 |
| 合计 | 100 | —— | 335 |

6. 将所有的岗位根据点数高低排序，建立岗位等级结构

按照上述方法将所有岗位的评价点数都算出来之后，根据各岗位总分的多少进行高低排序，然后采用等差的方式来将岗位进行等级划分，制作成岗位等级表，至此，岗位评价的工作宣告完成。表 10-16 所示是某公司的岗位评价等级的点数分布，该表中将满分定为 500 点，将岗位等级分为 10 个等级，每等级之差均为 25 点，点数越少者，等级越低。第一等级为 149 点以下；第 10 等级为 357 点以上。

表 10-16 岗位等级的点数分布

| 等级 | 点数 | 等级 | 点数 |
|---|---|---|---|
| 1 | 149 以下 | 6 | 254-279 |
| 2 | 150~175 | 7 | 280-305 |
| 3 | 176~201 | 8 | 306-331 |
| 4 | 202~227 | 9 | 332-357 |
| 5 | 228~253 | 10 | 357 以上 |

## 四、要素比较法

要素比较法是一种量化的岗位评价技术，它需要使用付酬要素的比较来确定不同岗位的薪酬比率，从而确定不同岗位的相对价值，是最准确、最复杂同时也是应用最为广泛的岗位评价方法之一。在某种程度上说，要素比较法是排序法更进一步改良的结果。排序法只需要对工作的整体进行考虑、排序，而要素比较法需选取岗位工作内容中的各个付酬要素，对每一付酬要素分别进行排序，形成每一个岗位在各个付酬要素上的序列分布，然后对每一付酬要素排序的结果加权后相加，得出各岗位在所有付酬要素比较基础上的相对量化值。

### （一）要素比较法的优点

(1) 要素比较法是一种精确、系统、量化的方法，其每一步操作都有详细、可靠的说明。

(2) 在一个企业里，要素比较法对所有岗位都能运用一系列通用的或一般的评价要素，它使所有的岗位都能按同一标准进行比较。

(3) 要素比较法比较容易被员工所理解。

(4) 对工作进行相互比较可以确定其相对价值。

(5) 要素比较法可以直接把等级转化为货币价值。

### （二）要素比较法的缺点

(1) 整个评价过程较为复杂、烦琐。

(2) 要素比较法没有一个明确原则指导其评价行为。这种方法过多地依靠评价人员的评判，有时一些决定的做出也是随意的，很难判别其公正性和客观性。

(3) 要素比较法分配到每一要素的货币价值缺乏一个客观的依据，而只能依赖评价人员的评判。

(4) 当评价的岗位发生变化时，要素比较法不容易对此做出调整，所选择的付酬要素在不同的企业中也会有所不同。

### （三）要素比较法的操作步骤

1. 获取岗位信息，确定付酬要素

要素比较方法要求评价者必须仔细、全面地做好工作分析，最好能够有标准、规范的工作说明书，同时还需要确定用来对岗位进行比较的依据或尺度，即付酬要素是什么。要素比较法通常使用脑力要求、身体要求、技能要求、责任和工作条件这五种报酬要素，这五种报酬要素的定义判断如表 10-17 所示。

表 10-17　要素比较法中常用的五种报酬要素的定义判断

| 因素 | 具备或者能够熟练运用以下几种能力 |
|---|---|
| 脑力要求 | 1. (先天遗传的)脑力特征，如智力、记忆力、推理能力、语言表达能力、与他人相处的能力和想象力<br>2. (后天习得的)通识教育，如语文和算术；或对体育、世界时事等领域的一般性了解<br>3. (后天习得的)专业知识，如化学、工程学、会计学、广告宣传等 |
| 身体要求 | 1. 能够完成诸如坐、站、走、爬、拉、举等体力活动，体力强度和忍耐程度都必须考虑在内<br>2. 身体状况，如年龄、身高、体重、性别、力量和视力 |
| 技能要求 | 1. (后天习得的)身体协调能力，如操作机器、重复操作、精确协调、灵活程度、对零件进行组装、产品归类等<br>2. (后天习得的)提高身体协调能力必需的专业知识；这些知识是通过完成工作，而不是在通识教育和专业知识的学习过程中习得的，它们在很大程度上是对感官印象进行解释的过程中加以培训的 |
| 责任 | 对原材料、加工材料、工具、设备和资产的责任<br>对现金或可兑换证券的责任<br>对盈利或亏损、储蓄以及方法改进的责任<br>对公共关系的责任<br>对档案的记录责任<br>监督责任。首先是监督下属的复杂程度，其次是需要监督的下属数量，这种监督包括计划、指导、协调、命令、控制和批准等方面。此外，本人接受监督的程度。如果 A 岗位和 B 岗位都没有可以监督的下属，但是 A 却比 B 得到直接上级更为严密的监管，那么在监管要素上，B 比 A 的排名要靠前；如果 A 岗位比 B 岗位需要更多的接受监督，那么 B 岗位在监督因素方面的等级比 A 岗位高<br>可以总结出四个监督等级：A.最高级——监督他人多，被他人监督少；B.高级——监督他人多，被他人监督多；C.低级——不监管他人，被他人监管少；D.最低级——不监管他人，被他人监管很多 |
| 工作条件 | 环境影响，如空气、通风状况、照明、噪声、拥挤、同事状况等<br>风险，工作本身的风险或者来自工作环境的风险<br>工作时间 |

2. 选择典型的标杆岗位

在每一类岗位中选择关键性岗位作为比较的基础。所选择的关键性岗位应该是那些在很多企业中都普遍存在，工作的内容又相对稳定，同时市场流行薪酬率公开的岗位。关键性岗位的基本工资是固定的，其他要素根据基本工资的水平进行调整。没有一个明确的原则说明需要多少个关键岗位，它们的数量依赖于被评价的岗位规模及差别程度，通常需要确定 14～25 个关键岗位。

3. 根据标杆岗位内部相同付酬要素的重要性对关键岗位进行排序

这里要求岗位评价根据上述五种主要付酬要素的重要性对岗位进行排序。排序过程是以岗位描述和岗位规范为基础的，通常由评价小组的每位成员分别对岗位进行排序，然后再开会来讨论或者是以计算平均排序值的方法来决定每个岗位的序列值。例如，某企业对 A、B、C、D 四个典型岗位按付酬要素进行排序的评价结果如表 10-18 所示。从该表中可以看出，从所承担的责任的角度来说，承担责任最大的岗位是 A，承担责任最小的岗位是 D(1 表示高，4 表示低)。但是从工作条件方面来看，工作条件最为艰苦的是岗位 B，工作条件最为舒适的是岗位 C。

表 10-18　对典型岗位按付酬要素进行排序

| 岗位 | 脑力要求 | 身体要求 | 技能要求 | 承担职责 | 工作条件 |
|---|---|---|---|---|---|
| 岗位 A | 2 | 2 | 2 | 1 | 2 |
| 岗位 B | 1 | 2 | 3 | 2 | 1 |
| 岗位 C | 3 | 4 | 1 | 3 | 4 |
| 岗位 D | 4 | 3 | 4 | 4 | 3 |

4. 将标杆岗位的薪酬水平分配到每一报酬要素上

首先，评价小组的成员需要根据自己的判断来确定，在每一标杆岗位中，不同的付酬要素对于此岗位的贡献大小是多少（通常用百分比的形式表示），然后根据事先确定的标杆岗位的薪酬水平来确定标杆岗位内部每一付酬要素的价值。假如某标杆岗位的现有薪酬水平为12元/小时，则评价小组中的四位成员可以按照表10-19中所示的工资分配过程来确定岗位中报酬的最终价值，通常取各要素的平均值作为其最终价值。

表10-19 每一要素的工资分配过程

|  | 合计（元） | 技能要求（元） | 脑力要求（元） | 身体要求（元） | 承担职责（元） | 工作条件（元） |
|---|---|---|---|---|---|---|
| 评价者1 | 12 | 1.2(10%) | 2.4(20%) | 1.8(15%) | 3(25%) | 3.6(30%) |
| 评价者2 | 12 | 1.8(15%) | 1.2(10%) | 1.8(15%) | 4.8(40%) | 2.4(20%) |
| 评价者3 | 12 | 0.6(5%) | 3(25%) | 1.8(15%) | 4.2(35%) | 2.4(20%) |
| 评价者4 | 12 | 0.9(7.5%) | 1.8(15%) | 1.8(15%) | 3.6(30%) | 3.9(32.5%) |
| 平均值 | 12 | 1.125 | 2.1 | 1.8 | 3.9 | 3.075 |

5. 根据付酬要素的价值将标杆岗位排序

在所有标杆岗位的每一付酬要素的价值分别确定下来以后，将所有的岗位排列在一起，然后根据每一种付酬要素来分别对岗位进行多次排序。如在表10-20中，如果根据技术要求来排序，则排列的顺序分别是岗位C、岗位A、岗位B和岗位D。如果根据工作条件排序，则排列的顺序分别是岗位B、岗位A、岗位D和岗位C。

表10-20 根据付酬要素的价值将岗位排序

|  | 小时工资（元） | 技能要求（元） | 脑力要求（元） | 身体要求（元） | 承担职责（元） | 工作条件（元） |
|---|---|---|---|---|---|---|
| 岗位A | 9.3 | 1.5(2) | 1.7(2) | 2.5(2) | 2(1) | 1.6(2) |
| 岗位B | 9.8 | 1.2(3) | 2.5(1) | 3.4(1) | 0.8(3) | 1.9(1) |
| 岗位C | 8.6 | 2.6(1) | 1.5(3) | 2(4) | 1.7(2) | 0.8(4) |
| 岗位D | 6.5 | 0.9(4) | 1.3(4) | 2.2(3) | 0.6(4) | 1.5(3) |

6. 比较两种排序，选出不便于利用的典型岗位

把在步骤3中的排序结果与步骤5中的排序结果进行比较。如果它们的排序结果相一致，则说明所选的典型岗位是可用的。如果两种排序结果有差异，则说明所选的典型岗位是无效的。在表10-21中，在每个付酬要素之下都对应着对典型岗位的两种排序结果，严格来说，根据每种付酬要素对标杆岗位进行的两次排序，结果应该是一样的，如果这两种结果差距较大，则表明这个典型岗位并不是真正的基准岗位。因此，该岗位不能作为典型岗位来使用。有些时候，工作人员可以简化操作步骤，省略步骤5和步骤6，直接从步骤4跳到步骤7。在要求不严格的情况下，这样做也是可以接受的。

表10-21 两种排序方法的结果比较

| 岗位 | 脑力要求 | | 身体要求 | | 技能要求 | | 承担职责 | | 工作条件 | |
|---|---|---|---|---|---|---|---|---|---|---|
|  | 步骤3 | 步骤5 | 步骤3 | 步骤5 | 步骤3 | 步骤5 | 步骤3 | 步骤5 | 步骤3 | 步骤5 |
| 岗位A | 1 | 1 | 4 | 4 | 1 | 1 | 1 | 1 | 2 | 2 |
| 岗位B | 3 | 3 | 1 | 1 | 3 | 3 | 4 | 4 | 4 | 4 |
| 岗位C | 2 | 2 | 3 | 3 | 2 | 2 | 2 | 2 | 3 | 3 |
| 岗位D | 4 | 4 | 2 | 2 | 4 | 4 | 3 | 3 | 1 | 1 |

## 7. 建立典型岗位报酬要素等级基准表

将所有典型岗位的薪酬水平以及每一典型岗位内部的每一种付酬要素的薪酬水平都确定下来以后，便可以建立一个典型岗位付酬要素等级基准表。如表10-22所示，典型职位A的脑力要求要素的价值为1.70元，身体要求要素的价值为2.50元，技术要求要素的价值为1.50元，承担职责任要素的价值为2.00元，工作条件要素的价值为1.60元。标杆岗位B的同等要素的价值则分别为2.50元、3.40元、1.20元、0.80元和1.90元。依次将所有典型职位都放入这张可供其他职位与之进行比较的表中。

表10-22 典型岗位付酬要素等级基准表

| 小时工资(元) | 脑力要求 | 身体要求 | 技术要求 | 承担职责 | 工作条件 |
|---|---|---|---|---|---|
| 3.50 | | | | | |
| 3.40 | | 岗位B | | | |
| 3.30 | | | | | |
| 3.20 | | | | | |
| 3.10 | | | | | |
| 3.00 | | | | | |
| 2.90 | | | | | |
| 2.80 | | | | | |
| 2.70 | | | | | |
| 2.60 | | | 岗位C | | |
| 2.50 | 岗位B | 岗位A | | | |
| 2.40 | | | | | |
| 2.30 | | | | | |
| 2.20 | | 岗位D | | | |
| 2.10 | | | | | |
| 2.00 | | 岗位C | | 岗位A | |
| 1.90 | | | | | 岗位B |
| 1.80 | | | | | |
| 1.70 | 岗位A | | | 岗位C | |
| 1.60 | | | | | 岗位A |
| 1.50 | 岗位C | | 岗位A | | 岗位B |
| 1.40 | | | | | |
| 1.30 | 岗位D | | | | |
| 1.20 | | | 岗位B | | |
| 1.10 | | | | | |
| 1.00 | | | | | |
| 0.90 | | | | 岗位D | |
| 0.80 | | | | 岗位B | 岗位C |
| 0.70 | | | | | |
| 0.60 | | | | 岗位D | |

## 8. 运用岗位比较表来对其他岗位进行评价

现在我们可以在表10-21中的每一栏将其他岗位与标杆岗位进行比较，来确定待评价岗位的每一付酬要素与典型岗位付酬要素等级基准表中的哪一个或哪几个典型岗位的同一要素最为接近。然后，将与之最相近的那个或那些职位的同一付酬要素的价值作为确定待评价岗位在该付酬要素上的货币价值确定依据。

除了上述做法以外，要素比较法还有几种基本的变形，其中比较常用的一种是把标杆岗位付酬要素等级基准表中的货币值变为点值，这种变形的主要优点在于打破了薪酬体系拘泥于现行薪酬水平的局限，利用这种方法，可以长期根据要素比较来对各种职位进行评价。

## 五、四种岗位评价方法的比较

表10-23是关于上述四种方法的优势、劣势以及适应范围的比较。

表10-23  岗位评价方法比较

| 方法 | 优势 | 劣势 | 适用范围 |
|---|---|---|---|
| 排序法 | 简便易行<br>能够节约企业进行岗位评价的成本<br>便于向员工解释 | 不适于岗位较多的企业<br>很难找到既了解所有工作岗位，又能客观地评价的测评人员<br>如果工作岗位的数目增多，则每两种工作岗位的比较次数将呈指数形式上升<br>特别依赖测评人员的判断，而测评人员在进行岗位比较过程中又都有自己的认识，测评要素的说明仍然给主观意识留有充分余地 | 对于工作岗位相对较少的企业来说，可以说是一种比较简便的方法，适用于小规模企业 |
| 岗位分类法 | 对于管理人员和雇员，这种方法更多的是从岗位等级的角度考虑问题，而不是从单独的岗位方面考虑问题。这使得人事管理和工资管理就相对容易一些<br>可以将各种工作纳入一个体系内 | 编写岗位等级说明比较困难<br>对许多岗位确定等级比较困难。有些岗位的等级归属很明确，而有些则似乎可归属到2~3个等级之中。在这种情况下，确定岗位的等级则可能因主观因素干扰影响测评结果<br>如果据此确定报酬，这种方法还难以充分说明岗位评价和等级确定的合理性 | 企业中存在大量类似的工作时，这种工作评价尤其有用。适用于大规模企业 |
| 要素比较法 | 最大的优点表现为通用性的评价要素的广泛应用<br>评价标准明确，企业中所有岗位都能运用统一的评价要素或标准进行比较<br>最突出的优点是直接把等级转化为货币价值 | 仍然没有一个明确原则指导其评价行为。这种方法过多地依靠人为的评判，而人为决定的做出有时是随意的，很难判别其可信性<br>要素比较法主要依靠关键工作的确定，但针对关键工作的选取始终没有一个明确的理论基础<br>直接把等级转化为货币价值，其分配到每一要素的货币价值缺乏一个客观的依据，而只能依赖人为的评判 | 适用于劳动力市场情况相对稳定的情况，以及企业的规模比较大的情况 |
| 要素计点法 | 通俗易推广，由于特定的岗位评价方法具有明确界定的指标，因此岗位评价方案有很强的适应性<br>在定义岗位评价指标时保有了大量原始调查的数据，有利于根据企业的变化进行动态分析与管理<br>明确指出了比较的基础，能够有效地传达企业认为有价值的要素 | 相对于前两种定性的方法，这种方法要耗费大量的时间和成本<br>通常它缺乏对评价要素选择的明确原则，以说明选取的这些要素能否解释和衡量工作价值，因此在制定岗位评价计划时，系统地选择评价要素是关键的一步<br>由于这种方法操作的复杂性，造成企业与员工解释和沟通的难度<br>评价要素一旦形成，由于重新进行评价需要耗费大量的时间和成本，随时间变化要素调整的难度较大，容易形成僵化 | 适用于大规模的企业中的管理类工作 |

## 六、岗位评价的结果及应用

### （一）岗位评价的结果

岗位评价衡量了每个岗位的相对价值大小，通过评价分数的转换，把评价出来的岗位结果划入相应职位等级，形成了清晰的职位等级体系框架，改变了以往单纯以职务级别来进行岗位价值区分的情况，为各项人事决策奠定了坚固的基石。对岗位评价结果的分析，一方面可以观察评价分数的分布情况，判断岗位之间相对价值的差异程度，另一方面也可用来审查评价结果，纠正偏差，对打分不合理的情况进行调整。

## (二) 岗位评价结果应用

在涉及岗位评价结果的应用中，可以说岗位评价是人力资源管理系统中最基础的工作，它提供了建立其他各人力资源子系统的平台，为其他各项工作提供了依据。

### 1. 岗位评价结果作为公平薪酬水平的基础

岗位评价的结果最直接的用途就是进行薪酬变革，因为薪酬结构是基于价值评价而来，因而解决了企业内部岗位的公平性问题，如图10-11所示。

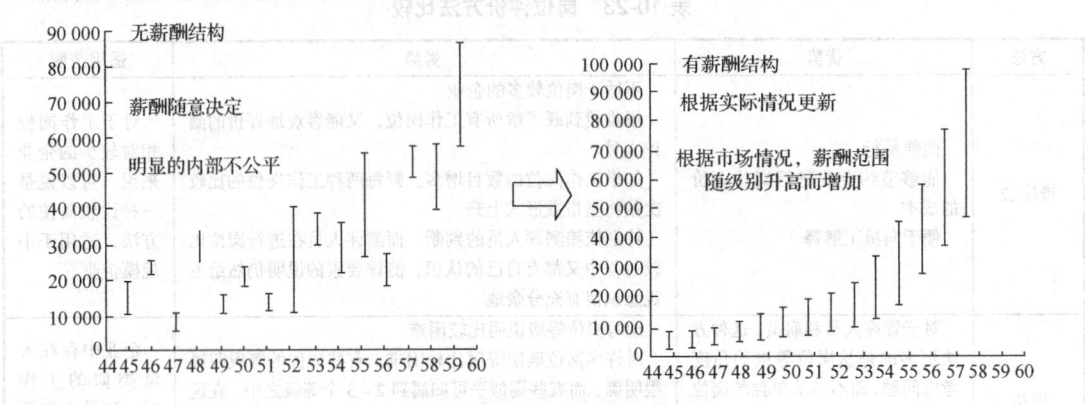

图10-11 基于岗位评价的薪酬变革

### 2. 为组织结构和人员队伍分析提供了基础

通过职级呈现的企业结构图可以进行企业结构分析，同时为人员结构（职位类别、等级及其他属性）的分析提供了基础。

### 3. 人岗匹配分析的基础

进行人岗匹配的对比分析，确定企业岗位要求和现有人员的能力差异。

### 4. 职业发展与晋升的基础

开辟了不同岗位类别的人员在职业发展和晋升中的通道。

# 第四节　岗位等级薪酬体系

本节主要探讨岗位评价在薪酬管理中的应用。

## 一、岗位评价与薪酬结构设计

线性薪酬线是指岗位价值与薪酬成正比，薪酬随着岗位价值的提高按照一定的比例提高。线性薪酬线设计的重点是确定曲线的斜率。曲线平缓、斜率小，说明岗位薪酬差距较小，意味着企业薪酬管理理念趋于均衡；曲线陡峭、斜率大，说明岗位薪酬差距较大，意味着企业薪酬管理理念更加先进。线性薪酬曲线如图10-12所示。

非线性薪酬线是指岗位价值与薪酬不成正比，薪酬随着岗位价值的提高并不是按照相同的比率增长。有时候企业会选择较低级别岗位薪酬增长速度较快的策略，意味着企业需要吸引大量初级员工和中级员工；有时候企业会选择高级别岗位薪酬增长速度较快的策略，意味着企业需要保留大量高级员工。非线性薪酬曲线如图10-13所示。

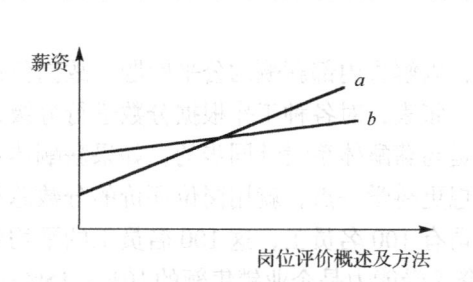

图 10-12　线性薪资曲线 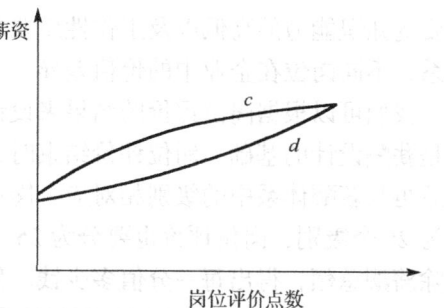　　　　　图 10-13　非线性薪资曲线

在实际薪酬管理中，根据工作评价得出的每个岗位级别所对应的薪资水平往往是在一个范围内，具有一定的幅度，如图 10-14 所示。

每个级别的薪资都有一定的幅度，规定了平均薪资和最低薪资。级别越高，薪资的幅度越宽。在级别与级别之间，薪资有一定的重叠。

岗位评价除了用于设计新的薪资体系之外，还可以用来检验现有薪资体系的合理性，为薪资体系的改进提供依据。比如，制作出现有薪资分布情况的散点图，进行回归分析，得出薪资曲线，然后对偏离薪资曲线较远的进行调整，如图 10-15 所示。

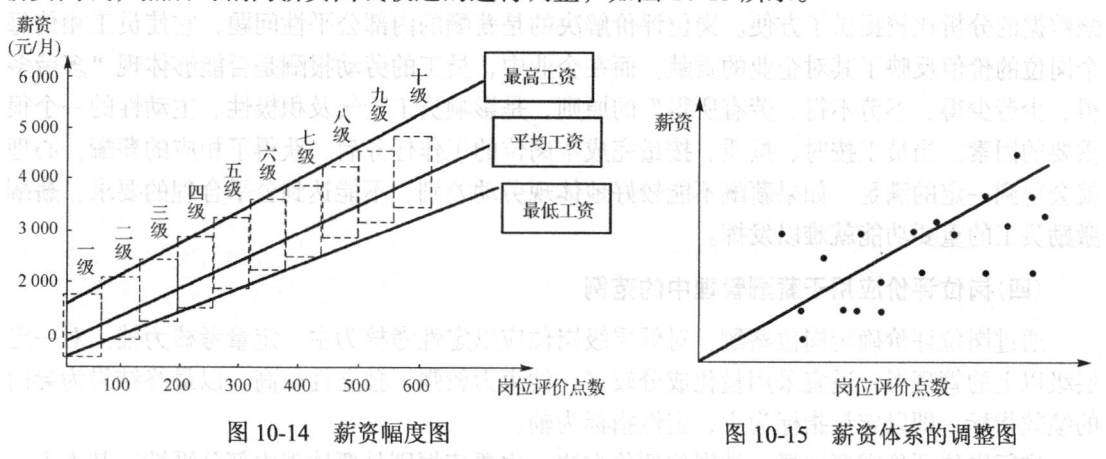

图 10-14　薪资幅度图　　　　　图 10-15　薪资体系的调整图

## 二、薪酬设计举例

### （一）薪酬管理中使用岗位评价的原因

大多数岗位评价方案通过对一系列付酬要素的排序或评分，使衡量工作的价值成为可能，用于衡量工作价值的这些付酬要素直接关系到某个岗位的薪酬水平和薪酬构成。因此，岗位评价对企业确定薪酬来说是一个比较基础性、科学性的依据。在薪酬管理中使用岗位评价有如下好处。

(1) 为解释薪酬差异提供了理性的解释和沟通的基础。
(2) 可维持工作满意度，减少不满。
(3) 为薪酬比率的修订提供了灵活的调整手段，能迅速为新的工作岗位建议薪酬比率。
(4) 减少雇员薪酬系统的行政管理费用。

### （二）薪酬体系设计与岗位评价的关系

薪酬的内部公平是薪酬体系设计的基本原则，我们应按照各工作岗位承担的责任大小、需要的知识能力的高低以及工作性质要求的不同在薪酬上合理体现，体现出不同层级、不同职系、不同岗位在企业中的价值差异。

我们可以根据岗位评价的结果来设计薪酬体系，以解决内部薪酬的公平问题，故岗位评价是薪酬设计的基础。岗位评价结束时，要整理成一张表，对各种工作根据分数进行分级，最后再与薪酬体系中的级别相对应。岗位评价通常是与薪酬体系设计同步的，如果薪酬体系分为25个级别，岗位评价也要分为25个级别。要想更科学一点，就用岗位评价的分数总和来除薪酬总额，得出每一分值多少钱。例如，某公司有100名员工，这100名员工的平均分数是250分，总分就是25 000分。假如这家企业的工资承受能力是企业销售额的10%~15%（高科技企业一般在30%左右），为100万元，100万元除以25 000分为40元/分。这样做最科学，但实际很难做到，还是要按分数来分级。

### (三)利用岗位评价建立薪酬结构的方法

通过岗位评价企业能够构建合理的薪酬结构，主要包括以下几个步骤：企业分析详细的工作说明书→岗位评价→形成岗位评价等级表→转化为与薪酬相关的等级结构。

国际化的岗位评价体系不仅采用统一的岗位评价标准，使不同企业之间、不同岗位之间在岗位等级确定方面具有可比性，而且在薪酬调查时也使用统一标准的岗位等级，从而为薪酬数据的分析比较提供了方便。岗位评价解决的是薪酬的内部公平性问题，它使员工相信每个岗位的价值反映了其对企业的贡献。而在企业中，员工的劳动报酬是否能够体现"多劳多得、少劳少得、不劳不得、劳有所得"的原则，是影响员工士气及积极性、主动性的一个很重要的因素。当员工按时、按质、按量完成本岗位的工作任务后，获得了相应的薪酬，心理就会得到一定的满足。如果薪酬不能较好地体现劳动差别，不能达到公平合理的要求，薪酬激励员工的重要功能就难以发挥。

### (四)岗位评价应用于薪酬管理中的范例

通过岗位评价确定岗位薪酬，对低层级岗位应以定性考核为主，定量考核为辅。对一定层级以上的管理者，适宜采用量化成分较多、约束力较强、独立性较高、以最终结果为导向的绩效指标，即以定量指标为主，定性指标为辅。

进行岗位评价需要选择一种岗位评价方法，主要依据则是要体现内部公平性。基本上，所有评价方法都是通过评价要素来判断岗位的贡献和责任，岗位贡献和责任越大，岗位级别越高，它是决定公平性的最重要的要素。

下面举实例来说明一个实际薪酬体系，供大家参考。某火力发电企业设计的薪酬方案，其基本薪酬模式为岗位绩效工资制，工资由岗位工资、绩效工资、津贴和奖金四个部分组成。津贴包括运行、工龄和全能津贴，奖金包括年终、单项和特殊贡献奖。绩效工资按月考核，按月发放。企业的所有岗位分为三类：管理岗位、生产岗位和后勤岗位。其中，管理岗位包括中高层管理者和职能管理，生产岗位包括技术、运行、维修和生产辅助岗位，其他为后勤岗位。参照岗位评价结果，把所有岗位分为15等，每等又分为8个级。"等"体现的是岗位价值差异，"级"体现的是人的技能或能力差异，经验丰富、能力强者进入"等"中的高级，初入门者进入"等"中的低级。岗位工资和绩效工资之间的比例，1~9等岗为60:40，10~12等岗为55:45，13~15等岗为50:50。员工实际拿到月度绩效工资多少取决于企业、部门和个人三者的整体绩效。年终奖根据个人岗位价值、企业整体经济效益和个人年度考核情况共同决定。工资的增长主要看年度绩效考核结果，同时参照个人能力提升情况来确定。

# 附录 A

## 海氏岗位评价系统

海氏(Hay Group)岗位评价系统又叫"指导图表—形状构成法",是国际上使用最广泛的一种岗位评价方法,它是点数法和要素比较法的一个很好的结合,它是由美国薪酬专家艾德华·海于1951年开发出来的一套岗位评价系统,特别适合于对管理类和专业技术类工作岗位进行评价。它有效地解决了不同职能部门的不同职务之间相对价值的相互比较和量化的难题,在世界各国上万家大型企业推广应用并获得成功,被企业界广泛接受。

### (一)海氏岗位评价系统的三付酬要素

海氏岗位评价系统实质上是一种评分法,根据这个系统,是将付酬要素进一步抽象为具有普遍适用性的三大要素,即技能水平、解决问题能力和职务责任,相应设计了三套标尺性评价量表,最后将所得分值加以综合,算出各个工作岗位的相对价值。

为什么用这三个要素来评价一个岗位是科学的呢?该评价法认为,一个岗位之所以能够存在的理由是必须承担一定的责任,即该岗位的产出。那么通过投入什么才能有相应的产出呢?即担任该岗位人员的知识和技能。那么具备一定"技能"的员工通过什么方式来取得产出呢?是通过在岗位中解决所面对的问题,即投入"技能"通过"解决问题"这一生产过程,来获得最终的"应负责任"。

每一个付酬要素又分别由数量不等的子要素构成,具体说明如下。

1. 知识技能水平

技能水平是知识和技能的总称,它由3个子要素构成。

1)专业知识技能

对该岗位要求从事的职业领域理论、实际方法与专门知识的理解。该子系统分为8个等级,从基本的(第一级)到权威专门技术的(第八级)。专业知识技能等级表如表 A-1 所示。

表 A-1 专业知识技能等级表

| 序号 | 等级 | 说明 | 举例 |
| --- | --- | --- | --- |
| A | 基本的 | 熟悉简单的工作程序 | 复印机操作员 |
| B | 初步业务的 | 能同时操作多种简单的设备以完成一个工作流程 | 接待员、打字员、订单收订员 |
| C | 中等业务的 | 熟练应用一些基本的方法和工艺,且具有使用专业设备的能力 | 人力资源助理、秘书、客户服务员、电气技师 |
| D | 高等业务的 | 能应用较为复杂的流程和系统,此系统需要应用一些技术知识(非理论性的) | 生产计划调度员、招聘专员、维修领班、资深贸易员 |
| E | 基本专门技术 | 对涉及不同活动的实践所相关的技术有相当的理解,或者对科学的理论和原则基本理解 | 会计、人力资源主管、初级软件开发工程师、中层经理 |
| F | 熟悉专门技术 | 通过对某一领域的深入实践而具有相关知识,或者/并且掌握了科学理论 | 人力资源经理、总监、法务经理、工程经理、综合部门经理 |
| G | 精通专门技术 | 精通理论、原则和综合技术 | 专家(工程、法律等方面)、CEO、副总、高级副总裁 |
| H | 权威专门技术 | 在综合技术领域成为公认的专家 | 领域内公认的技术权威或专家 |

2)管理技能

达到所要求的绩效水平而具备的计划、组织、执行、控制、评价的能力与技巧。管理技能等级表如表 A-2 所示。

表 A-2 管理技能等级表

| 序号 | 等级 | 说明 | 职位 |
|---|---|---|---|
| I | 起码的 | 只关注活动的内容和目的,而不关心对其他工作的影响 | 会计、分析员、一线督导和主管、业务员等普通岗位 |
| II | 相关的 | 决定部门各种活动的方向、活动涉及几个部门的协调等 | 主任、执行经理 |
| III | 多样的 | 决定一个大部门的工作方向,或对企业的发展有决定的影响 | 助理副总、副总、事业部经理 |
| IV | 广博的 | 决定一个主要部门的方向,或对企业的规划、运作有战略性的影响 | 中型组织 CEO、大型组织的副总 |
| V | 全面的 | 对企业进行全面管理 | 大型组织的 CEO |

3) 人际关系技能

人际关系技能指该岗位所需的沟通、协调、激励、培训、关系处理等方面的主动活动技巧。人际关系技能等级如表 A-3 所示。

表 A-3 人际关系技能等级差

| 序号 | 等级 | 说明 | 举例 |
|---|---|---|---|
| 1 | 基本的 | 大多数岗位在完成基本工作时均需基本的人际沟通技巧。这些基本沟通技巧要求在企业内与其他员工进行礼貌和有效的沟通,以获取、传递信息和解释、澄清问题。 | 会计、出纳、打字员 |
| 2 | 重要的 | 某些岗位需要的理解和影响别人的能力,这种能力要求工作人员既要理解他人的观点,又要有说服力以影响他人的行为或改变他人的观点或者改变他人的处境。对于安排并督导他人工作的人,需要此类的沟通能力。 | 订货员、销售代表、部门主管 |
| 3 | 关键的 | 大多数管理岗位需要具备理解和激励他人的能力,需要具备很强的谈判能力和沟通能力。 | 部门经理、部门总监、公司副总裁和 CEO |

上述三种成分的每一种组合分值如表 A-4 所示,即为该岗位技能水平的相对价值。表中各数值的相对差异,遵循心理测量学所谓 15%韦伯分级定律。

表 A-4 海氏工作评价指导图表之一——知识技能水平表

| 知识技能 | | 管理技能 | | | | | | | | | | | | | |
|---|---|---|---|---|---|---|---|---|---|---|---|---|---|---|---|
| | | 起码的 | | | 相关的 | | | 多样的 | | | 广博的 | | | 全面的 | | |
| 人际关系技能 | | 基本的 | 重要的 | 关键的 | 基本的 | 重要的 | 关键的 | 基本的 | 重要的 | 关键的 | 基本的 | 重要的 | 关键的 | 基本的 | 重要的 | 关键的 |
| 专业知识技能 | 基本的 | 50<br>57<br>66 | 57<br>66<br>76 | 66<br>76<br>87 | 66<br>76<br>87 | 76<br>87<br>100 | 87<br>100<br>115 | 87<br>100<br>115 | 100<br>115<br>132 | 115<br>132<br>152 | 115<br>132<br>152 | 132<br>152<br>175 | 152<br>175<br>200 | 152<br>175<br>200 | 175<br>200<br>230 | 200<br>230<br>264 |
| | 初等业务的 | 66<br>76<br>87 | 76<br>87<br>100 | 87<br>100<br>115 | 87<br>100<br>115 | 100<br>115<br>132 | 115<br>132<br>152 | 115<br>132<br>152 | 132<br>152<br>175 | 152<br>175<br>200 | 152<br>175<br>200 | 175<br>200<br>230 | 200<br>230<br>264 | 200<br>230<br>264 | 230<br>264<br>304 | 264<br>304<br>350 |
| | 中等业务的 | 87<br>100<br>115 | 100<br>115<br>132 | 115<br>132<br>152 | 115<br>132<br>152 | 132<br>152<br>175 | 152<br>175<br>200 | 152<br>175<br>200 | 175<br>200<br>230 | 200<br>230<br>264 | 200<br>230<br>264 | 230<br>264<br>304 | 264<br>304<br>350 | 264<br>304<br>350 | 304<br>350<br>400 | 350<br>400<br>460 |
| | 高等业务的 | 115<br>132<br>152 | 132<br>152<br>175 | 152<br>175<br>200 | 152<br>175<br>200 | 175<br>200<br>230 | 200<br>230<br>264 | 200<br>230<br>264 | 230<br>264<br>304 | 264<br>304<br>350 | 264<br>304<br>350 | 304<br>350<br>400 | 350<br>400<br>460 | 350<br>400<br>460 | 400<br>460<br>528 | 460<br>528<br>608 |
| | 基本专门技术 | 152<br>175<br>200 | 175<br>200<br>230 | 200<br>230<br>264 | 200<br>230<br>264 | 230<br>264<br>304 | 264<br>304<br>350 | 264<br>304<br>350 | 304<br>350<br>400 | 350<br>400<br>460 | 350<br>400<br>460 | 400<br>460<br>528 | 460<br>528<br>608 | 460<br>528<br>608 | 528<br>608<br>700 | 608<br>700<br>800 |
| | 熟练专门技术 | 200<br>230<br>264 | 230<br>264<br>304 | 264<br>304<br>350 | 264<br>304<br>350 | 304<br>350<br>400 | 350<br>400<br>460 | 350<br>400<br>460 | 400<br>460<br>528 | 460<br>528<br>608 | 460<br>528<br>608 | 528<br>608<br>700 | 608<br>700<br>800 | 608<br>700<br>800 | 700<br>800<br>920 | 800<br>920<br>1056 |

续表

| 知识技能 | | 管理技能 | | | | | | | | | | | | |
|---|---|---|---|---|---|---|---|---|---|---|---|---|---|---|
| | | 起码的 | | | 相关的 | | | 多样的 | | | 广博的 | | | 全面的 | | |
| 人际关系技能 | | 基本的 | 重要的 | 关键的 | 基本的 | 重要的 | 关键的 | 基本的 | 重要的 | 关键的 | 基本的 | 重要的 | 关键的 | 基本的 | 重要的 | 关键的 |
| 专业知识技能 | 精通专门技术 | 264 | 304 | 350 | 350 | 400 | 460 | 460 | 528 | 608 | 608 | 700 | 800 | 800 | 920 | 1056 |
| | | 304 | 350 | 400 | 400 | 460 | 528 | 528 | 608 | 700 | 700 | 800 | 920 | 920 | 1056 | 1216 |
| | | 350 | 400 | 460 | 460 | 528 | 608 | 608 | 700 | 800 | 800 | 920 | 1056 | 1056 | 1216 | 1400 |
| | 权威专门技术 | 350 | 400 | 460 | 460 | 528 | 608 | 608 | 700 | 800 | 800 | 920 | 1056 | 1056 | 1216 | 1400 |
| | | 400 | 460 | 528 | 528 | 608 | 700 | 700 | 800 | 920 | 920 | 1056 | 1216 | 1216 | 1400 | 1600 |
| | | 460 | 528 | 608 | 608 | 700 | 800 | 800 | 920 | 1056 | 1056 | 1216 | 1400 | 1400 | 1600 | 1840 |

2. 解决问题的能力

解决问题的能力有两个子要素：思维环境和思维难度。

(1) 思维环境。思维环境是指岗位任职者所处的环境对其思维的限制程度，以及是否可从他人处或从过去的案例中获得指导。思维环境的等级表如表 A-5 所示。

表 A-5 思维环境的等级表

| 序号 | 等级 | 描述 |
|---|---|---|
| A | 高度常规性的 | 有非常详细和精确的法规和规定作指导，并可不断获得协助 |
| B | 常规性的 | 有非常详细的标准、规定作指导，并可立即获得协助 |
| C | 半常规性 | 有定义较明确的复杂流程，有很多的先例可参考，并可获得适当的协助 |
| D | 标准化的 | 有清晰但较为复杂的流程，有较多的先例可参考，可获得协助 |
| E | 明确规定的 | 对特定目标有明确规定的框架 |
| F | 广泛规定的 | 对功能目标有广泛规定的框架，在某些方面有些模糊、抽象 |
| G | 一般规定的 | 为达成企业目标和目的，在概念、原则和一般规定的原则下思考，有很多模糊、抽象的概念 |
| H | 抽象规定的 | 依据商业原则、自然法则和政府法规进行思考 |

(2) 思维难度：指解决不同的复杂程度的问题时对当事者创造性思维的要求。思维难度的等级表如表 A-6 所示。

表 A-6 思维难度的等级表

| 序号 | 等级 | 描述 |
|---|---|---|
| A | 重复性的 | 特定的情形，仅需对熟悉的事情作简单的选择 |
| B | 模式化的 | 相似的情形，仅需对熟悉的事情进行鉴别性选择 |
| C | 中间性的 | 不同的情形，需要在熟悉的领域内寻找方案 |
| D | 适应性的 | 变化的情形，要求分析、理解、评价和构建方案 |
| E | 无先例的 | 新奇的或不重复的情形，要求创造新理念和富有创意的解决方案 |

海氏工作评价指导图表之二——解决问题的能力表(%)如表 A-7 所示。

表 A-7 海氏工作评价指导图表之二——解决问题的能力表(%)

| 思维难度 | | 重复性的 | 模式化的 | 中间型的 | 适应性的 | 无先例的 |
|---|---|---|---|---|---|---|
| 思维环境 | 高度常规性的 | 9~12 | 13~16 | 18~22 | 24~29 | 33~38 |
| | 常规性的 | 11~14 | 15~19 | 22~25 | 28~33 | 37~43 |
| | 半常规性的 | 13~16 | 18~22 | 24~29 | 33~38 | 43~50 |
| | 标准化的 | 15~19 | 22~25 | 28~33 | 37~43 | 50~57 |
| | 明确规定的 | 18~22 | 24~29 | 33~38 | 43~50 | 56~66 |
| | 广泛规定的 | 22~25 | 28~33 | 37~43 | 50~57 | 65~76 |
| | 一般规定的 | 24~29 | 33~38 | 43~50 | 56~66 | 75~87 |
| | 抽象规定的 | 28~33 | 37~43 | 50~57 | 65~76 | 86~100 |

3. 承担的职务责任

承担的职务责任(Accountability)有三个子要素：行动的自由度、岗位职责对工作后果形成的作用和岗位工作责任。

1) 行动的自由度

行动的自由度指岗位能在多大程度上对其工作进行个人指导与控制。行动的自由度等级表如表 A-8 所示。

表 A-8 行动的自由度等级表

| 序号 | 等级 | 说明 | 举例 |
|---|---|---|---|
| A | 有规定的 | 此岗位有明确工作规程或者有固定的人督导 | 体力劳动者、工厂工人 |
| B | 受控制的 | 此岗位有直接和详细的工作指示或者有严密的督导 | 普通维修工、一般文员 |
| C | 标准化的 | 此岗位有工作规定并已建立了工作程序并受严密的督导 | 贸易助理、木工 |
| D | 一般性规范的 | 此岗位全部或部分有标准的规程、一般工作指示和督导。 | 秘书、生产线工人、大多数一线文员 |
| E | 有指导的 | 此岗位全部或部分有先例可依或有明确规定的政策,也可获督导 | 大多专业岗位、部分经理、部分主管 |
| F | 方向性指导的 | 仅就本质和规模,此岗位有相关的功能性政策,需决定其活动范围和管理方向 | 某些部门经理、某些总监、某些高级顾问 |
| G | 广泛性指引的 | 就本质和规模,此岗位有粗放的功能性政策和目标,以及宽泛的政策 | 某些执行经理、某些副总助理、某些副总 |
| H | 战略性指引 | 有企业政策的指导,法律和社会限制,企业的委托 | 关键执行人员、某些副总、CEO. |

2) 职务对工作后果形成的影响

职务对工作后果形成的影响的等级表如表 A-9 所示。

表 A-9 职务对工作后果形成的影响的等级表

| 序号 | 等级 | 说明 | 举例 |
|---|---|---|---|
| A | 后勤 | 这些岗位由于向其他岗位提供服务或信息而对岗位工作结果形成作用 | 文员、数据录入员、后勤员工、内部审计、门卫 |
| C | 辅助 | 这些岗位由于向其他岗位提供重要的支持服务而对岗位工作结果形成有影响 | 工序操作员、秘书、工程师、会计、人力资源经理 |
| S | 分摊 | 这些岗位通过与他人合作、共同行动而对工作结果有明显的作用 | 介于"辅助"和"主要"之间 |
| P | 主要 | 这些岗位直接影响和控制工作结果 | 经理、总监、副总裁、CEO |

3) 职务责任的程度

职务责任的程度是指组织受到岗位基本目的影响的程度,可能造成经济性正负后果。该子要素分为 4 个等级,分别是微小、少量、中量和大量,每一级都有相应的金额下限,具体数额视企业具体情况而定。

海氏工作评价指导图表之三——承担的职务责任表如表 A-10 所示。

表 A-10 海氏工作评价指导图表之三——承担的职务责任表

| 岗位工作责任 | | 大小等级 | | | | | | | | | | | | | | |
|---|---|---|---|---|---|---|---|---|---|---|---|---|---|---|---|---|
| | | 微小 | | | | 少量 | | | | 中量 | | | | 大量 | | | |
| | | 金额范围 | | | | | | | | | | | | | | | |
| 岗位职责对工作后果形成的作用 | | 间接 | | 直接 | | 间接 | | 直接 | | 间接 | | 直接 | | 间接 | | 直接 | |
| | | 后勤 | 辅助 | 分摊 | 主要 | 后勤 | 辅助 | 分摊 | 主要 | 后勤 | 辅助 | 分摊 | 主要 | 后勤 | 辅助 | 分摊 | 主要 |
| 行动的自由度 | 有规定的 | 10<br>12<br>14 | 14<br>16<br>19 | 19<br>22<br>25 | 25<br>29<br>33 | 14<br>16<br>19 | 19<br>22<br>25 | 25<br>29<br>33 | 33<br>38<br>43 | 19<br>22<br>25 | 25<br>29<br>33 | 33<br>38<br>43 | 43<br>50<br>57 | 25<br>29<br>33 | 33<br>38<br>43 | 43<br>50<br>57 | 57<br>66<br>76 |
| | 受控制的 | 16<br>19<br>22 | 22<br>25<br>29 | 29<br>33<br>38 | 38<br>43<br>50 | 22<br>25<br>29 | 29<br>33<br>38 | 38<br>43<br>50 | 50<br>57<br>66 | 29<br>33<br>38 | 38<br>43<br>50 | 50<br>57<br>66 | 66<br>76<br>87 | 38<br>43<br>50 | 50<br>57<br>66 | 66<br>76<br>87 | 87<br>100<br>115 |
| | 标准化的 | 25<br>29<br>33 | 33<br>38<br>43 | 43<br>50<br>57 | 57<br>66<br>76 | 33<br>38<br>43 | 43<br>50<br>57 | 57<br>66<br>76 | 76<br>87<br>100 | 43<br>50<br>57 | 57<br>66<br>76 | 76<br>87<br>100 | 100<br>115<br>132 | 57<br>66<br>76 | 76<br>87<br>100 | 100<br>115<br>132 | 132<br>152<br>175 |

续表

| 岗位工作责任 | 大小等级 | | | | | | | | | | | | | | | |
|---|---|---|---|---|---|---|---|---|---|---|---|---|---|---|---|---|
| | 微小 | | | | 少量 | | | | 中量 | | | | 大量 | | | |
| | 金额范围 | | | | | | | | | | | | | | | |
| 岗位职责对工作后果形成的作用 | 间接 | | | 直接 | 间接 | | | 直接 | 间接 | | | 直接 | 间接 | | | 直接 |
| | 后勤 | 辅助 | 分摊 | 主要 | 后勤 | 辅助 | 分摊 | 主要 | 后勤 | 辅助 | 分摊 | 主要 | 后勤 | 辅助 | 分摊 | 主要 |
| 行动的自由度 — 一般性规范的 | 38<br>43<br>50 | 50<br>57<br>66 | 66<br>76<br>87 | 87<br>100<br>115 | 50<br>57<br>66 | 66<br>76<br>87 | 87<br>100<br>115 | 115<br>132<br>152 | 66<br>76<br>87 | 87<br>100<br>115 | 115<br>132<br>152 | 152<br>175<br>200 | 87<br>100<br>115 | 115<br>132<br>152 | 152<br>175<br>200 | 200<br>230<br>264 |
| 有指导的 | 57<br>66<br>76 | 76<br>87<br>100 | 100<br>115<br>132 | 132<br>152<br>175 | 76<br>87<br>100 | 100<br>115<br>132 | 132<br>152<br>175 | 175<br>200<br>230 | 100<br>115<br>132 | 132<br>152<br>175 | 175<br>200<br>230 | 230<br>264<br>304 | 132<br>152<br>175 | 175<br>200<br>230 | 230<br>264<br>304 | 304<br>350<br>400 |
| 方向性指导的 | 87<br>100<br>115 | 115<br>132<br>152 | 152<br>175<br>200 | 200<br>230<br>264 | 115<br>132<br>152 | 152<br>175<br>200 | 200<br>230<br>264 | 264<br>304<br>350 | 152<br>175<br>200 | 200<br>230<br>264 | 264<br>304<br>350 | 350<br>400<br>460 | 200<br>230<br>264 | 264<br>304<br>350 | 350<br>400<br>460 | 460<br>528<br>608 |
| 广泛性指导的 | 132<br>152<br>175 | 175<br>200<br>230 | 230<br>264<br>304 | 304<br>350<br>400 | 175<br>200<br>230 | 230<br>264<br>304 | 304<br>350<br>400 | 400<br>460<br>528 | 230<br>264<br>304 | 304<br>350<br>400 | 400<br>460<br>528 | 528<br>608<br>700 | 304<br>350<br>400 | 400<br>460<br>528 | 528<br>608<br>700 | 700<br>800<br>920 |
| 战略性指引的 | 200<br>230<br>264 | 264<br>304<br>350 | 350<br>400<br>460 | 460<br>528<br>608 | 264<br>304<br>350 | 350<br>400<br>460 | 460<br>528<br>608 | 608<br>700<br>800 | 350<br>400<br>460 | 460<br>528<br>608 | 608<br>700<br>800 | 800<br>920<br>1056 | 460<br>528<br>608 | 608<br>700<br>800 | 800<br>920<br>1056 | 1056<br>1216<br>1400 |
| 一般性无指引的 | 304<br>350<br>400 | 400<br>460<br>528 | 528<br>608<br>700 | 700<br>800<br>920 | 400<br>460<br>528 | 528<br>608<br>700 | 700<br>800<br>920 | 920<br>1056<br>1216 | 528<br>608<br>700 | 700<br>800<br>920 | 920<br>1056<br>1216 | 1216<br>1400<br>1600 | 700<br>800<br>920 | 920<br>1056<br>1216 | 1216<br>1400<br>1600 | 1600<br>1840<br>2112 |

## （二）海氏岗位评价法的六步操作流程

海氏岗位评价法是一种非常有效、实用的岗位测评方法，在企业的实际操作中，必须遵循一定的操作程序。很多企业在实施海氏岗位评价法时，因没有按正规的操作流程操作，导致测评结果的准确性大打折扣。

### 1. 标杆岗位的选取

规模稍微大一点的企业，岗位往往比较多，如果全方位进行岗位评价，评价者往往会因为被评价的岗位过多而敷衍了事，或者因岗位较多而难于对不同岗位进行区分，这样会使评价工作出现较多的偏差。

标杆岗位选择有以下三个原则：

（1）够用（过多就起不到精简的作用，过少非标杆岗位就很难安插、有些岗位价值就不能得到肯定）；

（2）好用（岗位可以进行横向比较）；

（3）中用（标杆岗位一定要能够代表所有的岗位）。

注意同一个部门价值最高和价值最低的岗位一定都要选取。

### 2. 准备好标杆岗位的工作说明书

工作说明书是岗位测评的基础，完善的、科学的工作说明书能大大提高测评的有效性。没有详细的工作说明书做基础，测评者就只能凭主观印象对岗位进行打分，尤其是当测评者不是对所有标杆岗位都很清楚的时候，测评者的主观性就会增大。

### 3. 成立专家评价小组

专家评价小组的人员由外部与内部两部分人员组成，企业外部的专家顾问能站在中立、客观的角度进行测评，同时还能培训内部测评人员的测评方法和技巧。企业内部的测评人员一般要求在企业任职时间较长，对企业的业务和岗位非常了解，在不同的部门任过职。企业内部的测评人员一定要有良好的品德，能客观公正地评价事务。

4. 进行海氏岗位评价法培训

这一步往往需要借助外部专家的力量。海氏岗位评价法是一门比较复杂的测评技术，涉及很多的测评技巧。在测评前，测评者一定要经过系统的培训，对海氏岗位评价法的设计原理、逻辑关系、评分过程、评分方法非常了解才能从事测评工作。

5. 对标杆岗位进行海氏评分

海氏岗位评价法的评分工作一定要慎重。科学的做法是海氏岗位评价法的培训讲师选出两个标杆岗位进行对比打分，详细阐述打分的过程和原由。同时选择一名测评者做同样的演示，直到所有的测评者完全清楚后为止。测评者学会打分后，并不要立刻进行全面的测评，可先选择部分标杆岗位进行测试，对测试结果统计分析，当专家认为测试结果满意后再全面铺开测评工作。如果一开始就全面展开测评工作，而测评结果因为测评者没有完全掌握测评技巧而不理想时，再进行第二轮测评会遭到很多人的反对。

6. 计算岗位的海氏得分并建立起岗位等级

计算岗位的海氏得分也很有技巧性。计算出各标杆岗位的平均分后，可算出每位评分者的评分与平均分的离差，对离差较大(超出事先设定标准)的分数可做去除处理。因为有些测评者为了本部门的利益或对有些岗位不熟悉而导致评分有较大偏差，在计算最后得分时务必要通过一些技术处理手段将这种偏差降低到最低限度。

各标杆岗位最后得分出来后，按分数从高到低将标杆岗位排序，并按一定的分数差距(级差可根据划分等级的需要而定)对标杆岗位分级分层。然后，再将非标杆岗位按其对应的标杆岗位安插到相应的层级中。

(三)海氏岗位评价法在实际操作中应注意的问题

海氏岗位评价法在实际操作中应注意的问题有如下几个。

(1)注意减少内部人操作的弊端。

(2)降低测评者的主观偏差。

　　① 精心挑选测评者。

　　② 有详尽的工作说明书。

　　③ 部分标杆岗位先进行测试。

　　④ 进行分析，差异大的要除去并调整。

(3)尽量结合到人的因素。

(4)根据企业的发展对测评结果进行阶段性调整。

(5)特殊岗位特殊对待。

(四)海氏岗位评价系统实际操作案例

利用海氏岗位评价法在评价三种主要付酬要素方面不同的分数时，还必须考虑各岗位的"形状构成"，以确定该要素的权重，进而据此计算出各岗位相对价值的总分，完成岗位评价活动。所谓岗位的"形状"主要取决于知识技能水平和解决问题的能力两要素相对于承担的职务责任这一要素的影响力的对比与分配。从这个角度去观察，企业中的岗位可分为三种类型，参见图 A-1。

根据这个系统，所有职务所包含的最主要的付酬要素有三种，每个付酬要素又分别由数量不等的子要素构成。

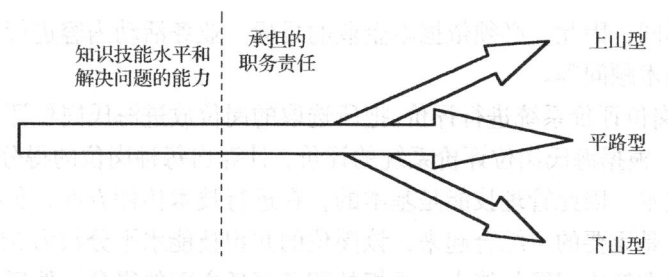

图 A-1 企业岗位类型

"上山型":此岗位的责任比知识技能水平与解决问题的能力重要。例如,公司总裁、销售经理、负责生产的干部等。

"平路型":此岗位的知识技能水平与解决问题的能力在此类职务中与承担的职务责任并重,平分秋色。例如,会计、人事等职能干部。

"下山型":此类岗位的责任不及知识技能水平与解决问题的能力重要。例如,科研开发、市场分析干部等。

通常要由职务薪酬设计专家分析各类岗位的形状构成,并据此给知识技能水平与解决问题的能力这两要素与承担的职务责任要素各自分配不同的权重,即分别向前两者与后者指派代表其重要性的一个百分数,两个百分数之和应为 100%。当然,海氏岗位评价法还涉及每个要素的评价标准和程序,以及评价结果的处理和形成一个企业的岗位等级体系等分析过程。

根据三种岗位的"形状构成",赋予三种岗位三个不同要素以不同的权重,即分别向三个岗位的知识技能水平、解决问题的能力两要素与承担的职务责任要素给予一个百分数,这两个百分数之和恰为 100%。根据一般性原则,我们粗略地确定"上山型"、"下山型"、"平路型"两组要素的权重分配分别为 40%+60%、70%+30%、50%+50%。

综合汇总时,可以根据企业不同工作岗位的具体情况赋予二者以权重。岗位评价的最终结果可用以下计算公式:

岗位评价分=知识技能水平得分+解决问题的能力得分+承担的职务责任得分

其中,知识技能水平得分和承担的职务责任评分,以及最后得分都是绝对分,而解决问题的能力的评分是相对分(百分值),经过调整的最后得分才是绝对分。

### (五)海氏岗位评价系统的优点、缺点

1. 海氏岗位评价系统的优点
(1)比较详细、具体,依据的要素比较确定。
(2)因为这种方法依据的要素是预先确定的,所以对各种岗位的评价比较客观。
(3)比较适合对管理类和专业技术类工作岗位进行评价。

2. 海氏岗位评价系统的缺点
(1)预先确定要素,使得理解起来比较困难,不易被人接受。
(2)需要真正的互动,并由进行岗位评价所涉及的各个方面做出决策,因此比较费时。
(3)当评价的岗位发生变化时,该方法不易做出调整。
(4)评价过程非常复杂,需聘请专家进行,因此成本较高。

3. 海氏岗位评价系统的具体实施步骤
(1)选取有代表性的评价岗位。在这一步,首先必须选取有代表性的岗位进行评价。各个

企业的具体情况不同，因此，必须依据本企业的目标、业务活动内容进行有选择地选取，如人力资源经理、技术顾问等。

(2)依据海氏岗位评价系统进行评价。把所选取的岗位放进海氏岗位评价系统，进行评价。

(3)确定分值。根据海氏岗位评价系统的评价，计算出每种岗位的得分。例如，技术顾问岗需要精通专业技术，因此管理技能是基本的，在进行技术传播方面，负有交流、培训的职能，因此人际交往是重要的。综合起来，该岗位的知识技能水平分数为350分。依此类推，可以评估技术顾问在解决问题的能力、承担的职务责任方面的得分。然后，依据得分情况，确定每种岗位的相对价值。

### (六)海氏岗位评价系统的应用

**案例分析**

下面是关于三个岗位的评价过程，读完案例后请回答后面的问题。

对小车司机班班长、产品开发工程师、营销副总这三个岗位进行评价，以全面了解和运用海氏岗位评价系统。

(1)现在根据知识技能水平评价表对小车司机班班长、产品开发工程师、营销副总这三个岗位做相应的知识技能要素价值的评价。

营销副总在企业中全面主管营销事务，而营销工作往往是企业中最难应付的工作，需要很高的管理技能，因此在管理技能方面应是"全面的"；营销副总要精通营销管理的各项专门知识，并要在下属当中树立起自己的权威性，方可充分调动广大营销人员的积极性，因此在专业知识技能方面应是"权威专门的"；在人际关系技能方面，他需要熟练的人际关系技能，这是"关键的"。因此营销副总的知识技能水平要素价值分为1400。

产品开发工程师负责企业的产品开发工作，要求有很高水平的专门知识，因此在专业知识技能方面应是"精通专门技术的"；在管理技能方面，因其主要工作是"独立开展研究工作的"，无须管理或很少有开展管理活动的必要，因此为"起码的"；在人际关系技能方面，应为"基本的"。因此产品开发工程师的知识技能要素价值分为304。

小车司机班班长在专业知识技能方面没有太多的要求，只需"高等业务的"；在管理技能方面，管理一批司机，工作简单，只需"起码的"；在人际关系技能方面，小车司机文化虽然不高，但均是为企业高级管理人员提供服务的，长期与高管人员在一起，因此在某种程度上有一定的特权，应付起来不太容易，需要最高一级即"关键性的"人际处理技巧。所以其知识技能要素价值分为175。

(2)在解决问题的能力方面，对这三个岗位的评价分析如下。

营销副总是企业市场的开拓者，每天都要面对瞬息万变的市场独立做出营销决策，很多情况下企业都缺乏明确的政策指导，其思维环境属"抽象规定的"。为了占领市场，营销副总需要开展高度的创造性工作，这些工作在企业无先例可循，其思维难度属"无先例的"。因此解决问题的能力便评价为技能因素价值的87%。

产品开发工程师在产品开发过程中受到行业规范、各种技术标准等的限制，其思维环境属第6级"广泛规定的"；但由于产品开发属于高度创造性的活动，也是无先例可循的，其思维难度属"无先例的"。因此解决问题的能力便评价为技能因素价值的66%。

司机班班长属于最基层管理者，管理活动受到企业各种规章制度和上级的约束，其思维环境属"标准化的";其管理不需要太多的创造性,基本上是"模式化的"。因此解决问题的能力便评价为技能因素价值的25%。

(3)在承担的职务责任方面,对这三个岗位的评价分析如下。

营销副总在企业内部地位很高,享有广泛的授权,行动的自由度高,属于"战略性指引的";全面主管企业的营销工作,所起的作用是最高的第4级"主要的";决策有时直接决定企业的生死存亡,其岗位工作责任是"重大的"。该岗位在这一要素的整体评分为1056。

产品开发工程师的行动自由度比较大,属于"方向性指导的";岗位工作责任不大,只有少量的影响;对工作后果形成的作用比较大,因为其对企业新产品开发和企业进一步发展有直接影响,因此属于"分摊"。该岗位在这一要素上的整体评分为264。

小车司机班班长行动自由度小,属于"标准化的";但因为是小车司机班的带头人,所起的作用是最高的第4级"主要";不过级别太低,对岗位工作的责任也属最"微小的"。因此该岗位在这一要素上的整体评分为57。

根据海氏岗位评价系统,营销副总属于"上山型",该岗位的责任比知识技能水平与解决问题的能力重要;产品开发过程是属于"下山型",该岗位的责任不及解决问题的能力重要;小车司机班班长属于"平路型",知识技能水平和解决问题的能力与责任并重。

(4)这样我们将这三个岗位在三个要素上的岗位评价得分及其相应权重汇总如下:

营销副总评价总分=1400×(1+87%)×40%+1056×60%=1680.8

产品开发工程师评价总分=304×(1+66%)×70%+264×30%=342.448

司机班班长评价总分=175×(1+25%)×50%+57×50%=137.875

资料来源:葛玉辉. 工作分析与工作设计实务[M]. 北京:清华大学出版社,2011.

# 附录B

## 美世国际岗位评价系统

美世国际岗位评价系统(International Position Evaluation System,IPE系统)是岗位评价的新方法,也是国际上最通用的两套岗位评价方法之一。IPE系统共有4个要素,10个纬度,104个级别,总分1225分。评价的结果可以分成48个级别。其中这套评价系统的4个要素是指:影响、沟通、创新和知识。

### (一)影响

影响要素考虑的是,岗位在其职责范围内、操作中所具有的影响性质和范围。并以贡献作为修正。主要考虑以下三个维度:组织规模;岗位在组织内部的影响;岗位的贡献大小。组织规模的定义:组织是指岗位所处的组织规模,组织内所有的岗位均按照确定的相同大小的组织规模进行评估。影响层次有:交付性、操作性、战术性、战略性、远见性。贡献维度各层级定义如下。

(1)有限:对于运作结果,仅有难以辨别的贡献;

(2)部分:对于结果的取得具有易于辨别的贡献,但通常是间接的贡献;

(3)直接:对于决定结果取得的行动过程有直接和清晰的影响;

(4)显著:对于结果的取得,具有显著的或根本的影响;

(5)首要:对于结果的取得起着决定性的作用。

## (二)沟通

沟通要素着眼于岗位所需要的沟通技巧。首先，决定任职者所需的沟通类型，然后再选定对岗位最困难和具挑战性的沟通的描述后决定。沟通要素主要考虑以下两个维度：岗位的沟通方式（如表B-1所示）、沟通架构。

表B-1 岗位的沟通方式

| 沟通方式维度各层级定义 | 解释 |
| --- | --- |
| 1. 传达<br>通过陈述、建议、手势或表情等进行信息传递 | 只需要获得或者提供信息，不需要对信息进行加工 |
| 2. 交互和交流<br>通过灵活的解释、表述，使对方理解 | 根据不同的时间、地点、情景，灵活的表述和解释事实、事件、政策等，使对方理解 |
| 3. 影响<br>通过沟通而非命令或外力使对方接受或改变 | 说服他人接受已确定的概念、观点和方法，沟通过程中可能需要根据对方的反馈对沟通内容进行少量的调整 |
| 4. 谈判<br>通过磋商和有技巧的相互妥协而把握沟通过程，最终达成一致 | 说服他人接受完整的方案或计划。沟通的内容可以包括短期的运作问题、中期战术性问题和具有部分战略意义的问题。沟通中需要根据实时的情况对沟通内容进行灵活的调整 |
| 5. 战略性谈判<br>控制对组织具有长期战略意义和深远影响的沟通 | 说服具有不同观点、立场和目的的人达成具有战略意义的一致意见 |

沟通架构是考虑岗位的沟通范围是企业内部还是外部，然后确定沟通双方的立足点、意愿是一致的还是分歧的。

## (三)创新

创新要素着眼于岗位所需的创新水平，首先确定对岗位期望的创新水平，然后决定该创新水平的复杂程度。明确岗位的要求：识别并改进程序、服务和产品，或者发展新的思想、方法、技术、服务或产品。创新要素主要考虑以下两个维度：岗位的创新性，如表B-2所示和岗位的复杂性。

表B-2 创新的维度划分

| 维度 | 层次 | 层次 |
| --- | --- | --- |
| 创新性 | 1. 跟从 | 和既定的原则、流程或技术对比，不要求变化 |
| | 2. 核查 | 基于既定的原则、流程、技术解决个别问题 |
| | 3. 改进 | 加强或改进某一技术、流程中环节的性能或效率 |
| | 4. 提升 | 提升整个现有的流程、体系或方法，做出重大改变 |
| | 5. 创造/概念化 | 创造新的概念或方法 |
| | 6. 科学的/技术的突破 | 在知识和技术方面形成并带来新的革命性的变革 |

创新的复杂性指岗位任职者创新的时候，需要自己解决的问题的复杂程度，可分为：明确的、困难的、复杂的、多维度的。

## (四)知识

知识是指工作中为达到目标和创造价值所需要的知识水平，知识的获得可能是通过正规教育或者工作经验，首先指定应用知识的深度，然后指出该岗位是属于团队成员、团队领导还是多个团队经理，最后确定应用知识的区域。知识要素主要测量以下三个纬度：确定知识要求、确定团队角色、确定应用宽度。

如表B-3所示，知识要求是指履行岗位职责所需要的必备的知识。知识的获得可通过正式的教育或工作经验获得。

表 B-3 知识要求

| 维度各层级定义 | 解 释 |
|---|---|
| 1. 有限的工作知识<br>掌握基本工作惯例和标准的基础知识，以履行狭小范围内的工作任务 | 岗位需要任职者在具备初级教育水平后，仅需要通过短期的入职培训几个星期或 1~2 月之内），则可以掌握岗位需要的知识 |
| 2. 基本的工作知识<br>需要掌握岗位特定的业务(商业、贸易)知识和技能或者需要精通某种特定技术/操作 | 此类岗位往往需要任职者具备专科以上的教育背景，或者在缺乏专业教育背景的情形下，拥有该方面 3 年以上从业经验，才可以掌握岗位特有的技能 |
| 3. 宽泛的工作知识<br>需要在一个专业领域内，具有多个不同方面的广泛的知识和理论 | 岗位需要任职者具备学历教育后，需要一段时间(往往需要 1~3 年的实践经验)的实践之后广泛了解本领域内多方面的知识，才可以胜任此岗位。或者，在具备中级教育之后通过长时间的实践掌握特定的技巧或操作方法 |
| 4. 专业知识<br>某个特定领域具备精通的专业技能和知识，并能够基于理论整合组织的实际 | 岗位要求任职者具备学历教育后，通过长期实践(往往需要较长时间的实践，例如 3~5 年)，在某个特定领域达到精通，可以在实际中深入地应用理论。或者岗位要求任职者对一个领域内多方面的知识原理具有宽泛了解，并需要具备此应用和指导他人的能力，可作为企业专家 |
| 5. 宽广的职能领域知识/资深专业知识<br>一个职能内各方面具备既深且广的知识和应用能力；对特定专业领域具备企业内部专家程度 | 岗位要求任职者在具备学历教育后，通过长期实践(例如需要 5~8 年)。胜任此岗位需要在一个职能内多个不同方面具备深广的专业知识、实践经验，可以指导本职能内各方面的工作。或者岗位要求任职者在一个职能范围内特定方面具备精深的专业知识，是行业专家 |

团队角色是指岗位要求以何种方式应用知识：将知识运用到自己的工作中，通过领导一个团队来运用知识，还是通过领导多个团队来运用知识，如表 B-4 所示。

表 B-4 团队角色

| 维度各层级定义 | 解释 | 要点 |
|---|---|---|
| 1. 团队成员<br>独立工作，没有领导他人的直接责任 | 岗位只需在职者独立工作发挥专长<br>如果岗位要求协调相关项目活动或要求在团队中指导他人，则可给予 1.5 的评分(例如项目经理)<br>如果岗位是一个室主任，但其直接下属不满 3 人，则给予 1.5 的评分。(例如企业管理室主任) | 无领导他人的责任 |
| 2. 团队领导<br>领导团队成员(至少 3 个)工作，分配、协调、监督团队成员工作 | 岗位要求领导一个团队，一个团队至少要有 3 个团队成员(个人助理和秘书不计算在内)。 | 领导一个团队，团队内至少有 3 个人以上 |
| 3. 多团队经理<br>指导 2 个以上团队，决定团队的结构和团队成员的角色 | 岗位要求领导多个团队，每个团队由一个团队领导进行管理<br>如果岗位负责直接管辖一个团队，同时间接管辖另一个团队(由另一个团队领导管理)，则给予 2.5 的评分<br>如果同时直接管理 2 个及以上的团队，但团队之间的工作性质相同，则给予 2.5 分的评分 | 领导两个以上团队 |

应用宽度是指岗位要求运用知识的宽度或环境,反映了岗位知识运用所覆盖的地理范围，如表 B-5 所示。

表 B-5 应用宽度

| 维度各层级定义 | 解释 | 要点 |
|---|---|---|
| 1. 本地<br>一个国家，或者具有相似经营环境的相邻国家 | 岗位要求只需在一个国家范围内运用知识和技能。如果岗位覆盖范围为具有相似经营环境的相邻国家(如新加坡和马来西亚)，则评分也为 1。如果岗位需要在一个大洲的一部分国家(如东南亚)运用知识，则评分可为 1.5 | 岗位的职责范围在一个国家内 |
| 2. 洲际<br>洲际地区(欧洲，亚洲，拉丁美洲) | 岗位要求在一个地区内的几个国家内运用知识和技能。如果岗位覆盖范围为 2 个地区(如欧洲和亚洲)，则评分为 2.5 | 岗位要求负责一个大洲内多个国家内业务的运作 |
| 3. 全球<br>全球所有区域 | 岗位要求在全世界所有地区运用知识 | 岗位要求负责全球所有地区业务的运作 |

在对具体岗位评价之前，首先要确定组织的规模。可以想象一个万余人的跨国公司和一个二三十人的小公司如果不进行调整是不能在同一个平台上进行比较的。基于这个特殊的要素，需要考虑企业的销售额，员工人数和组织类型，来放大或缩小组织规模。例如，一个带研发机构和销售部门的"全功能"制造型企业，可以获得销售额20倍的乘数，从而极大地放大其组织规模。销售型企业一般的乘数为5，而配送型企业一般为4。另外员工人数也是一个重要规模要素，管理500人和管理5个人的岗位要求显然不同。借助这个要素调整，美世国际岗位评价系统可以把不同规模不同类型的企业置于同一个比较平台之上。

### 案例讨论

#### 某公司岗位评价

A公司在进行了工作分析，获取职位信息以后，着手进行岗位评价，以确定岗位的相对价值。为合理的确定岗位相对价值，A公司成立了以人力资源部经理为首的岗位评价小组，并邀请了外部专家参与岗位评价过程。在外部专家的建议下，A公司采用了国际通行的IPE码作为岗位评价的工具，为保证岗位评价工具的科学性，岗位评价小组没有对岗位评价方案进行修正。

A公司共有80多个岗位，有管理类、技术类、营销类三种职位类别，岗位评价小组从中选择了约30个岗位作为标杆，标杆岗位的选择是按照纵向的职位等级进行选择，没有考虑横向职位类别的因素，这一疏漏为以后的岗位评价方案的扩展埋下了隐患。

为保证岗位分析的公平性，A公司采取了三方评价的方式：上级评价占40%、专家评价占30%、员工个人评价占30%。岗位评价方案下发后，立刻在员工中引起了较大的反应。首先由于事先没有进行培训，员工根本不理解进行岗位评价的意义和作用；其次，由于岗位评价方案过于专业，员工很难对各种描述准确把握，经过一番争论，大家渐渐对岗位评价失去了信任；最后由于个人对方案中的表述理解不一样，每个人对自己岗位的评价都超出了常理，最为可笑的是公司行政文员对自己岗位的评价得分居然超过了行政人事总监。

通过这种方式收集的岗位评价数据当然不能使用，只有放弃这一途径，采取人力资源部门会同直接上级评价和专家评价的方式确认岗位的价值。在这一评价的过程中，遇到了一个致命的问题：技术类岗位的评价结果平均水平低于管理类岗位，这一结果显然和公司倡导的薪酬分配向技术人员倾斜的导向不相符合，而按照这一结果所得的薪酬显然不利于留住这些核心人员、经过七拼八凑，终于拿出了岗位评价方案的初稿。

岗位评价方案一经出台，立刻在员工中引起轩然大波，员工纷纷将自己岗位的结果与其他岗位进行对比，然后通过正式或非正式渠道向公司反应。岗位评价小组经过仔细审查，发现确实有很多岗位横向对比有很大的出入，在岗位评价的各维度上，各岗位也缺乏可比性，甚至出现在"沟通"维度上，人力资源部文员的得分比营销部主管还要高，这些显失公平的地方，成为本次岗位评价最为薄弱的被攻击环节，直接导致了岗位评价的最终失败。

**讨论题：**

1. A公司岗位评价过程中出现了哪些问题？为什么A公司的岗位评价最终会失败？
2. 在岗位评价中，员工应有多大的参与程度，是不是应完全公开透明？
3. 技术类岗位应如何确定其报酬水平？
4. 岗位评价的适用范围是什么？

# 第十一章
# 工作分析的未来发展趋势

过去习惯于把工作看做是一种职位,现在它是一项任务,不过在未来,它将成为一种关系:工作就是多个独立人之间的相互作用。
——Jacob Morgan《重新定义工作:大连接时代职业、公司和领导力的颠覆性变革》

**学习目标**
1. 掌握工作分析的内外部环境的变化;
2. 掌握工作分析所面临的挑战;
3. 了解目前工作分析的最新动态。

### 案例导入

#### 不拉马的士兵

一位年轻有为的炮兵军官上任伊始,到下属部队参观演习,他发现有一个班的11个人把大炮安装好,每个人各就各位,但其中有一个人站在旁边一动不动,直到整个演练结束,这个人也没有做任何事。

军官感到奇怪:"这个人没做任何动作,也没什么事情,他是干什么的?"

大家一愣,说:"原来在训练教材里就是这样编队的,一个炮班11个人,其中一个人站在这个地方。我们也不知道为什么。"军官回去反复查阅军事文献,终于发现,长期以来,炮兵的操练条例仍因循非机械化时期的规则。站在炮管下的士兵的任务是负责拉住马的缰绳(在那个时期,大炮是由马车运载到前线的),大炮一响,马就要跳就要跑,一个士兵就负责拉马。这样也方便在大炮发射后调整由于后坐力产生的距离偏差,减少再次瞄准所需要的时间。现在大炮实现了机械化运输,不再用马拉,已经不再需要这样一个角色了,但操练条例没有及时地调整,因此才出现了"不拉马的士兵"。军官的这一发现使他获得国防部的嘉奖。

"司空见惯"是组织中过时的机构设置得以存在的症结。机构设置、人员安排以什么为标准?——实效!一个良性运转的组织必须具有不断剔除"不良(或过时)孳生物"的新陈代谢功能,否则就会人浮于事,组织的活力会被这些"孳生物"消耗掉,逐渐僵化、死亡。从组织的角度来进行分析,这实际上是一个组织工作系统的优化过程。"人得其事,事得其才,人尽其才,事尽其功。"每一个企业、每一个组织都应该检视一下,自己那里是否有"不拉马的士兵"?

资料来源:华业.管理鸡汤[M],北京:中国商业出版社,2010.

**讨论题:**
1. 外部环境的变化如何对组织中的岗位产生影响?
2. 如何在组织中发现"不拉马的士兵"?

# 第一节　工作分析的内外部环境分析

没有什么比变化更必然。未来的世界将会与我们今天所看到的世界不一样。虽然改变是肯定的，但预测变化的形式，特别是人们对变化的反应会怎样是无法确定的。我们这一章的任务是讨论未来，基于我们今天所看到的趋势，这是个几乎正确的决定。

## 一、工作条件的变化

### (一)社会环境的变化

首先是价值观的变化。价值观会间接地影响人们的工作取向、工作地点以及工作的时间。许多受过高等教育的人渴望从事的工作富有挑战性而且有意义。他们认为，工作是对自我的挑战和个人实现自我发展的手段，同时也是为他人谋福利的工具，这会影响到他们从事工作的态度和目的。另外，越来越多的年轻人形成"享受生活"的态度，必将对工作方式产生深远的影响。

其次，教育年限的延长以及教育水平的提高，企业内部员工的平均年龄在逐渐增长。许多职业男性与女性比例已基本相当，如律师和心理学家。企业国际化以及本土化战略的推行，促使企业内部劳动力日益多元化。

社会环境的变化对工作的影响可能有：其一，工作适应人，而不是人适应工作；其二，受过高等教育的员工，在个人发展及工作中接受的挑战将会越来越复杂；其三，在工作中不同背景员工之间的沟通与交流显得越来越重要。

### (二)技术的变化

随着计算机的功能日益强大，价格越来越便宜，计算机技术将在工作中得到更加深入和广泛的应用。在制造业，许多曾由人来进行的操作，现在都由工业机器人来完成。人在制造过程中的角色发生了改变。工人从装配线上解放出来，逐渐从以"手"工作转变为用"脑"来工作。

有研究人员指出，现代计算机技术对于办公室人员的工作产生了许多不利的影响。如由于对工作的细分导致了技能丧失，广泛采用新技术增加了员工的心理压力，计算机的使用给员工带来了许多健康问题。

技术对工作的影响，较为著名的是Coovert(1995)教授提出的"计算机支持团队、增强型现实和普适计算"。

计算机支持的团队是指以计算机作为最主要的沟通工具，团队成员利用因特网中的电子公告板(BBS)互发电子邮件，或者直接利用网络进行影像和语音的实时传送，进行数据共享，实现团队成员之间的相互支持。在增强型现实系统中，计算机的屏幕是参与者观察虚拟境界的一个窗口，在一些专业软件的帮助下，参与者可以在仿真过程中设计各种环境。普适计算指的是计算机无处不在。在办公室有很多根据心理学原理设计的各种类型的计算机，可以为员工提供无所不在的服务。

技术的飞速发展会影响工作的方式，如由人还是机器来完成某项任务，将对未来的工作组织方式产生重要的影响。

### (三) 组织经营环境的变化

未来组织的功能将会持续发生变化，何种组织形式最有效率，还依赖于组织的环境、战略和技术。Sanchez 和 Cascio 指出，未来的全球竞争将会更加激烈，工作任务的分配将越来越灵活，层级将会减少，员工直接进行沟通。而学者 Davis 提出了"无边界组织"的概念。

为了完成组织目标，员工可以积极去做组织最需要做的事情。员工拥有决策和执行的权力，而不用得到高层管理者的允许。Cascio 阐明了组织工作从基于任务向基于流程方向的转变，为内部或外部顾客创造价值。未来的组织主要依靠自我激励，经理们的职责就是激励员工努力工作，绩效评价将以团队或工作单元的成果作为考核的标准。

## 二、工作和工作分析的发展趋势

许多学者对工作分析进行了批评，他们认为，工作分析是一种束缚，限制了工作的边界。有学者则认为出现这种情况的主要原因并不是工作分析本身，而是由工作分析目的的多样性造成的。另外，有许多学者则提出工作研究应该取代工作分析。还有其他学者则采用工作剖面来代替工作分析。

### (一) 工作的含义和工作分析

工作分析作为人力资源管理体系、组织和工作系统的基础性管理环节，在未来仍然有巨大的发展潜力和不可替代的重要性，尤其对中国而言，更是如此。然而，社会、商业环境和科学技术水平都在发生重大变化，这些变化在深刻影响着管理思想和管理实践，其对工作分析提出的挑战不容小觑。只有积极应对这些挑战，适应环境提出的新要求，工作分析才能持续保持强大的生命力。

未来的管理最突出的特点在于，至少一部分工作将越来越灵活，工作与工作之间的边界将更加模糊，更具动态性。学界对工作分析的批评往往来源于认为工作分析旨在增加工作之间的界限，而非减少这种界限。而一些观点认为，增加工作界限的原因不在于工作分析本身，而在于工作分析的目的，即狭隘的工作描述。也有学者认为，应该用团队工作分析取代传统的工作分析。

社会、商业环境和科学技术的变化将为工作分析带来怎样的挑战？首先，工作分析需要提供更多的工作相关信息，以使人力资源管理更好地为组织的成功作出贡献；其次，技术方面的变化为工作分析和更新信息带来新的机会。下面从描述项、信息的来源、信息搜集的方法及分析单元方面剖析工作分析可能的发展。

1. 描述项

描述项是在工作分析过程中用于描述工作特征的术语。通常，我们关注工作中人的特征及对工作本身的描述。有许多更明确而具体的实例，如握力和钳子的使用。在工作变得越来越灵活、复杂和以团队为导向，并且与新技术相融合的时候，工作分析应该关注哪些特征才能抓住工作的本质呢？一个潜在的有效应对这些工作模式和工作本身变化的方式是胜任力模型，随着该模型的普及，人们会乐意使用它。

1) 灵活性

工作在员工和管理人员之间、专业知识领域和组织功能之间将拥有更少的界限。员工的工作职责会经常变化，工作分析可以以许多方式应对这些变化。一种方法是简单地把工作定义得更宽泛，所以一个人的工作是他或她在给定的时间范围内可能接触到的所有工作。例如，目前的员工轮岗可以减少员工的倦怠感。美国劳工部的工作分析手册建议把所有此类可轮换工作作为一个工作来看待，此工作有若干构成部分。这个方法除了要求一个更全面的观点外，不需要工作分析做出任何革新。

但是假设这些工作职责变化不仅迅速，而且变化的方式不可预测。在这种情况下，几乎不可能基于工作职责来编写一个有意义的工作说明书。当然，在人们可以管理的工作职责中，可以改变的工作职责数量是有限制的，例如，伐木工人在短时间内不会成为吹玻璃工，反之亦然。心理学家和生理学家之间也不可能轻易转换。但是，如果我们不能预测工作职责是什么，我们如何进行工作分析呢？

一个可能解决的方案是，把分析建立在职位本身所需的宽泛特征上，而不是某些工作职责所需的特定特征上。不管员工工作职责是什么，这些宽泛特征都是重要的，比如说责任心。从极端情况来看，在仅有某个职位的目的，但是完全不了解做哪些事情能够达成怎样的目的时，工作分析能够做的就是关注一般性的工作特征和工作者特征。假设一份工作是以旅行代理人或者大巴司机的身份确保一个旅行团顺利地从广州到桂林，那么工作分析的任务就是找出旅行代理人或大巴司机需要具备什么素质以达成此目标。当然，在多数情况下，工作达成手段的信息并非完全缺乏，只是不够完整，此时工作分析仍可以在一定程度上依照常规进行。然而，考虑一个不那么极端的情况，我们有一些关于如何完成工作的想法，即使没有所有的细节。例如，我们的医疗照顾团队（基本上是护理）的任务分配变化取决于团队成员。在这种情况下，我们仍然可以继续展开工作。

2）人格特征

有一类描述项对于灵活性高的工作来说很有意义，就是人格特征。有研究开始使用大五人格理论作为理论依据，确定工作的人格特征要求，或者至少是处理广泛的特征。五大人格理论将大量人格特征整合为五个维度，即经验开放性（好奇的、冒险的），责任心（尽责的、遵从的），外向（合群的、支配的），宜人性（团队成员、合作的），情绪稳定性（焦虑的、消极的）。很难想象，工作的责任心不会成为资产。研究发现，艺术家需要较少的责任心，或许是因为缺少服从，独立性较强；宜人性高的人能够更好地胜任团队工作；而情绪稳定性低的人不适宜做团队成员工作；经验开放性对于某些职位特别重要，如旅行代理人；外向性对销售类职位非常有用，等等。

Raymark等（1997）开发了与人格相关的职位要求量表（Personality-Related Position Requirements Form, PPRF），这有助于我们根据相关的大五维度评估工作的人格要求。其实，职业信息网站包含工作风格方面的信息，其中有大量人格特征的内容。

尽管宽泛的人格特征可用于工作分析，特别是责任感维度，已经被证明与工作绩效有一定的关联。但目前尚不清楚，宽泛的人格特征是否是工作绩效最有效的预测指标。虽然它仍然是有争议的，但是有理由相信，随着工作和工作环境类型的变化，一些更具体的性格特征会更有效地预测绩效。如果是这样，我们可能会看到基于更集中化的人格特征的工作分析技术问世。我们还注意到其他的人格要素，如价值观、自尊和控制点，它们与大五人格理论有部分内容重叠但也不完全相同。这些特点对工作分析也有一定启示。此外，当我们希望员工与组织相适应，而不只是与工作相适应时，价值观等各种属性可能会显得更加重要。关于收集个人性格特征数据的最后一个挑战，是大多数的描述项非常符合社会需要。换句话说，它们几乎总是认为每个人都应该拥有积极属性或"美德"。例如，职业信息网站包括那些个人性格特征：可靠性（可靠、负责任和履行义务）和完整性（诚实和道德）。很难想象这样一个情况，对每项工作而言，这些特点并不是非常重要。正因为如此，可能发生的是，每一份工作都会对这些特征给予很高的评价。这限制了它们的用处，因为在工作中几乎没有区别。

3）人际关系

传统的工作分析没有在搜集人际关系信息方面做出努力。Sanchez 和 Levine 描述了一个例子，一个制药厂绩效的决定性要素之一在于生产主管与质检员的关系如何，而这种人际关系却没有反应在任务清单中。人际关系对于团队工作、服务行业以及需要与不同背景和文化的人一起工作的行业来说非常重要。两类描述项对于人际关系的要求分析有着很大作用，分别是人格特征和人际技能。可以用到的典型人格特征是宜人性、对他人需要的敏感性以及偏好与他人一起工作。与他人相处的能力是另外一个着眼点，功能性工作分析提供了一系列与人相关的功能，如听取工作指示、交换信息、转移、教练、说服、给予指示、处理问题、监督、谈判以及辅导。这些描述项可以奠定技能要求的基础。此外，职业信息网络有几个域描述项，它们关注人际关系方面的工作。这包括社交技巧（例如，社会洞察力、协调、说服）和广义工作活动。虽然这些描述项不能直接定义人际关系的质量，但是可以作为建立量表或其他判断工作人际需要的工具的基础。

4）团队

团队由各个具有不同角色的团队成员组成，这些成员为有价值的团队工作成果承担共同的责任。例如，坦克团队通常由一个驾驶员、一个射击员和一个指挥者构成，他们工作的共同目标是消灭敌人并生存下来。尽管其他人在工作中的重要性是显而易见的，团队导致人际关系的重要性成为人们关注的焦点。因为团队成员相互依赖地工作，人际关系的困难将为整个团队带来问题。工作分析团队可能关注团队成员间的相互依赖关系以及他们对彼此角色的理解，即"共享心智模型"。

5）顾客服务

好的顾客服务也取决于人际关系质量，这种质量难以在工作职责清单中体现。Gronroos 描述了服务的功能质量，这种质量关注的是服务传递到顾客的方式、方法。在这里，工作分析感兴趣的特征包括服务导向、使用策略和外交手段询问等技能。

6）文化

面对日益激烈的全球竞争，企业向世界各个地方派出业务代表，管理者经常需要在其他国家工作。在美国，日益普及的团队工作意味着员工需要与不同背景和文化的同事共事。在这些情况下，如何与不同肤色、价值观和习俗的人相处是值得关注的问题。也许灵活性和经验开放性等特征对于甄选能够适应这种工作环境的员工具有启示意义。在这种情况下，招聘到外国工作的员工，工作要求的描述项中应该包括了解当地文化习俗一项。外籍管理人员可以使用这些知识并根据当地文化规范来调整他们的行为。在外国文化下，管理者需要了解当地对权力距离的要求。在一些地方，高层员工可以与低层员工社交；而在其他地方，他们不能。与此相一致，Shin 发现，外籍人士在高权力距离的国家倾向于更频繁地执行管理活动和监视控制资源。此外，Shit 等发现，在集体主义文化中工作的外国人更多地关注行为相关关系的发展，因为这些文化倾向于强调人际关系的重要性（相对于个人主义文化）。

7）角色

考察职位所承担的角色也是一个可能的工作分析发展方向。着眼于角色比传统的工作分析方法更能鼓励人际活动和组织公民行为。角色是组织期待某个职位的任职者的特定行为模式。与行为准则相同，角色定义了在特定情况下受鼓励的行为和不受鼓励的行为。明茨伯格发现的管理者角色就是很好的例子，他描述了管理者的三类角色，并且把每一类角色划分为若干种特定角色，如表 11-1 所示。

表 11-1 角色分类

| 角　色 | 人际关系角色 | 信息传递角色 | 决策制定角色 |
| --- | --- | --- | --- |
| 划分的特定角色 | ·挂名首脑<br>·领导者<br>·联络者 | ·监听者<br>·传播者<br>·发言人 | ·企业家<br>·混乱排除者<br>·资源分配者<br>·谈判者 |

尽管这些角色没有直接提供人际关系质量的描述项，但是它们与处理人际关系紧密相连，因此为工作分析新的组织形式提供了新方法。

另一个与明茨伯格的管理者角色理论类似的研究结果是 Hersey 和 Blanchard 定义的团队过程角色。这一理论描述了团队中个人行为所代表的角色，对于理解团队和团队合作有重要作用。这些角色包括以下方面。

(1) 建立。通过定义问题、对分工提供建议以及建立框架结构帮助团队开始一项任务。这一角色通常包括设定目标、保持方向、防止努力方向的偏离。

(2) 说服。这一角色指对一系列活动进行说服，包括信息搜集、鼓励他人尽力投入以及支持讨论过程中合理的异议。

(3) 承诺。这一角色包括概述团队目前在任务上取得的进展，此角色的担任者将给予一系列行动方案让团队来决策，并试图让每个人参与进来并且达成决策。

(4) 参与。这一角色在于做一名好的听众，如鼓励他人发言等。这不一定指要完全同意他人的观点，而是对他人给予适当的关注。

这一理论在工作分析上与明茨伯格的理论有相同的应用。然而，Hersey 和 Blanchard 提供了每一种角色中体现出良好或较差绩效的行为描述项，这些描述项也许能够与人际互动质量有很好的联系。

8) 工作设计特征

Campion 认为工作设计的某些方面应该体现在未来的工作分析技术中。他的多方法工作设计问卷包括了以下四类描述项：机械的、动机的、认知的以及生物的。举例来说，这些类别的描述项包括重复性、自主性、照明条件、生理忍受要求。Campion 指出，使用这些特征作为工作分析的一部分可以明确以下方面：① 选标准；② 招聘和甄选中的差异性；③ 作变化的可能方向；④ 新工作的产生。

工作设计也可以用于提升系统信度。比如，一种称为差异分析的技术可以用于找出制造过程中目标状态与实际状态之间的差距，从而对工作过程做出相应的改变，以及早地发现、纠正或者防止这些差距的产生。同样的逻辑可以应用于未来可能流行的项目团队身上。通过分析有问题的工作，项目组对于项目推进中可能产生的问题会有更清醒的认识，从而能够更好地防止问题产生或者更恰当地处理问题。

9) 任务之间的联系

传统的工作分析得到的结果通常是任务清单、任职者要求，或者两者兼有。在工作职责方面，每个职位形成一个金字塔结构。其中，职责在最顶层由若干工作任务组成，而工作任务则由最底层的工作活动组成。在任职者要求方面，有若干"有能力做"和"有意愿做"的特征。除了对"时间研究"和"动作研究"的分析外，这些任务和特征之间的关联被忽略了。

未来的工作分析方法很可能进一步揭示工作任务、任职者特征之间的联系。

### 10) 心智表现特征

使用脑力的工作逐渐超过了使用体力的劳动，这也导致工作越来越不可见。如提出假设就是无法观察到的工作内容。一种被称为认知活动分析的技术可以用来更好地理解脑力工作。这种技术试图找到脑力劳动者在工作中的心智表现特征，以及如何使用这些表现特征来达成工作目标。举一个简单的例子，披萨送餐人员要用车去送货，结果这车发动不了。这个人就会对车发动不了的原因提出一个假设（这样的表现称为心智模式）。这样的假设是为了有效地诊断和解决问题。例如，当汽车熄火时，变速器还是会保持运作而不是停止。另外一种情况，这个披萨饼外送员脑中有一副详尽的城市地图，可以帮助他在最短的时间内将披萨饼从餐厅送往顾客手中。

认知活动分析的一般形式要求主题专家（通常是任职者）提供工作中不同事物之间的关联性。工作分析专家使用这些信息来表示所有活动之间的关联，然后得出一个构架，这个构架可以表示所研究的任职者的认知模式。比如，Prince 让飞行员把各种飞行问题按照其相似性归类。然后，使用一种多维度缩放比例的技术，经过分析之后发现了飞行员对飞行问题分类的依据，其中最重要的有提出解决方法的时间压力，以及是否需要其他人参与问题的解决。

认知活动分析不仅包括工作任务分析，还包括概念和概念之间关系的分析。因此，概念间的关系是通过连通性、接触、类似或相近的任务、概念、彼此的行为来描述的。换句话说，认知任务分析提供定量数据来解释事物间的关系。这种方法被称为认识地图。

认知活动分析可能会提供一个证据的来源，以保证用于选择的测试的有效性和确定培训计划的内容。

### 11) 流程图或时间图

流程图显示了工作任务之间的联系信息，以及系统状态和决策点的信息。有时也可称为"工艺流程图"。它可以展示如何完成工作以达到特定的目标。

### 12) 新量表

在工作分析中经常使用的等级量表包括职位的重要性、学习的困难程度、是否需要培训等信息。组织的注意力越来越集中在它们的核心竞争力上，即独一无二的竞争优势，因此它们也倾向于把非核心的组织职能外包。例如，一个企业可能会让其他企业来负责维护它的计算机和员工招聘工作。一些公司正在尝试在他们的组装厂建立供应商工作站。在未来的工作分析中，若工作再设计与外包某些功能的目标结合，可能需要此类评级量表来考察工作职责影响核心功能的程度或工作职责可以外包的可行性。相似的，这可能对识别特定工作的核心业务和主要影响方面是有帮助的。工作可以通过重新设计来保留对岗位或组织有核心作用的部分，其他分析关注岗位作为一个整体对组织战略任务的重要性程度。那些被视为非核心业务可能就是外包的候选部分。最后，由于客户服务逐渐成为组织的最主要目标之一，评价工作职责对顾客服务的影响的量表也有可能出现。例如，前面提到的"胜任力"，工作分析难以与组织战略相联系是现有工作分析方法的缺陷所在，而这些评级量表能弥补这一缺陷。

### 13) 胜任力

很明显受到 Prahalad 和 Hamel 关于企业核心竞争力的著作影响，胜任力模型正在业界日益流行。核心竞争力的思想关注那些构成企业（非个人）竞争优势的核心技能，而胜任力模型关注的是支持组织竞争优势的个人人格特征。这些特征具有宽泛的特征，而不是针对某些具体工作职责。然而，学界对胜任力还未达成一致，有两类主流观点：第一种观点认为，胜任力是指与高绩效相联系的知识、技能、能力或特征；第二种观点认为，胜任力是指那些达成工作目标所需的可测量工作习惯和个人技能的书面表达。在企业接受的咨询服务中，胜任力模型包括结果驱动、计划、创新性等。

对于胜任力模型是比工作分析更优越还是胜任力模型其实是工作分析的另一种表达方式，学界一直存在争论。在Shippmann等人所做的研究中，向来自各个领域的专家发放问卷，以便系统了解工作分析和胜任力模型之间的差异和相似性。此研究的结论表明，在10个评价项中，除了"与企业目标和战略的联系性"一项之外，其他方面工作分析都比胜任力模型更优越。在"与企业目标和战略的联系性"方面，工作分析虽然可以搜集更详细的信息，但是却不能比胜任力模型更好地确定它所搜集的信息是否符合组织价值。而胜任力模型在证明所搜集的信息的价值方面，无疑做得更出色。

胜任力模型的建立通常需要较好地了解组织背景、战略和目标，而且，胜任力模型建立的结果可以很好地与组织期望的结果相联系。未来的工作分析应该试图取得相同的效果。

### 2. 信息的来源

传统工作分析最常用的信息来源是任职者。尤其是使用任务清单法时，任职者拥有工作所有的重要信息。另一个常用的信息来源是工作分析专家和任职者的直接主管，除此之外的主题专家极少用到。未来，任职者可能仍然是最常用的信息来源。理由是任职者最了解职位，可以提供高质量的职位信息。然而，其他信息来源在将来也可能获得更多的应用。

#### 1) 顾客

服务在经济中日渐占据中心地位，员工与顾客或客户的关系也因此日渐重要。顾客可以提供工作如何设计以及工作绩效标准如何制定的有价值信息。顾客焦点小组可以为工作分析带来丰富的信息。除此之外，零售商还使用"神秘顾客"来了解顾客服务的真实情况。为神秘顾客提供服务的员工不知道这些顾客也是公司的员工。经过系统培训的神秘顾客往往对他们所接受的服务进行系统观察。这种神秘顾客也是服务类岗位很好的信息来源。

外部和内部顾客都可以作为信息的来源。内部顾客是指公司内部那些使用其他职位的产出作为本职位投入的员工。比如，在汽车代理公司里，维修部的员工是配件部门(存储汽车配件的部门)的内部顾客。通过对工作流程的梳理，可以得到共同把一种或多种投入转化为产出的一系列职位，而这些职位不一定组成团队。然而，通过讨论流程的关键节点，这样的职位群可以提高工作质量。Sanchez和Levine描述过一个在高科技电子公司的项目，他们将来自多地区的员工集合到一起，这个小组能评估在当前工作中的缺陷并推荐解决方案。

#### 2) 专家

任职者不一定能够对自身工作做出最佳判断。体力劳动者常常是最不容易抱怨工作劳累的人，可能因为他们已经做好了辛苦工作的准备；暴露在噪声环境下的生产工人也往往感觉不到噪声。再如，与培训者或教育专家相比，任职者本身可以对学习的难度做出更准确的判断。有心理学背景的专家来评估抗压能力可能是最好的。毫无疑问，与任职者相比，专家们可以对工作特征做出更准确的判断。

除了专家外，可以组织专门小组提供工作分析所需的信息，这样会比大样本搜集信息更经济、省时。研究显示，这种专门小组提供的信息与大样本一样具有代表性。然而，专门小组提供信息最后得到的工作分析结果是否与大样本得到的工作分析结果相同，以及专门小组的人口统计学特征是否会对工作分析结果造成影响等问题，还需要实证研究的进一步证明。

3) 计算机

在自然科学中，计算机常常用于预测情况变化带来的影响，如预测全球变暖情况下的气候变化模式。人类生理和心理在座位舒适方面、噪声预测等的模式判断中提供了充足的数据。尽管人对于工作职责和职位情境的反应比自然科学的预测更为复杂，但是计算机模拟的员工反应模型可以很快出现，用于预测工作的变化可能引起的结果。Polito 和 Pritsker 描述了两种不同的计算机模拟系统，用来分析人工操作员的绩效。因此，在可以预见的未来，计算机模拟模型也将成为工作分析数据的来源之一。

3. 信息搜集的方法

最常使用、最传统的收集数据的方法包括工作观察法，与任职者或专门小组的面谈法和问卷调查法。较少使用的方法有工作日志法、机械仪器记录法、工作绩效记录法。我们在数据来源中发现，那些经常使用的方法今天还将继续运用，然而，受到技术进步的影响，一些新的数据搜集方法将会出现。

1) 计算机网络

因特网的广泛使用（或组织内部的局域网）可能会对数据收集有广泛的影响。通常以纸笔类问卷调查来执行的任务将日渐被网络操作代替，特别是对于需要使用计算机的岗位（即使纸笔类测试已经被点击式测试所替代）。因为被调查者可以将信息直接输入计算机，节省了打印和邮寄问卷的工作时间和费用。这种沉闷的、易于出错的键控数据输入工作需要对已完成的调查进行处理。因特网的管理会有自己的问题，包括调查问卷的视觉效果差异（在不同机器上问卷的视觉效果不同），如何确保被调查者的匿名性，如何确保数据的完整性，如何防止黑客攻击或非样本范围的回答者的参与。因此，计算机的问卷操作会受到信息质量问题的挑战。一个没有解决的问题是：基于网络的调查是否会产生与纸笔类调查相同的结果。在相关领域的调查中（员工的工作满意度调查）已经测试过纸笔类和基于网络的测量方法之间的可比性。Donovan 等发现两种不同方法之间的回应是相似的，即问卷类型不会影响调查结果。另一方面，Levine 等发现，在两种分离的研究中，网络调查的回应率被认为是低于纸质类回应率的。尽管这些结果的总体趋势在上升，但推广到工作分析文本内容的这些结果仍不清晰，某种程度上是因为工作分析调查问卷比简单的态度调查问卷更长和包含更多的内容。由于这些原因，计算机管理对数据质量的影响是一个重要的调查事项。

因特网也将改变专家小组会面的方式。网络也将改变专家小组会面的方式。面对面的交流不再是必需环节，专家小组可能更多采用在网络上视频会议等的方式。随着技术进步，网络视频方式将越来越接近真实会面的效果，同时节省了大量的交通费用。

2) 电子绩效监控

计算机在未来将会充当收集数据的角色。现在，卡车租赁公司已经安装计算机来追踪卡车的速度、空闲时间和卡车的实时位置。在需要使用计算机的工作中，计算机自身能实时记录每次按键的点击和鼠标的移动轨迹。这种功能完全可以实现对工作绩效的详细分析。计算机可以用摄像头拍摄并传送计算机操作者的照片。在现有的技术下，计算机能收集和储存大量的关于工作绩效的信息。但是，计算机还无法理解它们记录下来的信息的意义。例如，一台计算机可以每隔60秒拍摄操作电脑的员工的照片以及记录下他们正在操作的文件。但是，计算机可能无法理解他正在做什么以及辨别员工的身份。但这两点在不远的未来可以改变。计算机现在在一些城市中监控公共场所，可以识别已知的嫌疑犯并当他们出现时通知警察。运用一些编程，计算机能识别一个人是否在打字、写代码、制作预算，甚至在互联网下载东西，即识别员工是否在做与工作无关的事情。随着计算机在辨别人们在干什么时变得更加有经验，电子绩效支持和监控系统应用的可能性将会呈指数级增长。未来岗位分析中一个关键问题是，当我们运用电子绩效支持和监控系统时，是否应该依赖于人对任务执行频率或在任务上花费的时间这些因素的估计，这些因素的估计可能给我们带来更可靠和有效的数据吗？

当然，电子绩效支持和监控系统涉及道德问题。如今，企业服务热线全程记录已是司空见惯的事，例如信用卡查询、水费查询、订餐服务等。然而，这些情况都是顾客已经被告知的情况下发生的，但在一些情况下，顾客可以拒绝被监听。大多数员工不愿意在工作时间被监视，如果在员工不知情的情况下监控其行为，可能引起员工的不满甚至愤怒。

3）预测

当职位还不存在时，无法通过任职者的工作获得职位信息。在这种情况下，人们只能尽量预测职位的职责和任职资格等要素。这样做的一个方法是让一个专门小组填写当前和未来工作职责的评级量表。虽然这样的程序是系统的，但我们对其信度和效度却无法得知。专门小组可能推断未来的职位将是什么样子，他们的评级是基于自身特定的心理表征作用下填写评级量表。

另外一种可以用于预测工作和工作要求的方法是模拟。模拟的一种形式是假设性描述。这些情景提供给专家有关人口统计学、社会学、经济学、政治学和科技发展趋势层面的信息，让其根据这些信息推测工作可能的状况。例如，随着技术的改进，空中交通管制不断改变。许多以前在指挥塔台上透过窗户观察来完成的操作，如今转变为可在无窗户的房间，通过观察电脑屏幕来完成。一些喷气式飞机设计在着陆时从飞机驾驶舱内不能直接看到飞机降落跑道，只能从视频监控中看到。在这些假设性描述过程中，专家需要想象他们在新的、无窗户的环境中实行空中交通管制工作。然后回答新工作有什么不同，以及这些变化如何改变沟通和信息处理过程。

4. 分析单元

时间动作研究使用基本动作作为最小的分析单元。虽然基本动作仍然是重要的。但现在主要用于机器人的工作分析中。这种分析工作的工程学方法的哲学依据是"唯一的最好方法"。今天的趋势是从用手工作到用脑工作。工作越来越灵活，而分析单元的选择也越来越广泛。在任务和工作水平间，"任务集群"的使用可能提供一个有用的分析水平。

如前所述，可能会有越来越宽泛的工作和工作者特征应用于工作分析中，如人格特征和胜任特征。但是，工作职责仍然占据非常重要的位置。没有工作职责和工作内容的支持，首先，建立在宽泛特征之上的工作系统无法经受法律的考验；其次，不考虑工作任务，很难了解工作本质。因此工作分析提供的信息对于某些应用来说就失去了意义，例如一项工作报告是岗位分析问卷法的形式，这个信息对薪酬发放有用，但对工作设计没有太大帮助。

(二) 角色定义和重新定义

在一些工作分析成果中，在做相同工作的员工之间观察到某种程度的差异性。角色论很早就意识到：做相同工作的个人将执行一系列稍有不同的任务，并且通过不同的方式来扮演他们的角色。这将表明，工人正在积极"制定"或"雕塑"他们的工作以适应自己的需要和能力。因此，工人之间的差异是有潜在意义的，特别是当组织依靠自主行为，即对过去正式工作要求的延伸。因此，战略关注的重点是任职者的平均水平，这可能会使这些差异变得模糊。

有研究开始对任职者扩大工作角色范围下的环境进行调查。Hofmann 等发现员工和主管关系质量跟角色外的工作绩效行为有关。Morgeson 等发现自动化工作、认知能力和工作相关的技能，与额外的工作任务的绩效是正相关的。这些发现表明工作分析研究不应总是把职务内部的差异当做可消除的误差。相反，这种差异应被视为是有潜在意义和应努力预测的指标。这样做会提高工作分析数据的效度。要素范围的确定需要进一步的研究，因为其会导致不同的角色定义。

### (三) 传播、储存和更新

当工作分析项目完成时，一定会告知项目主管。所以这就牵涉到工作分析信息的传播问题。至少，工作分析信息最基本的应用是作为对法律要求的应对，因此要得到必要的存储和更新。然而，工作分析数据在很多其他方面也有广泛用途。如果工作分析得到的信息能以一种与其他信息联系起来的方式进行使用，它在未来的使用将是非常有潜力的。例如，职业信息网将提供一种与工作相关的人的能力和劳动力市场及工资调查之间的联系的方法。以下部分我们将描述传播、储存和更新方面的重要性。

1. 正式报告

传统的工作分析直接的成果是形成一份正式报告，报告包含工作分析过程的描述（做了什么）和工作分析结果的描述。成果可能是诸如职位描述、工作职能清单或能力清单和相关量表的清单。这些报告在未来仍然会继续使用，因为它们对工作分析过程的记录非常重要，使招聘、岗位评价等大量人力资源实践具有合法性和合理性，是面对劳资纠纷时的重要凭据。

2. 在线储存

随着以计算机数据库和互联网为标志的现代科技的发展，工作分析数据已经能够实现在线存储，以便用于多种目的。例如，职业信息网，是一个职务信息数据库，它可以通过不同的形式使用。通过发展这样的数据库，使工作分析数据可以在各自搜集信息和开发阶段中以没有想到的方法得以应用。另外，数据库可以支持多种信息搜索方式，进一步方便使用者，如有的数据库提供关键词搜索，索引浏览和全文阅读等多种数据提取方式。

3. 关键的接收者

不管工作分析得到的信息是作为数据库存储还是以报告方式使用，最后都要送到项目资助者手中。除此之外，工作分析信息不一定能够被广泛传播。多数企业不愿意其他企业得到它们的信息。但是在一些情况下，工作分析可能在学术期刊或商业刊物上发表，这时工作分析的接受者就是广大的读者群。

4. 定期更新

如前面一再提到的，将来职位变化的速度会日益加快。工作分析不仅要按系统方法有序进行，更重要的是在工作分析数据建立之后，每隔一段特定时间就检查和更新一次，以避免数据陈旧和过时。如果数据是保存在 O*NET 的数据库中，那很可能有足够的动力去维持数据的时效性和质量。

虽然有人说工作分析可能已经过时，甚至工作分析的成果将会葬送工作分析自身。但我们相信，只要存在着工作，就会存在工作分析，因为工作分析是理解工作本身的最佳方法。未来的工作分析并不会保持一成不变，也会在工作描述、信息来源、数据收集方法和工作分析单元等方面发生变化。我们相信工作分析在未来并不会消亡，而且会继续在未来的人力资源管理活动中发挥其独特的基础性作用。

## 第二节 战略工作分析与基于胜任力的工作分析

理论上,作为在西方发达国家发展起来的各种传统工作分析与评价系统,大多是人类工效学与应用心理学为基础发展起来的专业技术系统,多是针对某些工作类型的员工进行的,其中包括非营利性组织的应用对象。这决定着传统的工作分析与评价系统更多地起着工作场合下的管理功能,但缺乏企业竞争环境下的战略含义。

### 一、传统工作分析的特点

传统工作分析主要具有以下几个特点。

第一,环境稳定性假设。传统工作分析的基本假定是个体、工作,以及个体与工作之间的匹配在一定时间内是稳定的(Ilgen, 1994; Sanchez, 1994; Schneider & Konz, 1989; Snow & Snell, 1993)。这种稳定性与大量的生产技术、较长的产品周期、巨大的市场份额和较少的市场竞争联系在一起。

第二,工作存在性假设。传统工作分析对于实现工作绩效所要求的知识、技能和能力的要求都是基于现在已经存在的工作或者是过去曾经存在的工作。这种假设下的工作是静态的,对于现在不存在而未来很可能存在并且重要的工作的KSAs没有任何考虑。

第三,受到科学管理运动的重大影响。"科学方法"下工人只需要负责最终产品的一个特定的部分(Drucker, 1987; Young, 1992),传统工作分析以岗位为中心,不关注岗位上的员工,而知识经济中人员导向性的工作分析势必成为新的焦点。

### 二、战略工作分析的建立

一般认为各种人力资源职能应该与组织的整个战略管理流程一致。一旦组织战略方向确定,那么人力资源的执行者们就在有助于成功实施战略的人力资源管理系统的开发和设计方面扮演关键的角色。这一职能或系统之一就是战略工作分析,这些工作分析方法将有助于与工作和职业相关的管理参与和管理变革。因此,战略工作分析就是把组织的战略导向与当前和未来的工作相一致。也就是说,战略工作分析是在组织战略背景下有目的、有系统地收集当前和未来与工作相联系的工作的程序。

#### (一)战略工作分析方法

尽管工作分析的战略方法尤为需要,但仅出现了少数提出战略性工作分析框架理论的尝试。Schneider 和 Konz 构建了传统工作分析方法,也称为"多元工作分析方法"。除了在收集未来预期的信息、修订考虑未来变化的任务和 KSAs 的阶段,多元工作分析方法的8个步骤是没有任何独特的,如表11-2所示。

Schneider 和 Konz 采用主题专家会议法形式,以一线主管职位的工作分析为例,工作任职者、主管、部门经理和工作分析者一起参与对工作的重要性和所花时间进行等级评定的研讨会,共同探讨未来可能的变化。但是,该方法的分析过程存在一些问题,包括:主题专家对未来工作的预测效度是什么?谁是未来最准确的判断者?主题专家会议法能够使用更为正式的技术吗?这个流程是否能应用到现在还不存在的工作?

战略性工作分析的流程,主要包括:环境分析/工作扫描;分析当前工作,聚焦内部分析;

未来工作的决定和准备/招聘和配置人员（和其他人力资源职能）；评估有效性/估计有效性。战略性工作分析还需要更多的研究。首先就是主题专家的预测准确性和有效性的问题。为了解决这些问题，需要主题专家的预测及情景的主观性与统计技术的客观性相结合的研究方法。虽然战略性工作分析的预测可能不准确或不可靠，而且预测的成本也可能很高，但是如果不用它的话可能预测成本会更高。

表 11-2 多元工作分析方法的步骤

1. 对现任职者和主管访谈及对所探讨的职位进行现场观察
2. 根据专家对任务报告的判断，明确具体的工作任务和构建任务群
3. 开发和管理任务调查，调查的是任务，而不是任务群；根据任务的重要性和耗时分级
4. 对任务调查问卷的统计分析
    ——技术（均值和标准差，与以前的任务群的内部一致性分析）
    ——比较（现任者与主管，同一工作在不同区域或部门的比较）
5. 运用知识、技能和能力(KSAs)的过程
    ——根据与任职者(在可行时)及其主管就任务资料的访谈，确定知识、技能和能力
    ——根据专家对 KSA 报告的判断，构建 KSA 群
6. 开发和管理 KSAs 调查
    按 KSAs 的重要性、学习的难度和什么时候学习（目的为甄选）定级 KSAs 或按个人的 KSA 定级（目的为培训）
7. 收集关于未来的信息
8. 依据预期未来的改变，修订任务或任务群、KSAs 或 KSA 群

资料来源：Benjamin Schneider and Andrea Marcus Konz. Strategic Job Analysis, Human Resource Management[J], 1989, 28:54.

### （二）战略性工作分析的步骤和方法

工作分析在人力资源管理领域扮演了枢轴的角色，对其他的职能如培训、薪酬和绩效评估具有决定性的重要意义。战略工作分析不仅与组织的战略管理流程相关，而且与组织其他职能相关。战略工作分析程序有水平和纵向联系。战略工作分析的流程如图 11-1 所示。

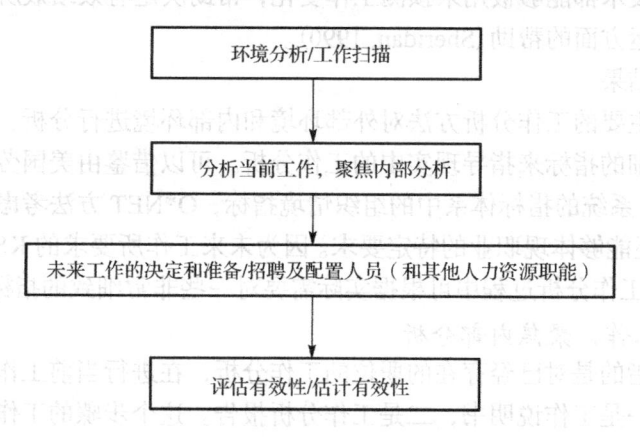

图 11-1 战略工作分析的流程

1. 环境分析/工作扫描

首先要对组织所运作的环境进行系统地分析，明确与众多的战略管理学派的研究者和实践者相一致，是工作分析的基本战略方法嵌入组织战略管理的流程。不论环境的稳定性，还是工作是基于个人还是团队，也不论是否存在，这种方法都是积极的和具有战略性的。

环境分析就是组织内外对机会、威胁和可能的变革等信息进行有目的的扫描。Schneider、

Konz(1989)和 Sanchez(1994)就战略工作分析方法，提出在预测未来工作的变化时用主题专家法(SMEs)，也就是请一些相关领域的专家或者经验丰富的员工进行讨论。由于企业没有现成的观察样本，所以只能借助专家的经验来规划未来希望看到的职务状态。

1) 环境分析的内容

环境分析是战略性工作分析框架中一个重要的组成部分（Ansoff,1990; Camuffo and Costa,1993; Porter, 1980;Walker, 1992）。环境分析主要按以下几个步骤进行。

第一步：对组织运行的外部环境进行系统分析。组织的外部环境是由若干方面组成的，对于任何组织，其环境领域都可以从10个方面加以分析，这就是行业、原材料、人力资源、金融资源、市场、技术、经济形势、政府、社会文化及国际环境。

第二步：组织内部环境分析。组织应该根据自身实际状况，如组织战略、产品、生命周期、组织文化等来预测组织内部可能出现的未来工作职位及对人员的要求，以适应外部环境的变化，比如建立学习型组织、扁平化组织结构，采用自我管理团队、加速技术变革、规划组织战略等。

2) 由环境分析确定未来工作变化的方法

用战略性工作分析进行环境分析主要采取三种方法。

第一种方法是主题专家会议法（前面有所阐述）。

第二种方法是情景预测法。情景可以被描述为"可以用书面形式描述的可预见的情况"，这种情况是组织希望在将来某个时间出现的（Manzini and Gridley, 1986, p.94）。情景可以帮助组织制定战略来处理突发事件，可将环境趋势分析、组织目标、人力资源要求和有效性紧密结合起来。

第三种是预测模型法(Beatty, Coleman, & Schneier, 1988; Sheridan,1990)。这种模型大多数是复杂的并要求大量的历史数据和统计程序，模型技术的共同点包括回归、计量经济学和模拟模型。每一种技术都能够被用来预测工作变化，帮助决定有效绩效所要求的KSA管理，提供涉及方向和营运方面的帮助(Sheridan, 1990)。

3) 环境分析的结果

通过借助三种主要的工作分析方法对外部环境和内部环境进行分析，必须要得到一系列可以操作的比较详细的指标来指导现实中的工作分析。可以借鉴由美国劳工部组织发起开发的工作分析 O*NET 系统的指标体系中的组织情境指标，O*NET 方法考虑了组织情境和工作情境的要求，而且还能够体现职业的特定要求。因为未来工作所要求的 KSA 可能是一种更宽泛的 KSA，所以在工作分析过程中可根据实际需要对一些非常细致的指标予以取舍。

2. 分析当前工作，聚焦内部分析

当前工作分析指的是对已经存在的职位的工作分析，在进行当前工作分析时实际上有两个重要参考内容，一是工作说明书，二是工作分析报告。这个步骤的工作主要是为了与未来可能存在的工作及其对人员要求进行对比，即做差距分析。而上述参考内容实际上都是已经做好了的工作，所以参考起来相对而言是比较简单的。

第一步：对已有工作说明书的了解。对已有工作说明书的了解主要包括以下几个方面：工作概要、职责任务、KPI、组织图表、KSA。了解已有工作的情况主要是为与未来工作做对比时打下基础。

第二步，对已有工作分析报告的理解。工作分析报告主要描述在工作分析的过程中所发现的组织与管理上的问题、矛盾及解决方案。具体包括组织结构与职位设置中的问题与解决方案、工作方式和方法中的问题与解决方案等。可见，如果工作分析报告做得好，实际上就为差距分析打下了良好的基础。

3. 未来工作的决定和准备/招聘及配置人员（和其他人力资源职能）

在这一阶段，通过主题专家、工作分析专家和组织内相关人员对目前和将来现状做比较。这一比较考虑到对重要任务产生组织环境的变革和与工作相关的 KSA 的变革进行评价。比较或者差距分析显示有三种可能：微小差距、中度差距或显著差距。

(1) 微小差距。在相对稳定环境下的组织，很可能从差距分析中发现工作内容有微小的变化。组织在这样的一种环境下完全可以使用传统的工作分析方法，因为工作内容没有什么大的变化，这符合传统工作分析的静态假设。处于稳定组织环境中的组织，使用传统的工作分析方法还是有效的。正如明茨伯格(1987)所说，管理战略就是管理稳定性，而不是变化。

(2) 中度差距。当差异分析的结果显示现状和未来之间有中度差距的时候，组织可以采取适时工作分析来确保工作内容的持续变化，以跟上技术或其他环境因素的变化。这意味着工作内容需要被重新考虑，传统工作分析的周期大大缩短，各个部门主管要随时上交本部门工作中的变化情况，并随时进行工作分析。适时工作分析在实践过程中要注意以下几个问题。

第一，对工作岗位的性质进行认真识别。在组织中，总有一些岗位的工作内容是相对稳定的，针对这些岗位就要相应地减少工作分析的频度。

第二，信息的选择。当差异分析的结果显示现状和未来之间有中度差距的时候，组织需要采取适时工作分析来确保工作内容的持续变化，以跟上技术或其他环境因素的变化，这意味着组织在做出工作分析决策时，不能被动地等待积累足够的信息，要使用具有前瞻性的眼光和信息来指导行动。

第三，进行团队工作分析。与传统的工作分析方法很相似，通过多种方法收集与工作相关的信息来分析和使用有效完成工作任务所需要的 KSA。但是针对团队的工作分析常常被人所忽视。当前的工作分析不应是单单看到组织内活动，而应该从更广的视角看跨职能的活动，也就是把团队工作纳入分析中来。让员工加入团队一起工作成为一般的管理战略。Campion(1994)认为需要关注团队导向所需要的 KSA，应该包括的技能有任务的合作、参与、冲突处理、问题的解决和沟通。Sanchez(1994)提出组织的公民行为、合作和客户导向的行为是相关的，因此在对团队进行工作分析时，要用员工导向的方法来明确广义的行为。

(3) 显著差距。如果分析的差距结果很大，那就意味着当前工作的内容变化很大或者新创建的工作还不存在。在这种情况下，SME 要根据未来工作的相关信息来确定任职者要求以及经验要求、任职者的特征、工作的特定要求、职业特征，以确保员工在未来的工作情景下能高效完成工作。

4. 评估有效性/估计有效性

战略工作分析的有效性必须以持续的方式来评估。一种方法是通过诸如甄选和绩效评估等相关活动的有规则的评估来评价派生的员工说明书的正确性。这些评估也表明与战略工作分析相联系的工具与相关标准的有效性。战略工作分析在组织的甄选、培训、绩效评估和薪酬方面很重要的。根据 Dierdorff 和 Wilson(2005)研究，主题专家也有潜在的问题，会导致评估者在事实上有差异。

证据显示与岗位相关的 KSA 仍然是重要的，然而，具体或特定的技能也最容易受变革的影响。因此，员工应该关注更为持久的能力，如适应性或柔性、处理模糊性和压力的能力、学习和再学习的能力、创造力和问题的解决能力、与同事合作的能力(Wiesner,1992)。

较广的技能基础和关注持续能力能增强组织员工的柔性和适应性，因此就能更好地与变化的环境和战略相匹配，这样也能增强组织自身的适应性和柔性。通过战略工作分析，人力资源职能能够确保其特性和运作程序，从而增强组织存活和成功的可能性。只有对当前和未来可能的工作进行对比后，组织才能确定战略工作分析的目标。目标应该考虑组织整个战略的推动。目标将指导战略工作分析行动计划/项目的开发和资源配置。

### 三、基于胜任力的工作分析

从发展趋势来看，工作分析和胜任力模型之间的界限正在变得模糊，如果将两种方法综合起来，就能使其相互补充、相得益彰。工作分析能够为胜任特征模型提供大量的实证数据，例如关于工作任务、工作要求等具体信息；不仅如此，从具体工作情境中得到工作分析结果还可以对这些胜任特征进行具体解释。而另一方面，胜任力可以体现组织特性和工作的未来需要，它能够弥补工作分析对于组织层面信息和工作未来需求了解的不足。因此，体现胜任特征的工作分析能够把工作分析和胜任特征两种方法的优点结合起来，能够为建立组织的核心竞争力提供更为有效的实证数据，这也应该成为未来工作分析发展需要探索的重要方向之一。基于胜任力的工作分析是在传统的工作分析基础上发展起来的。例如，它吸收了传统工作分析中关于任职要求的定性和定量评价，对胜任力项目或行为进行区分以适应不同的工作、工作系列的要求。

#### (一) 基于胜任力的工作分析的特征

基于胜任力的工作分析就是以胜任力为基本框架，通过对优秀员工的关键特征与组织环境、组织变量的两方面分析来确定岗位胜任要求，是一种人员导向的工作分析方法，可以满足组织对当前岗位的要求，还可以适应组织发展的需要。这种方法的特征有如下几方面。

(1) 强调优秀员工的关键特征。这种方法更为注重怎样完成工作职责，强调系列工作的胜任要求，突出与优秀表现相关联的特征与行为，具有较强的工作绩效预测性。

(2) 与组织经营目标和战略紧密联系。基于胜任力的工作分析越来越趋向于未来导向和战略导向，也就是按照组织未来发展的要求重构岗位职责和工作任务，确定职务要求，使"人员——岗位——组织"匹配成为企业获取竞争优势的一个关键途径。

(3) 除了寻找岗位之间在胜任要求上的差异外，更注重寻找岗位、职务系列之间在胜任要求上的相似点，而传统的工作分析更注重寻求岗位之间、职务系列之间的差异。

(4) 具有较高的表面效度，更易被任职者接受，即基于胜任力的工作分析是从优秀员工的关键行为出发来确认职务胜任要求，也是用关键行为来描述职务胜任要求，把员工的行为、精神体现在胜任要求的描述上。这样使得任职者能够在胜任要求描述中"看到"自己的样子和其他员工的样子。

虽然基于胜任力的工作分析与传统的工作分析有很大不同，但两者并不是没有联系。基于胜任力的工作分析是在传统的工作分析基础上发展起来的，例如它吸收了传统工作分析中关于任职要求的定性和定量评价，对胜任力项目或行为进行区分以适应不同的职务。

#### (二) 基于胜任力的工作分析的一般程序

根据基于胜任力的工作分析的定义与特点，结合工作胜任力评价过程和传统的工作分析方法，我们认为基于胜任力的工作分析的一般程序应包括以下5个步骤，基于胜任力的工作分析流程如图11-2所示。

| 计划 | 信息分析计划 | 确定计划 | 验证计划 | 运用指导计划 |
|---|---|---|---|---|
| 确定工作分析的目标，确定工作分析的绩效标准 | 选择样本，收集、分析、综合所获得的信息资料 | 确认工作任务特征和工作胜任力要求进行验证 | 对确定的工作任务特征和工作胜任力要求 | 报告分析结果 指导如何运用分析结果 |

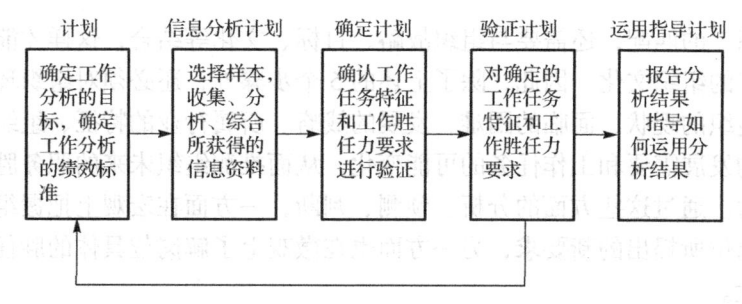

图 11-2  基于胜任力的工作分析流程

(1)明确工作分析的目标，确定所分析岗位的绩效评估指标。通过对企业目前的业务和行业进行分析，在明确企业发展战略、业务策略、企业文化、核心价值观以及在员工的理解和认可状况下，确定合适的企业的胜任力模型，在此基础上明确不同职务在组织结构中属于哪一类型。不同类的职务，其胜任力的要求不同。还要确定优秀员工与一般员工的标准，这些指标有硬指标，如利润率、销售额、成本节约，还必须有软指标，如主管评价、同事评价、下属评价、顾客评价等。

(2)选择样本，收集和分析综合所获得的信息资料。根据确定的绩效评估指标选择一个工作表现优秀的样本和一个工作表现一般的样本，并以此作为两个对比样本。在实际过程中，要根据岗位的具体要求，在从事该岗位工作的员工中，分别从高绩效和普通绩效的员工中随机抽取一定数量的员工进行分析研究。

可以采取行为事件访谈法，识别优秀业绩者与一般业绩者的关键行为，这是工作分析过程的关键程序。在进行行为事件访谈过程中，首先要求让被访谈者简单描述其职位和责任，以及他们为该工作职务做了哪些准备，他们如何被挑选来担任这些职位的。其次让被访谈者对2~3件干得比较出色的事和2~3件被访谈者不满意的事加以详细描述——什么导致了该事件?哪些人处在该事件中?他们说了什么、做了什么?在事件的每一点上被访谈者是如何思考的，又是如何做的?结果如何?通过这样的访谈，获得关于过去事件的全面报告。然后由4~6名工作分析者对访谈内容进行独立的主题分析，对绩效优秀者和绩效一般者的思想和行为进行整理归类。最后，工作分析者汇集各自整理归类的结果，并进行比较、讨论和修改，整合各自的结果后形成优秀业绩者与一般业绩者的关键行为。

(3)确认工作任务特征和胜任力要求。运用关键事件分析技术、问卷调查方法以及统计分析技术对上述收集到的关键行为进行分析评价，找出两组样本在哪些胜任特征上存在区别，并根据存在区别的胜任特征确定所要分析岗位的关键工作要素以及工作胜任力要求(即胜任力模型)。

(4)对确定的工作任务特征和工作胜任力要求进行验证。在这里需要选择另外两个样本组(优秀业绩者和一般业绩者)进行验证，同样采用上述第二步的行为事件访谈以及关键事件分析、问卷调查等手段，考察这些假设的胜任力是否能区分业绩优秀者与业绩一般者，以进行研究的效度检验。

(5)运用指导计划，报告分析结果，以及指导如何运用分析结果。通过基于胜任力的工作分析获得的工作任务特征信息，来确定和描述职务的使命、主要任务和职责，获得工作胜任力所要求的信息，用来确定任职资格。还要与人力资源管理的各项职能工作相衔接，通过与员工进行沟通与交流获得他们的理解与认同，以保证实施的效果，并对反馈的结果及时做出反映和对发现的问题做必要的改进。

上述基于胜任力的工作分析所建立的胜任力模型是针对特定的职位。为了能够达到"人员—职位—组织"的匹配，还需要与组织战略、目标、文化等结合，这样才能保证建立的胜任模型适合特定的组织文化。因此，除了上述的5个步骤外，还必须对组织环境与组织变量进行分析，如组织的现状、面临的困难、发展的战略、所属行业的特征、组织文化等，这样可以预测组织的发展需要和工作任务的可能变化，从而推测组织未来的职务胜任要求以及组织的核心胜任力。通过这些方面的分析、预测、判断，一方面在宏观上把握组织的核心要求及组织发展对岗位所提出的新要求，另一方面也在微观上了解岗位具体的胜任要求，提高了工作分析适应性。

### （三）基于胜任力的工作分析应用过程中存在的问题及探讨

基于胜任力的工作分析可以为工作设计避免刚性化和封闭性，提高工作分析的适应能力，并以此为契机，把胜任力作为人力资源管理的一种新思路贯穿到人力资源管理的各项职能中去，使"人员—职位—组织"匹配成为企业获取竞争优势的一个关键途径。但在我国的实际应用中，基于胜任力的工作分析还处于起步阶段，而且在应用过程中除了遇到本身的技术问题外，还会受制于管理环境约束。

#### 1. 确定胜任力的合理结构

基于胜任力的工作分析把传统的工作分析从注重于任务描述、技术能力要求的层次上进行提升，而注重于更宽、更一般的胜任力。但这往往造成工作描述比较笼统，苛求胜任力面面俱到，并且这些胜任力与管理绩效缺乏明确的关系。因此，确定什么样的胜任力结构以及如何确定就成为基于胜任力的工作分析的关键任务。

目前在确定胜任力结构上主要有三种思路：第一种是基于研究的思路，即分析优秀员工与一般员工的关键行为，找出他们的关键区别，从而确定胜任力结构；第二种是基于战略的思路，即根据组织战略、组织未来发展的需要来构建胜任力结构；第三种是基于文化价值的思路，即根据组织文化、价值来构建胜任力结构。这三种思路中第一种最容易被实际应用者接受，也是运用最多的。但随着组织环境的变化及寻求可持续发展，仅仅运用某一种思路来构建胜任力结构已不适合发展的需要，更多的是采用三种思路相互结合的方式。因此，在进行基于胜任力的工作分析时，首先要明确工作分析的目的。人力资源规划需要了解企业中职务的总量需求和总体的胜任力结构特征；招聘选拔需要让应聘者了解职务的具体工作内容和具体胜任力要求（如责任意识、相容性、决策能力、战略思维能力、关系协调能力等），不同目的的工作分析需要采用不同水平的胜任力结构。其次，在确定胜任力结构时，往往需要运用头脑风暴法进行集思广益，同时采用360°评价法确定最终结构。另外，还需要考虑组织变量、环境因素、技术等，注重对这些方面的分析。这样，确定的胜任力结构具有明确针对性，同时工作分析也更准确和具体。

#### 2. 职务主管和在职员工在工作分析中的作用

工作分析的数据收集主要来源于在职员工和职务主管，他们对岗位职责和职务要求比较熟悉。由于工作分析与人力资源管理各项职能均有密切联系，尤其是当工作分析结果用于确定薪酬时，因此，在职员工常常会夸大自己工作的职责、重要性，这样就造成职务主管和在职员工在工作分析评定方面存在明显差异。有研究发现，在对一般性工作职责进行评定而不是对具体工作任务进行评定的时候，职务主管与在职员工能够达成更大的一致。因此，对在职员工来说，需要更加关注其在完成工作任务时所花费的时间、精力方面所提供的信息，而职务主管在胜任力要求程度、工作职责重要性程度等方面能够提供更加精确的信息。

3. 应用范围与组织条件

基于胜任力的工作分析并不广泛应用于所有的组织以及组织的所有层面。它可以在两个层次上得到应用：一个层次是组织的管理层，主要应用于管理人员的培训和开发、职业发展及接班人计划；另一个层次是整个组织层面，即人力资源管理的各项职能都建立在基于胜任力分析的基础上。

目前在人力资源管理实践中，基于胜任力的工作分析更多的是应用于管理人员的培训和开发、职业发展及后备计划。要使基于胜任力的工作分析真正发挥作用，需要具备一定的组织条件。如果基于胜任力的工作分析主要应用于管理人员的培训与开发、职业发展以及后备计划，需要具备以下前提条件：①从一把手开始往下逐步实施；②组织有比较明确的发展战略；③组织以掌握多少技能以及能做多少工作来考核管理人员；④管理人员主要以团体形式工作，以任务为中心。要使基于胜任力的工作分析在人力资源管理各项职能上都能发挥作用，需要具备以下条件：①组织需要转变到以胜任力为基础的人力资源管理模式上，是知识密集型组织，如高新技术企业；②组织结构比较精简，员工以团体形式进行工作；③有高参与度、创新与支持导向的组织文化和明确的发展战略，这样就使员工有更多的机会学习和使用不同的技能；④领导的支持和参与。一旦一个组织决定建立以胜任力为基础的人力资源管理模式，就需要对整个组织进行重大的改革，而这没有领导的直接支持与参与是难以完成的。另外，组织还需要有较强的组织学习能力，善于把握自己的发展方向。

工作分析与胜任特征建模各有所长：胜任特征更侧重从组织战略和未来需求，注重自上而下的分析流程，而传统工作分析能够系统地分析工作要求和任职者要求，从而提供更量化和更具可比性的详尽信息。因此工作分析方法与胜任特征模型构建方法的结合，也是未来工作分析方法研究的重要发展趋势。

## 四、工作分析研究方法需要创新

### （一）需要进行实证研究

Siddique 通过在阿拉伯联合酋长国（阿联酋）的 148 个公司中进行调查，结果显示，积极主动的工作分析与组织绩效有密切的关系。对于拥有人力资源信息系统的公司，这种相关性最强，信息系统使人力资源规划在战略规划中的参与度高，并强调在工作分析方法中使用基于员工胜任力特征模型。研究结果表明，工作分析在全公司范围内的政策是公司凭自身能力获得竞争优势的重要来源，该政策也值得人力资源专业人员、直线管理者和高级管理人员给予应有注意。描述工作分析、中间变量、控制变量和组织绩效之间的假设关系的概念模型如图 11-3 所示。

### （二）工作分析方法比较的研究

Clifford 运用岗位分类调查问卷和任务清单的方法研究相同工作的职能。岗位分类调查问卷法以确定工资和薪金为目的，将工作职能分为 16 个特定级别。任务清单方法以开发培训项目为目的，将工作职能分为 28 个特定级别。就如何把岗位组织成工作和如何将工作纳入分类的问题上，这两种方法得出的结论具有很大的差异。通过工作分析收集到的数据将对以后的人力资源决策产生重要的影响。组织应该注重收集与组织中的工作相关的资料，以高效率和高效能地管理组织的人力资源。

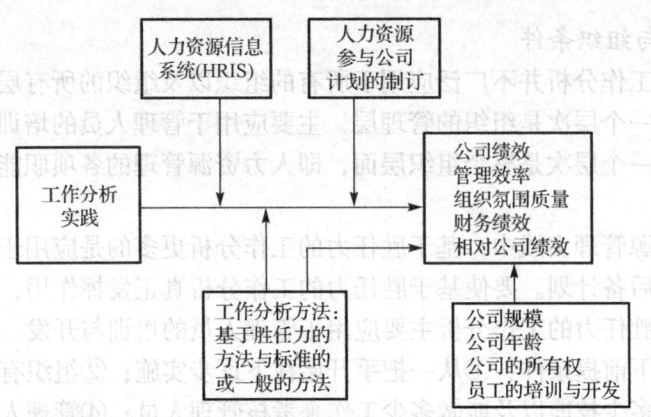

```
        ┌──────────────┐   ┌──────────────┐
        │人力资源信息   │   │人力资源      │
        │系统(HRIS)    │   │参与公司      │
        │              │   │计划的制订    │
        └──────┬───────┘   └──────┬───────┘
               │                  │        ┌──────────────┐
┌──────────┐   │                  │        │公司绩效      │
│工作分析  │───┼──────────────────┼───────▶│管理效率      │
│实践      │   │                  │        │组织氛围质量  │
└──────────┘   │                  │        │财务绩效      │
               │                  │        │相对公司绩效  │
               ▼                  ▼        └──────────────┘
        ┌──────────────┐   ┌──────────────┐
        │工作分析方法：│   │公司规模      │
        │基于胜任力的  │   │公司年龄      │
        │方法与标准的  │   │公司的所有权  │
        │或一般的方法  │   │员工的培训与开发│
        └──────────────┘   └──────────────┘
```

图 11-3　描述工作分析、中间变量(人力资源信息系统、人力资源参与、
基于胜任力)、控制变量和组织绩效之间的假设关系的概念模型

### (三) 将新方法和技术应用到工作分析中

在过去的 30 年，研究人员和从业人员都依赖于相同的工作分析方法对岗位进行分析。虽然这些老方法对描述工作被证实是有效的，但是他们没有考虑到技术进步和数据分析的优势。国内学者甚至为了满足组织快速发展变化，使工作分析能从大量信息中提炼知识，探讨了基于粗集理论的工作分析。Stetz 等人采用可视化技术和网络分析技术来分析数据，其结果是一个简单的图形演示，有利于有效和高效地把成果与那些不是工作分析的专家(如部门经理等)进行沟通。网络分析与可视化技术结合时，可以给工作分析人员可视化的有效的方法，以把复杂的数据呈现给最终用户。

战略性工作分析是传统工作分析演化的必要阶段，它能够满足现代组织的新需要。组织需要考虑工作分析的灵活性，以适应今天工作场所的迅速变化的需要。工作分析具有战略性，也是组织积极的行为，组织应一直监控和更新自身以便适应环境的变化。

## 第三节　应对知识经济时代工作分析的挑战

中国人民大学孙健敏教授认为：进行工作分析，关键并不在于界定一个工作职责或编写一份工作说明书，更重要的是在灌输一种理念，一种做事情的规范。然而，由于我国社会工业化程度有限，没有经历过工业化大生产的洗礼，员工在相当程度上缺乏做事的规范，非常有必要补上这一课。因此，如果不认清自己的管理基础，而盲目地信奉"工作分析过时论"，不仅搬不走面前的"绊脚石"，反倒会搬起石头砸了自己的脚。

### 一、知识经济对工作分析的挑战

在人类社会步入 21 世纪之时，伴随着高科技企业的崛起，知识经济在全球范围内初露端倪。在知识创新型企业中，其竞争环境和运营模式发生了根本性的变化，同时也对企业的战略、组织与人力资源管理产生了巨大的冲击。而工作分析作为现代组织与人力资源管理的基础，在知识经济时代面临着巨大的挑战。

知识经济时代给人力资源管理带来的最大挑战，是使知识型工作与知识型员工成为企业价值创造的主体，进而成为人力资源管理必须把握的重心和关键点。知识型工作相对于传统工作所发生的变化，及其带来的挑战与应对策略可以通过图 11-4 来表示。

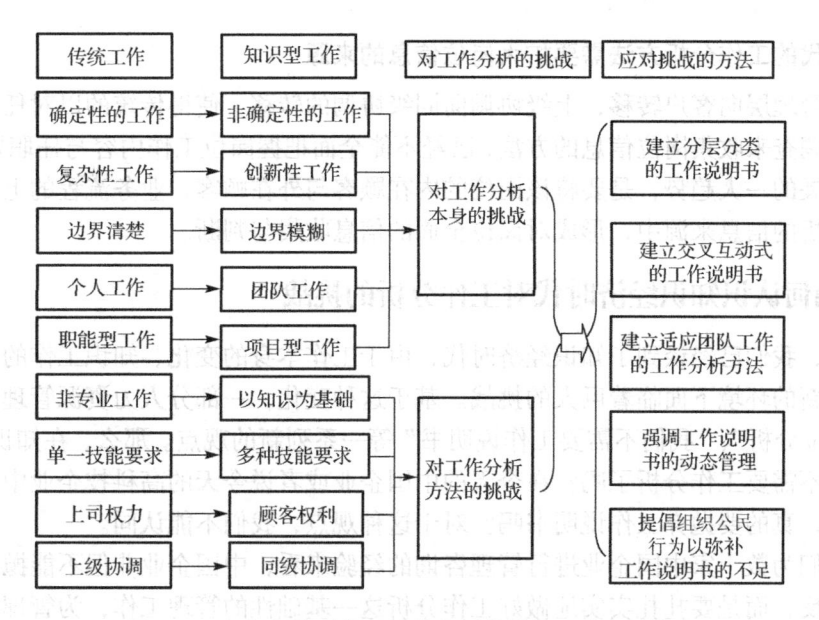

图 11-4　知识经济时代对工作分析的挑战及其应对策略

从传统工作向知识型工作的转变，对工作分析提出的挑战，可以从几个方面来进行分析。

在知识创新型企业中，其竞争环境和运营模式已经发生了根本性的变化，同时也对企业战略、组织与人力资源管理产生了巨大的冲击。而工作分析作为现代组织与人力资源管理的基础，在知识经济时代也面临着巨大的挑战。

### (一) 更加宽泛的职位界定

工作分析的目标是寻找工作之间的内在差异，而诸多差异的核心则在于工作目标与职责之间的不同，正是在这一前提下，传统的工作分析都强调对职位职责的明确界定，通过理清职位之间的职责、权限的边界来为组织与管理的规范化提供基础。但是，随着工作本身从重复性向创新性的转变，知识型工作不再强调这一点，而是允许甚至鼓励职位之间的职责与权限的重叠，以打破组织内部的本位主义与局限，激发员工的创新能力与意识。那么，在边界模糊的条件之下，什么样的工作内容应该包含于工作说明书中，什么样的工作内容不应该包含于工作说明书中，将成为难以确定的问题。同时，对职责的明确界定，是否会进一步固化任职者的视野，是否会抑制员工的创造性与活力，这些问题都将对工作说明书本身的存在价值与意义提出挑战。

### (二) 团队工作或项目工作取代传统的个人职位

在团队设计下，不存在定义狭隘的工作。如今，部门的工作通常与团队捆绑在一起。这些团队成员的技能，在深度和广度上往往超过传统工作的要求。过去，一个组织中可能有100种独立的职位类别。在团队设计下，可能只有不到10个定义宽泛的团队角色。另一方面，团队成员都是按照角色界定来开展工作，团队成员的工作交叉、职能互动、团队之间的成员交换与互动，是团队创造力的根源之一。因此，在团队中将不再存在着固定的、稳定的职位，这样，传统的工作分析就失去了研究与分析的对象。Carson 把全面质量管理观的社会技术方法运用到工作分析中。社会技术方法不再强调科层控制，把管理的职能转移到团队。工作分析的传统形式使用有限，认为在社会技术型组织中应该使用新的工作方法。

### (三)现代的工作分析方法需要扩大岗位信息的来源

权力从管理层向客户转移,上级协调向同级协调的转移,使得传统的以对任职者本人及其上级进行调查来收集岗位信息的方法,已经不能全面把握岗位工作内容与任职要求。因此,工作分析发展的一大趋势,是要将该岗位的内在顾客与外在顾客、业务流程的上下游环节都纳入工作分析的信息来源中,形成对岗位全面的信息收集与判断。

## 二、如何认识知识经济时代对工作分析的挑战

在前面,我们已经谈到了知识经济时代,由于工作本身的变化、知识工作的兴起,使得职位分析在新的环境下面临着巨大的挑战。基于这种变化,一部分人力资源管理专家开始提出"抛弃职位分析"、"我们不需要工作说明书"等一系列新的观点。那么,在知识经济时代,我们真的就不需要工作分析了吗?在今天的中国企业或者说今天的高科技企业中,为了与知识经济接轨,真的要抛弃工作说明书吗?对于这种观点,我们不能认同。

根据我们为数十家中国企业进行管理咨询的经验来看,中国企业非但不能抛弃工作说明书,恰恰相反,而是要扎扎实实地做好工作分析这一基础性的管理工作,为管理的规范化提供支持。

### (一)工作说明书仍然具有适用性

任何职位的内在结构都可以归结为三个层次(参见图 11-5),即目标、职责与任务。这三个不同的层次形成了一个自上而下逐步分解的体系。因此,所谓工作内容的稳定性与不确定性,可以从这三个层次的稳定性与不确定性来进行度量。

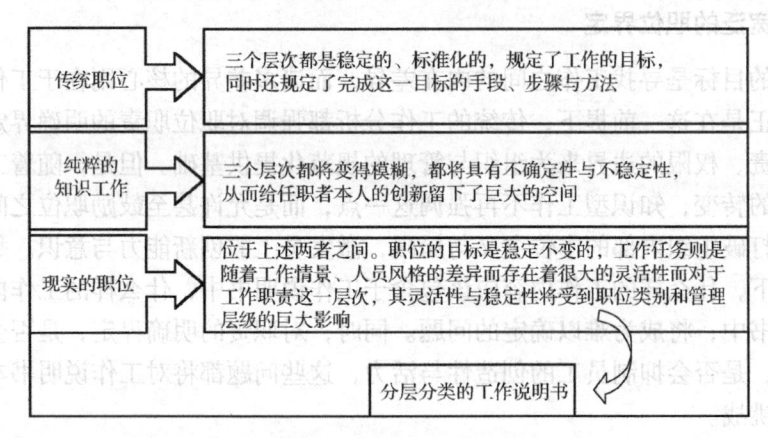

| 职位类型 | 特征描述 |
| --- | --- |
| 传统职位 | 三个层次都是稳定的、标准化的,规定了工作的目标,同时还规定了完成这一目标的手段、步骤与方法 |
| 纯粹的知识工作 | 三个层次都将变得模糊,都将具有不确定性与不稳定性,从而给任职者本人的创新留下了巨大的空间 |
| 现实的职位 | 位于上述两者之间。职位的目标是稳定不变的,工作任务则是随着工作情景、人员风格的差异而存在着很大的灵活性而对于工作职责这一层次,其灵活性与稳定性将受到职位类别和管理层级的巨大影响 → 分层分类的工作说明书 |

图 11-5 传统职位、知识工作与现实职位的比较

从上述分析我们可以看出,今天的企业中的大部分工作都是稳定与不稳定、确定性与不确定的统一体,虽然有的职位稳定性更高,有的职位更富于变化,但对于大多数职位,还是可以通过工作分析来抓住其中最为核心、最为稳定的部分,以界定其工作内容,从而形成标准化、规范化的工作说明书。

### (二)中国企业的管理困境呼唤工作分析(见图 11-6)

中国企业对工作分析的需求具体包括以下几个方面。

**1. 职责重叠,权限不明**

缺乏明确的部门职能定位与职位的职责权限划分,职位之间的职责与权限相互重叠、职

责权限不对等的现象屡见不鲜,"人人负责、人人无责",从而严重抑制了组织与工作效率的提升,同时也为"机构臃肿、人浮于事"提供了土壤。

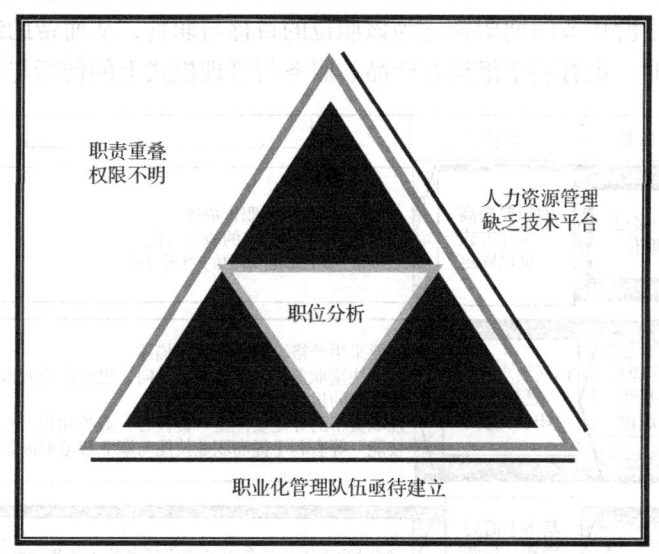

图 11-6 中国企业的管理困境呼唤工作分析

2. 职业化管理队伍亟待建立

企业缺乏一支高素质的、职业化的管理队伍,无论是管理者还是普通员工普遍缺乏职业素养。所谓职业素养,主要包括职业知识、职业技能、职业规范与职业意识。而工作说明书对于职业规范与职业意识的建立将起到重要的引导作用。

3. 人力资源管理缺乏技术平台

大多数企业的人力资源管理,事实上停留在传统人事管理的阶段,人力资源部还被大量的缺乏价值的行政事务性工作缠身。而形成这样的困境的根源并非是缺乏对人力资源的需求与重视,而是在于缺少可以支撑人力管理的技术与工具。而在这些技术与工具中,首当其冲的就是以工作分析为基础的人力资源管理平台。

## 三、如何应对知识经济时代对工作分析的挑战

### (一)建立分层分类的工作说明书

在前面我们已经谈到,不同层级、不同类别的岗位在职位本身的稳定性与不确定性方面存在着很大的差异,稳定性较差,而创造性要求较高的岗位对传统的标准化的工作说明书提出挑战。因此,需要根据职位类型的差异来建立分层分类的工作说明书(见图 11-7)。

对于传统的职位,比如生产工人,依然可以采取传统的工作分析方法建立标准化的工作说明书。而对于知识型工作,则可以根据工作要求的不同在工作说明书中做出不同体现,比如行为导向与成果导向在程度上的差异,以及更加宽泛的职责界限。

### (二)建立以流程为基础的、交叉互动式的工作分析方法

由于个人工作向团队工作、职能工作向项目工作的转变,要求在工作分析中,不仅要收集来自任职者本人及其上级的信息;同时,还要收集来自同事与内外部客户的信息。在这样的前提下,就需要建立以流程为基础的、交叉互动式的工作分析方法,即在对某一职位进行

分析时，不仅要考虑该职位本身的现状与职位上级的要求；同时，还要考虑该职位与同事之间的互动以及该职位与其他部门的相关职位在流程上的衔接关系。通过在工作分析中树立流程观念，将流程上下游环节的期望转化为该职位的目标与职责，从而帮助组织客户提高流程的效率与效果；同时，也有利于组织在产品、服务与管理模式上的创新与改进。

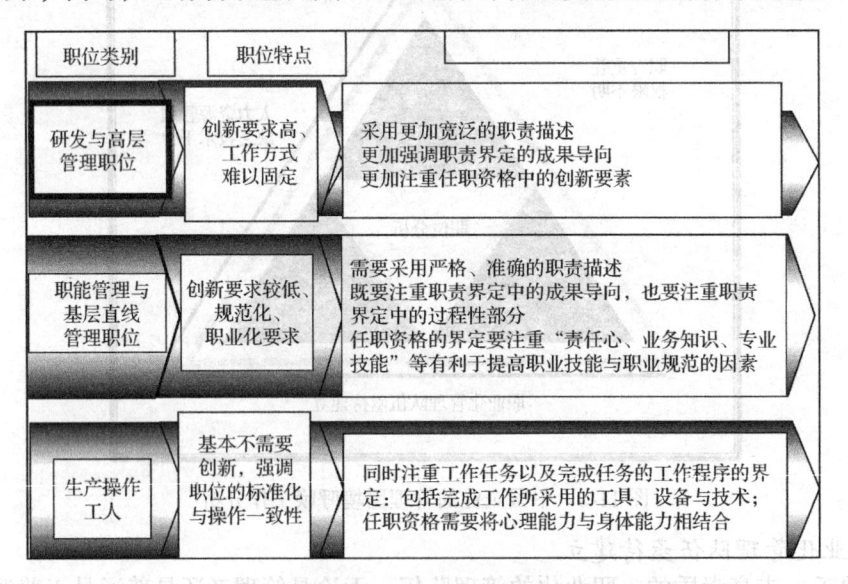

图11-7 分层分类的工作说明书的特点与要求

### (三) 建立适应团队工作的工作分析方法

由于知识工作更加趋向于采用团队而非个人的工作方式，因此工作分析方法必须适应提高团队运作的内在要求，并为团队绩效的提升提供支持。因此，基于团队的工作分析必须实现几种转变，如表11-3所示。从团队成员担任的角色入手，在进行工作分析和编写说明书的时候，将重点放在角色上，更加强调结果而非过程。

表11-3 基于团队的工作分析的要求

| 团队工作分析法 | 具体含义 |
| --- | --- |
| 用角色分析来代替工作分析 | 在团队中往往并不强调对成员之间的职责进行明确界定，而是更加注重团队成员之间的协调、互助与信息共享。因此在团队中，宽泛的角色定位比严格界定的职位更能满足协作的要求 |
| 用角色间分析来代替角色内分析 | 团队绩效依赖于协作，而协作的基础是要识别不同的角色之间在工作职责与任务层面上的相互依赖性。而对于这种相互依赖性的分析则必须通过分析角色之间的流程关系来实现 |
| 用团队素质结构分析来代替职位任职资格分析 | 对于团队而言，单个成员的任职资格将逐步被团队整体的素质要求所取代，即需要按照团队整体目标实现与团队绩效提高的要求去确定不同成员之间如何形成具有差异性、互补性与协调性的素质结构 |

### (四) 强调工作说明书的动态管理

工作及其特征并不是永恒不变的，随着科学技术的发展、社会经济环境的变化，以及组织结构的改变，工作所包含的任务、流程、所采用的技术及对知识和技术的需求也会随着改变。工作分析必须反映出现实的种种变化。然而，当前的工作分析方法获取的信息基本上都是静态的，因此，为了消除这一矛盾就必须进行定期回顾，并适时重新进行工作分析。

### (五) 提倡"组织公民行为"来弥补工作说明书的不足

工作说明书对职位要求的规范化，并非解决所有组织与管理问题的灵丹妙药。现代管理学已经证明，员工对组织的贡献不仅来自于其正式职责范围内的绩效与成果，同时还包括员工超越其职位对组织所创造的价值，比如向同事提供无偿的帮助、向组织提出合理化的建议、主动维护组织的形象与声誉等。这些行为构成了员工的组织公民行为，它是对工作说明书内在不足的良好补充与润滑。

## 案例讨论 1

### "因事设人"还是"因人设职"

每个人都有自己的强项和弱项，每一个工作都需要不同的人来完成。

正方观点：

一般来讲，因人设事会把公司的本位工作置于次要地位，而夸大人情的作用，也会使公司在复杂的人际网络中逐步失去内在的活力和竞争能力；会使公司人才遭到打压，因为不正常的人际关系会制约有用之才发挥作用。因人设事的弊端非常多，最致命的一点是给公司使用人才带来负面效应，从而使公司丧失内部管理机制应起到的作用，直至出现任人唯亲的后果。

因事设人之所以与因人设事相对立，是因为从 HR 管理方面体现了两种不同的用人态度和方法。管理者不应该漠视公司的实际需要而安置"多余人"，因为安置"多余人"只能给公司带来人事的不良效果。因此，因人设事是管理者不可不重视的戒律，而以因事设人为行之有效的用人原则，就是根据工作岗位的需要来挑选合适的人选，把合适的人才聘用到合适的职位上工作以提高公司效率。

反方案例：深圳中兴公司"因人设职"

进了中兴公司，公司就按你个人的特长，结合本人意愿安排在某个课题组或项目中承担一部分工作，一个周期下来，如果你能独当一面，公司就以你的特长设岗，你有课题，公司就给你配助手、资金、设备，你有销售才能，公司就会委任你担任销售经理，那里的人、物、财全部由你组合调动，充分发挥你的才能，并将责权利捆在一起。

中兴视讯产品部经理李志前，1995年1月到公司，当时国内的会议电视市场"洋货"充斥，他从1995年7月开始利用业余时间进行会议电视的调研，公司领导看了调研报告后，对其视讯开发的想法表示大力支持，并立即立项，让李志前担任项目经理。1995年年底，项目组人员及资金到位，开始运行；1997年进行投产、推广、试运营；到1998年，视讯产品迅速成长为公司的又一支柱产品，李志前不仅成为高级管理人才，并且取得了不错的个人收入。

企业的发展不仅迫切需要各方面的人才，而且也为发挥人才的作用创设转动的平台，应充分尊重每个人的选择权。每个人的兴趣爱好不同、特长也不同，所以在人员管理中，应"因人设职"，也就是说按照员工的特长来设岗。

讨论题：

1. 你如何看待深圳中兴公司的"因人设职"？
2. "因事设人"和"因人设职"是否是截然相反的？为什么？两者和工作分析的关系是什么？
3. "因事设人"和"因人设职"的使用，是否和文化有关？哪一种情况更适合我国企业？

### 案例讨论 2

## 多头工作任务何时是尽头

闫梦于 2014 年毕业于某医学院,主修医学英语,毕业后应聘到一家生物制药有限公司从事翻译兼文秘工作,试用期为 3 个月。她的工作职责主要是在办公室主任领导下,协助搞好各项工作;翻译文稿,负责大会、小会翻译,认真作好记录,要求翻译准确,做好两种文字的校对工作和接待解说服务工作等。由于翻译功底扎实,备受领导赏识,也深得同事喜爱,其他部门领导与同事遇到相关问题都会求助于她。刚开始 1 个月虽然忙碌,但也享受着其中的乐趣,因为她从中感受到了领导与同事对自己工作的肯定。

随着时间的推移,闫梦对自己的想法产生了怀疑。她觉得自己干嘛要费力不讨好呢,没有必要去趟不是在自己工作职责范围内的"浑水",但迫于面子一时不好说穿,尤其是各部门负责人叫她协助工作时,反正这也是工作中的事情,于是她决定先忍着静观其变,毕竟公司给自己转正并增加工资的时候快到了。闫梦一直都认为自己的表现近乎完美,帮助公司解决了许多语言翻译、沟通上的障碍。然而,办公室主任找她谈话告知其绩效评价只是合格,试用期结束转为正式员工。听了主任的宣读,闫梦虽然感觉不爽,但因为刚刚成为正式员工就没有计较。

正式上班后一段时间,闫梦发现自己所做的工作与之前面试时所讲的有较大出入。她感觉翻译工作量不是很大,但让她难过的是每天早上都要为一些烦琐的事情瞎忙活,如打开水、打扫办公室卫生、倒垃圾、领取信件报纸并对其分类整理、复印文件、查收邮件等。尽管本部门工作量不大,但还总是会有如生产部、研发部等部门负责人或员工找她去一线生产线帮助员工翻译新进药材或药物的名称、说明、用法及制作工序。闫梦的直接领导知道并支持她去帮助其他部门员工解决问题,因为他认为这有助于提高整个公司的运作效率与促进公司人际关系和谐。

随着公司外贸业务不断扩大,2015 年公司大量的订单合同与文件资料需要翻译,这显然是闫梦的职责范围的事情。就在她忙于翻译过程中,市场部要求她陪同团队飞往上海参加一次会议,负责为期一周的会议同声传译。在请示自己直接领导后决定把未翻译完的大部分资料带到上海,并向自己的领导承诺 5 天之内传送回公司。但工作并没有闫梦想的那样简单,跟随团队到上海后,活动行程相当紧凑,白天忙着会议翻译,晚上还得收集第二天翻译的相关资料,根本抽不出时间完成自己的任务。5 天很快过去了,闫梦加班加点只完成了合同部分及 2/3 的其他资料信息的翻译工作。因期限已到,客户要求必须马上签订合同并提供药品,公司销售部凭着几年的销售经验签订了其中几份订单合同,不幸的是其中一个客户在合同与相关资料上做了手脚,这使公司赔了 35 万,后经分析发现是闫梦还没有来得及翻译的部分合同出现的关键信息不对称所致。因此,闫梦与第一、二季度的绩效奖金擦肩而过。

回公司一周后,闫梦又接到一个任务,工作的主要内容就是为公司组建参加 2016 年达喀尔拉力赛的车队提供随行翻译服务。这项任务不仅对闫梦的英语水平提出了考验,而且更大的难题是她能否适应野外生存,答应承担这份工作任务就意味着接受煎熬与挑战。思来想去,闫梦打算与领导再沟通沟通,希望公司外聘一名人员来从事该项工作。她想好了两条理由准备拒绝这份差事:一是公司工作说明书中没有规定自己需要承担类似的工作任务;二是自己打算 2016 年结婚,需要筹办婚礼。其实,公司员工都知道她现在还单身,说筹办婚礼是假,不想接这项任务是真。就筹办婚礼而言,她的领导当然不好说什么,但对关于工作说明书却持不同观点,明确告诉闫梦在工作说明书中有一条"完成领导交给的其他任务",这足以让她"认命"。

**讨论题:**

1. 你认为公司在人力资源与职位匹配方面忽视了哪些因素?
2. 许多公司在编写工作说明书时通常最后都会加上一项"完成领导交给的其他任务",你认为这可能会引发哪些问题,如何创新改进?

# 参 考 文 献

[1] Sanchez J I From documentation to innovation: Reshaping job analysis to meet emerging business needs. Human Resource Management Review,1994,4(1):51-74.

[2] Summers A, Timothy P, Suzanne B. Strategic skill analysis for selection and development. Human Resource Planning,1997, 20:13-19.

[3] 雷蒙德·A·诺伊等.人力资源管理：赢得竞争优势. 北京：中国人民大学出版社，2001.

[4] Ilgen D R, Hollenbeck J R. The structure of work: Job design and roles. Handbook of industrial and organizational poyshology, 1991, 2: 165-207.

[5] Drucker P F. Workers' hands bound by tradition. Wall Street Journal, 1987, 18.

[6] Stetz T A, Button S B, Porr W B. New tricks for an old dog: Visualizing job analysis results. Public Personnel Management, 2009, 38,(1):91-100.

[7] Carson K P, Stewart G L. Job analysis and the sociotechnical approach to quality: A critical examination. Journal of Quality Management, 1996,1(1):49-65.

[8] Schneider B, Konz A M. Strategic job analysis. Human Resource Management,1989,28(1):51-63.

[9] Siddique C M. Job analysis: A strategic human resource management practice.The International Journal of Human Resource Management, 2004,15(1): 219-244.

[10] Clifford J P. Manage Work better to better manage :A comparative study of two approaches to job analysis. Public Personnel Management,1996,25(1)： 88-102.

[11] 王庆. 基于粗集理论的工作分析. 系统工程, 2007(5): 123-126.

[12] Naikar N.Work domain analysis : Concepts, guidelines, and cases. CRC Press, 2013.

[13] Brannick M T, Levine E L, Morgeson FP. Job and work analysis: Methods, research, and applications for human resource management. Sage Publications, 2007.

[14] 王琪延，王宝林. 企业人力资源管理. 北京：中国市场出版社，2010.

[15] 蒋伟良，谢兵，郑君君. 任职资格管理与宽带薪酬设计. 北京：企业管理出版社，2011.

[16] 常昭鸣等.PHR人资基础工程：创新与变革时代的工作说明书与岗位评价. 台湾：脸谱出版社，2010.

[17] 杨明海，薛靖，孙亚男. 工作分析与岗位评价. 北京：电子工业出版社，2010.

[18] 陈庆. 岗位分析与岗位评价(第二版). 北京：机械工业出版社，2011.

[19] 朱兴佳，白京红. 职位分析与评估. 北京：电子工业出版社，2008.

[20] 张春瀛，张琳. 工作分析. 天津：天津大学出版社，2009.

[21] 郑晓明，吴志明. 工作分析实务手册(第2版). 北京：机械工业出版社，2006.

[22] 安鸿章. 工作岗位的分析技术与应用. 天津：南开大学出版社，2001.

[23] 安鸿章. 工作岗位研究原理与应用. 北京：中国劳动社会保障出版社，2005.

[24] 赵永乐，朱燕，邓冬梅，仲明明. 工作分析与设计. 上海：上海交通大学出版社，2006.

[25] 顾琴轩，张静抒. 职务分析：技术与范例. 北京：中国人民大学出版社，2006.

[26] 朱勇国，李佳一. 工作分析与研究. 北京：中国劳动社会保障出版社，2006.

[27] 朱勇国，孔令佳. 组织设计与岗位管理. 北京：首都经济贸易大学出版社，2015.
[28] 王小艳. 如何进行工作分析. 北京：北京大学出版社，2004.
[29] 付亚和. 工作分析. 上海：复旦大学出版社，2004.
[30] 彭建锋，张望军. 职位分析技术与方法. 北京：中国人民大学出版社，2004.
[31] 董临萍. 工作分析与设计. 上海：华东理工大学出版社，2008.
[32] 孙宗虎，郭蓉.工作分析与工作说明书编写实务手册. 北京：人民邮电出版社，2007.
[33] 袁声莉，毛忞歆. 工作分析与职位管理. 北京：科学出版社，2014.
[34] 任正臣. 工作分析. 南京：江苏科学技术出版社，2012.
[35] 葛玉辉. 工作分析与设计. 北京：清华大学出版社，2014.
[36] 王青. 工作分析：理论与应用. 北京：北京交通大学出版社，2009.
[37] 穆涛，赵慧敏. 职位分析评价体系. 深圳：海天出版社，2006.
[38] 熊超群. 工作分析与设计实务：打造人力资源管理奠基石. 广州：广东经济出版社，2002.
[39] 杨明海，薛靖，李贞.工作分析与岗位评价(第2版). 北京：电子工业出版社，2014.
[40] 孙宗虎. 流程优化与工作分析精细化实操手册. 北京：中国劳动社会保障出版社，2013.
[41] 马国辉，张燕娣.工作分析与应用(第2版). 上海：华东理工大学出版社，2012.
[42] 周文，刘立明，黄江瑛.工作分析与工作设计. 长沙：湖南科学技术出版社，2005.
[43] 李强. 工作分析理论、方法与应用. 北京：科学出版社，2015.
[44] 朱勇国 工作分析. 北京：高等教育出版社，2014.
[45] 周鹏飞. 工作分析. 重庆：西南师范大学出版社，2012.
[46] 张宇，曾祥发. 浅谈工作分析的历史渊源. 经济师，2006(3).
[47] 万希. 论基于胜任力的工作分析. 湖南财经高等专科学校学报，2008.24(2).
[48] 李文东，时勘.工作分析研究的新趋势. 心理科学进展，2006.14(3).
[49] 杨杰，方俐洛. 工作分析的定义、理论和工具探析. 自然辩证法通讯，2003，25(3).
[50] 周亚新，龚尚猛. 工作分析的理论、方法及运用(第2版). 上海. 上海财经大学出版社，2010.
[51] 柏拉图. 理想国. 北京：商务印书馆，1986.
[52] 亚当·斯密. 国民财富的性质和原因的研究. 北京：商务印书馆，1996.
[53] 丹尼尔·A·雷恩. 管理思想的演变. 北京：中国社会科学出版社，2000.
[54] 肖鸣政. 工作分析的方法与技术. 北京：中国人民大学出版社，2010.
[55] 理查德·L·达夫特. 组织理论与设计. 北京：机械工业出版社，1999.
[56] 高新华. 如何进行企业组织设计. 北京：北京大学出版社，2004.
[57] 许玉林. 组织设计与管理. 上海：复旦大学出版社，2003.
[58] 杨红兰. 现代组织学. 上海：复旦大学出版社，1997.
[59] 朱国云. 组织理论历史与流派. 南京：南京大学出版社，1997.
[60] 理查德·斯哥特. 组织理论. 北京：华夏出版社，2002.
[61] 国际劳工局. 工作研究——现代科学管理技术介绍. 余凯成，蒋贵善，李亚华译. 北京：中国对外翻译出版公司，1988.
[62] 潘泰萍. 工作分析：基本原理、方法与实践. 上海：复旦大学出版社，2011.
[63] 蒋祖华等. 工作分析与测定. 北京：机械工业出版社，2012.
[64] 孙宗虎. 工作分析与应用(第2版). 北京：中国劳动社会保障出版社，2013.

[65] 埃里克·普里恩，伦纳德·古德斯坦著，工作分析——实用指南. 朱舟、朱营译. 北京：中国人民大学出版社，2015.

[66] 陈秋福. 如何撰写职位说明书，宁业企管顾问有限公司，2011.

[67] 韦恩·卡西欧，赫尔曼·阿吉尼斯. 人力资源管理中的应用心理学(第六版). 北京：北京大学出版社，2006.

[68] 王璞. 新编人力资源管理咨询实务. 北京：中信出版社，2004.

[69] 杨蓉. 人力资源管理. 大连：东北财经大学出版社，2007.

[70] 李文辉，杨睿娟，胡建国，陈丁. 工作分析与岗位设计. 北京：中国电力出版社，2014.

[71] 包季鸣，人力资源管理：全球化背景下的思考与应用. 上海：复旦大学出版社，2010.

[72] Jacob Morgan. 重新定义工作：大连接时代职业、公司和领导力的颠覆性变革. 北京：人民邮电出版社，2016.

[73] 克雷格·兴伯特. 共享经济时代如何重新定义工作. 广州：广东人民出版社，2016.

[74] 彭剑锋. 战略人力资源管理：理论、实践与前沿. 北京：中国人民大学出版社，2014.

[75] 丁志远. 人力资源管理. 杨智文化. 2012.

[76] 张一纯. 劳动定额定员实务. 北京：清华大学出版社，2015.

[77] 朱莉·比尔德韦尔，蒂姆·克莱顿. 人力资源管理：当代视角，北京：电子工业出版社，2015.

[78] 杨岗松. 岗位分析和评价从入门到精通. 北京：清华大学出版社，2015.

[79] 万希. 工作分析参与人的角色探讨. 人力资源，2007(1).

[80] 万希. 工作分析面临的挑战与发展趋势分析. 云南财经大学学报(社会科学版)，2012(1).

[81] 陈民科. 基于胜任力的职务分析及其应用，人类工效学，2002, 8(1): 23~26.